LAUSTETTER • MERTENS

Fälle und Lösungen im Strafrecht für die Polizeiausbildung

Fälle und Lösungen im Strafrecht für die Polizeiausbildung

Prof. Dr. Christian Laustetter
Hochschule für Polizei und öffentliche Verwaltung NRW

Prof. Dr. Andreas Mertens
Hochschule für Polizei und öffentliche Verwaltung NRW

2., aktualisierte und überarbeitete Auflage 2023

BOORBERG

Bibliografische Information der Deutschen Nationalbibliothek | Die Deutsche Nationalbibliothek verzeichnet diese Publikation in der Deutschen Nationalbibliografie; detaillierte bibliografische Daten sind im Internet über www.dnb.de abrufbar.

2. Auflage, 2023

ISBN 978-3-415-06834-6

Titelfoto: © Animaflora PicsStock – stock.adobe.com | Satz: abavo GmbH, Nebelhornstraße 8, 86807 Buchloe | Druck und Bindung: Laupp & Göbel GmbH, Robert-Bosch-Straße 42, 72810 Gomaringen

Richard Boorberg Verlag GmbH & Co KG | Scharrstraße 2 | 70563 Stuttgart
Stuttgart | München | Hannover | Berlin | Weimar | Dresden
www.boorberg.de

Vorwort zur 2. Auflage

Wir Verfasser haben uns sehr gefreut, als der Richard Boorberg Verlag mit der Bitte an uns herangetreten ist, eine zweite Auflage unseres Buchs mit strafrechtlichen Fällen für die Polizeiausbildung vorzubereiten – zeigt es doch, dass das Werk auf Interesse gestoßen ist. Wir hoffen, dass Leserinnen und Leser den Kauf nicht bereut haben, sondern im Rahmen ihrer Polizeiausbildung das Buch gewinnbringend nutzen konnten. Die uns erreichten positiven Reaktionen haben uns jedenfalls dazu veranlasst, an der Struktur des Werks festzuhalten, aber auch einzelne Verbesserungen vorzunehmen. Inhaltlich hat uns der Gesetzgeber vor allem dazu „gezwungen", den Abschnitt zur Nachstellung zu aktualisieren. Selbstverständlich sind aber auch insgesamt die Fälle sowie die verwendete Rechtsprechung und Literatur auf dem neuesten Stand von Juli 2022.

Wiederum danken wir dem Richard Boorberg Verlag, vor allem Herrn Hanno Thielen als Leitendem Lektor, für die hervorragende Zusammenarbeit, aber auch allen Kolleginnen und Kollegen und auch einigen Studierenden für ihre hilfreichen Anmerkungen zur ersten Auflage. Auch weiterhin sind wir sehr an Hinweisen zur Verbesserung unseres Buches interessiert, denn es bleibt nach wie vor unser Ziel und Ansporn, Polizeistudierenden und Polizeiauszubildenden eine wirkliche Unterstützung beim strafrechtlichen Lernen an die Hand zu geben.

Wir wünschen auf dem Weg in den Polizeiberuf erneut viel Freude und viel Erfolg bei der nächsten Strafrechtsprüfung!

Bonn, im August 2022

Prof. Dr. Christian Laustetter (christian.laustetter@hspv.nrw.de)
Prof. Dr. Andreas Mertens (andreas.mertens@hspv.nrw.de)

Vorwort zur 1. Auflage

– oder was kann man mit diesem Buch anfangen? –

... noch ein Buch ...

Wird man von einem Verlag angefragt, ob man als Autor für ein neues Buch tätig werden möchte, so geht unweigerlich der Blick ins Bücherregal. Ist das nicht ohnehin schon voll genug? Gibt es überhaupt noch ein Rechtsgebiet, das nicht bereits ausreichend literarisch bearbeitet ist? Wurde nicht schon alles gesagt – nur nicht von jedem? Und wer soll das alles überhaupt noch kaufen?

Das sind nicht nur rhetorische Fragen. Tatsächlich stellt sich für jedes neue Werk die Frage der Daseinsberechtigung. Auch wir haben uns als Autoren diese Frage gestellt und haben auf der Grundlage unserer Überlegungen das vorliegende Buch entwickelt. Wir haben uns Gedanken darüber gemacht, wer mit welchen Interessen und Erwartungen dieses Buch in die Hand nehmen könnte, und wie es konzipiert sein muss, damit es sinnvoll genutzt werden kann. Denn genau das ist für uns der entscheidende Punkt. Unser Buch soll nicht (nur) schön im Bücherregal aussehen, es soll ausgiebig genutzt werden. Nicht der Kauf allein soll ein besseres Gewissen vermitteln, sondern der Leser und Lernende soll mithilfe des Buchs seinem Ziel, die nötigen Prüfungen erfolgreich zu bestehen, ein Stück näher gebracht werden.

Als Dozenten wissen wir, was dafür nötig ist, gute Strafrechtsklausuren zu schreiben. Dabei haben wir sowohl die Studierenden an den deutschen Polizeihochschulen im Blick als auch die Auszubildenden im mittleren Dienst. Strafrecht ist Bundesrecht. Zwar mögen in den einzelnen Bundesländern die Curricula im Detail einen etwas unterschiedlichen Aufbau haben. Letztlich geht es aber um dieselben Fragestellungen und dieselben Rechtsthemen, die zum größeren Teil auch unweigerlich in einer bestimmten Reihenfolge aufeinander aufbauen. Dementsprechend richten wir uns an Studierende und Auszubildende im ganzen Bundesgebiet. Auch Jurastudenten können dieses Buch gerne zur Hand nehmen und zum Üben nutzen, bewusst aber haben wir einen Stil gewählt, der für die Polizeiausbildung angemessen ist, so haben wir etwa weitgehend von der Darstellung in der Praxis irrelevanter Meinungsstreitigkeiten abgesehen. Dafür kann der Band von Polizeistudierenden ebenso gut genutzt werden wie von Auszubildenden, da auch diesbezüglich die strafrechtlichen Inhalte in weiten Teilen übereinstimmen.

Dieses Buch hat nicht den Anspruch, allein für sich den Nutzer zum strafrechtlichen „Profi“ zu machen. Es dient der Ergänzung der strafrechtlichen Lehrveranstaltung, die wiederum zusätzlich von einem klassischen Lehrbuch begleitet werden sollte. Ein solches Lehrbuch dient dazu, den strafrechtlichen Prüfungsstoff zu vermitteln. Rechtliche Inhalte werden umfassend dargestellt und erläutert, die dazu nötigen Definitionen aufbereitet und Zusammenhänge erklärt. Dies ist wichtig und unverzichtbar. Alleine das Lernen und Beherrschen dieser Dinge führt aber noch nicht zu einer guten Klausur, bisweilen nicht einmal zum Bestehen. Mindestens genauso wichtig ist es nämlich, sein erlerntes Wissen in einer rechtlich korrekten Art und Weise „zu Papier zu bringen". Nach unserer Erfahrung als langjährig erfahrene Dozenten stellt dies mitunter sogar eine noch größere Herausforderung dar als das bloße (Auswendig-)lernen des Stoffs. Das Zauberwort in diesem Zusammenhang ist „Üben".

Hier kommt nun unser Buch ins Spiel. Die in der strafrechtlichen Lehrveranstaltung neu gelernten Inhalte können mit den dargebotenen Fällen klausurtechnisch umgesetzt und eingeübt werden. Dabei sind die Fälle so konzipiert, dass sie nicht erst kurz vor der Abschlussprüfung, sondern bereits von Beginn des strafrechtlichen Lernens an genutzt werden können. Anfänglich sind die Fälle recht einfach und bedienen sich nur weniger grundlegender Inhalte, die auch am Beginn der strafrechtlichen Ausbildung stehen. Mit der Zeit werden die Fälle schwieriger und umfangreicher. Langsam wird der Leser und Nutzer an die klausurmäßige Darstellung gewöhnt und kann sich selbst darin üben.

Wegen des im Detail in den Bundesländern unterschiedlichen Aufbaus der strafrechtlichen Inhalte im jeweiligen Curriculum und den Modulbeschreibungen wird es bisweilen vorkommen, dass in einem Fall eine Rechtsfrage vorkommt, die noch nicht erlernt wurde. Diese kann jedoch ohne Probleme bei der Fallbearbeitung ausgelassen werden. Da die rechtlichen Schwerpunkte im Inhaltsverzeichnis stichwortartig genannt werden, kann auch jeweils der passende Fall zur Bearbeitung herangezogen werden. So entsteht eine aus unserer Sicht ideale Form des strafrechtlichen Lernens, ausgehend von der Lehrveranstaltung über das Nacharbeiten des Stoffs mithilfe eines Lehrbuchs hin zur Umsetzung in der Form einer Fallbearbeitung. Stück für Stück wird der Nutzer so zum Strafrechts- und Klausur"profi". Steht dann die Klausur bevor, so können noch einmal individuell diejenigen Fälle aus dem Buch ausgewählt werden, die gezielt zur Vorbereitung bestimmter Themen wiederholt werden sollen.

So haben wir die einzelnen Fälle konzipiert und nacheinander aufgebaut. Gefragt wird stets nach der Strafbarkeit von beteiligten Personen. Mitunter finden sich in strafrechtlichen Klausuren auch Zusatzfragen nach konkreten Inhalten. Solche Fragen haben wir nicht in unsere Fälle aufgenommen, da sie keine besondere Klausurtechnik zur Beantwortung verlangen. Im Anschluss an den jeweiligen Sachverhalt findet sich zunächst eine Lösungsskizze. Ob der Nutzer dieses Buchs in der realen Klausursituation seiner Lösung eine solche Lösungsskizze vorweg schickt, sei ihm überlassen. Auf jeden Fall aber ist es von großer Bedeutung, die bekannten Aufbauschemata für die verschiedenen Rechtsprobleme zu beherrschen. Nur so ist die Anfertigung einer strukturierten und durchdachten Klausurlösung möglich. Erwartet wird bei einer Rechtsklausur eben kein Besinnungsaufsatz, sondern eine Darstellung, die sowohl inhaltlich korrekt als auch aufbautechnisch überzeugend gelingt.

Es folgt dann eine ausführliche Klausurlösung. Um den Lesefluss nicht zu stören, haben wir uns dafür entschieden, die Fußnoten in einem eigenen Apparat erst nach dem letzten Fall darzustellen. Allerdings haben wir in die Lösungen zahlreiche Klausurhinweise eingestreut. Grundlage hierfür ist unsere Lehrerfahrung. Immer wieder werden ähnliche Fragen gestellt, immer wieder ergeben sich typische Fehler, Probleme und Herausforderungen in der strafrechtlichen Ausbildung bzw. im Studium. Hier wollen wir mit ganz praktischen Tipps beim Lernen und Üben helfen.

Von einem Fallbuch kann nicht erwartet werden, dass der gesamte Lehr- und Prüfungsstoff aus z. B. drei Jahren Polizeistudium enthalten ist. Wir haben indes diejenigen rechtlichen Inhalte in unsere Fälle aufgenommen, die erfahrungsgemäß immer wieder in Strafrechtsklausuren vorkommen. Für einen vollständigen Überblick über den Stoff muss ein Lehrbuch herangezogen werden. Einzelne Rechtsfragen können auch gezielt durch einen Blick in einen Kommentar zum Strafgesetzbuch beantwortet werden. Einschlägige Literatur zum Strafrecht kann etwa dem Literaturverzeichnis entnommen werden. Aus diesem Grund haben wir auch weitgehend auf die Erörterung von Konkurrenzverhältnissen zwischen den einzelnen Strafbarkeiten einer Person verzichtet.

Häufig gibt es im Strafrecht nicht nur den einen Lösungsweg oder sogar nicht nur die eine richtige Lösung. Dies haben wir an den typischen Stellen deutlich vermerkt. Es muss aber auch darauf hingewiesen werden, dass natürlich vorrangig diejenigen Anforderungen zu beachten sind, die vom jeweiligen Dozenten und Prüfer konkret gestellt werden, sei es bezogen auf das Verständnis einer Rechtsfrage oder auf den Aufbau einer Prüfung.

Liebe Dozentin, lieber Dozent,

nicht nur beim selbständigen Lernen und Üben durch Studierende und Auszubildende soll das vorliegende Fallbuch helfen. Auch Ihnen möchten wir unsere Unterstützung anbieten. Teil des Bachelorstudiums ist das so genannte angeleitete Selbststudium. Es zählt also zu Ihren Aufgaben, neben der Lehre die Studierenden auch auf Ihrem Lernweg zu begleiten, etwa durch das Stellen bestimmter Aufgaben. Nichts anderes gilt selbstverständlich auch für die Ausbildung im mittleren Dienst. Dabei können sehr unterschiedliche Aufgabenarten ausgewählt werden. Nach unserer Erfahrung ist es aber besonders wichtig und lehrreich, die Lernenden so früh wie möglich mit der Fallbearbeitung zu konfrontieren, zu Anfang natürlich mit überschaubaren

Sachverhalten. Später werden sich Fälle anbieten, die der Abschlussklausur immer ähnlicher werden. Unsere Fälle sollen ein Angebot für Sie sein. Nutzen Sie sie gerne als Aufgaben für Ihre Studierenden und Auszubildenden. Besonders würden wir uns natürlich freuen, wenn Sie zu diesem Zweck den Studierenden und Auszubildenden unser Buch empfehlen können.

Für alle, Lernende und Lehrende, gilt:

Die Polizei hat unter anderem die Aufgabe, Straftaten präventiv zu verhüten und repressiv zu verfolgen. Dies kann erfolgreich nur funktionieren, wenn Beamtinnen und Beamte über ein gutes strafrechtliches Fachwissen verfügen. Dies zeigt sich in vielen praktischen Zusammenhängen. Nur derjenige kann eine sinnvolle Strafanzeige über einen Ladendiebstahl schreiben, der die Diebstahlsvoraussetzungen des § 242 StGB kennt und verstanden hat. Nur diejenige kann in einer Vernehmung zu einem Tötungsdelikt die richtigen Fragen stellen, um den Täter gegebenenfalls auch wegen eines Mordes zu überführen, die die unterschiedlichen Mordmerkmale des § 211 StGB beherrscht. Nur wer die Voraussetzungen eines Rücktritts vom Versuch nach § 24 StGB kennt, kann möglichen Ausflüchten eines Beschuldigten etwas entgegensetzen. Die Aufzählung ließe sich unendlich fortsetzen.

Das Strafrecht hat also eine sehr große Bedeutung in der Ausbildung einer Polizeibeamtin und eines Polizeibeamten. Dementsprechend sind die strafrechtlichen Anforderungen in der Lehre und in den Prüfungen hoch. Wenn wir mit dem vorliegenden Buch einen Beitrag dazu leisten können, dass Studierende und Auszubildende diesen Anforderungen gerecht werden können und dabei auch den Spaß an diesem spannenden Fach nicht verlieren, wären wir sehr zufrieden. Dabei gibt es sicherlich auch noch Dinge, die wir besser machen können. Anmerkungen und Vorschläge nehmen wir daher sehr gerne entgegen.

Zuletzt möchten wir uns bedanken – beim Richard-Boorberg-Verlag für das uns entgegen gebrachte Vertrauen und die gute Zusammenarbeit, insbesondere mit unserem Leitenden Lektor, Herrn Hanno Thielen; und bei allen strafrechtlichen Kolleginnen und Kollegen für die vielen Fachdiskussionen, die unseren Beruf interessant halten und für die Entstehung dieses Buchs wertvoll waren.

Vor allem aber wünschen wir allen Studierenden und Auszubildenden auf ihrem Weg in den Polizeiberuf viel Freude und viel Erfolg in der nächsten Strafrechtsprüfung!

Bonn, im Juni 2020

Prof. Dr. Christian Laustetter (christian.laustetter@hspv.nrw.de)
Prof. Dr. Andreas Mertens (andreas.mertens@hspv.nrw.de)

Inhaltsverzeichnis

Literaturverzeichnis

Dölling, Dieter/Duttge, Gunnar/König, Stefan/Rössner, Dieter: Gesamtes Strafrecht: StGB, StPO, Nebengesetze; Handkommentar, 5. Auflage, Baden-Baden 2022 (zitiert: Bearbeiter in: Dölling/Duttge/Rössner, HK-StGB)

Erhardt, Elmar: Strafrecht für Polizeibeamte, 7. Auflage, Stuttgart 2021 (zitiert: Erhardt, Strafrecht für Polizeibeamte)

Fischer, Thomas: Strafgesetzbuch mit Nebengesetzen, 69. Auflage, München 2022 (zitiert: Fischer, StGB)

Heinrich, Bernd: Das vorsätzliche „Dazwischentreten" des Täters in seine eigene Tat, in: Geisler u.a.: Festschrift für Klaus Geppert zum 70. Geburtstag am 10. März 2011, Berlin New York 2011, S. 171 ff.

Holzberg, Ralf/Reichelt, Matthias: Hauptstudium Strafrecht – Eine praxisorientierte Darstellung, 2. Auflage, München 2021 (zitiert: Holzberg/Reichelt, Hauptstudium Strafrecht)

Jahn, Matthias: Anmerkung zu BayObLG 207 StR 2737/19, in: JuS 2020, 698

Joecks, Wolfgang/Jäger, Christian: Strafgesetzbuch, Studienkommentar, 13. Auflage, München 2021 (zitiert: Joecks/Jäger, StGB)

Kindhäuser, Urs/Hilgendorf, Eric: Strafgesetzbuch, Lehr- und Praxiskommentar, 9. Auflage, Baden-Baden 2022 (zitiert: Kindhäuser/Hilgendorf, StGB)

Kudlich, Hans: Anmerkung zu BayObLG 207 StR 2737/19, in: JA 2020, 470

Lackner, Karl/Kühl, Christian: Strafgesetzbuch: Kommentar, 29. Auflage, München 2018 (zitiert: Bearbeiter in: Lackner/Kühl, StGB)

Meyer-Goßner, Lutz/Schmitt, Bertram: Strafprozessordnung mit GVG und Nebengesetzen, 65. Auflage, München 2022 (zitiert: Bearbeiter in: Meyer-Goßner/Schmitt, StPO)

Nimtz, Holger: Strafrecht für Polizeibeamte, Band 1: Grundlagen und Delikte gegen die Person, 7. Auflage, Hilden/Rhld. 2021 (zitiert: Nimtz, Strafrecht für Polizeibeamte, Band 1)

Nimtz, Holger: Strafrecht für Polizeibeamte, Band 2: Delikte gegen das Vermögen und gegen Gemeinschaftswerte, 6. Auflage, Hilden/Rhld. 2021 (zitiert: Nimtz, Strafrecht für Polizeibeamte, Band 2)

Nolden, Waltraud/Palkovits, Frank/Dittert, Susanne/Pichocki, Frank: Grundstudium Strafrecht: eine praxisorientierte Darstellung, 5. Auflage, München 2021 (zitiert: Nolden/Palkovits/Dittert/Pichocki, Grundstudium Strafrecht)

Nowrousian, Bijan/Bahne, Luca: Strafrecht für die Polizei, Stuttgart 2022 (zitiert: Nowrousian/Bahne)

Rengier, Rudolf: Strafrecht Allgemeiner Teil, 13. Auflage, München 2021 (zitiert: Rengier, Strafrecht AT)

Rengier, Rudolf: Strafrecht, Besonderer Teil I: Vermögensdelikte, 24. Auflage, München 2022 (zitiert: Rengier, Strafrecht BT I)

Rengier, Rudolf: Strafrecht Besonderer Teil II: Delikte gegen die Person und die Allgemeinheit, 23. Auflage, München 2022 (zitiert: Rengier, Strafrecht BT II)

Schmidt, Rolf: Strafrecht – Allgemeiner Teil: Grundlagen der Strafbarkeit: Aufbau des strafrechtlichen Gutachtens, 22. Auflage, Grasberg 2022 (zitiert: Schmidt, Strafrecht AT)

Schmidt, Rolf: Strafrecht Besonderer Teil I: Straftaten gegen die Person und die Allgemeinheit, 22. Auflage, Grasberg 2021 (zitiert: Schmidt, Strafrecht BT I)

Schmidt, Rolf: Strafrecht Besonderer Teil II: Straftaten gegen das Vermögen, 22. Auflage, Grasberg 2021 (zitiert: Schmidt, Strafrecht BT II)

Schönke, Adolf/Schröder, Horst: Strafgesetzbuch: Kommentar, 30. Auflage, München 2019 (zitiert: Bearbeiter in: Schönke/Schröder, StGB)

Vitt, Elmar: Verstecken von Waren im Einkaufswagen – Anmerkung zu OLG Düsseldorf NStZ 1993, 286, in: NStZ 1994, 133

Wessels, Johannes/Beulke, Werner/Satzger, Helmut: Strafrecht Allgemeiner Teil: Die Straftat und ihr Aufbau, 51. Auflage, Heidelberg 2021 (zitiert: Wessels/Beulke/Satzger, Strafrecht AT)

Wessels, Johannes/Hettinger, Michael/Engländer, Armin: Strafrecht Besonderer Teil 1: Straftaten gegen Persönlichkeits- und Gemeinschaftswerte, 45. Auflage, Heidelberg 2021 (zitiert: Wessels/Hettinger/Engländer, Strafrecht BT I)

Wessels, Johannes/Hillenkamp, Thomas/Schuhr, Jan C.: Strafrecht Besonderer Teil 2: Straftaten gegen Vermögenswerte, 44. Auflage, Heidelberg 2021 (zitiert: Wessels/Hillenkamp/Schuhr, Strafrecht BT II)

Abkürzungsverzeichnis

Abs.	Absatz
a. A.	andere Ansicht
a. E.	am Ende
AG	Amtsgericht
Alt.	Alternative
AT	Allgemeiner Teil
BayObLG	Bayerisches Oberstes Landesgericht
BGB	Bürgerliches Gesetzbuch
BGH	Bundesgerichtshof
BGHSt	Entscheidungen des Bundesgerichtshofs in Strafsachen
BT	Besonderer Teil
BT-Drs.	Bundesdrucksache
BVerfG	Bundesverfassungsgericht
bzw.	beziehungsweise
ca.	circa
cm	Zentimeter
f.	folgend
ff.	folgende
ggf.	gegebenenfalls
h. L.	herrschende Lehre
h. M.	herrschende Meinung
HS	Halbsatz
i. V. m.	in Verbindung mit
JA	Juristische Arbeitsblätter (Zeitschrift)
JuS	Juristische Schulung (Zeitschrift)
Kfz	Kraftfahrzeug
LG	Landgericht
m	Meter
m. w. N.	mit weiteren Nachweisen
NJW	Neue juristische Wochenschrift (Zeitschrift)
Nr.	Nummer
NStZ	Neue Zeitschrift für Strafrecht (Zeitschrift)
NStZ-RR	Neue Zeitschrift für Strafrecht Rechtsprechungsreport (Zeitschrift)
NZV	Neue Zeitschrift für Verkehrsrecht (Zeitschrift)
OG	Obergeschoss
PKW	Personenkraftwagen
Rn.	Randnummer
S.	Satz
s. o.	siehe oben
sog.	so genannte
StGB	Strafgesetzbuch
StPO	Strafprozessordnung
StV	Der Strafverteidiger (Zeitschrift)
s. u.	siehe unten
TÜV	Technischer Überwachungsverein
Var.	Variante
vgl.	vergleiche
z. B.	zum Beispiel

Fall 1

Sachverhalt

Casanova (C) macht seinem Namen alle Ehre und verführt die Ehefrau seines alten Freundes Salvatore (S). S ist natürlich wütend und stellt C zur Rede, wird von diesem aber nur ausgelacht. In seiner dadurch noch gesteigerten Wut schlägt er C mit der Faust mitten ins Gesicht. Dieser erleidet hierdurch einen Nasenbeinbruch, der nach einigen Wochen folgenlos ausheilt. Durch die notwendige ärztliche Behandlung verpasst C allerdings seinen Urlaubsflieger. Am Abend erfährt er entsetzt aus der Tagesschau, dass genau das Flugzeug, in dem er sitzen sollte, bei der Landung mit einem anderen Flugzeug zusammen gestoßen ist und sich bei diesem Zusammenstoß alle Insassen massive Verletzungen zugezogen haben.

Aufgabe

Prüfen Sie gutachterlich die Strafbarkeit des S.

Etwaig erforderliche Strafanträge sind gestellt.

Lösungsskizze

Strafbarkeit des S nach § 223 Abs. 1 StGB?

I. Tatbestand

1. Objektiver Tatbestand

a) Handlung (+)

b) Erfolg

aa) *Körperliche Misshandlung (+)*

bb) *Gesundheitsschädigung (+)*

c) Kausalität (+)

d) Objektive Zurechnung (+)

2. Subjektiver Tatbestand: Vorsatz (+)

II. Rechtswidrigkeit (+)

III. Schuld (+)

Ergebnis: Strafbarkeit nach § 223 Abs. 1 StGB (+)

Ausformulierte Lösung

S könnte sich wegen Körperverletzung gemäß § 223 Abs. 1 StGB strafbar gemacht haben, indem er C mit der Faust ins Gesicht geschlagen hat.

> Klausurhinweis: Jede strafrechtliche gutachterliche Prüfung beginnt mit einem Obersatz. Dieser enthält die geprüfte Person, deren Tathandlung sowie die mögliche, nunmehr zu prüfende Strafbarkeit in Worten und mit Paragraph.

I. Tatbestand

Hierfür müsste er tatbestandsmäßig gehandelt haben.

> Klausurhinweis: An dieser Stelle wird aus didaktischen Gründen möglichst strukturiert aufgebaut. In den weiteren Fällen werden zunehmend unproblematische Prüfungspunkte zusammengefasst, was sprachlich gefälliger ist, vor allem aber auch Zeit spart, also unbedingt auch in der Klausurbearbeitung geschehen sollte.

1. Objektiver Tatbestand

Er müsste also den objektiven Tatbestand erfüllt haben.

a) Handlung

Zunächst müsste S gehandelt haben. Unter einer Handlung versteht man jedes auf einem Willensentschluss beruhende menschliche Verhalten.[1] Im vorliegenden Fall hat S willensgesteuert C mit der Faust ins Gesicht geschlagen. Er hat also gehandelt.

> Klausurhinweis: Zu Übungszwecken wird hier der Gutachtenstil in seinen Schritten Obersatz (=Hypothese), Definition, Subsumtion und Ergebnis genau beachtet. Mit zunehmender Erfahrung sollte bei derart unproblematischen Prüfungspunkten der Urteilsstil angewandt werden. Dieser Grundsatz findet auch bei den weiteren Fällen Anwendung.

> Klausurhinweis: Nicht immer wird die Handlung als eigener Prüfungspunkt behandelt. Teilweise werden Handlung und Erfolg gemeinsam festgestellt, zuweilen wird die Handlung, wenn sie unproblematisch vorliegt, gar nicht in der Prüfung erwähnt.

b) Erfolg

Es müsste nun auch der Erfolg des § 223 Abs. 1 StGB eingetreten sein. Eine Körperverletzung ist dann gegeben, wenn es zu einer körperlichen Misshandlung oder einer Gesundheitsschädigung gekommen ist.

aa) Körperliche Misshandlung

Zunächst stellt sich die Frage, ob eine körperliche Misshandlung vorliegt. Körperliche Misshandlung ist jede üble, unangemessene Behandlung, durch die das körperliche Wohlbefinden oder die körperliche Unversehrtheit nicht ganz unerheblich beeinträchtigt wird.[2] Durch seinen Faustschlag hat S den C unangemessen behandelt und dessen körperliches Wohlbefinden sowie dessen körperliche Unversehrtheit durch den Nasenbeinbruch erheblich beeinträchtigt. Also ist eine körperliche Misshandlung anzunehmen.

bb) Gesundheitsschädigung

Es könnte zugleich aber auch eine Gesundheitsschädigung eingetreten sein. Darunter versteht man das Hervorrufen oder Steigern eines pathologischen Zustandes.[3] Einen solchen krankhaften, also pathologischen Zustand kann man mit dem Nasenbeinbruch vorliegend annehmen, so dass die Gesundheitsschädigung gegeben ist.

> Klausurhinweis: Zwar würde bereits eine Alternative der Körperverletzung als Erfolg genügen. Im Sinne einer umfassenden gutachterlichen Prüfung sollten jedoch beide Möglichkeiten angesprochen und beurteilt werden, ggf. auch in einem gemeinsamen Prüfungspunkt.

c) Kausalität

Ferner müsste der eingetretene Erfolg kausal auf der Handlung beruhen, die Handlung müsste also ursächlich für den Erfolg gewesen sein. Nach der Äquivalenztheorie ist jede Handlung kausal für den Erfolg, die nicht hinweggedacht werden kann, ohne dass der Erfolg in seiner konkreten Gestalt entfiele („conditio-sine-qua-non"-Formel).[4] Zunächst ist nach dem Sachverhalt mit großer Sicherheit festzustellen, dass C, würde man den Faustschlag hinwegdenken, seinen Urlaubsflieger bekommen hätte. So wie alle anderen Insassen wäre höchstwahrscheinlich auch er bei dem Unfall verletzt worden. Dies führt jedoch nicht dazu, dass die Kausalität ausscheidet. Durch das Hinwegdenken des Faustschlags würde nämlich der Erfolg in seiner konkreten Gestalt, also die Verletzung durch einen Faustschlag, durchaus entfallen[5]. Die Handlung war also kausal für den konkreten Verletzungserfolg.

d) Objektive Zurechnung

Schließlich muss S der Erfolg auch objektiv zuzurechnen sein. Dies ist dann der Fall, wenn der Täter ein rechtlich missbilligtes Risiko geschaffen hat, das sich im tatbestandlichen Erfolg realisiert hat.[6] S hat mit seinem Schlag ein missbilligtes Verletzungsrisiko geschaffen. Dieses hat sich konkret im Nasenbeinbruch niedergeschlagen. Demnach muss sich S diesen Erfolg auch objektiv zurechnen lassen.

Somit ist der objektive Tatbestand des § 223 Abs. 1 StGB erfüllt.

> Klausurhinweis: Sowohl die Kausalität als auch die objektive Zurechnung sollten nur dann genauer behandelt werden, wenn der Sachverhalt diesbezügliche Probleme beinhaltet.

2. Subjektiver Tatbestand

S müsste auch den subjektiven Tatbestand erfüllt haben, er müsste also vorsätzlich gehandelt haben. Unter Vorsatz versteht man das Wissen und Wollen der Tatbestandsverwirklichung.[7] Im vorliegenden Fall hat S absichtlich, also mit direktem Vorsatz ersten Grades, C mit der Faust ins Gesicht geschlagen. Er hatte Vorsatz, C zu verletzen, und hat somit den subjektiven Tatbestand erfüllt.

> Klausurhinweis: Der Vorsatz muss sich auf den gesamten objektiven Tatbestand beziehen. Regelmäßig genügt es bei Erfolgsdelikten jedoch festzustellen, dass Vorsatz bezüglich des Taterfolges, hier also der Verletzung eines anderen Menschen vorliegt. Möglich ist auch, auf die Feststellung der genauen Vorsatzform zu verzichten, da das Gesetz in der Regel keinen Unterschied zwischen den einzelnen Vorsatzformen macht.

II. Rechtswidrigkeit

Da keine Rechtfertigungsgründe ersichtlich sind, handelte S auch rechtswidrig.

III. Schuld

Auch Entschuldigungsgründe kommen vorliegend nicht in Betracht. S handelte folglich auch schuldhaft.

> Klausurhinweis: Sofern Rechtfertigungs- oder Entschuldigungsgründe offensichtlich von vornherein ausscheiden, bieten sich für Rechtswidrigkeit und Schuld solche kurzen feststellenden Sätze an. Anderenfalls sind Rechtfertigungs- oder Entschuldigungsgründe, die nicht abwegig sind, anzuprüfen und ggf. an der passenden Prüfungsstelle abzulehnen.

> Klausurhinweis: Sofern nicht konkrete Hinweise im Sachverhalt etwas anderes besagen, kann davon ausgegangen werden, dass an der Schuldfähigkeit eines Täters keine Zweifel bestehen.

Ergebnis

Somit hat sich S durch seinen Faustschlag gegenüber C wegen Körperverletzung nach § 223 Abs. 1 StGB strafbar gemacht.

> Klausurhinweis: Es könnte noch darauf hingewiesen werden, dass es sich bei der einfachen Körperverletzung nach § 223 StGB um ein (relatives) Antragsdelikt handelt, § 230 StGB. Ein entsprechender Antrag kann nach der Aufgabenstellung jedoch vorausgesetzt werden. Zudem würde ein fehlender Strafantrag nicht die Frage der Strafbarkeit betreffen, sondern die der Strafverfolgung.

Fall 2

Sachverhalt

Olaf (O) ist wütend auf Theo (T), da dieser am letzten Wochenende auf einer Party einen Witz auf seine Kosten gemacht hat, über den alle herzlich gelacht haben. Als er T eine Woche später zur Rede stellt, ergibt sich ein hitziges Streitgespräch, infolge dessen T plötzlich ausrastet und O von vorne am Hals packt, gegen die Wand drückt und würgt. O, der kaum mehr Luft bekommt, versucht, um der brenzligen Lage zu entkommen, mit mehreren Tritten T im Unterleib zu treffen. Um nicht einen solchen Tritt abzubekommen, versetzt T dem O nun einen heftigen Faustschlag gegen die Schläfe. Dabei weiß er, dass die Möglichkeit besteht, dass ein solcher Faustschlag gegen die Schläfe tödlich sein kann. Dennoch findet er sich mit diesem Risiko ab. Schwer getroffen sinkt O zu Boden und erleidet ein schweres Schädel-Hirn-Trauma, an dem er kurze Zeit später auch stirbt.

Aufgabe

Prüfen Sie gutachterlich die Strafbarkeit des T durch den tödlichen Faustschlag. § 211 StGB ist nicht zu prüfen.

Lösungsskizze

Strafbarkeit des T nach § 212 Abs. 1 StGB?

I. Tatbestand

1. Objektiver Tatbestand

a) Handlung (+)
b) Erfolg: Tod eines anderen Menschen (+)
c) Kausalität (+)
d) Objektive Zurechnung (+)

2. Subjektiver Tatbestand: Vorsatz (+)

II. Rechtswidrigkeit

Notwehr für T gemäß § 32 StGB?

1. Notwehrlage

a) Angriff (+)
b) Gegenwärtig (+)
c) Rechtswidrig

Notwehr für O gemäß § 32 StGB?
aa) *Notwehrlage*
  (1) Angriff (+)
  (2) Gegenwärtig (+)
  (3) Rechtswidrig (+)
bb) *Notwehrhandlung*
  (1) Verteidigung (+)
  (2) Erforderlichkeit (+)
  (3) Gebotenheit (+)
cc) *Subjektives Rechtfertigungselement (+)*

Zwischenergebnis 1: Notwehr für O gemäß § 32 StGB (+)
Zwischenergebnis 2: Notwehr für T gemäß § 32 StGB (–)

III. Schuld (+)

Ergebnis: Strafbarkeit nach § 212 Abs. 1 StGB (+)

Ausformulierte Lösung

T könnte sich wegen Totschlags gemäß § 212 Abs. 1 StGB strafbar gemacht haben, indem er O einen Faustschlag gegen die Schläfe verpasste.

I. Tatbestand

1. Objektiver Tatbestand

Fraglich ist, ob der objektive Tatbestand erfüllt ist.

a) Handlung

Die Handlung liegt in dem Schlag mit der Faust gegen die Schläfe.

b) Erfolg: Tod eines Menschen

O ist tot.

> Klausurhinweis: Selbstverständlich ließe sich auch eine Definition für das Tatbestandsmerkmal „Tod eines Menschen“ finden (z. B. Ein Mensch ist tot, wenn lebensnotwendige Körperfunktionen unwiderruflich erloschen sind). Da sich dieses Tatbestandsmerkmal aber in aller Regel unproblematisch bereits aus dem Sachverhalt ergibt, sollte hier lediglich eine ganz kurze Feststellung erfolgen, die auch keiner weiteren Begründung bedarf.

c) Kausalität

Fraglich ist, ob die Handlung des T kausal für den Erfolg war. Eine Handlung ist kausal für den Erfolg, wenn sie nicht hinweggedacht werden kann, ohne dass der Erfolg in seiner konkreten Gestalt entfiele („conditio-sine-qua-non“-Formel).[8] Der Schlag des T mit der Faust gegen die Schläfe von O kann nicht hinweggedacht werden, ohne dass das tödliche Schädel-Hirn-Trauma des O entfiele. Folglich war die Handlung des T kausal für den Tod des O.

d) Objektive Zurechnung

Zu prüfen ist, ob der Erfolg T auch objektiv zuzurechnen ist. Dies ist dann der Fall, wenn der Täter ein rechtlich missbilligtes Risiko geschaffen hat, das sich im tatbestandsmäßigen Erfolg niedergeschlagen hat.[9] T hat durch den Faustschlag ein rechtlich missbilligtes Risiko geschaffen, das sich auch im tatbestandsmäßigen Todeserfolg niedergeschlagen hat. Folglich ist der Erfolg T auch objektiv zurechenbar.

Somit ist der objektive Tatbestand des § 212 Abs. 1 StGB erfüllt.

2. Subjektiver Tatbestand

S müsste auch den subjektiven Tatbestand erfüllt haben.

Hierfür müsste er vorsätzlich gehandelt haben. Vorsatz ist das Wissen und Wollen der Tatbestandsverwirklichung.[10] Vorliegend wusste T um die Möglichkeit, dass sein Faustschlag gegen die Schläfe tödlich sein könnte. Gleichwohl hat er sich mit diesem Risiko abgefunden und es somit zumindest billigend in Kauf genommen. Damit hat er zumindest mit Eventualvorsatz und damit vorsätzlich gehandelt.

Der subjektive Tatbestand ist somit erfüllt.

II. Rechtswidrigkeit

Fraglich ist, ob T rechtswidrig gehandelt hat. Rechtswidrig handelt, wer sich nicht auf einen Rechtfertigungsgrund berufen kann.

T könnte vorliegend in Notwehr gemäß § 32 StGB gehandelt haben.

1. Notwehrlage

Dafür müsste eine Notwehrlage bestanden haben.

a) Angriff

Zu prüfen ist, ob ein Angriff auf T vorlag. Ein Angriff ist jedes willensgetragene Verhalten eines Menschen, das ein rechtlich geschütztes Interesse zu verletzten droht.[11] Vorliegend versuchte O, den T mit Tritten im Unterleib zu treffen. Dies stellt ein willensgetragenes menschliches Verhalten dar, welches die körperliche Unversehrtheit des T zu verletzten drohte. Demnach lag ein Angriff vor.

b) Gegenwärtig

Fraglich ist, ob der Angriff auch gegenwärtig war. Gegenwärtig ist der Angriff, wenn er unmittelbar bevorsteht, gerade stattfindet oder noch andauert.[12] Die Tritte von O in Richtung des Unterleibes des T fanden gerade statt bzw. dauerten noch an. Demnach war der Angriff gegenwärtig.

c) Rechtswidrig

Der Angriff des O müsste auch rechtswidrig gewesen sein. Das wäre der Fall, wenn er nicht seinerseits durch einen Rechtfertigungsgrund gedeckt gewesen wäre.[13]

In Betracht kommt eine Rechtfertigung durch Notwehr gemäß § 32 StGB.

> Klausurhinweis: An dieser Stelle gilt es nun, den Überblick nicht zu verlieren, denn innerhalb der Notwehrprüfung des T wird nun eine Notwehrprüfung des O vorgenommen (sog. Inzidentprüfung oder Schachtelprüfung). Dies wird durch eine konsequente Gliederung erleichtert.

aa) Notwehrlage

Zu prüfen ist, ob für O eine Notwehrlage vorlag.

(1) Angriff

Fraglich ist, ob ein Angriff auf O vorlag.

> Klausurhinweis: Definitionen müssen nicht ständig wiederholt werden, wenn diese bereits einmal wiedergegeben worden sind. Allenfalls ist auf die bereits erfolgte Definition hinzuweisen.

T hat O gegen die Wand gedrückt und gewürgt, so dass dieser kaum noch Luft bekam. Dies stellt ein willensgetragenes menschliches Verhalten auf das Individualrechtsgut der Gesundheit und des Lebens von O dar. Demnach lag ein Angriff des T auf O vor.

(2) Gegenwärtig

Der Angriff des T müsste auch gegenwärtig gewesen sein. Das Würgen des O durch T fand gerade statt und dauerte noch an. Demnach war der Angriff des T auch gegenwärtig.

(3) Rechtswidrig

Fraglich ist, ob der Angriff des T auch rechtswidrig war. Für den Angriff des T durch das Drücken gegen die Wand und das Würgen sind jedoch keine Rechtfertigungsgründe ersichtlich. Insbesondere liegt allein in einem Streitgespräch kein Angriff vor. Demnach war der Angriff des T auch rechtswidrig.

Somit lag für O eine Notwehrlage vor.

bb) Notwehrhandlung

Es müsste auch eine Notwehrhandlung vorgelegen haben.

(1) Verteidigung

Zu prüfen ist, ob eine Verteidigung vorlag. Verteidigung ist jedes Verhalten, das sich gegen die Rechtsgüter des Angreifers richtet.[14] Vorliegend richteten sich die Tritte des O gegen die Rechtsgüter des Angreifers T. Demnach lag eine Verteidigung vor.

> Klausurhinweis: Der Prüfungspunkt der Verteidigung kann in Fällen, in denen sich diese – wie hier – offensichtlich gegen Rechtsgüter des Angreifers richtet, auch gänzlich weggelassen werden.

(2) Erforderlichkeit

Die Verteidigung müsste auch erforderlich gewesen sein.

Dies setzt zunächst voraus, dass die Verteidigung geeignet war, den Angriff abzuwehren. Dies wäre der Fall, wenn sie hierzu förderlich gewesen wäre. Die Tritte waren zur Abwehr des Angriffs förderlich. Demnach war die Verteidigung geeignet.

Zudem dürfte kein milderes Mittel zur Verteidigung existieren, welches zur Abwehr des Angriffs gleich wirksam gewesen wäre.[15] Vorliegend wurde O von T gegen die Wand gedrückt und gewürgt, so dass O keine Luft mehr bekam. Mildere Mittel als die versuchten Tritte in den Unterleib, die angesichts der Situation des O gleich wirksam zur Beendigung des Angriffs geführt hätten, waren vorliegend nicht ersichtlich. Demnach war die Verteidigung insgesamt auch erforderlich.

> Klausurhinweis: Im Gegensatz zu einer umfassenden Verhältnismäßigkeitsprüfung ist bei der Notwehr keine Güterabwägung (entsprechend der eingriffsrechtlichen Angemessenheit) vorzunehmen.[16]

(3) Gebotenheit

Die Verteidigung in Form der versuchten Tritte müsste auch geboten gewesen sein. Geboten ist eine Verteidigung, wenn diesbezüglich keine sozialethischen Einschränkungen des Notwehrrechts bestehen.[17] Solche Einschränkungen waren vorliegend nicht ersichtlich. Demnach war die Verteidigung des O auch geboten.

> Klausurhinweis: Keinesfalls ist es im Rahmen der Gebotenheit angebracht, die Fallgruppen, bei denen sozialethische Einschränkungen in Betracht kommen, vollständig aufzuzählen, wenn für deren Vorliegen – wie hier – keinerlei Anhaltspunkte bestehen. Nur wenn ernstlich eine Einschränkung der Notwehr in Betracht kommt, ist dies vertieft anhand der bekannten Fallgruppen zu erörtern.

cc) Subjektives Rechtfertigungselement

Letztlich müsste zudem das subjektive Rechtfertigungselement vorliegen. Dies wäre der Fall, wenn O in Kenntnis der Notwehrlage und mit Verteidigungswillen gehandelt hätte. O handelte vorliegend in Kenntnis der Notwehrlage und um sich gegen das Würgen des T zu verteidigen. Demnach liegt auch das subjektive Rechtfertigungselement vor.

Zwischenergebnis 1

Demnach hat O bei der Ausführung der Tritte in Notwehr gehandelt. Sein Angriff auf T war daher nicht rechtswidrig.

Zwischenergebnis 2
Mangels eines rechtswidrigen Angriffs durch O bestand für T somit keine Notwehrlage. Also hat T vorliegend nicht in Notwehr gemäß § 32 StGB gehandelt. Demnach kann T sich nicht auf einen Rechtfertigungsgrund berufen.

T handelte rechtswidrig.

III. Schuld

Auch Entschuldigungsgründe kommen vorliegend nicht in Betracht. T handelte folglich auch schuldhaft.

Ergebnis

T hat sich wegen Totschlags gemäß § 212 Abs. 1 StGB strafbar gemacht, indem er O einen Faustschlag gegen die Schläfe verpasste.

> Klausurhinweis: Sofern sich eine Inzidentprüfung in der Klausur durch eine chronologische Prüfungsreihenfolge vermeiden lässt (insbesondere wenn nach der Strafbarkeit aller Beteiligten gefragt ist), sollte dieser Weg gewählt werden, da dann ein Verweis auf die bereits erfolgte Prüfung möglich ist.

Fall 3

Sachverhalt

Der selbsternannte Discokönig Johnny (J) ist persönlich beleidigt, da ihn die hübsche Discobesucherin Olivia (O) ignoriert. Er nähert sich, als O alleine an der Bar ein Glas Wasser trinkt. Als er sie anspricht und sie sich für einen Moment umdreht, füllt er unbemerkt einige „KO-Tropfen“ in ihr Glas. Nachdem O das Glas ausgetrunken hat, dauert es nur wenige Minuten, bis sie immer müder wird und sich kaum noch auf den Beinen halten kann. Beim Versuch, das Gleichgewicht auf dem Barhocker zu halten, stößt sie sich das Knie heftig am Tresen und erleidet hierdurch am Knie eine tiefe, blutende Wunde. Als J gerade O erneut ansprechen will, wobei er noch gar nicht genau weiß, was er eigentlich erreichen will, erscheint ihr Begleiter Barry (B), bemerkt, dass es O zusehends schlechter geht und bringt sie in sein Auto, um sie nach Hause zu fahren. Er muss jedoch kurz zurückkehren, um an der Garderobe die Jacke von O zu holen.

Auf dem Weg zurück zum Auto folgt ihm J, der inzwischen immer wütender geworden ist. J nimmt einen herumliegenden Stein und schlägt ihn mit voller Wucht von hinten gegen den Kopf des B. Als J gerade ein zweites Mal – mit wohl tödlicher Wirkung – zuschlagen will, gelingt es B wegzurennen. Dabei kommt es dazu, dass B den nur wenige Meter entfernt stehenden Randal (R) so heftig umrennt, dass dieser stürzt und sich ebenfalls eine blutende Wunde zuzieht. Dies wiederum nimmt B in Kauf, da anderenfalls eine Flucht unmöglich wäre. J meint nun jedoch, seine Ehre wieder hergestellt zu haben und geht zurück in die Disco. B trägt zum Glück nur eine Platzwunde am Kopf davon, die er ärztlich versorgen lässt. O erleidet in der Nacht noch heftige Schwindelanfälle, die am nächsten Tag aber wieder vergehen.

Aufgabe

Prüfen Sie gutachterlich die Strafbarkeit des J sowie des B im Hinblick auf Körperverletzungsdelikte. § 229 StGB ist nicht zu prüfen.

Etwaig erforderliche Strafanträge sind gestellt.

Lösungsskizze

Tatkomplex 1: „KO-Tropfen"
Strafbarkeit des J nach §§ 223 Abs. 1, 224 Abs. 1 Nr. 1 und 3 StGB?

I. Tatbestand

1. Objektiver Tatbestand

§ 223 Abs. 1 StGB
a) Handlung (+)
b) Erfolg: körperliche Misshandlung und Gesundheitsschädigung (+)
c) Kausalität (+)
d) Objektive Zurechnung (+)

§ 224 Abs. 1 StGB
a) § 224 Abs. 1 Nr. 1 StGB (Beibringen eines gesundheitsschädigenden Stoffes) (+)
b) § 224 Abs. 1 Nr. 3 StGB (hinterlistiger Überfall) (+)

2. Subjektiver Tatbestand: Vorsatz (+)

II. Rechtswidrigkeit

III. Schuld

Ergebnis: Strafbarkeit nach §§ 223 Abs. 1, 224 Abs. 1 Nr. 1 und 3 StGB (+)

Tatkomplex 2: „Zuschlagen"
Strafbarkeit von J nach §§ 223 Abs. 1, 224 Abs. 1 Nr. 2, 3 und 5 StGB?

I. Tatbestand

1. Objektiver Tatbestand

§ 223 Abs. 1 StGB (+)

§ 224 Abs. 1 StGB
a) § 224 Abs. 1 Nr. 2 StGB (+)
b) § 224 Abs. 1 Nr. 3 StGB (–)
c) § 224 Abs. 1 Nr. 5 StGB (+)

2. Subjektiver Tatbestand: Vorsatz (+)

II. Rechtswidrigkeit (+)

III. Schuld (+)

Ergebnis: Strafbarkeit nach §§ 223 Abs. 1, 224 Abs. 1 Nr. 2 und 5 StGB (+)

Tatkomplex 3: „Umrennen"
Strafbarkeit des B nach § 223 Abs. 1 StGB?

I. Tatbestand

1. Objektiver Tatbestand (+)

2. Subjektiver Tatbestand: Vorsatz (+)

II. Rechtswidrigkeit

1. Notwehr, § 32 StGB (–)

2. Rechtfertigender Notstand, § 34 StGB

a) Notstandslage
   aa) *Gefahr für ein Rechtsgut (Leben des B) (+)*
   bb) *Gegenwärtigkeit (+)*
b) Notstandshandlung
   aa) *Beeinträchtigung eines Rechtsguts (körperliche Unversehrtheit des R) (+)*
   bb) *Erforderlichkeit (+)*
   cc) *Interessenabwägung (Überwiegen des geschützten Interesses des B) (+)*
   dd) *Angemessenheit, § 34 S. 2 StGB*
c) Subjektives Rechtfertigungselement (+)

Ergebnis: Strafbarkeit nach § 223 Abs. 1 StGB (–)

Ausformulierte Lösung

Tatkomplex 1: „KO-Tropfen"
Strafbarkeit von J nach §§ 223 Abs. 1, 224 Abs. 1 Nr. 1 und 3 StGB

J könnte sich durch das Füllen der „KO-Tropfen" in das Glas der O wegen gefährlicher Körperverletzung nach §§ 223 Abs. 1, 224 Abs. 1 Nr. 1 und 3 StGB strafbar gemacht haben.

> Klausurhinweis: Bei § 224 StGB handelt es sich um eine Qualifikation, die direkt mit dem Grundtatbestand des § 223 StGB zusammen geprüft werden kann.

I. Tatbestand

Hierfür müsste er tatbestandsmäßig gehandelt haben.

1. Objektiver Tatbestand

§ 223 Abs. 1 StGB
Zunächst müsste der objektive Tatbestand des Grunddelikts § 223 StGB erfüllt sein.

a) Handlung
Mit dem Füllen der „KO-Tropfen" in das Glas von O hat J offensichtlich willensgesteuert[18] gehandelt.

b) Erfolg
Es müsste der Erfolg einer Körperverletzung eingetreten sein, also eine körperliche Misshandlung oder eine Gesundheitsschädigung. Körperliche Misshandlung ist die üble unangemessene Behandlung, durch die das körperliche Wohlbefinden oder die körperliche Unversehrtheit des Opfers nicht ganz unerheblich beeinträchtigt wird.[19] Gesundheitsschädigung ist das Hervorrufen oder Steigern eines pathologischen Zustandes.[20] O hat nach anfänglicher Müdigkeit in der Nacht heftige Schwindelanfälle erlitten. Zudem hat sie eine tiefe, blutende Wunde am Knie. Dies stellt sowohl eine nicht unerhebliche Beeinträchtigung ihres Wohlbefindens dar als auch einen pathologischen Zustand, so dass der Erfolg sowohl in der Form einer körperlichen Misshandlung als auch einer Gesundheitsschädigung gegeben ist.

c) Kausalität

Nach der Äquivalenzformel ist jede Handlung kausal für den Erfolg, wenn sie nicht hinweggedacht werden kann, ohne dass der Erfolg in seiner konkreten Gestalt entfiele.[21] Hätte J vorliegend die „KO-Tropfen“ nicht in das Glas von O gefüllt, hätte diese weder die genannten Schwindelanfälle erlitten, noch wäre sie durch ihre Müdigkeit so geschwächt gewesen, dass sie mit der Folge einer Knieverletzung gegen den Tresen gestoßen wäre. Die Kausalität kann also bejaht werden.

d) Objektive Zurechnung

Der Erfolg kann J dann zugerechnet werden, wenn dieser ein rechtlich missbilligtes Risiko geschaffen hat, welches sich im tatbestandlichen Erfolg realisiert hat.[22] Mit der Gabe der „KO-Tropfen“ hat J natürlich ein rechtlich missbilligtes Risiko für O geschaffen. Fraglich ist jedoch, ob sich dieses Risiko im konkreten Taterfolg realisiert hat. Unproblematisch kann dies für die Schwindelanfälle angenommen werden, die unmittelbare Folge der Einnahme der „KO-Tropfen“ sind.

Ein blutendes Knie ist jedoch keine solche unmittelbare Folge. Eine objektive Zurechnung würde in einem solchen Fall dann ausscheiden, wenn die Körperverletzung Folge eines völlig atypischen Kausalverlaufs wäre.[23] Es ist allerdings keineswegs atypisch, dass eine Person nach der Einnahme von „KO-Tropfen“ so geschwächt ist, dass sie Schwierigkeiten hat, ihr Gleichgewicht zu behalten, und demzufolge derart heftig gegen etwas stößt, dass es zu einer erheblichen Verletzung kommt. Somit muss sich J auch die Knieverletzung von O objektiv zurechnen lassen.

Der objektive Tatbestand des § 223 Abs. 1 StGB ist somit erfüllt.

> Klausurhinweis: Sofern Grundtatbestand und Qualifikation zusammen geprüft werden, sind grundsätzlich zwei Prüfungsreihenfolgen möglich. Man kann, wie hier, nach dem objektiven Tatbestand des Grunddelikts den objektiven Tatbestand der Qualifikation prüfen und anschließend zum gemeinsamen subjektiven Tatbestand übergehen. Alternativ könnte man aber auch zunächst den objektiven und subjektiven Tatbestand des Grunddelikts prüfen und erst anschließend auf die Qualifikation einzugehen.

§ 224 Abs. 1 StGB

a) § 224 Abs. 1 Nr. 1 StGB

Bei den „KO-Tropfen“ handelt es sich um einen gesundheitsschädlichen Stoff, der also dazu geeignet ist, die Gesundheit des Opfers zu schädigen, wie der vorliegende Fall beweist. Beibringen liegt jedenfalls dann vor, wenn der Stoff in das Körperinnere des Opfers gelangt,[24] was durch die Einnahme hier ebenfalls gegeben ist.

> Klausurhinweis: Es ist durchaus nicht abwegig, „KO-Tropfen" auch als Gift im Sinne des § 224 Abs. 1 Nr. 1 1. Alt. StGB oder auch als gefährliches Werkzeug nach § 224 Abs. 1 Nr. 2 2. Alt. StGB anzusehen. Da die Rechtsprechung allerdings regelmäßig in diesen Fällen § 224 Abs. 1 Nr. 1 2. Alt. StGB heranzieht, liegt es nahe, in der Klausur den vorgeschlagenen Weg zu gehen.[25]

Der objektive Tatbestand des § 224 Abs. 1 Nr. 1 StGB ist mithin gegeben.

b) § 224 Abs. 1 Nr. 3 StGB

Zugleich könnte J die Körperverletzung aber auch mittels eines hinterlistigen Überfalls begangen haben.

> Klausurhinweis: Wichtig ist es, immer alle Qualifikationstatbestände zu bedenken und dann alle diejenigen zu prüfen, die für den Fall irgendwie relevant sind. Völlig irrelevante Qualifikationstatbestände (hier z. B. ein gemeinschaftliches Handeln nach § 224 Abs. 1 Nr. 4 StGB) sind nicht zu erwähnen, alle anderen zu prüfen und im Ergebnis zu bejahen oder abzulehnen.

Unter einem Überfall versteht man einen unvorhergesehenen Angriff auf das Opfer.[26] Hinterlistig ist dieser, wenn der Täter planmäßig, unter Verdeckung seiner wahren Absicht, vorgeht.[27] J spricht O an, um sie abzulenken, um in einem geeigneten Moment die „KO-Tropfen" in ihr Glas zu füllen. Hierin kann man einen hinterlistigen Überfall sehen, so dass auch dieser Qualifikationstatbestand gegeben ist.

2. Subjektiver Tatbestand

J müsste aber auch subjektiv mit dem Vorsatz, O zu verletzen, gehandelt haben. Vorsatz ist das Wissen und Wollen der Tatbestandsverwirklichung.[28] Ob er die Absicht oder das sichere Wissen im Sinne des dolus directus 1. oder 2. Grades hinsichtlich der Herbeiführung der Schwindelanfälle hat, kann dem Sachverhalt nicht entnommen werden. Zumindest aber hat er eine solche Folge billigend in Kauf genommen, handelte also mit dolus eventualis. Dies kann ebenfalls für weitere Folgen aufgrund der Schwächung, hier also die Knieverletzung, unterstellt werden. J hat demnach vorsätzlich gehandelt und den subjektiven Tatbestand des § 223 Abs. 1 StGB erfüllt.

Es kann davon ausgegangen werden, dass J wusste, dass es sich bei den von ihm in das Glas gefüllten „KO-Tropfen" um einen gesundheitsschädigenden Stoff handelt. Ebenfalls hatte er die Absicht, mittels Hinterlist vorzugehen, so dass beide Qualifikationstatbestände auch von Vorsatz getragen werden. Der subjektive Tatbestand ist also auch diesbezüglich gegeben.

Klausurhinweis: Wenn, wie hier, der subjektive Tatbestand des Grunddeliktes und der Qualifikation gemeinsam geprüft wird, ist darauf zu achten, dass sich der Vorsatz sowohl auf das Grunddelikt als auch auf die Qualifikation bezieht.

II. Rechtswidrigkeit

Da keine Rechtfertigungsgründe ersichtlich sind, handelte J auch rechtswidrig.

III. Schuld

Mangels Entschuldigungsgründen handelte er ebenfalls schuldhaft.

Ergebnis

Somit hat sich J durch das Füllen der „KO-Tropfen" in das Glas von O wegen gefährlicher Körperverletzung nach §§ 223 Abs. 1, 224 Abs. 1 Nr. 1 und 3 StGB strafbar gemacht.

Tatkomplex 2: „Zuschlagen"
Strafbarkeit von J nach §§ 223 Abs. 1, 224 Abs. 1 Nr. 2, 3 und 5 StGB

J könnte sich durch das Zuschlagen mit dem Stein auf B nach §§ 223 Abs. 1, 224 Abs. 1 Nr. 2, 3 und 5 StGB wegen gefährlicher Körperverletzung strafbar gemacht haben.

I. Tatbestand

1. Objektiver Tatbestand

§ 223 Abs. 1 StGB
Dafür müsste er zunächst den objektiven Tatbestand des Grunddelikts erfüllt haben.

Der Schlag erfolgte willensgesteuert, so dass J gehandelt hat. Die Platzwunde von B stellt einen pathologischen Zustand dar, den J mit dem Schlag herbeigeführt hat, so wie er durch den Schlag B auch unangemessen behandelt und hierdurch dessen Wohlbefinden und körperliche Unversehrtheit nicht unerheblich beeinträchtigt hat. Der Körperverletzungserfolg ist also sowohl in der Form der Gesundheitsschädigung als auch der körperlichen Misshandlung gegeben.

Ohne den Schlag wäre es nicht zur Platzwunde gekommen, und das Risiko des Schlages hat sich im konkreten Verletzungserfolg realisiert, so dass auch Kausalität und objektive Zurechnung bejaht werden können. Der objektive Tatbestand des § 223 Abs. 1 StGB ist damit erfüllt.

> Klausurhinweis: In unproblematischen Fällen können einzelne Prüfungspunkte auch zusammengefasst werden und vom Gutachtenstil kann auf den Urteilsstil umgestellt werden. Mehrmals dieselbe Definition in einer Klausur vorzutragen, erscheint ebenfalls unnötig. Hier kann im Falle einer Wiederholung direkt die Subsumtion angewandt werden.

§ 224 Abs. 1 StGB

Auch der objektive Tatbestand zumindest einer Qualifikation müsste erfüllt sein.

a) § 224 Abs. 1 Nr. 2 StGB

Man könnte zunächst daran denken, dass J mit dem Stein ein gefährliches Werkzeug verwendet hat im Sinne des § 224 Abs. 1 Nr. 2 StGB. Im Unterschied zu einer Waffe, die dazu bestimmt sein muss, erhebliche Verletzungen herbeizuführen, muss ein gefährliches Werkzeug nur nach seiner objektiven Beschaffenheit und nach der konkreten Art seiner Benutzung dazu geeignet sein, erhebliche Verletzungen herbeizuführen.[29] Da man mit einem Stein, wenn man ihn gegen den Kopf einer Person schlägt, durchaus ganz erhebliche Verletzungen herbeiführen kann, begeht J vorliegend die Körperverletzung mittels eines gefährlichen Werkzeugs. Der Qualifikationstatbestand des § 224 Abs. 1 Nr. 2 StGB ist folglich erfüllt.

b) § 224 Abs. 1 Nr. 3 StGB

Wiederum könnte ein hinterlistiger Überfall gegeben sein. Sicherlich greift hier J den B unvorhersehbar von hinten an, überfällt ihn also. Fraglich ist aber, ob er dies auch planmäßig, unter Verdeckung seiner wahren Absichten tut, also hinterlistig. J schlägt B zwar von hinten überraschend mit dem Stein gegen den Kopf. Dabei hat er aber nur ausgenutzt, dass dieser auf dem Weg zum Auto J den Rücken zudreht. Diesen Umstand hat J nicht planmäßig herbeigeführt, so dass ein hinterlistiger Überfall schon objektiv ausscheidet.

c) § 224 Abs. 1 Nr. 5 StGB

Es stellt sich schließlich die Frage, ob der Schlag eine lebensgefährdende Behandlung darstellt. Problematisch ist dabei allerdings, dass es vorliegend bei B nur zu einer Platzwunde gekommen ist. Lebensgefahr hat also zu keiner Zeit tatsächlich bestanden. Nach h.M. ist eine konkrete Lebensgefahr für § 224 Abs. 1 Nr. 5 StGB aber auch nicht erforderlich. Es genügt, dass das Verhalten abstrakt dazu geeignet ist, Lebensgefahr auszulösen.[30] Dies kann im Falle eines heftigen Schlages mit einem Stein gegen den Kopf einer Person durchaus angenommen werden. Eine lebensgefährdende Behandlung liegt damit vor.

> Klausurhinweis: Nicht immer gibt es in einer Klausur eine einzige richtige Lösung. Mangels genauerer Angaben im Sachverhalt ist hier auch ein gegenteiliges Ergebnis vertretbar, wenn man das Vorgehen des J auch abstrakt noch nicht als lebensgefährdend ansieht. Jedenfalls sollte aber auch dieser Qualifikationstatbestand angesprochen werden.

2. Subjektiver Tatbestand

J hatte die Absicht, B zu verletzen. Er wollte mit dem Stein auch einen Gegenstand verwenden, von dem er wusste, dass er gefährlich ist. Schließlich kann auch unterstellt werden, dass J jedenfalls billigend in Kauf nimmt, B lebensgefährdend zu behandeln, also Eventualvorsatz hat.

II. Rechtswidrigkeit

Mangels ersichtlicher Rechtfertigungsgründe handelte J auch rechtswidrig.

III. Schuld

Da auch keine Entschuldigungsgründe ersichtlich sind, handelte er ebenfalls schuldhaft.

Ergebnis

Somit hat sich J mit dem Schlag mit dem Stein gegen den Kopf des B strafbar gemacht wegen gefährlicher Körperverletzung nach §§ 223 Abs. 1, 224 Abs. 1 Nr. 2 und 5 StGB.

Tatkomplex 3: „Umrennen“
Strafbarkeit von B nach § 223 Abs. 1 StGB

B könnte sich durch Umrennen des R wegen Körperverletzung gemäß § 223 Abs. 1 StGB strafbar gemacht haben.

I. Tatbestand

1. Objektiver Tatbestand

B hat willensgesteuert die Flucht ergriffen und dabei R umgerannt, er hat also gehandelt und mit der blutenden Wunde bei R einen krankhaften Zustand herbeigeführt sowie diesen unangemessen behandelt und dessen körperliches Wohlbefinden nicht nur unerheblich beeinträchtigt. Wiederum hat er also beide Varianten des Körperverletzungserfolgs herbeigeführt.

Da es zu der Verletzung ohne das Umrennen nicht gekommen wäre, war die Handlung auch kausal. Und schließlich bestehen keinerlei Zweifel an der objektiven Zurechnung, da sich das Risiko durch das Umrennen in der konkreten Verletzung des R niedergeschlagen hat.

2. Subjektiver Tatbestand

B wollte zwar R nicht absichtlich verletzen, im Rahmen seiner Flucht hat er jedoch das Verletzungsrisiko erkannt und dieses laut Sachverhalt auch billigend in Kauf genommen. Er hat also mit Eventualvorsatz gehandelt und damit den subjektiven Tatbestand erfüllt.

> Klausurhinweis: Wenn kein Qualifikationstatbestand für die Lösung relevant ist, braucht § 224 StGB gar nicht angesprochen zu werden.

II. Rechtswidrigkeit

B könnte jedoch für sein Tun gerechtfertigt sein. Das wäre dann der Fall, wenn ein Rechtfertigungsgrund gegeben wäre.

1. Notwehr, § 32 StGB

Als Rechtfertigungsgrund kommt vorliegend zunächst Notwehr gemäß § 32 StGB in Betracht. Dieser scheidet jedoch von vornherein aus, da er voraussetzt, dass sich die Verteidigungshandlung gegen den Angreifer richtet,[31] von dem hier umgerannten R jedoch keinerlei Angriff ausgeht. Gegen den ihn angreifenden J ging B aber gerade nicht vor.

> Klausurhinweis: Genau genommen stellt sich diese Frage erst nach Annahme der Notwehrlage bei der Prüfung der Notwehrhandlung. Es erscheint aber auch vertretbar, diese hier offensichtliche Begründung zur Ablehnung der Notwehr direkt anzusprechen. Notwehr gar nicht anzusprechen, wäre indes verfehlt.

2. Rechtfertigender Notstand, § 34 StGB

B könnte dennoch gerechtfertigt sein, nämlich durch den rechtfertigenden Notstand nach § 34 StGB.

Klausurhinweis: „Klassische" Klausurverläufe, wie hier die nicht gegebene Notwehr aufgrund der Verteidigung gegen einen Dritten, und die daraus folgende Möglichkeit eines rechtfertigenden Notstandes, sollte man sich besonders gut merken, da sie immer wieder vorkommen.

a) Notstandslage

Dies setzt zunächst das Bestehen einer Notstandslage voraus.

aa) Gefahr für ein Rechtsgut

Es müsste eine Gefahr für ein Rechtsgut vorliegen. Unter einer Gefahr versteht man einen Zustand, der einen Schaden mit hinreichender Wahrscheinlichkeit erwarten lässt.[32] Da J den B zum zweiten Mal mit dem Stein schlagen wollte, war eine solche Gefahr vorliegend anzunehmen.

bb) Gegenwärtigkeit

Diese Gefahr müsste aber auch gegenwärtig gewesen sein. Eine Gefahr ist gegenwärtig, wenn ein Zustand gegeben ist, dessen Weiterentwicklung den Eintritt eines Schadens ernstlich befürchten lässt, sofern nicht alsbald Abwehrmaßnahmen ergriffen werden.[33] Auch dies ist vorliegend gegeben, da der zweite Schlag mit dem Stein unmittelbar bevorstand.

b) Notstandshandlung

Neben der Notstandslage ist auch die Notstandshandlung zu prüfen.

aa) Beeinträchtigung eines Rechtsguts

Dabei müsste B ein fremdes Rechtsgut beeinträchtigt haben, was durch das Umrennen des R und der damit verbundenen Beeinträchtigung von dessen körperlicher Unversehrtheit der Fall ist.

bb) Erforderlichkeit

Diese Beeinträchtigung müsste, um gerechtfertigt zu sein, erforderlich gewesen sein. Erforderlich ist von allen zur Gefahrenabwehr geeigneten Mitteln nur das für den von der Notstandshandlung Betroffenen mildeste.[34] Laut Sachverhalt gab es keine andere Fluchtmöglichkeit für B als diejenige, die zum Umrennen des R führte, so dass die Notstandshandlung auch erforderlich war.

cc) Interessenabwägung

Nach § 34 S. 1 StGB müsste nun jedoch das geschützte Interesse, hier also das Interesse des B, dem möglicherweise zweiten, tödlichen Schlag zu entkommen, das beeinträchtigte Interesse, also das Interesse des R auf seine körperliche Unversehrtheit, wesentlich überwiegen. Vergleicht man die beiden Rechtsgüter, so ist festzustellen, dass das geschützte Rechtsgut Leben das beeinträchtigte Rechtsgut körperliche Unversehrtheit wesentlich überwiegt.

dd) Angemessenheit

Schließlich müsste die Beeinträchtigung der Rechtsgüter des R aber nach § 34 S. 2 StGB auch angemessen gewesen sein. Dies ist anhand der Gesamtrechtsordnung zu bewerten. Vorliegend bestehen jedoch keinerlei Zweifel an der Angemessenheit des Verhaltens des B.

> Klausurhinweis: Die Angemessenheit nach § 34 S. 2 StGB ist nicht gleichbedeutend mit der Interessenabwägung des § 34 S. 1 StGB und darf auch nicht verwechselt werden mit der aus dem Eingriffsrecht bekannten Angemessenheitsprüfung in der Verhältnismäßigkeit.

c) Subjektives Rechtfertigungselement

In subjektiver Hinsicht müsste B gehandelt haben, um die Gefahr von sich oder einem anderen abzuwehren. Vorliegend rannte er R um, um dem zweiten Schlag zu entkommen, um also die ihm drohende Gefahr abzuwehren.

Die Voraussetzungen des rechtfertigenden Notstandes nach § 34 StGB sind damit gegeben. B handelte demnach nicht rechtswidrig.

> Klausurhinweis: Eine Erwähnung der Schuld verbietet sich nunmehr gänzlich, da eine bereits gerechtfertigte Person niemals schuldhaft handeln kann. Es kann direkt zum Ergebnis übergegangen werden.

Ergebnis

B hat sich folglich durch das Umrennen des R nicht wegen einer Körperverletzung nach § 223 Abs. 1 StGB strafbar gemacht.

Fall 4

Sachverhalt

Der kaltblütige Gangsterboss Giovanni (G) ist wütend auf seinen Handlanger Olivero (O), da dieser einen lukrativen Deal vermasselt hat. G denkt sich eine blutrünstige Bestrafung aus: Er lässt seinen Bruder Hugo (H), den er aufgrund dessen Gesetzestreue ohnehin nicht leiden kann und O beide zu sich in sein Büro kommen und bedroht beide mit einer Pistole und fordert nun H auf, O mit voller Wucht gegen den Kopf zu treten. Wenn er das nicht tue, werde er beide sofort erschießen. H sieht keine andere Möglichkeit, sein Leben zu retten, als der Forderung des G nachzukommen. Er tritt O deshalb mit dem Fuß gegen den Kopf. Er weiß, dass ein solcher Tritt tödlich sein kann. Er hofft zwar, dass O überleben werde, weiß aber, dass dies sehr unwahrscheinlich ist und findet sich angesichts seiner eigenen Lebensgefahr auch mit einem möglichen Tod des O ab. O stirbt an den Folgen des Trittes.

Aufgabe

Prüfen Sie gutachterlich die Strafbarkeit des H. § 211 StGB ist nicht zu prüfen.

Lösungsskizze

Strafbarkeit des H nach § 212 Abs. 1 StGB?

I. Tatbestand

1. Objektiver Tatbestand

a) Handlung (+)
b) Erfolg: Tod eines Menschen (+)
c) Kausalität (+)
d) Objektive Zurechnung (+)

2. Subjektiver Tatbestand: Vorsatz (+)

II. Rechtswidrigkeit

1. Notwehr, § 32 StGB

a) Notwehrlage
   aa) *Angriff (+)*
   bb) *Gegenwärtig (+)*
   cc) *Rechtswidrig (+)*
b) Notwehrhandlung
   aa) *Verteidigung (–)*

2. Rechtfertigender Notstand, § 34 StGB

a) Notstandslage
   aa) *Gefahr für ein Rechtsgut (+)*
   bb) *Gegenwärtig (+)*
b) Notstandshandlung
   aa) *Beeinträchtigung eines fremden Rechtsguts (+)*
   bb) *Erforderlichkeit (+)*
   cc) *Interessensabwägung zwischen dem geschützten und dem beeinträchtigten Rechtsgut (–)*

III. Schuld

1. Entschuldigender Notstand, § 35 Abs. 1 StGB

a) Notstandslage
   aa) *Gefahr für ein qualifiziertes Rechtsgut des Täters (+)*
   bb) *Gegenwärtig (+)*

b) Notstandshandlung
   aa) *Beeinträchtigung eines fremden Rechtsguts (+)*
   bb) *Erforderlichkeit (+)*
   cc) *Keine Zumutbarkeit der Gefahrhinnahme (+)*
c) Subjektives Entschuldigungselement (+)

Ergebnis: Strafbarkeit nach § 212 Abs. 1 StGB (–)

Ausformulierte Lösung

Strafbarkeit von H nach § 212 Abs. 1 StGB

H könnte sich wegen Totschlags gemäß § 212 Abs. 1 StGB strafbar gemacht haben, indem er O gegen den Kopf trat.

I. Tatbestand

1. Objektiver Tatbestand

Fraglich ist, ob der objektive Tatbestand erfüllt ist.

a) Handlung

Die Handlung liegt in dem Tritt gegen den Kopf.

b) Erfolg: Tod eines Menschen

O ist tot.

c) Kausalität

Fraglich ist, ob die Handlung des H kausal für den Erfolg war. Eine Handlung ist kausal für den Erfolg, wenn sie nicht hinweggedacht werden kann, ohne dass der Erfolg in seiner konkreten Gestalt entfiele („conditio-sine-qua-non"-Formel).[35] Der Tritt des H gegen den Kopf des O kann nicht hinweggedacht werden, ohne dass der Tod des O entfiele. Folglich war die Handlung des H kausal für den Tod des O.

d) Objektive Zurechnung

Zu prüfen ist, ob der Erfolg dem H auch objektiv zuzurechnen ist. Dies ist dann der Fall, wenn der Täter ein rechtlich missbilligtes Risiko geschaffen hat, das sich im tatbestandsmäßigen Erfolg niedergeschlagen hat.[36] H hat durch den Tritt gegen den Kopf des O ein rechtlich missbilligtes Risiko geschaffen, das sich auch im tatbestandsmäßigen Todeserfolg niedergeschlagen hat. Folglich ist der Erfolg dem H auch objektiv zurechenbar.

Somit ist der objektive Tatbestand des § 212 Abs. 1 StGB erfüllt.

2. Subjektiver Tatbestand

H müsste auch den subjektiven Tatbestand erfüllt haben. Hierfür müsste er vorsätzlich gehandelt haben. Vorsatz ist das Wissen und Wollen der Tatbestandsverwirklichung.[37] Vorliegend wusste H um die Möglichkeit, dass sein Tritt gegen den Kopf tödlich sein könnte. Zwar hoffte er, dass der Erfolg in Form des Todes von O ausbleiben werde. Er wusste jedoch, dass dies sehr unwahrscheinlich ist. Obwohl ihm der Erfolgseintritt damit an sich unerwünscht war, hat er sich mit ihm abgefunden und ihn damit auch billigend in Kauf genommen. Damit hat H zumindest mit Eventualvorsatz und damit vorsätzlich gehandelt. Der subjektive Tatbestand ist somit erfüllt.

II. Rechtswidrigkeit

Fraglich ist, ob H rechtswidrig gehandelt hat. Rechtswidrig handelt, wer sich nicht auf einen Rechtfertigungsgrund berufen kann.

1. Notwehr, § 32 StGB

Fraglich ist, ob H vorliegend in Notwehr gemäß § 32 StGB gehandelt hat.

a) Notwehrlage

Es müsste eine Notwehrlage bestanden haben.

aa) Angriff

Zu prüfen ist, ob ein Angriff vorlag. Ein Angriff ist jedes willensgetragene Verhalten eines Menschen, das ein rechtlich geschütztes Interesse zu verletzten droht.[38] G bedroht H mit einer Pistole und droht, ihn zu erschießen. Dies stellt ein willensgetragenes menschliches Verhalten dar, welches das Leben des H zu verletzten droht. Demnach liegt ein Angriff vor.

bb) Gegenwärtig

Fraglich ist, ob der Angriff auch gegenwärtig war. Gegenwärtig ist der Angriff, wenn er unmittelbar bevorsteht, gerade stattfindet oder noch andauert.[39] G droht H, ihn sofort zu erschießen, wenn er nicht jetzt O gegen den Kopf tritt. Damit stand der Angriff auf das Leben des H unmittelbar bevor. Also lag ein gegenwärtiger Angriff vor.

cc) Rechtswidrig

Der Angriff des G müsste auch rechtswidrig gewesen sein. Das wäre der Fall, wenn er nicht seinerseits durch einen Rechtfertigungsgrund gedeckt wäre.[40] Ein diesbezüglicher Rechtfertigungsgrund ist nicht ersichtlich. Also war der Angriff auch rechtswidrig.

Demnach lag für H eine Notwehrlage vor.

b) Notwehrhandlung

Es müsste auch eine Notwehrhandlung vorgelegen haben.

aa) Verteidigung

Fraglich ist, ob eine Verteidigung des H vorlag. Verteidigung ist jedes Verhalten, das sich gegen die Rechtsgüter des Angreifers richtet.[41] Vorliegend trat H zur Abwehr des Angriffs des G dem O gegen den Kopf. Demnach richtete sich seine Notwehrhandlung zur Abwehr des Angriffs nicht gegen Rechtsgüter des Angreifers. Somit bestand auch keine Verteidigung.

Notwehr liegt damit nicht vor.

2. Rechtfertigender Notstand, § 34 StGB

Fraglich ist, ob die Voraussetzungen eines rechtfertigenden Notstandes nach § 34 StGB vorliegen.

a) Notstandslage

Zu prüfen ist, ob eine Notstandslage bestand.

aa) Gefahr für ein Rechtsgut

Fraglich ist, ob eine Gefahr für ein Rechtsgut vorlag. Eine Gefahr ist ein Zustand, der einen Schaden mit hinreichender Wahrscheinlichkeit erwarten lässt.[42] Vorliegend drohte G, den H zu erschießen, wenn dieser nicht O gegen den Kopf tritt. Bei ungehindertem Geschehensablauf war damit ein Schaden für das Rechtsgut Leben des H hinreichend wahrscheinlich. Demnach lag eine Gefahr vor.

bb) Gegenwärtig

Die Gefahr müsste auch gegenwärtig gewesen sein. Eine Gefahr ist gegenwärtig, wenn ein Zustand gegeben ist, dessen Weiterentwicklung den Eintritt eines Schadens ernstlich befürchten lässt, sofern nicht alsbald Abwehrmaßnahmen ergriffen werden.[43] G drohte H, ihn sofort zu erschießen, wenn er nicht jetzt O gegen den Kopf tritt. Damit ist der Schadenseintritt für das Leben des H höchstwahrscheinlich, wenn er nicht alsbald O gegen den Kopf tritt. Damit war die Gefahr auch gegenwärtig.

> Klausurhinweis: Es ist auch gut vertretbar, die Prüfungspunkte der „Gefahr für ein Rechtsgut" und der „Gegenwärtigkeit" in einem Prüfungspunkt „Gegenwärtige Gefahr für ein Rechtsgut" zusammenzufassen. Dann müssten lediglich die beiden Definitionen kombiniert werden.

Eine Notstandslage lag damit vor.

b) Notstandshandlung

aa) Beeinträchtigung eines fremden Rechtsguts

Indem H dem O gegen den Kopf getreten hat, hat er ein fremdes Rechtsgut beeinträchtigt.

bb) Erforderlichkeit

Fraglich ist, ob der Tritt gegen den Kopf des O vorliegend auch erforderlich war.

Dies setzt zunächst voraus, dass der Tritt geeignet war, die gegenwärtige Gefahr abzuwehren. Dies wäre der Fall, wenn er hierzu ein taugliches Mittel dargestellt hätte. G drohte H, ihn zu erschießen, wenn er nicht O gegen Kopf tritt. Der Tritt war demnach ein zur Abwehr der gegenwärtigen Gefahr förderliches Mittel. Demnach war der Tritt auch zur Abwehr der gegenwärtigen Gefahr geeignet.

Zudem dürfte kein milderes Mittel vorhanden gewesen sein, welches zur Abwehr der gegenwärtigen Gefahr gleich wirksam gewesen wäre.[44] Vorliegend bedrohte G den H mit einer Pistole und drohte, ihn sofort zu erschießen, wenn er nicht O gegen den Kopf tritt. Ein milderes Mittel zur Abwehr dieser gegenwärtigen Gefahr auf das Leben des H war nicht ersichtlich. Demnach war der Tritt gegen den Kopf des O auch erforderlich.

cc) Interessensabwägung zwischen dem geschützten und dem beeinträchtigten Rechtsgut

Das durch die Gefahr bedrohte Rechtsgut müsste bei einer Interessensabwägung mehr wert sein als das durch die Notstandshandlung beeinträchtigte Rechtsgut. Das durch die Gefahr bedrohte Rechtsgut war das Leben des H. Das durch die Notstandshandlung beeinträchtigte Rechtsgut war das Leben des O. Demnach überwiegt das geschützte Rechtsgut des H nicht das beeinträchtigte Rechtsgut des O.

Eine Notstandshandlung liegt damit nicht vor.

> Klausurhinweis: Aus diesem Grund kann der Merksatz aufgestellt werden, dass die Tötung eines Menschen nicht durch § 34 StGB gerechtfertigt sein kann.

Die Voraussetzungen eines rechtfertigenden Notstandes nach § 34 StGB liegen damit nicht vor.

Es liegen demnach keine Rechtfertigungsgründe vor. H handelte rechtswidrig.

III. Schuld

Fraglich ist, ob H schuldhaft handelte. Schuldhaft handelt, wer keine Entschuldigungsgründe vorweisen kann.

1. Entschuldigender Notstand, § 35 Abs. 1 StGB

In Betracht kommt vorliegend der Entschuldigungsgrund des entschuldigenden Notstands nach § 35 Abs. 1 StGB.

a) Notstandslage

Es könnte eine Notstandslage vorgelegen haben.

aa) Gefahr für ein qualifiziertes Rechtsgut des Täters

Wie bereits geprüft, lag eine Gefahr für das Leben des H vor und damit auch eine Gefahr für das qualifizierte Rechtsgut „Leben" des Täters im Sinne von § 35 Abs. 1 StGB.

bb) Gegenwärtig

Wie gesehen ist diese Gefahr auch gegenwärtig gewesen.

> Klausurhinweis: Die Prüfungspunkte „Gegenwärtigkeit", „Beeinträchtigung eines fremden Rechtsguts" und „Erforderlichkeit" sind deckungsgleich mit § 34 StGB, so dass – sofern eine Prüfung dieser Merkmale bei § 34 StGB bereits erfolgt ist – auf die entsprechenden Ausführungen verwiesen werden kann.

Somit bestand eine Notstandslage.

b) Notstandshandlung

Fraglich ist, ob eine Notstandshandlung vorlag.

aa) Beeinträchtigung eines fremden Rechtsguts

Wie bereits geprüft, lag die Beeinträchtigung eines fremden Rechtsguts vor.

bb) Erforderlichkeit

Ebenso war der Tritt gegen den Kopf zur Abwehr der Gefahr auch erforderlich.

cc) Keine Zumutbarkeit der Gefahrhinnahme

H dürfte es nach § 35 Abs. 1 S. 2 StGB nicht zumutbar gewesen sein, die Gefahr hinzunehmen. Eine Zumutbarkeit der Gefahrhinnahme besteht insbesondere dann, wenn der Täter die Gefahr selbst verursacht hat. Eine solche Gefahrverursachung durch H ist vorliegend nicht ersichtlich. Auch eine Pflicht zur Hinnahme der Gefahr aufgrund einer Unverhältnismäßigkeit des drohenden Schadens bei H besteht nicht, da vorliegend eine gegenwärtige Gefahr für sein Leben besteht.

> Klausurhinweis: Die Prüfung einer Pflicht zur Hinnahme der Gefahr bei § 35 Abs. 1 StGB aufgrund Unverhältnismäßigkeit des drohenden Schadens durch die Gefahr im Vergleich zum beeinträchtigten Rechtsgut ist nicht dasselbe wie die Interessensabwägung bei § 34 StGB. Bei § 35 Abs. 1 StGB wird nämlich gerade nicht verlangt, dass der drohende Schaden durch die Gefahr das beeinträchtigte Rechtsgut überwiegt, so dass auch bei Gleichrangigkeit der Rechtsgüter oder einem Überwiegen des beeinträchtigten Rechtsguts eine Entschuldigung möglich ist.

Demnach war H nach § 35 Abs. 1 S. 2 StGB die Hinnahme der Gefahr auch nicht zumutbar.

Eine Notstandshandlung lag vor.

c) Subjektives Entschuldigungselement

H handelte auch in Kenntnis der Notstandslage, um die Lebensgefahr für sich abzuwenden.

Demnach lagen die Voraussetzungen des entschuldigenden Notstandes nach § 35 Abs. 1 StGB vor. H handelte also nicht schuldhaft.

Ergebnis

H hat sich nicht wegen Totschlags gemäß § 212 Abs. 1 StGB strafbar gemacht haben, indem er O gegen den Kopf trat.

Fall 5

Sachverhalt

Macho Manni (M) hat ein Auge auf die Freundin Frieda (F) seines Orchesterkollegen Karlchen (K) geworfen, was diesem nicht verborgen bleibt. Nach einigen Provokationen seitens M nimmt der schwächliche K all seinen Mut zusammen und entschließt sich, dem Treiben ein Ende zu machen.

Als die beiden sich in Begleitung der F von der Arbeit auf den Heimweg machen, stößt K den M völlig überraschend zu Boden, wirft sich auf ihn, hält dessen Arme fest und fordert triumphierend, dass M sich entschuldigen und F nie mehr ansprechen solle. Dieser Aufforderung kommt M natürlich nicht nach, weshalb ihn K immer fester zu Boden drückt. Einige Minuten lang lässt M dies geschehen, obwohl er von Beginn an merkt, dass er sich mit einem simplen Griff aus der Umklammerung lösen könnte, was nur zu unwesentlichen Schmerzen bei K führen würde. Als er jedoch den verächtlichen Blick von F bemerkt, entschließt er sich, um diese zu beeindrucken, die eigentlichen Machtverhältnisse deutlich zu machen. Ohne weitere Vorwarnung greift er die Hände von K und quetscht und dreht diese mit einer solchen Kraft, dass K nicht nur von M ablässt, sondern vor Schmerzen laut schreiend davon läuft.

Später stellt sich heraus, dass die Quetschungen zu einer dauerhaften Versteifung von Daumen und kleinem Finger an der rechten Hand von K geführt haben. Finger und Daumen sind nicht mehr zu gebrauchen, seine Arbeitsstelle als Bratschist im Orchester muss K aufgeben. Solch erhebliche Folgen hatte M zwar nicht beabsichtigt und ging auch nicht sicher davon aus, dass es dazu kommen würde. Da es für ihn aber nur entscheidend war, F zu beeindrucken, und er seine Kräfte gut einschätzen kann, nahm er auch eine solche dauerhafte Verletzung billigend in Kauf.

Aufgabe

Prüfen Sie gutachterlich die Strafbarkeit von M.

Lösungsskizze

Strafbarkeit des M nach §§ 223 Abs. 1, 226 Abs. 1 Nr. 2 StGB?

I. Tatbestand

1. Objektiver Tatbestand

§ 223 Abs. 1 StGB
a) Handlung (+)
b) Erfolg: Körperliche Misshandlung und Gesundheitsschädigung (+)
c) Kausalität (+)
d) Objektive Zurechnung (+)

§ 226 Abs. 1 Nr. 2 StGB: kleiner Finger (–), Daumen (+)

2. Subjektiver Tatbestand: Vorsatz (+)

II. Rechtswidrigkeit

1. Notwehr, § 32 StGB
a) Notwehrlage
aa) *Angriff (+)*
bb) *Gegenwärtig (+)*
cc) *Rechtswidrig (+)*
b) Notwehrhandlung
aa) *Verteidigung (+)*
bb) *Erforderlich (–)*

III. Schuld

1. Notwehrexzess, § 33 StGB
a) Überschreitung der Grenze der Erforderlichkeit (+)
b) Asthenischer Affekt (Verwirrung, Furcht oder Schrecken) (–)

Ergebnis: Strafbarkeit nach §§ 223 Abs. 1, 226 Abs. 1 Nr. 2 StGB (+)

Ausformulierte Lösung

Strafbarkeit von M nach §§ 223 Abs. 1, 226 Abs. 1 Nr. 2 StGB

M könnte sich durch das Quetschen und Drehen der Hand des K wegen schwerer Körperverletzung nach §§ 223 Abs. 1, 226 Abs. 1 Nr. 2 StGB strafbar gemacht haben.

> Klausurhinweis: Außerordentlich wichtig ist es, immer genau darauf zu achten, welche Prüfungen durch die Aufgabe (den Bearbeitervermerk) vorgegeben oder ausgeschlossen sind. Natürlich käme hier auch eine Strafbarkeit seitens K durch das Festhalten des M in Betracht. Gefragt ist aber ausdrücklich nur nach der Strafbarkeit des M.

I. Tatbestand

Hierfür müsste er tatbestandsmäßig gehandelt haben.

1. Objektiver Tatbestand

Er müsste also den objektiven Tatbestand erfüllt haben.

§ 223 Abs. 1 StGB

a) Handlung

M hat durch das Drehen und Quetschen der Hand des K gehandelt, also ein durch einen Willensentschluss getragenes Verhalten[45] ausgeführt.

b) Erfolg

Es müsste der Erfolg einer Körperverletzung eingetreten sein, also eine körperliche Misshandlung oder eine Gesundheitsschädigung. Körperliche Misshandlung ist die üble unangemessene Behandlung, durch die das körperliche Wohlbefinden oder die körperliche Unversehrtheit des Opfers nicht ganz unerheblich beeinträchtigt wird.[46] Gesundheitsschädigung ist das Hervorrufen oder Steigern eines pathologischen Zustandes.[47] Durch das Drehen und Quetschen der Hand wurde K derart übel behandelt, dass sein Wohlbefinden und seine Unversehrtheit erheblich beeinträchtigt wurden. Die Quetschungen bis hin zur Unbrauchbarkeit von Daumen und kleinem Finger stellen einen krankhaften Zustand dar, so dass der Erfolg der Körperverletzung in beiderlei Hinsicht gegeben ist.

c) Kausalität

Nach der Äquivalenzformel ist jede Handlung kausal für den Erfolg, wenn sie nicht hinweggedacht werden kann, ohne dass der Erfolg in seiner konkreten Gestalt entfiele.[48] Würde man das Verhalten von M hinwegdenken, so wäre es zur Körperverletzung bei K nicht gekommen. Auch die Kausalität kann demnach bejaht werden.

d) Objektive Zurechnung

Der Verletzungserfolg bei K kann M dann zugerechnet werden, wenn dieser ein rechtlich missbilligtes Risiko geschaffen hat, welches sich im tatbestandlichen Erfolg realisiert hat.[49] Durch das Drehen und Quetschen der Hand hat M ein solches Risiko geschaffen, was sich in den genannten Verletzungen bei K niedergeschlagen hat. Der Erfolg kann somit M objektiv zugerechnet werden.

Der objektive Tatbestand des § 223 Abs. 1 StGB ist folglich erfüllt.

§ 226 Abs. 1 Nr. 2 StGB

Zu prüfen ist im Folgenden, ob auch der objektive Tatbestand der Erfolgsqualifikation § 226 StGB erfüllt ist. Es müsste also durch das Verhalten des M auch ein bleibender Schaden im Sinne des § 226 Abs. 1 StGB eingetreten sein. In Betracht kommt vorliegend, dass ein wichtiges Glied des Körpers des K dauernd nicht mehr gebraucht werden kann. Dass es sich bei Daumen und kleinem Finger um Glieder des Körpers des K handelt, also um nach außen tretende Körperteile, die durch Gelenke mit dem Körper verbunden sind,[50] steht außer Frage.

Fraglich ist indes, ob man diese auch als wichtige Glieder im Sinne des § 226 Abs. 1 Nr. 2 StGB bezeichnen kann. Davon geht man dann aus, wenn die Glieder von besonderer Bedeutung für den Gesamtorganismus sind.[51] Im vorliegenden Fall wird man diesbezüglich differenzieren müssen. Während die gesamte Hand, aber auch im Einzelnen Daumen und Zeigefinger für den Menschen eine besonders hohe Bedeutung haben, kann dies für den kleinen Finger nicht bejaht werden. Geht man davon aus, dass gerade das Greifen für den Gebrauch der Hand wesentlich ist, so ist diese Funktion bei Wegfall des Daumens deutlich mehr eingeschränkt als durch den Wegfall des kleinen Fingers. Somit kann der Daumen also als wichtiges Glied angesehen werden.

Es stellt sich aber noch die weitere Frage, ob der kleine Finger vorliegend gerade für K ein wichtiges Glied ist, da er infolge der Unbrauchbarkeit seinem Beruf als Bratschist nicht mehr nachgehen kann. Ob für die Frage des wichtigen Gliedes nach § 226 Abs. 1 Nr. 2 StGB auf individuelle Belange abgestellt werden kann oder nur auf die generelle Bedeutung für jeden Menschen, ist umstritten. Die Rechtsprechung tendiert zu einer differenzierenden Meinung. Anerkannt werden individuelle körperliche Vorbedingungen, wenn der Betroffene z.B. bereits vor der körperlichen Misshandlung nur noch zwei Finger hatte. Nicht jedoch werden individuelle soziale Bezüge herangezogen.[52] Dass also K seinem Beruf nicht mehr nachgehen kann, hat für die Frage des wichtigen Gliedes keine Bedeutung. Der kleine Finger stellt mithin kein wichtiges Glied im Sinne des § 226 Abs. 1 Nr. 2 StGB dar.

> Klausurhinweis: Besonders wichtig im Rahmen einer Klausurbearbeitung ist eine gute Schwerpunktsetzung. Während vorliegend die Prüfung des § 223 Abs. 1 StGB sowohl objektiv als auch subjektiv keine Probleme aufwirft und deshalb recht kurz abgehandelt werden kann, liegt ein Schwerpunkt dieses Falles auf der Frage des wichtigen Gliedes. Hier sollte möglichst genau gearbeitet werden, was sich letztlich sehr positiv bei der Bewertung niederschlägt. Mit der Nennung der beruflichen Folgen macht der Klausurersteller deutlich, dass er dieses bekannte rechtliche Problem diskutiert haben möchte.

Durch die Versteifung des Daumens ist dieser laut Sachverhalt dauerhaft unbrauchbar geworden. Auch der objektive Tatbestand der Erfolgsqualifikation des § 226 Abs. 1 Nr. 2 StGB ist somit gegeben.

2. Subjektiver Tatbestand

Fraglich ist nunmehr, ob auch der subjektive Tatbestand erfüllt ist, ob M also vorsätzlich hinsichtlich § 223 Abs. 1 StGB gehandelt hat. Vorsatz ist das Wissen und Wollen der Tatbestandsverwirklichung.[53] M wusste nicht nur, dass er durch sein Verhalten K unangemessen behandeln und einen pathologischen Zustand bei diesem herbeiführen würde. Er wollte dies auch, um F zu imponieren. Auch der subjektive Tatbestand des § 223 Abs. 1 StGB ist damit gegeben.

Fraglich ist, ob M auch Vorsatz bezüglich der Herbeiführung der schweren, dauerhaften Verletzung hatte. Laut Sachverhalt hat er diese zwar nicht beabsichtigt und auch nicht als sicher vorhergesehen, er war sich aufgrund seiner Kraft jedoch des Risikos bewusst und hat die Folge billigend in Kauf genommen. Eventualvorsatz ist somit anzunehmen. Während § 226 Abs. 2 StGB wegen der fehlenden Absicht und Wissentlichkeit nicht gegeben ist, ist der subjektive Tatbestand des § 226 Abs. 1 Nr. 2 StGB erfüllt.

> Klausurhinweis: Liegt Vorsatz bezüglich der Erfolgsqualifikation des § 226 StGB vor, so ist zwischen dem direkten Vorsatz ersten und zweiten Grades (Abs. 2) und Eventualvorsatz (Abs. 1) zu unterscheiden. Die Prüfung kann dann aber genauso aufgebaut werden, wie bei der Qualifikation des § 224 StGB. Anders verhält es sich, wenn es am Vorsatz hinsichtlich der schweren Folge fehlt, diese aber fahrlässig herbeigeführt wurde (zum Aufbau einer solchen Vorsatz-Fahrlässigkeits-Kombination siehe Fall 13).

II. Rechtswidrigkeit

Zu prüfen ist nunmehr, ob M auch rechtswidrig gehandelt hat oder ob er durch einen Rechtfertigungsgrund gerechtfertigt ist.

1. Notwehr, § 32 StGB

Man könnte vorliegend daran denken, dass M durch Notwehr nach § 32 StGB gerechtfertigt ist.

a) Notwehrlage

Voraussetzung für eine Rechtfertigung wegen Notwehr ist zunächst das Bestehen einer Notwehrlage.

aa) Angriff

Dies setzt zunächst einen Angriff voraus. Unter einem Angriff versteht man die Bedrohung rechtlich geschützter Interessen durch menschliches Verhalten.[54] Vorliegend wurde M von K zunächst zu Boden gestoßen und dann minutenlang festgehalten und weiter zu Boden gedrückt. Bedroht bzw. sogar beeinträchtigt wurden damit die rechtlich geschützten Interessen des M auf körperliche Unversehrtheit und Freiheit. Ein Angriff seitens des K auf M ist also anzunehmen.

bb) Gegenwärtig

Dieser Angriff müsste aber auch gegenwärtig gewesen sein, er müsste also entweder bereits begonnen haben oder zumindest unmittelbar bevorstehen.[55] Nicht jedoch dürfte er schon abgeschlossen sein. Der Angriff hat mit dem Umwerfen begonnen, ist angesichts des weiteren Festhaltens noch nicht abgeschlossen gewesen, so dass er als gegenwärtig bezeichnet werden kann.

cc) Rechtswidrig

Schließlich müsste der Angriff aber auch rechtswidrig gewesen sein. Das heißt, der Angreifer dürfte bei seinem Handeln selbst nicht gerechtfertigt gewesen sein.[56] Für eine solche Annahme gibt es vorliegend keinerlei Anhaltspunkte. Insbesondere führt die Sorge um seine Beziehung nicht dazu, dass K berechtigt war, dergestalt auf M einzuwirken.

Eine Notwehrlage im Sinne des § 32 StGB kann mithin zu Gunsten des M angenommen werden.

b) Notwehrhandlung

Zu prüfen ist ferner die Notwehrhandlung des M.

aa) Verteidigung

M müsste sich gegen den Angreifer verteidigt haben. M hat sich mit seinem Verhalten unmittelbar gegen den ihn angreifenden K verteidigt,[57] was eine Notwehrhandlung darstellt.

bb) Erforderlich

Fraglich ist jedoch, ob diese Notwehrhandlung auch erforderlich war. Das wäre dann der Fall, wenn sie das mildeste, geeignete Mittel zur Abwehr des Angriffs darstellt.[58] Zwar war das Verhalten des M dazu förderlich und damit geeignet, den Angriff durch K wirksam abzuwehren. Es müsste aber auch das mildeste aller geeigneten Mittel gewesen sein. M hat von Beginn an erkannt, dass er sich mit einem einfachen Griff aus der Umklammerung hätte lösen, so also den Angriff des K abwehren können. Dies hätte nur zu unwesentlichen Schmerzen bei K geführt. Eine solche Abwehr wäre also genauso geeignet, aber deutlich milder gewesen als das tatsächliche Vorgehen des M unter Inkaufnahme schwerer, bleibender körperlicher Schäden bei K. Die Notwehrhandlung des M war somit nicht erforderlich.

M ist folglich nicht wegen Notwehr nach § 32 StGB gerechtfertigt. Weitere Rechtfertigungsgründe sind nicht ersichtlich, so dass M rechtswidrig gehandelt hat.

> Klausurhinweis: Anzusprechen sind immer alle in Betracht kommenden Rechtfertigungsgründe. Man könnte vorliegend noch an den rechtfertigenden Notstand nach § 34 StGB denken. Dies erscheint vorliegend jedoch unnötig. Wenn überhaupt sollte ein kurzer Hinweis genügen, dass auch dieser Rechtfertigungsgrund die Erforderlichkeit des Verhaltens zur Abwehr der Gefahr voraussetzt („nicht anders abwendbar“), somit also auch nicht gegeben ist.

III. Schuld

M könnte aber entschuldigt sein. Fraglich ist, ob ein Entschuldigungsgrund gegeben ist.

1. Notwehrexzess, § 33 StGB

In Betracht kommt der Entschuldigungsgrund des Notwehrexzesses nach § 33 StGB. Entschuldigt ist demzufolge der Täter, der die Grenzen der Notwehr aus Verwirrung, Furcht oder Schrecken überschreitet.

a) Überschreitung der Grenze der Erforderlichkeit

Wie soeben festgestellt, befand sich M zwar in einer Notwehrlage, er hat aber nicht das mildeste geeignete Mittel zu seiner Verteidigung genutzt, er hat also die Grenze der Erforderlichkeit überschritten, weshalb er nicht durch Notwehr gerechtfertigt ist. Man spricht diesbezüglich auch von einem intensiven Notwehrexzess.

b) Asthenischer Affekt (Verwirrung, Furcht oder Schrecken)

Ein solcher intensiver Notwehrexzess führt aber nur dann zur Entschuldigung, wenn er aus Verwirrung, Furcht oder Schrecken geschieht, wenn dem Verhalten des Angegriffenen also ein asthenischer Affekt zugrunde liegt. Im vorliegenden Fall ist jedoch genau dies nicht gegeben. Vielmehr überschreitet M nur deshalb die Grenzen der Erforderlichkeit seiner Notwehrhandlung, weil er F imponieren möchte. Es fehlt also am nötigen asthenischen Affekt, weshalb M nicht durch § 33 StGB entschuldigt ist.

Mangels ersichtlicher anderer Entschuldigungsgründe handelte M also auch schuldhaft.

Ergebnis

M hat sich somit durch das Drehen und Quetschen der Hand des K wegen schwerer Körperverletzung nach §§ 223 Abs. 1, 226 Abs. 1 Nr. 2 StGB strafbar gemacht.

Fall 6

Sachverhalt

Hundefreund Rudi (R) hat sich einen Rottweiler namens Rambo angeschafft, den er auf seinem Gartengelände hält, welches nach außen mit hohen Mauern gesichert ist. Als der Briefträger jedoch eines Tages das Tor nicht ordnungsgemäß verschließt, verspürt Rambo einen Freiheitsdrang. Er bemerkt das nicht verschlossene Tor und geht in der Stadt auf Erkundungstour. Dort ist er jedoch von den vielen blinkenden Lichtern überfordert und dreht durch. Er geht auf den Passanten Paul (P) los und will diesen beißen. P weiß sich nur dadurch zu helfen, dass er Rambo die mitgeführte massive Blumenvase seiner Nachbarin, die er gerade für diese zur Restauration bringen wollte, mit voller Wucht über den Schädel zieht. Rambo verstirbt sofort infolge des Schlages. An der Vase bricht infolge des Schlages ein Stück des Randes ab. Ansonsten bleibt sie unversehrt. Beide Folgen hatte P für möglich gehalten und billigend in Kauf genommen.

Aufgabe

Prüfen Sie gutachterlich die Strafbarkeit des P.

Etwaig erforderliche Strafanträge sind gestellt.

Lösungsskizze

Tatkomplex 1: Der verstorbene Hund
Strafbarkeit des P nach § 303 Abs. 1 StGB?

I. Tatbestand

1. Objektiver Tatbestand
a) Sache (+)
b) Fremd (+)
c) Zerstören (+)

2. Subjektiver Tatbestand: Vorsatz (+)

II. Rechtswidrigkeit

1. Notwehr, § 32 StGB
a) Notwehrlage
   aa) *Angriff (–)*

2. Defensivnotstand, § 228 BGB
a) Notstandslage: Drohende Gefahr für ein Rechtsgut, welche von einer fremden Sache ausgeht (+)
b) Notstandshandlung
   aa) *Beschädigung oder Zerstörung einer fremden Sache, von der die Gefahr ausgeht (+)*
   bb) *Erforderlichkeit (+)*
   cc) *Interessensabwägung (+)*
c) Subjektives Rechtfertigungselement (+)

Ergebnis: Strafbarkeit nach § 303 Abs. 1 StGB (–)

Tatkomplex 2: Die zerbrochene Vase
Strafbarkeit des P nach § 303 Abs. 1 StGB?

I. Tatbestand

1. Objektiver Tatbestand
a) Sache (+)
b) Fremd (+)

c) Beschädigen (+)
d) Zerstören (–)

2. Subjektiver Tatbestand: Vorsatz (+)

II. Rechtswidrigkeit

1. Notwehr, § 32 StGB (–)

2. Defensivnotstand, § 228 BGB
a) Notstandslage (+)
b) Notstandshandlung
   aa) *Beschädigung oder Zerstörung einer fremden Sache, von der die Gefahr ausging (–)*

3. Aggressivnotstand, § 904 BGB
a) Notstandslage: Gegenwärtige Gefahr für ein Rechtsgut (+)
b) Notstandshandlung
   aa) *Einwirkung auf eine nicht die Gefahr hervorrufende fremde Sache (+)*
   bb) *Erforderlichkeit (+)*
   cc) *Interessensabwägung (+)*
c) Subjektives Rechtfertigungselement (+)

Ergebnis: Strafbarkeit nach § 303 Abs. 1 StGB (–)

Ausformulierte Lösung

Tatkomplex 1: Der verstorbene Hund
Strafbarkeit von P nach § 303 Abs. 1 StGB

P könnte sich wegen Sachbeschädigung gemäß § 303 Abs. 1 StGB strafbar gemacht haben, indem er Rambo mit der Vase auf den Kopf schlug, so dass dieser starb.

I. Tatbestand

1. Objektiver Tatbestand

Er müsste zunächst den objektiven Tatbestand erfüllt haben.

a) Sache

Fraglich ist, ob es sich bei Rambo um eine Sache handelte. Zwar sind Tiere gemäß § 90a S. 1 BGB keine Sachen, auf sie finden jedoch nach § 90a S. 1 BGB die für Sachen geltenden Vorschriften entsprechend Anwendung, soweit nicht etwas anderes bestimmt ist. Vorliegend ist nichts anderes bestimmt. Demnach ist der Hund Rambo als Sache anzusehen.

b) Fremd

Der Hund müsste für P auch fremd gewesen sein. Fremd ist eine Sache, wenn sie nicht im Alleineigentum des Täters steht und nicht herrenlos ist.[59] Vorliegend steht Rambo im Eigentum von R. Er stand demnach nicht im Alleineigentum von P. Damit war der Hund Rambo für P fremd.

c) Zerstören

Zu prüfen ist, ob P den Hund Rambo zerstört hat. Eine Sache ist zerstört, wenn ihre Substanz völlig vernichtet oder ihre bestimmungsgemäße Brauchbarkeit völlig aufgehoben ist.[60] Vorliegend ist Rambo durch den Schlag mit der Blumenvase verstorben. Demnach hat P den Hund Rambo zerstört.

> Klausurhinweis: Sofern man im Rahmen der Fertigung der Lösungsskizze zu dem Ergebnis kommt, dass eine Zerstörung der Sache gegeben ist, bietet es sich an, diese vor der Beschädigung zu prüfen, da eine Zerstörung einer Sache zwingend eine Beschädigung beinhaltet. Sodann kann kommentarlos auf die Prüfung einer Beschädigung verzichtet werden. Sollte jedoch eine Beschädigung zuerst geprüft werden, muss zwingend danach noch geprüft werden, ob die Sache auch zerstört ist.

> Klausurhinweis: Im Rahmen der Prüfung einer Sachbeschädigung werden die Kausalität und die objektive Zurechnung üblicherweise nur geprüft, wenn Zweifel am Vorliegen dieser Prüfungspunkte bestehen.

Somit ist der objektive Tatbestand des § 303 Abs. 1 StGB erfüllt.

2. Subjektiver Tatbestand

P müsste auch den subjektiven Tatbestand erfüllt haben. Hierfür müsste er vorsätzlich gehandelt haben. Vorsatz ist das Wissen und Wollen der Tatbestandsverwirklichung.[61] Vorliegend wusste P, dass es sich bei Rambo um eine fremde Sache handelte. Er wusste auch um die Möglichkeit, dass Rambo durch den Schlag mit der Vase sterben könnte und nahm dies auch billigend in Kauf. Er hat damit mit Eventualvorsatz gehandelt. Der subjektive Tatbestand ist somit erfüllt.

II. Rechtswidrigkeit

Fraglich ist, ob P rechtswidrig gehandelt hat. Rechtswidrig handelt, wer sich nicht auf einen Rechtfertigungsgrund berufen kann.

1. Notwehr, § 32 StGB

Fraglich ist, ob P vorliegend in Notwehr gemäß § 32 StGB gehandelt hat.

a) Notwehrlage

Es müsste eine Notwehrlage bestanden haben.

aa) Angriff

Zu prüfen ist, ob ein Angriff vorlag. Ein Angriff ist jedes willensgetragene Verhalten eines Menschen, das ein rechtlich geschütztes Interesse zu verletzten droht.[62] Der Hund Rambo war kurz davor, den P zu beißen. Allerdings stellte dies kein menschliches Verhalten dar. Es lag zudem kein Fehlverhalten des Halters R vor, welches es rechtfertigen würde, von einem Angriff von diesem (ggf. durch Unterlassen) auszugehen. Demnach lag kein Angriff vor.

> Klausurhinweis: Ein Angriff läge aber beispielsweise dann vor, wenn jemand den Hund auf P gehetzt hätte.

Es bestand damit keine Notwehrlage. P hat nicht in Notwehr gemäß § 32 StGB gehandelt.

2. Defensivnotstand, § 228 BGB

Es könnte jedoch ein Defensivnotstand nach § 228 BGB vorliegen.

> Klausurhinweis: Beim Defensivnotstand nach § 228 BGB verteidigt sich der Täter durch die Einwirkung auf eine Sache, von der die Gefahr droht. Dieser Rechtfertigungsgrund ist spezieller als § 34 StGB, weil er nur Gefahren erfasst, die von einer Sache ausgehen, § 34 StGB erfasst demgegenüber alle Gefahren. Sofern daher eine Rechtfertigung nach § 228 BGB in Betracht kommt, ist diese vorrangig gegenüber § 34 StGB zu prüfen. Wenn also eine Rechtfertigung nach § 228 BGB besteht, ist § 34 StGB nicht mehr zu prüfen.

a) Notstandslage

Als Notstandslage müsste eine drohende Gefahr für ein Rechtsgut vorliegen, welche von einer fremden Sache ausgeht. Eine drohende Gefahr ist gegeben, wenn eine auf tatsächlichen Umständen gegründete Wahrscheinlichkeit besteht, dass ein Schaden für ein Rechtsgut eintritt.[63] Rambo ging vorliegend auf P los und wollte diesen beißen. Damit bestand eine auf tatsächlichen Umständen gegründete Wahrscheinlichkeit, dass die körperliche Unversehrtheit von P beeinträchtigt wird. Diese Gefahr ging auch von Rambo als fremde Sache aus. Also bestand eine drohende Gefahr für ein Rechtsgut, welche durch eine fremde Sache ausgeht. Eine Notstandslage lag vor.

b) Notstandshandlung

aa) Beschädigung oder Zerstörung einer fremden Sache, von der die Gefahr ausging

Wie bereits oben geprüft, hat P den Hund Rambo, von dem die Gefahr vorliegend auch ausging, getötet und damit zerstört.

bb) Erforderlichkeit

Fraglich ist, ob der Schlag mit der Blumenvase auf den Kopf von Rambo vorliegend auch erforderlich war. Der Schlag mit der Blumenvase war geeignet, die drohende Gefahr abzuwehren, da er hierzu ein taugliches Mittel darstellte. Zudem dürfte kein milderes Mittel vorhanden gewesen sein, welches zur Abwehr der gegenwärtigen Gefahr gleich wirksam gewesen wäre.[64] Vorliegend ging Rambo auf P los und drohte, diesen zu beißen. Ein milderes Mittel zur Abwehr dieser drohenden Gefahr war nicht ersichtlich, zumal ein Rottweiler auch ein großer und kräftiger Hund ist. Eine sonstige Abwehr wäre daher nicht erfolgversprechend gewesen. Demnach war der Schlag mit der Blumenvase auch erforderlich.

> Klausurhinweis: Sofern der Sachverhalt keinerlei Anhaltspunkte für taugliche mildere Mittel bietet, sollten solche auch nicht rein spekulativ „aus dem Hut gezaubert" werden. Wenn der Sachverhalt ausdrücklich erklärt, dass es kein anderes Mittel gibt (hier: „weiß sich nicht anders zu helfen"), dann gilt dies erst recht.

cc) Interessensabwägung

Im Rahmen der Interessensabwägung nach § 228 BGB darf der Schaden nicht außer Verhältnis zu der Gefahr stehen. Vorliegend wurde Rambo zwar getötet. Es drohte jedoch eine erhebliche Gefahr für die körperliche Gesundheit des P. Angesichts dieser erheblichen Gefahr für die körperliche Unversehrtheit stand der Schaden nicht außer Verhältnis zu der für P drohenden Gefahr.

Die Voraussetzungen einer Notstandshandlung lagen damit vor.

c) Subjektives Rechtfertigungselement

P handelte auch in Kenntnis der Notstandslage, um die Gefahr für sich abzuwenden.

Demnach lagen die Voraussetzungen des Defensivnotstands nach § 228 BGB vor. P handelte also nicht rechtswidrig.

Ergebnis

P hat sich nicht wegen Sachbeschädigung gemäß § 303 Abs. 1 StGB strafbar gemacht, indem er Rambo mit der Vase auf den Kopf schlug, so dass dieser starb.

Tatkomplex 2: Die zerbrochene Vase
Strafbarkeit von P nach § 303 Abs. 1 StGB

P könnte sich wegen Sachbeschädigung gemäß § 303 Abs. 1 StGB strafbar gemacht haben, indem er Rambo mit der Vase auf den Kopf schlug, so dass aus dieser ein Stück aus dem Rand herausbrach.

I. Tatbestand

1. Objektiver Tatbestand

a) Sache

Bei der Vase handelte es sich um einen körperlichen Gegenstand[65] und somit um eine Sache.

b) Fremd

Die Vase war für P auch fremd, da diese im Eigentum seiner Nachbarin stand.[66]

c) Beschädigen

P könnte die Vase beschädigt haben. Eine Sache ist beschädigt, wenn ihre Substanz nicht ganz unerheblich verletzt wird oder ihre bestimmungsgemäße Brauchbarkeit nicht nur unerheblich beeinträchtigt wird.[67] An der Vase brach vorliegend infolge des Schlages ein Stück des Randes ab. Dies beeinträchtigt zwar nicht die bestimmungsgemäße Brauchbarkeit der Vase in erheblicher Weise, allerdings wurde die Substanz der Vase in nicht unerheblicher Weise dadurch verletzt. Also hat P die Vase beschädigt.

d) Zerstören

Fraglich ist, ob P die Vase zerstört hat. Abgesehen davon, dass ein Stück aus dem Rand der Vase abbricht, bleibt diese unversehrt. Ihre Substanz wird dadurch weder völlig vernichtet noch ist ihre bestimmungsgemäße Brauchbarkeit dadurch völlig aufgehoben. Demnach hat P die Vase nicht zerstört.

Somit ist der objektive Tatbestand des § 303 Abs. 1 StGB erfüllt.

2. Subjektiver Tatbestand

P hat billigend in Kauf genommen und für möglich gehalten, dass bei dem Schlag ein Stück aus dem Rand brechen kann. Er handelte also mit Eventualvorsatz. Der subjektive Tatbestand ist somit erfüllt.

II. Rechtswidrigkeit

Fraglich ist, ob P rechtswidrig gehandelt hat.

1. Notwehr, § 32 StGB

Wie bereits oben geprüft, scheidet Notwehr aus, da mangels menschlichen Verhaltens kein Angriff und somit keine Notwehrlage vorlag.

2. Defensivnotstand, § 228 BGB

Es könnte jedoch ein Defensivnotstand nach § 228 BGB bestehen.

a) Notstandslage

Wie bereits oben geprüft, lag eine drohende Gefahr für ein Rechtsgut vor, welche durch eine fremde Sache ausging. Eine Notstandslage bestand damit.

b) Notstandshandlung

aa) Beschädigung oder Zerstörung einer fremden Sache, von der die Gefahr ausging

P hat zwar die Vase als fremde Sache beschädigt. Allerdings ging die Gefahr vorliegend nicht von der Vase, sondern von dem Hund Rambo aus.

Demnach lagen die Voraussetzungen des Defensivnotstandes nach § 228 BGB nicht vor.

> Klausurhinweis: In einer Klausur würde nicht zwingend erwartet werden, dass § 228 BGB in einem solchen Fall noch geprüft wird. Stattdessen könnte auch sogleich mit der nachfolgenden Prüfung des § 904 BGB fortgefahren werden.

3. Aggressivnotstand, § 904 BGB

Allerdings könnte der Rechtfertigungsgrund des Aggressivnotstandes nach § 904 BGB greifen.

a) Notstandslage

Es müsste eine gegenwärtige Gefahr für ein Rechtsgut vorgelegen haben. Dass eine (drohende) Gefahr bestand, wurde bereits geprüft. Diese müsste auch gegenwärtig gewesen sein. Eine Gefahr ist gegenwärtig, wenn der Eintritt eines Schadens sicher oder höchstwahrscheinlich ist, wenn nicht alsbald eine Abwehrmaßnahme ergriffen wird.[68] Rambo ging vorliegend auf P los und wollte diesen beißen. Damit war der Schadenseintritt für die körperliche Unversehrtheit des P höchstwahrscheinlich. Folglich ist die Gefahr auch gegenwärtig gewesen.

b) Notstandshandlung

aa) Einwirkung auf eine nicht die Gefahr hervorrufende fremde Sache

P hat vorliegend die Vase beschädigt und damit auf sie als fremde Sache eingewirkt, von der die Gefahr nicht ausging.

bb) Erforderlichkeit

Ein milderes, gleich wirksames Mittel zur Abwehr der bevorstehenden Beißattacke des Rambo als durch den Schlag mit der Vase auf dessen Kopf, wodurch diese beschädigt wurde, war nicht ersichtlich. Die Einwirkung auf die Vase war daher auch erforderlich.

cc) Interessensabwägung

Im Rahmen der Interessensabwägung von § 904 BGB muss der drohende Schaden gegenüber dem aus der Einwirkung entstehenden Schaden für den Eigentümer unverhältnismäßig groß sein. Vorliegend bestand durch den beißwütigen Rottweiler Rambo eine ganz erhebliche Gefährdung der körperlichen Unversehrtheit des P durch Verletzungen. Demgegenüber erscheint der Schaden der Nachbarin des P als Eigentümerin der Vase von weitaus untergeordneter Bedeutung. Der drohende Schaden für P war daher im Vergleich mit dem Schaden für die Nachbarin als Eigentümerin unverhältnismäßig groß.

c) Subjektives Rechtfertigungselement

P handelte auch in Kenntnis der Notstandslage, um die Gefahr von sich abzuwenden.

Demnach lagen die Voraussetzungen des Aggressivnotstandes nach § 904 BGB vor. P handelte also nicht rechtswidrig.

Ergebnis

P hat sich nicht wegen Sachbeschädigung gemäß § 303 Abs. 1 StGB strafbar gemacht, indem er Rambo mit der Vase auf den Kopf schlug, so dass aus dieser ein Stück aus dem Rand herausbrach.

Fall 7

Sachverhalt

Die Studentinnen Hella (H) und Bella (B) teilen sich eine gemeinsame Wohnung in Hamburg. Eines Tages lässt H ihr Handy in der Wohnung auf dem Küchentisch liegen, um einen ruhigen Tag im Grünen zu verbringen. B wiederum kann an diesem Morgen ihr eigenes Handy nicht finden und kommt deshalb kurzentschlossen auf die Idee, sich für den Tag das Handy der Mitbewohnerin H „auszuleihen", da sie deren Geheimnummer längst kennt. Selbstverständlich will sie aber nach ihren Vorlesungen und vor der am Abend erwarteten Rückkehr von H das Handy auf den Tisch zurücklegen. Dass H mit dieser Vorgehensweise nicht einverstanden wäre, ist B dabei aber durchaus klar. B nimmt also das Handy an sich und steckt es in ihre Handtasche, die sie bereits umgehängt hat. Wie gewohnt finden sich in dieser Tasche neben vielen anderen Dingen noch ein Nageletui mit Schere und Feile sowie ein eingeklapptes Taschenmesser mit einer Klingenlänge von 10 cm, welches sie je nach Gelegenheit z.B. zum Obstschälen, Schnitzen, etc. verwendet.

Noch bevor B allerdings das Handy benutzen kann, wird ihr die Handtasche unwiederbringlich entwendet. Von alledem erzählt B der H aber nichts, als diese am Abend von ihrem Ausflug in die Wohngemeinschaft zurückkehrt. Vielmehr stützt B die Annahme von H, entgegen des Vorhabens das Handy wohl doch mit zum Ausflug genommen und dort verloren zu haben.

Zwei Wochen später allerdings, B konnte ihr dunkles Geheimnis nicht lange für sich behalten, erfährt H vom gemeinsamen Kommilitonen Konrad (K) die wahren Umstände um den Verlust ihres Handys. H will zunächst B darauf ansprechen, kommt dann aber auf einen anderen Gedanken. Nach dem Motto „Wie Du mir, so ich Dir!" entschließt sie sich, bei nächster Gelegenheit das zwischenzeitlich wiedergefundene Handy von B zu entwenden und für sich zu behalten. Dies erscheint ihr auch gerecht, da die Handys einen ungefähr gleichen Wert haben.

Da B allerdings neuerdings ihr Handy aus Vorsicht bei Abwesenheit in einer verschlossenen Schmuckschatulle aufzubewahren pflegt, muss H einige Tage später, als B ohne ihr Handy über das Wochenende in ihre Heimat fährt, mit Gewalt das Schloss der Schatulle aufbrechen. So kann sie das Handy an sich nehmen. Da an diesem Abend auch eine Feier in der Wohngemeinschaft stattfindet, bei der viele bekannte und unbekannte Gäste zugegen sind, kann H später B in dem Glauben lassen, einer der unbekannten Gäste müsse das Handy entwendet haben.

Aufgabe

Prüfen Sie gutachterlich die Strafbarkeit von B und H nach dem Strafgesetzbuch.

Die Vorschriften des Waffengesetzes sind nicht zu beachten. §§ 263 und 303 StGB sind nicht zu prüfen.

Etwaig erforderliche Strafanträge sind gestellt.

Lösungsskizze

A. Strafbarkeit der B nach §§ 242 Abs. 1, 244 Abs. 1 Nr. 1a StGB?

I. Tatbestand

1. Objektiver Tatbestand

§ 242 Abs. 1 StGB

a) Fremde, bewegliche Sache (+)
b) Wegnahme (+)

§ 244 Abs. 1 Nr. 1a StGB: Diebstahl mit Waffen (+)

2. Subjektiver Tatbestand

a) Vorsatz (+)
b) Absicht, sich die Sache rechtswidrig zuzueignen
  aa) *Aneignungsabsicht (+)*
  bb) *Enteignungswille (–)*

Ergebnis: Strafbarkeit nach §§ 242 Abs. 1, 244 Abs. 1 Nr. 1a StGB (–)

B. Strafbarkeit der H nach §§ 242 Abs. 1, 243 Abs. 1 S. 2 Nr. 2 StGB?

I. Tatbestand

1. Objektiver Tatbestand

a) Fremde, bewegliche Sache (+)
b) Wegnahme (+)

2. Subjektiver Tatbestand

a) Vorsatz (+)
b) Absicht, sich die Sache rechtswidrig zuzueignen
  aa) *Aneignungsabsicht (+)*
  bb) *Enteignungswille (+)*
  cc) *Rechtswidrigkeit der beabsichtigten Zueignung (+)*
  dd) *Vorsatz bezüglich der Rechtswidrigkeit der beabsichtigten Zueignung (+)*

II. Rechtswidrigkeit (+)

III. Schuld (+)

IV. Strafzumessungsregel, § 243 Abs. 1 S. 2 Nr. 2 StGB

1. Objektive Merkmale

a) Verschlossenes Behältnis (+)
b) Überwinden der Sicherung (+)

2. Subjektive Merkmale: Vorsatz (+)

Ergebnis: Strafbarkeit nach §§ 242 Abs. 1, 243 Abs. 1 S. 2 Nr. 2 StGB (+)

Ausformulierte Lösung

A. Strafbarkeit der B nach §§ 242 Abs. 1, 244 Abs. 1 Nr. 1a StGB

B könnte sich durch die Mitnahme des Handys von H unter Beisichführen eines Nageletuis und eines Taschenmessers wegen eines Diebstahls mit Waffen gemäß §§ 242 Abs. 1, 244 Abs. 1 Nr. 1a StGB strafbar gemacht haben.

> Klausurhinweis: Ebenso wie § 224 StGB zu § 223 StGB stellt auch § 244 StGB gegenüber § 242 StGB eine Qualifikation dar. Es liegt nahe, eine gemeinsame Prüfung durchzuführen.

I. Tatbestand

Hierfür müsste sie tatbestandlich gehandelt haben.

1. Objektiver Tatbestand

§ 242 Abs. 1 StGB

Sie müsste also zunächst den objektiven Tatbestand des Grunddelikts § 242 Abs. 1 StGB erfüllt haben.

a) Fremde, bewegliche Sache

Dafür müsste es sich bei dem Handy der H, welches B an sich genommen hat, um eine fremde, bewegliche Sache handeln. Unter einer Sache versteht man sämtliche körperlichen Gegenstände.[69] Ein Handy stellt natürlich einen solchen körperlichen Gegenstand dar. Dieser müsste aber auch fremd sein, also weder herrenlos noch im Alleineigentum des Täters stehen.[70] Da das Handy H gehörte, war es für B auch fremd. Schließlich kann es fortbewegt werden, ist also auch beweglich.[71] B hat mithin eine fremde, bewegliche Sache an sich genommen.

> Klausurhinweis: Wie immer ist auf eine sinnvolle Schwerpunktsetzung zu achten. Regelmäßig enthält dieser Prüfungspunkt keine größeren Probleme, kann also knapp gehalten werden. Die Definitionen sollten aber genannt werden, die Nutzung des Urteilsstils erscheint zumeist gut vertretbar.

b) Wegnahme

B müsste das Handy aber auch weggenommen haben. Unter Wegnahme versteht man den Bruch fremden und die Begründung neuen Gewahrsams.[72] Gewahrsam wiederum ist die von einem Sachherrschaftswillen getragene tatsächliche Sachherrschaft,[73] wobei ausschlaggebend hierfür die allgemeine Verkehrsanschauung ist.

Fraglich ist zunächst, wer den Gewahrsam am Handy innehatte, als H die Wohnung verließ. Streng genommen hat sie in diesem Moment die Sachherrschaft aufgegeben. Nach allgemeiner Verkehrsanschauung jedoch behält man an den Sachen in seiner Wohnung auch dann den Gewahrsam, wenn man sich nicht in der Wohnung aufhält. Man spricht diesbezüglich auch von einem gelockerten Gewahrsam. H behielt also auch beim Verlassen der Wohnung den Gewahrsam an ihrem Handy.

Den Gewahrsam könnte B gebrochen haben, indem sie das Handy an sich nahm. Gewahrsam wird dann gebrochen, wenn die Aufhebung des ursprünglichen Gewahrsams ohne Einverständnis des ursprünglichen Gewahrsamsinhabers geschieht,[74] was vorliegend der Fall war.

Fraglich ist schließlich, ob und wann B neuen Gewahrsam begründet hat. Neuer Gewahrsam ist begründet, wenn der Täter die tatsächliche Sachherrschaft derart erlangt hat, dass ihrer Ausübung keine wesentlichen Hindernisse entgegenstehen.[75] Durch Verlassen der Wohnung mit dem Handy war dies spätestens der Fall. B könnte aber auch schon in der Wohnung durch das Einstecken in die Handtasche neuen Gewahrsam begründet haben. Dies bezeichnet man als Gewahrsamsenklave. Innerhalb der Gewahrsamssphäre der H, also in der Wohnung, hat B durch das Einstecken des Handys in ihre eigene Handtasche der H eine weitere Zugriffsmöglichkeit auf ihr Handy versperrt und dadurch neuen eigenen Gewahrsam begründet.

B hat folglich das Handy als fremde, bewegliche Sache weggenommen und damit den objektiven Tatbestand des § 242 Abs. 1 StGB erfüllt.

> Klausurhinweis: In unproblematischen Fällen kann man sich kürzer fassen. Die Definitionen müssen jedoch genannt werden und zumindest sollten die drei Schritte (ursprünglicher Gewahrsam, Bruch, neuer Gewahrsam) stets bedacht werden, um etwaige Probleme nicht zu übersehen.

§ 244 Abs. 1 Nr. 1a StGB

Fraglich ist, ob B auch die Qualifikation des § 244 Abs. 1 Nr. 1a StGB objektiv erfüllt hat, ob sie also objektiv einen Diebstahl mit Waffen begangen hat.

> Klausurhinweis: Während bislang festgestellt wurde, dass Qualifikationen auf unterschiedliche Weise geprüft werden können, ist vorliegend nur ein Prüfungsweg sachgerecht. Würde man hier nun den subjektiven Tatbestand des Grunddelikts zuerst prüfen, so wird sich später herausstellen, dass man nicht mehr auf die Gegenstände in der Handtasche der B zu sprechen kommt. Dies wäre jedoch verfehlt, da diese offensichtlich im Sachverhalt problematisiert werden. Es muss vorliegend also zuerst der objektive Tatbestand der Qualifikation geprüft werden und erst anschließend der subjektive Tatbestand des Grunddelikts.

Dann müsste sie bei ihrem Diebstahl ein gefährliches Werkzeug bei sich geführt haben. Weder bei dem Inhalt des Nageletuis noch bei dem Taschenmesser handelt es sich um Waffen im Sinne des § 244 Abs. 1 Nr. 1a 1. Alt. StGB, da sie nicht dazu bestimmt sind, erhebliche Verletzungen herbeizuführen.[76] Grundsätzlich sind jedoch sowohl die Schere, und wohl auch die Feile, als auch das Messer objektiv dazu geeignet, bei der konkreten Verwendung durch Zustechen erhebliche Verletzungen bei einer Person herbeizuführen. Es könnte sich somit um gefährliche Werkzeuge handeln. Da für die Qualifikation des § 244 Abs. 1 Nr. 1 2. Alt. StGB anders als bei § 224 Abs. 1 Nr. 2 StGB bereits das Beisichführen des gefährlichen Werkzeugs genügt und eine Nutzung nicht erforderlich ist, muss § 244 Abs. 1 Nr. 1a 2. Alt. StGB aber enger ausgelegt werden. Anderenfalls wäre kaum ein Diebstahl denkbar, bei dem der Täter nicht auch ein gefährliches Werkzeug bei sich führte, also einen Gegenstand, der bei irgendeiner konkreten Verwendung erhebliche Verletzungen herbeiführen könnte.

Man könnte deshalb eine subjektive Verwendungsabsicht fordern. Eine solche kann B vorliegend nicht unterstellt werden. Eine solche subjektive Sicht widerspricht allerdings dem klaren Wortlaut der Vorschrift und ist daher mit der Rechtsprechung abzulehnen. Die Abgrenzung ist vielmehr abstrakt-objektiv vorzunehmen. So wird etwa verlangt, dass der jeweilige Gegenstand in der konkreten Tatsituation eine „waffenähnliche“ oder „waffenvertretende“ Funktion hat.[77] Einer Nagelschere oder -feile kann eine solche Funktion nicht zugesprochen werden, wohl aber einem Taschenmesser mit einer Klingenlänge von immerhin 10 cm, so dass es sich im Ergebnis um ein gefährliches Werkzeug im Sinne des § 244 Abs. 1 Nr. 1a 2. Alt. StGB handelt. Da B das Messer in ihrer Handtasche hatte, als sie das Handy an sich genommen hat, führte sie ein gefährliches Werkzeug bei sich. Daran ändert sich auch nichts dadurch, dass das Taschenmesser zugeklappt war, da es jederzeit und problemlos hätte aufgeklappt werden können, es also B zugriffs- und einsatzbereit zur Verfügung stand.[78]

> Klausurhinweis: Schwerpunktsetzung! Hier liegt ein Schwerpunkt des Falls, der angesprochen und diskutiert werden sollte. Es ist in der Klausur – so wie hier – durchaus denkbar, dass mehrere Ergebnisse vertretbar sind. Man hätte mit einer entsprechenden Begründung also die Qualifikation auch vertretbar ablehnen können.

Der objektive Tatbestand des § 244 Abs. 1 Nr. 1a StGB ist somit erfüllt.

2. Subjektiver Tatbestand

B müsste auch den subjektiven Tatbestand des Diebstahls erfüllt haben, sie müsste also zum einen Vorsatz bezüglich der objektiven Tatbestandselemente gehabt haben und zum anderen müsste sie in der Absicht gehandelt haben, sich oder einem anderen die Sache rechtswidrig zuzueignen.

a) Vorsatz

B müsste also zunächst vorsätzlich bezüglich der objektiven Tatbestandsmerkmale gehandelt haben. Vorsatz ist das Wissen und Wollen der Tatbestandsverwirklichung.[79] Sie wusste, dass es sich bei dem Handy um eine für sie fremde, bewegliche Sache handelte und sie hatte die Absicht, dieses Handy wegzunehmen. Der Vorsatz des § 242 Abs. 1 StGB ist folglich gegeben.

> Klausurhinweis: Wichtig ist eine klare Trennung zwischen dem soeben geprüften Vorsatz und der nachfolgenden Zueignungsabsicht, einem zusätzlichen subjektiven Tatbestandsmerkmal des § 242 Abs. 1 StGB. Das Vorhaben der B, das Handy am Abend wieder zurückzulegen, ändert nichts am Vorsatz, es zunächst wegzunehmen.

b) Absicht, sich die Sache rechtswidrig zuzueignen

B müsste auch in der Absicht gehandelt haben, sich oder einem anderen das Handy der H rechtswidrig zuzueignen.

aa) Aneignungsabsicht

Voraussetzung für diese Zueignungsabsicht ist zunächst, dass B mit Aneignungsabsicht handelte. B müsste vorliegend die Absicht, also direkten Vorsatz 1. Grades, gehabt haben, sich das Handy zumindest vorübergehend in ihr Vermögen einzuverleiben.[80] Da sie das Handy für diesen Tag an sich nehmen und gegebenenfalls auch nutzen wollte, hatte sie die erforderliche jedenfalls vorübergehende Aneignungsabsicht.

bb) Enteignungswille

Unter Enteignung versteht man die Verdrängung des Berechtigten von der Sachherrschaft.[81] Diesbezüglich reicht auch Eventualvorsatz aus, der Wille muss jedoch auf Dauer ausgerichtet sein. Diesen dauerhaften Willen besaß B jedoch nicht. Vielmehr hatte sie die Absicht, das Handy am Abend wieder zurückzulegen, sie wollte H also nicht dauerhaft von der Sachherrschaft – H hatte bis zur Wegnahme wie gesehen noch den gelockerten Gewahrsam und damit Sachherrschaft – verdrängen, sondern nur für einige Stunden. Dass sie im Ergebnis aber nicht mehr dazu kam, das Handy zurückzulegen, da es ihr zwischenzeitlich durch den Diebstahl abhanden gekommen war, ändert nichts an dieser Feststellung. Der Enteignungswille muss zum Zeitpunkt der Tathandlung, also zur Zeit der Wegnahme, vorliegen.

Es fehlt im vorliegenden Fall also am erforderlichen Enteignungswillen der B und damit am subjektiven Tatbestand des Diebstahls.

> Klausurhinweis: Hätte man nach dem objektiven Tatbestand des § 242 Abs. 1 StGB direkt den subjektiven Tatbestand geprüft, gäbe es also keinen Grund mehr, auf die mögliche Qualifikation einzugehen (s. o.). Wertvolle Punkte in der Klausur wären verpasst.

Ergebnis

Somit hat sich B durch die Mitnahme des Handys von H nicht wegen eines Diebstahls mit Waffen nach §§ 242 Abs. 1, 244 Abs. 1 Nr. 1a StGB strafbar gemacht.

> Klausurhinweis: Die bloße zeitweise Gebrauchsanmaßung an Gegenständen ist also grundsätzlich straflos. Bei Fahrzeugen indes hat der Gesetzgeber diese eigens unter Strafe gestellt. Hätte sich B also das Fahrrad von H „ausgeliehen“, so wäre noch § 248b StGB zu prüfen, sofern dieser nicht durch einen entsprechenden Bearbeitervermerk von der Prüfung ausgeschlossen wäre. Wem der Ausgang des vorliegenden Falls ungerecht erscheint, der sei darauf hingewiesen, dass B gegenüber H natürlich schadensersatzpflichtig ist. Dies ist für die strafrechtliche Klausur aber nicht von Belang.

B. Strafbarkeit der H nach §§ 242 Abs. 1, 243 Abs. 1 S. 2 Nr. 2 StGB

H könnte sich jedoch ihrerseits wegen eines besonders schweren Falls des Diebstahls nach §§ 242 Abs. 1, 243 Abs. 1 S. 2 Nr. 2 StGB strafbar gemacht haben, indem sie die Schmuckschatulle der B aufbrach und deren Handy an sich nahm.

I. Tatbestand

Hierfür müsste H tatbestandsmäßig gehandelt haben.

1. Objektiver Tatbestand

Sie müsste also zunächst den objektiven Tatbestand des Diebstahls erfüllt haben.

a) Fremde, bewegliche Sache

Bei dem Handy der B handelte es sich zweifellos um einen beweglichen, körperlichen Gegenstand, der nicht herrenlos und nicht im Alleineigentum der H war, also um eine fremde, bewegliche Sache.

b) Wegnahme

Diese Sache müsste H weggenommen haben. Auch die abwesende B hatte gelockerten Gewahrsam über ihre Gegenstände in der gemeinsamen Wohnung. Diesen Gewahrsam hat H gebrochen und neuen eigenen Gewahrsam begründet. Sie hat das Handy also weggenommen.

2. Subjektiver Tatbestand

Sie müsste auch den subjektiven Tatbestand des Diebstahls erfüllt haben.

a) Vorsatz

Zunächst kann unproblematisch festgestellt werden, dass H wusste, dass es sich bei dem Handy um eine für sie fremde, bewegliche Sache handelte und dass sie die Absicht hatte, diese wegzunehmen. Sie handelte also mit direktem Vorsatz hinsichtlich der objektiven Tatbestandsvoraussetzungen.

b) Absicht, sich die Sache rechtswidrig zuzueignen

Fraglich ist jedoch, ob sie auch die erforderliche Absicht hatte, sich oder einem Dritten diese Sache rechtswidrig zuzueignen.

aa) Aneignungsabsicht

Dafür müsste sie zunächst mit Aneignungsabsicht gehandelt haben. H hatte die erforderliche Absicht, sich das Handy zumindest vorübergehend in ihr Vermögen einzuverleiben, weshalb die Aneignungsabsicht gegeben ist.

bb) Enteignungswille

Da sie auch vorhatte, B dauerhaft von deren Sachherrschaft zu verdrängen, ist der Enteignungswille ebenfalls zu bejahen.

cc) Rechtswidrigkeit der beabsichtigten Zueignung

Die erstrebte Zueignung müsste rechtswidrig gewesen sein. Dies ist dann abzulehnen, wenn der Täter einen fälligen und durchsetzbaren Anspruch auf die Sache hat.[82] Die Rechtswidrigkeit muss objektiv bestehen. H hat keinen vertraglichen Anspruch auf das Handy von B. Fraglich ist, wie es zu bewerten ist, dass B zuvor das Handy von H weggenommen und verloren hatte und die Handys einen ähnlichen Wert haben. H mag deshalb Schadensersatzansprüche gegenüber B haben, diese sind aber gerichtlich geltend zu machen. Keinesfalls kann sie sich einfach einen anderen Gegenstand von ähnlichem Wert als Ersatz aussuchen. Sie hat also keinen Anspruch auf das Handy und somit ist die erstrebte Zueignung objektiv rechtswidrig.

> Klausurhinweis: Ungewöhnlich ist es, im subjektiven Tatbestand das objektive Tatbestandsmerkmal der Rechtswidrigkeit der beabsichtigten Zueignung zu prüfen. Dies erscheint jedoch deshalb hier angemessen, da die (objektive) Rechtswidrigkeit unmittelbar an die (subjektive) Zueignungsabsicht anknüpft. Da aber alle objektiven Merkmale auch vom Vorsatz getragen sein müssen, ist anschließend noch der Vorsatz bezüglich dieser Rechtswidrigkeit anzusprechen.

dd) Vorsatz bezüglich der Rechtswidrigkeit der beabsichtigten Zueignung

Laut Sachverhalt erschien es H zwar gerecht, das Handy wegzunehmen, nachdem ihr seitens B dasselbe geschehen war. Daraus dürfte es sich aber nicht entnehmen lassen, dass sie glaubte, ihr stehe ein Anspruch auf dieses Handy zu. Sie handelte also vorsätzlich bezüglich der Rechtswidrigkeit der erstrebten Zueignung.

Somit ist auch der subjektive Tatbestand des § 242 Abs. 1 StGB erfüllt.

II. Rechtswidrigkeit

Mangels ersichtlicher Rechtfertigungsgründe handelte H auch rechtswidrig.

> Klausurhinweis: Dieser Prüfungspunkt ist genauso zu prüfen wie gewohnt und damit klar zu unterscheiden von der zuvor geprüften Rechtswidrigkeit der beabsichtigten Zueignung.

III. Schuld

Auch Entschuldigungsgründe sind nicht ersichtlich. Sollte man H zubilligen, sich in einem Verbotsirrtum nach § 17 StGB zu befinden, weil sie geglaubt habe, es sei erlaubt, nach einer Wegnahme eigener Gegenstände dem Wegnehmenden dessen Gegenstände von ähnlichem Wert wegzunehmen, so ist festzustellen, dass ein solcher Irrtum nicht unvermeidbar ist, weshalb die Schuld auch nicht aus diesem Grund ausgeschlossen ist. H handelte also schuldhaft.

IV. Strafzumessungsregel, § 243 Abs. 1 S. 2 Nr. 2 StGB

> Klausurhinweis: Ebenso wie § 244 StGB für den Täter einen erhöhten Strafrahmen vorsieht, so gilt dies grundsätzlich auch für § 243 StGB. Während § 244 StGB allerdings wie gesehen eine Qualifikation darstellt, spricht man bei § 243 StGB von einer Strafzumessungsregel. Zu erkennen ist dies am Gesetzeswortlaut („Ein besonders schwerer Fall liegt in der Regel vor, ..."). In der Klausur zeigt sich dies darin, dass Regelbeispiele anders als Qualifikationstatbestände erst nach der Schuld geprüft werden.

1. Objektive Merkmale

Zunächst müssten die Voraussetzungen des Regelbeispiels § 243 Abs. 1 S. 2 Nr. 2 StGB gegeben sein.

a) Verschlossenes Behältnis

Ein Behältnis ist ein zur Aufnahme von Sachen dienendes und sie umschließendes Raumgebilde, das nicht dazu bestimmt ist, von Menschen betreten zu werden.[83] Bei der Schatulle, in der sich das Handy von B befindet, handelt es sich demzufolge um ein Behältnis. Dieses ist laut Sachverhalt auch verschlossen, also gegen ordnungswidrigen Zugriff gesichert.[84]

b) Überwinden der Sicherung

Diese Schatulle hat H aufgebrochen, wodurch sie das Handy entnehmen konnte. Somit ist das Regelbeispiel objektiv gegeben.

2. Subjektive Merkmale

Das Regelbeispiel müsste aber auch vom Vorsatz getragen sein. H hat erkannt, dass das Handy sich in einem verschlossenen Behältnis befand und hat dieses absichtlich aufgebrochen.

Klausurhinweis: Im Unterschied zur Qualifikation muss das Vorliegen der Voraussetzungen eines Regelbeispiels nicht zwingend zum erhöhten Strafmaß des § 243 StGB führen, sondern nur in der Regel. Ohne besondere Hinweise sollte jedoch in der Klausur von der Regelwirkung ausgegangen werden. Es sollte aber zumindest an § 243 Abs. 2 StGB gedacht werden, wonach ein besonders schwerer Fall ausgeschlossen ist, wenn sich die Tat auf eine geringwertige Sache bezieht. Da dies nur bei einem Wert des Diebesguts unter 25 Euro angenommen wird, dürfte es hier nicht relevant sein.[85]

Ergebnis

Somit hat sich H durch das Entwenden des Handys wegen eines besonders schweren Falls des Diebstahls nach §§ 242 Abs. 1, 243 Abs. 1 S. 2 Nr. 2 StGB strafbar gemacht.

Fall 8

Sachverhalt

Laura (L) ist mal wieder knapp bei Kasse. Auf einen großen Blue-Tooth-Lautsprecher, den sie unbedingt haben will, möchte sie dennoch nicht verzichten. Also führt sie ihr Weg zum Elektronikfachmarkt des Emil (E), wo sie einen solchen entwenden will. Sie schaut sich im Laden um und wartet ab, bis das Servicepersonal mit anderen Kunden beschäftigt ist. Als das der Fall ist, schnappt sie sich einen ihr gefallenden Blue-Tooth-Lautsprecher (40cm Länge, Preis: 80 Euro), hält vor diesen einen mitgebrachten Schnellhefter als Sichtschutz und geht damit so unauffällig wie möglich Richtung Ausgang. Sie hofft, dass niemand sie ansprechen werde und sie den Lautsprecher ohne zu bezahlen durch den Kassenbereich bringen werde. Als sie gerade den Kassenbereich erreicht hat, kommen ihr Gewissensbisse. Sie kehrt daher um und legt den Lautsprecher wieder zurück ins Regal.

Zu Hause angekommen bereut sie ihre Ehrlichkeit bereits. Da sie den Lautsprecher für eine Strandparty am Wochenende dringend benötigt, entschließt sie sich, sofort zum Elektronikmarkt zurückzugehen. Da es bereits wenige Minuten vor Schließung des Ladens ist, versteckt sie sich eine Stunde auf der Kundentoilette. Als sie ihr Versteck verlässt, haben sich alle Mitarbeiter bereits in den Feierabend verabschiedet. Außer L ist niemand mehr in dem geschlossenen Geschäft. L entnimmt erneut aus dem Regal den ausgesuchten Blue-Tooth-Lautsprecher, an dem sich auch noch ein elektronischer Sicherungsstreifen befindet, der bei normalem Passieren des Kassenbereichs ein akustisches Geräusch von sich gegeben hätte und verlässt mit dem Lautsprecher den Laden durch ein Seitenfenster.

Aufgabe

Prüfen Sie gutachterlich die Strafbarkeit von L. Eine Strafbarkeit nach § 123 StGB ist nicht zu prüfen.

Etwaig erforderliche Strafanträge sind gestellt.

Lösungsskizze

Tatkomplex 1: Der Weg zur Kasse
Strafbarkeit der L nach §§ 242 Abs. 1, Abs. 2, 22, 23 Abs. 1 StGB?

I. Vorprüfung

1. Keine Vollendung (+)

2. Strafbarkeit des Versuchs (+)

II. Tatbestand

1. Tatentschluss

a) Vorsatz (+)

b) Absicht, sich oder einem anderen die Sache rechtswidrig zuzueignen

aa) Aneignungsabsicht (+)

bb) Enteignungsvorsatz (+)

cc) Vorsatz bezüglich der Rechtswidrigkeit der beabsichtigten Zueignung (+)

2. Unmittelbares Ansetzen (+)

III. Rechtswidrigkeit (+)

IV. Schuld (+)

V. Rücktritt, § 24 Abs. 1 S. 1 StGB

1. Kein fehlgeschlagener Versuch (+)

2. Unbeendeter Versuch (+)

3. Aufgeben der Tat (+)

4. Freiwilligkeit (+)

Ergebnis: Strafbarkeit nach §§ 242 Abs. 1, Abs. 2, 22, 23 Abs. 1 StGB (–)

Tatkomplex 2: Geschehen nach Geschäftsschluss
Strafbarkeit der L nach §§ 242 Abs. 1, 243 Abs. 1 S. 2 Nr. 1 und 2 StGB?

I. Tatbestand

1. Objektiver Tatbestand

a) Fremde, bewegliche Sache (+)
b) Wegnahme (+)

2. Subjektiver Tatbestand

a) Vorsatz (+)
b) Absicht, sich oder einem anderen die Sache rechtswidrig zuzueignen
   aa) *Aneignungsabsicht (+)*
   bb) *Enteignungsvorsatz (+)*
   cc) *Rechtswidrigkeit der beabsichtigten Zueignung (+)*
   dd) *Vorsatz bezüglich der Rechtswidrigkeit der beabsichtigten Zueignung (+)*

II. Rechtswidrigkeit (+)

III. Schuld (+)

IV. Strafzumessungsregel, § 243 Abs. 1 S. 2 Nr. 1 und 2 StGB

1. Objektive Merkmale

a) § 243 Abs. 1 S. 2 Nr. 1 StGB (Sich in dem Raum verborgen halten) (+)
b) § 243 Abs. 1 S. 2 Nr. 2 StGB (Gegen Wegnahme besonders gesicherte Schutzvorrichtung) (–)

2. Subjektive Merkmale: Vorsatz (+)

Ergebnis: Strafbarkeit nach §§ 242 Abs. 1, 243 Abs. 1 S. 2 Nr. 1 StGB (+)

Ausformulierte Lösung

Tatkomplex 1: Der Weg zur Kasse

L könnte sich wegen versuchten Diebstahls gemäß §§ 242 Abs. 1, Abs. 2, 22, 23 Abs. 1 StGB strafbar gemacht haben, indem sie sich den Lautsprecher nahm und mit diesem den Kassenbereich passieren wollte.

I. Vorprüfung

> Klausurhinweis: Die Prüfung des Versuchs erfolgt anhand eines anderen Aufbaus als beim vorsätzlich begangenen vollendeten Delikt. Vor der Prüfung des Tatbestandes erfolgt beim Versuch eine so genannte Vorprüfung, ob überhaupt inhaltlich in die Versuchsprüfung eingestiegen werden kann. Aus diesem Grund wird die Vorprüfung teilweise auch mit der Gliederungsebene „0" gekennzeichnet.

1. Keine Vollendung

Das Delikt dürfte nicht vollendet sein. Dies ist der Fall, wenn der Täter ein erforderliches objektives Tatbestandsmerkmal nicht erfüllt hat oder die Zurechnung des Erfolges nicht vorliegt. Vorliegend hat L den Lautsprecher nicht weggenommen, so dass ein objektives Tatbestandsmerkmal des § 242 Abs. 1 StGB nicht erfüllt ist. Insbesondere hat sie allein mit dem Ergreifen des Lautsprechers keine Gewahrsamsenklave gebildet. Es handelt sich bei dem Lautsprecher mit einer Größe von 40cm nicht um einen kleinen durch bloßes Ergreifen leicht zu verbergenden Gegenstand, bei dem ein Zugriff des E auf die Ware nur noch erschwert möglich ist. Auch durch das Verdecken des Lautsprechers mit dem Schnellhefter als Sichtschutz ist ein Zugriff des E prinzipiell weiterhin möglich, so dass auch dadurch keine Gewahrsamsenklave geschaffen wurde. Das Delikt ist demnach mangels Wegnahme nicht vollendet.

> Klausurhinweis: Die Vorprüfung kann in den meisten Fällen in wenigen Sätzen im Urteilsstil abgehandelt werden.

Klausurhinweis: An sich wäre es auch möglich gewesen, mit der Prüfung eines vollendeten Diebstahls nach § 242 Abs. 1 StGB zu beginnen. Dieser wäre sodann aus den dargestellten Gründen im objektiven Tatbestand in der Wegnahme gescheitert. Anschließend wäre dann ein versuchter Diebstahl zu prüfen gewesen. Die Vorwegprüfung des vollendeten Delikts sollte jedoch nur dann gewählt werden, wenn dort wesentliche Probleme bezüglich der Vollendung liegen. Ob man die vorliegende Frage um die mögliche Bildung einer Gewahrsamsenklave als wesentlich ansieht, kann sicherlich unterschiedlich beurteilt werden. Beide Aufbauvarianten erscheinen gleichermaßen vertretbar. Häufig bietet es sich an, aus Gründen der Zeitersparnis sofort mit der Versuchsprüfung zu beginnen und in diesem ersten Prüfungspunkt sodann festzustellen, dass das Delikt aufgrund des Fehlens eines objektiven Tatbestandsmerkmals nicht vollendet ist und dies – wie hier – bei Bedarf kurz zu erläutern.

2. Strafbarkeit des Versuchs

Der Versuch müsste strafbar sein. Gemäß § 23 Abs. 1 StGB ist der Versuch eines Verbrechens stets strafbar, der Versuch eines Vergehens nur dann, wenn das Gesetz es ausdrücklich bestimmt. Beim Diebstahl gemäß § 242 StGB handelt es sich um ein Vergehen gemäß § 12 Abs. 2 StGB, da er nicht im Mindestmaß mit einer Freiheitsstrafe von 1 Jahr oder mehr bedroht ist. In § 242 Abs. 2 StGB findet sich jedoch eine ausdrückliche Bestimmung, welche die Strafbarkeit des Versuchs anordnet. Deshalb ist der Versuch des Diebstahls strafbar.

Klausurhinweis: Auch dieser Punkt erfolgt aus Klarstellungsgesichtspunkten in dieser Ausführlichkeit. In einer Klausur kann man sich hier gegebenenfalls auch knapper fassen.

II. Tatbestand

1. Tatentschluss

L müsste Tatentschluss gehabt haben. Dies wäre der Fall, wenn sie vorsätzlich gehandelt hätte und ggf. erforderliche besondere subjektive Tatbestandsvoraussetzungen aufweisen würde.

a) Vorsatz

Vorsatz ist das Wissen und Wollen der Tatbestandsverwirklichung.[86]

Klausurhinweis: Es ist entscheidend, nun zunächst eine Vorsatzprüfung im Hinblick auf alle objektiven Tatbestandsmerkmale des § 242 Abs. 1 StGB vorzunehmen. Die Besonderheit besteht beim Versuch allerdings darin, dass deren Vorliegen nicht vorab objektiv geprüft wurde. Die Definitionen der objektiven Tatbestandsmerkmale müssen nun in der Vorsatzprüfung untergebracht werden.

aa) Fremde, bewegliche Sache

L müsste Vorsatz gehabt haben, dass es sich bei dem Lautsprecher um eine fremde bewegliche Sache gehandelt hat. Sachen sind körperliche Gegenstände.[87] Diese sind fremd, wenn sie nicht im Alleineigentum des Täters stehen und nicht herrenlos sind.[88] Sie sind beweglich, wenn sie tatsächlich fortbewegt werden können.[89] L wusste, dass es sich bei dem Lautsprecher um einen körperlichen Gegenstand handelt, der tatsächlich fortbewegt werden kann und der nicht in ihrem Eigentum steht und auch nicht herrenlos ist. Sie handelte damit vorsätzlich bezüglich des Vorliegens einer fremden beweglichen Sache.

bb) Wegnahme

L müsste auch vorsätzlich bezüglich einer Wegnahme gehandelt haben. Unter Wegnahme versteht man den Bruch fremden und die Begründung neuen Gewahrsams.[90] Gewahrsam wiederum ist die von einem natürlichen Herrschaftswillen getragene tatsächliche Sachherrschaft eines Menschen über eine Sache. Fremder Gewahrsam ist gebrochen, wenn er ohne oder gegen den Willen des Berechtigten aufgehoben wird.[91] Neuer Gewahrsam ist begründet, wenn der Täter die tatsächliche Sachherrschaft so erlangt hat, dass ihrer Ausübung keine Hindernisse mehr entgegenstehen.[92]

L wusste, dass E als Inhaber des Marktes an dem Lautsprecher in dem Regal die tatsächliche Sachherrschaft oder zumindest gelockerten Gewahrsam hatte und der Lautsprecher damit in fremdem Gewahrsam stand. Sie wollte diese Sachherrschaft des E auch gegen dessen Willen aufheben, indem sie den Lautsprecher ohne zu bezahlen durch den Kassenbereich schmuggeln wollte und sie wollte diesen auch mit nach Hause nehmen, um ihn dort zu benutzen. Demnach handelte sie vorsätzlich bezüglich eines Gewahrsamsbruchs und einer Gewahrsamsneubegründung und damit bezüglich einer Wegnahme.

b) Absicht, sich oder einem anderen die Sache rechtswidrig zuzueignen

> Klausurhinweis: Da es sich bei der Zueignungsabsicht um ein besonderes subjektives Tatbestandsmerkmal handelt, ist diese im Rahmen der Versuchsprüfung neben dem Vorsatz zu prüfen.

Fraglich ist jedoch, ob sie auch die erforderliche Absicht hatte, sich oder einem Dritten diese Sache rechtswidrig zuzueignen.

aa) Aneignungsabsicht

Dafür müsste sie zunächst mit Aneignungsabsicht gehandelt haben. L hatte die erforderliche Absicht, sich den Lautsprecher zumindest vorübergehend in ihr Vermögen einzuverleiben,[93] weshalb die Aneignungsabsicht gegeben ist.

bb) Enteignungsvorsatz

Da sie auch vorhatte, E dauerhaft aus dessen Eigentümerstellung zu verdrängen,[94] ist auch der Enteignungsvorsatz zu bejahen.

cc) Vorsatz bezüglich der Rechtswidrigkeit der beabsichtigten Zueignung

L wusste auch, dass sie keinen fälligen und einredefreien Anspruch[95] auf den Lautsprecher hat.

L hatte demnach die Absicht, sich die Sache rechtswidrig zuzueignen.

L handelte folglich mit Tatentschluss.

2. Unmittelbares Ansetzen

L müsste gemäß § 22 StGB unmittelbar zur Tatbestandsverwirklichung angesetzt haben. Dies ist dann der Fall, wenn der Täter subjektiv die Schwelle zum „jetzt geht's los" überschritten hat und objektiv so zur tatbestandsmäßigen Ausführungshandlung angesetzt hat, dass nach seiner Vorstellung seine Handlung ohne wesentlichen Zwischenschritte in den tatbestandsmäßigen Erfolg mündet.[96] Indem L den Lautsprecher aus dem Regal genommen hat und auf dem Weg zur Kasse war, um diesen Bereich mit dem Lautsprecher ohne zu bezahlen zu passieren, hat sie subjektiv die Schwelle zum „jetzt geht's los" überschritten. Sie hat den Kassenbereich auch gerade erreicht, so dass sie diesen nach ihrer Vorstellung lediglich noch passieren müsste, um die Wegnahme zu erreichen. Dies stellt keinen wesentlichen Zwischenschritt mehr da. L hat demnach unmittelbar angesetzt.

> Klausurhinweis: Im Umschauen im Laden und Abwarten bis das Servicepersonal mit anderen Kunden beschäftigt ist, um sodann einen Lautsprecher aus dem Regal zu nehmen, ist noch kein unmittelbares Ansetzen zu sehen. Zur Wegnahme fehlen in diesem Fall nämlich noch folgende insgesamt als wesentlich zu bewertende Zwischenschritte: Das Personal muss mit anderen Kunden beschäftigt sein, L muss den Lautsprecher aus dem Regal nehmen und mit ihm Richtung Ausgang zum Kassenbereich gehen.

Der Tatbestand ist damit erfüllt.

III. Rechtswidrigkeit

Da Rechtfertigungsgründe nicht ersichtlich sind, handelte L rechtswidrig.

IV. Schuld

Mangels ersichtlicher Entschuldigungsgründe handelte L auch schuldhaft.

V. Rücktritt, § 24 Abs. 1 S. 1 StGB

L könnte jedoch strafbefreiend nach § 24 Abs. 1 S. 1 StGB zurückgetreten sein.

> Klausurhinweis: Da es sich beim Rücktritt gemäß § 24 StGB um einen persönlichen Strafaufhebungsgrund handelt, wird dieser erst nach der Schuld geprüft.

1. Kein fehlgeschlagener Versuch

Der Versuch dürfte nicht fehlgeschlagen sein. Ein Versuch ist dann fehlgeschlagen, wenn der Täter erkennt, dass er den tatbestandsmäßigen Erfolg mit den ihm am Tatort zur Verfügung stehenden Mitteln entweder gar nicht mehr oder jedenfalls nicht mehr ohne zeitlich relevante Zäsur herbeiführen kann.[97] Maßgeblich hierfür ist die Vorstellung des Täters nach der letzten Ausführungshandlung. Vorliegend könnte L den Erfolg in Form der Wegnahme des Lautsprechers durch das Passieren des Kassenbereichs nach ihrer Vorstellung noch verwirklichen. Demnach liegt kein fehlgeschlagener Versuch vor.

2. Unbeendeter Versuch

Fraglich ist, ob ein unbeendeter oder ein beendeter Versuch vorliegt. Ein unbeendeter Versuch liegt dann vor, wenn der Täter glaubt, noch nicht alles Erforderliche dafür getan zu haben, dass der tatbestandsmäßige Erfolg eintritt.[98] Ein beendeter Versuch liegt dagegen vor, wenn der Täter glaubt, alles Erforderliche getan zu haben, dass der tatbestandsmäßige Erfolg eintritt.[99] Vorliegend ist für die Wegnahme des Lautsprechers nach Vorstellung der L noch das Passieren des Kassenbereichs erforderlich. L hat demnach nach ihrer Vorstellung noch nicht alles Erforderliche getan, damit der Erfolg eintreten kann. Es handelt sich damit um einen unbeendeten Versuch.

3. Aufgeben der Tat

Da es sich um einen unbeendeten Versuch handelt, reicht als „Rücktrittshandlung“ ein Aufgeben der Tat. Vorliegend hat L den Lautsprecher sogar zurück ins Regal gelegt. Eine Tataufgabe liegt daher vor.

4. Freiwilligkeit

L müsste die Tat auch freiwillig, also aus autonomen Motiven[100] aufgegeben haben. L hat die Tat vorliegend aufgegeben, weil sie Gewissensbisse bekam. Dies stellt ein autonomes Motiv dar, so dass L die Tat freiwillig aufgegeben hat.

L ist demnach strafbefreiend nach § 24 Abs. 1 S. 1 StGB zurückgetreten.

Ergebnis

L hat sich nicht wegen versuchten Diebstahls gemäß §§ 242 Abs. 1, Abs. 2, 22, 23 Abs. 1 StGB strafbar gemacht, indem sie sich den Lautsprecher nahm und mit diesem den Kassenbereich passieren wollte.

Tatkomplex 2: Geschehen nach Geschäftsschluss

L könnte sich nach § 242 Abs. 1, 243 Abs. 1 S. 2 Nr. 1 und 2 StGB strafbar gemacht haben, indem sie sich in dem Geschäft einschließen ließ, den mit elektronischem Sicherungsetikett ausgestatteten Lautsprecher aus dem Regal nahm und mit diesem durch das Fenster flüchtete.

I. Tatbestand

1. Objektiver Tatbestand

Der objektive Tatbestand müsste erfüllt sein.

a) Fremde, bewegliche Sache

Bei dem Lautsprecher handelt es sich um eine fremde und bewegliche Sache.

b) Wegnahme

Indem L mit dem Lautsprecher durch das Fenster des Marktes flüchtete, hat sie die tatsächliche Sachherrschaft des E an dem Lautsprecher aufgehoben und damit die Sachherrschaft so erlangt, dass ihrer Ausübung keine Hindernisse mehr entgegenstehen. Demnach hat sie den Gewahrsam des E an dem Lautsprecher gebrochen und neuen Gewahrsam begründet. Sie hat ihn also weggenommen.

Der objektive Tatbestand ist erfüllt.

2. Subjektiver Tatbestand

Fraglich ist, ob der subjektive Tatbestand erfüllt ist.

a) Vorsatz

L wusste, dass es sich bei dem Lautsprecher um eine fremde bewegliche Sache handelt und wollte die Sachherrschaft des E aufheben und selbst erlangen und daher auch wegnehmen. L handelte vorsätzlich.

b) Absicht, sich oder einem anderen die Sache rechtswidrig zuzueignen

aa) Aneignungsabsicht

L hatte die erforderliche Absicht, sich den Lautsprecher in ihr Vermögen einzuverleiben, weshalb die Aneignungsabsicht gegeben ist.

bb) Enteignungsvorsatz

Da sie auch vorhatte, E dauerhaft aus dessen Eigentümerstellung zu verdrängen, ist auch der Enteignungsvorsatz zu bejahen.

cc) Rechtswidrigkeit der beabsichtigten Zueignung

Die erstrebte Zueignung der L ist auch rechtswidrig, da diese keinen fälligen und einredefreien Anspruch auf den Lautsprecher hatte.

dd) Vorsatz bezüglich der Rechtswidrigkeit der beabsichtigten Zueignung

L wusste auch, dass sie keinen fälligen und einredefreien Anspruch auf den Lautsprecher hatte.

L hatte demnach die Absicht, sich die Sache rechtswidrig zuzueignen.

Der subjektive Tatbestand ist somit erfüllt.

II. Rechtswidrigkeit

Da Rechtfertigungsgründe nicht ersichtlich sind, handelte L rechtswidrig.

III. Schuld

Mangels ersichtlicher Entschuldigungsgründe handelte L auch schuldhaft.

IV. Strafzumessungsregel, § 243 Abs. 1 S. 2 Nr. 1 und 2 StGB

1. Objektive Merkmale

a) § 243 Abs. 1 S. 2 Nr. 1 StGB (Sich in dem Raum verborgen halten)

Fraglich ist, ob L sich in einem Raum im Sinne des § 243 Abs. 1 S. 2 Nr. 1 StGB verborgen hielt. Ein Sich-Verborgen-Halten liegt bei einem Verstecken vor.[101] Vorliegend hat sich L in dem Gebäude des Elektromarktes auf der Kundentoilette versteckt, bis dieser geschlossen war. Sodann konnte sie den Lautsprecher ungestört wegnehmen. L hat sich demnach in einem Raum im Sinne des § 243 Abs. 1 S. 2 Nr. 1 StGB verborgen gehalten.

b) § 243 Abs. 1 S. 2 Nr. 2 StGB (Gegen Wegnahme besonders gesicherte Schutzvorrichtung)

Fraglich ist, ob der Lautsprecher gegen Wegnahme besonders gesichert war. Dies könnte deshalb der Fall sein, weil er mit einem elektronischen Sicherungsstreifen ausgestattet war, der nach normalem Passieren des Kassenbereichs ein akustisches Signal von sich gegeben hätte, so dass die Wegnahme aufgefallen wäre. Derartige Sicherungsetiketten dienen jedoch nicht der Verhinderung der Wegnahme, da das akustische Signal erst nach Passieren des Kassenbereichs und somit nach Vollendung der Wegnahme ausgelöst wird. Vielmehr soll dadurch eine schnelle Wiedererlangung des Gewahrsams an der Ware nach Wegnahme erreicht werden.[102] Demnach war der Lautsprecher vorliegend nicht mit einer gegen Wegnahme besonders gesicherten Schutzvorrichtung versehen.

2. Subjektive Merkmale

L müsste vorsätzlich gehandelt haben. L hat sich bewusst auf der Toilette versteckt und in dem Geschäft einschließen lassen, um sodann nach Ladenschluss alleine den Lautsprecher wegnehmen zu können. Demnach handelte sie auch vorsätzlich bezüglich des Regelbeispiels des § 243 Abs. 1 S. 2 Nr. 1 StGB.

Ergebnis

L hat sich gemäß §§ 242 Abs. 1, 243 Abs. 1 S. 2 Nr. 1 StGB strafbar gemacht, indem sie sich in dem Geschäft einschließen ließ, den mit elektronischem Sicherungsetikett ausgestatteten Lautsprecher aus dem Regal nahm und mit diesem durch das Fenster flüchtete.

Fall 9

Sachverhalt

Lorenzo (L) und Unternehmer Ulf (U) spielen in derselben Altherrenmannschaft Fußball beim FC Blau-Weiß Vorwärts. L kann U jedoch nicht ausstehen, da sich dieser durch seinen geschäftlichen Erfolg und seine regelmäßigen Großspenden an den Verein immer als großer Gönner in Szene zu setzen weiß. Aus diesem Grund will L dem U eine Lektion erteilen. Als U nach einem Spiel in der Kabine großspurig verkündet, er werde mit seiner Geliebten das kommende Wochenende in einem 5 Sterne-Hotel an der Ostsee verbringen, sieht L seine Chance gekommen und beschließt, dem U in dieser Zeit das Haus, in dem dieser seit 5 Jahren wohnt, „leerzuräumen" und die Sachen dann selbst zu benutzen. Am Samstag wartet er in einiger Entfernung am Haus des U bis dieser tatsächlich weggefahren ist. Er überlegt nun, wie er am Besten in das Haus kommen soll. Da erblickt er im 2. Obergeschoss ein gekipptes Fenster. Mittels einer an der Hauswand lehnende Leiter erreicht er dieses Fenster. Mit einem geschickten Handgriff fasst er in die Kipp-Öffnung, dreht den Fensterhebel in waagerechte Stellung und kann so das Fenster öffnen. Im Haus sucht er sodann jeden Raum nach Stehlbarem ab, muss aber schnell erkennen, dass sich im Haus weder Bargeld noch Schmuck befinden. Lediglich ein Wandgemälde käme als Diebesgut in Betracht. Dieses ist jedoch aufgrund seiner immensen Größe nicht für einen Transport durch eine Person geeignet. Seinen Plan, etwas mitzunehmen, verwirft er daher gezwungenermaßen. Da er aber seine Wut auf U irgendwie befriedigen will, malt L allen Personen auf dem Wandgemälde mit einem wasserfesten Edding-Stift Schnurrbärte und andere Frisuren auf und verlässt anschließend ohne Beute, aber dennoch mit Genugtuung das Haus.

Aufgabe

Prüfen Sie gutachterlich die Strafbarkeit von L.

Lösungsskizze

A. Strafbarkeit des L gemäß §§ 242 Abs. 1, 244 Abs. 1 Nr. 3, Abs. 4, 22, 23 Abs. 1 StGB?

I. Vorprüfung

1. Keine Vollendung (+)

2. Strafbarkeit des Versuchs (+)

II. Tatbestand

1. Tatentschluss

a) Vorsatz

aa) *Fremde, bewegliche Sache (+)*

bb) *Wegnahme (+)*

cc) *§ 244 Abs. 1 Nr. 3, Abs. 4 StGB (Einbrechen in eine dauerhaft genutzte Privatwohnung) (–)*

dd) *§ 244 Abs. 1 Nr. 3, Abs. 4 StGB (Einsteigen in eine dauerhaft genutzte Privatwohnung) (+)*

b) Absicht, sich oder einem anderen die Sache rechtswidrig zuzueignen

aa) *Aneignungsabsicht (+)*

bb) *Enteignungsvorsatz (+)*

cc) *Vorsatz bezüglich der Rechtswidrigkeit der beabsichtigten Zueignung (+)*

2. Unmittelbares Ansetzen (+)

III. Rechtswidrigkeit (+)

IV. Schuld (+)

V. Rücktritt, § 24 Abs. 1 S. 1 StGB

1. Kein fehlgeschlagener Versuch (–)

Ergebnis: Strafbarkeit des L gemäß 242 Abs. 1, 244 Abs. 1 Nr. 3, Abs. 4, 22, 23 Abs. 1 StGB (+)

B. Strafbarkeit des L gemäß § 123 Abs. 1 StGB?

I. Tatbestand

1. Objektiver Tatbestand

a) Geschütztes Objekt: Wohnung eines anderen (+)
b) Tathandlung: Eindringen (+)

2. Subjektiver Tatbestand: Vorsatz (+)

II. Rechtswidrigkeit (+)

III. Schuld (+)

Ergebnis: Strafbarkeit des L gemäß § 123 Abs. 1 StGB (+)

C. Strafbarkeit des L nach § 303 Abs. 1 StGB?

I. Tatbestand

1. Objektiver Tatbestand

a) Sache (+)
b) Fremd (+)
c) Beschädigen (+)
d) Zerstören (–)

2. Subjektiver Tatbestand: Vorsatz (+)

II. Rechtswidrigkeit (+)

III. Schuld (+)

Ergebnis: Strafbarkeit des L nach § 303 Abs. 1 StGB (+)

Ausformulierte Lösung

A. Strafbarkeit des L gemäß §§ 242 Abs. 1, 244 Abs. 1 Nr. 3, Abs. 4, 22, 23 Abs. 1 StGB

L könnte sich wegen versuchten Wohnungseinbruchdiebstahls in eine dauerhaft genutzte Privatwohnung gemäß §§ 242 Abs. 1, 244 Abs. 1 Nr. 3, Abs. 4, 22, 23 Abs. 1 StGB strafbar gemacht haben, indem er durch das Fenster in das Haus des U gelangte und dort nach Stehlbarem suchte.

> Klausurhinweis: Die fehlende Vollendung des Diebstahls ergibt sich derart offensichtlich aus dem Sachverhalt, dass eine vorherige Prüfung eines vollendeten Diebstahls unnötig ist.

I. Vorprüfung

1. Keine Vollendung

Da L nichts weggenommen hat, fehlt es an einem objektiven Tatbestandsmerkmal des Diebstahls und damit an einer Vollendung des Delikts.

2. Strafbarkeit des Versuchs

Beim Wohnungseinbruchdiebstahl in eine dauerhaft genutzte Privatwohnung nach § 244 Abs. 1 Nr. 3, Abs. 4 StGB handelt es sich um ein Verbrechen im Sinne von § 12 Abs. 1 StGB, so dass der Versuch gemäß § 23 Abs. 1 StGB strafbar ist.

II. Tatbestand

1. Tatentschluss

L müsste Tatentschluss gehabt haben. Dies wäre der Fall, wenn er vorsätzlich gehandelt hätte und ggf. erforderliche besondere subjektive Tatbestandsvoraussetzungen aufweisen würde.

a) Vorsatz

Vorsatz ist das Wissen und Wollen der Tatbestandsverwirklichung.[103]

aa) Fremde, bewegliche Sache

L müsste Vorsatz gehabt haben, fremde bewegliche Sachen zu entwenden. Sachen sind körperliche Gegenstände.[104] Diese sind fremd, wenn sie nicht im Alleineigentum des Täters stehen und nicht herrenlos sind.[105] Sie sind beweglich, wenn sie tatsächlich fortbewegt werden können.[106] L suchte im

Haus des U nach stehlbaren, fortbewegbaren körperlichen Gegenständen, die nicht in seinem Eigentum stehen. Er handelte damit vorsätzlich bezüglich des Vorliegens einer fremden beweglichen Sache.

bb) Wegnahme

L müsste auch vorsätzlich bezüglich einer Wegnahme gehandelt haben. Unter Wegnahme versteht man den Bruch fremden und die Begründung neuen Gewahrsams.[107] Gewahrsam wiederum ist die von einem natürlichen Herrschaftswillen getragene tatsächliche Sachherrschaft eines Menschen über eine Sache.[108] Fremder Gewahrsam ist gebrochen, wenn er ohne oder gegen den Willen des Berechtigten aufgehoben wird.[109] Neuer Gewahrsam ist begründet, wenn der Täter die tatsächliche Sachherrschaft so erlangt hat, dass ihrer Ausübung keine Hindernisse mehr entgegenstehen.[110]

L wusste, dass U über alle Gegenstände in seinem Haus die tatsächliche Sachherrschaft hatte und diese damit in fremdem Gewahrsam standen. Auch wenn U zur konkreten Zeit mit seiner Geliebten im Kurzurlaub weilte und keine reale Zugriffsmöglichkeit hatte, hatte er nach der Verkehrsanschauung dennoch gelockerten Gewahrsam an den Gegenständen in seinem Haus. L wollte diese Sachherrschaft des U auch gegen dessen Willen aufheben, indem er die Gegenstände aus dem Haus schaffen und diese anschließend auch ungestört benutzen wollte. Demnach handelte er vorsätzlich bezüglich eines Gewahrsamsbruchs und einer Gewahrsamsneubegründung und damit bezüglich einer Wegnahme.

cc) § 244 Abs. 1 Nr. 3, Abs. 4 StGB (Einbrechen in eine dauerhaft genutzte Privatwohnung)

> Klausurhinweis: Da zum Tatentschluss der komplette subjektive Tatbestand gehört, ist dort neben dem Vorsatz bezüglich der objektiven Tatbestandsmerkmale des Grunddelikts auch der Vorsatz bezüglich der in Betracht kommenden Qualifikationsmerkmale zu prüfen.

L könnte Vorsatz gehabt haben, in eine dauerhaft genutzte Privatwohnung einzubrechen. Eine dauerhaft genutzte Privatwohnung ist eine Räumlichkeit, die dauerhaft dazu bestimmt ist, Menschen als Unterkunft zu dienen und die nicht dienstlichen Zwecken dient.[111] L wusste, dass es sich bei dem Haus des U um dessen nicht nur vorübergehend zu Privatwohnzwecken genutzte Unterkunft und damit um dessen dauerhaft genutzte Privatwohnung handelte. Fraglich ist, ob er auch Vorsatz bezüglich eines Einbrechens hatte. Einbrechen ist das gewaltsame Öffnen der Umschließung, die dem Eintreten in einen geschützten Raum entgegensteht.[112] Im vorliegenden Fall hat L in die Kippspalte des Fensters gegriffen, den Griff auf waagerecht geschoben und so das Fenster wie beabsichtigt geöffnet. Eine gewaltsame Öffnung, also mittels der Ausübung körperlicher Gewalt kann hierin weder erblickt werden noch war sie von L beabsichtigt. Demnach handelte L nicht vorsätzlich bezüglich des Einbrechens in eine dauerhaft genutzte Privatwohnung im Sinne von § 244 Abs. 1 Nr. 3, Abs. 4 StGB.

dd) § 244 Abs. 1 Nr. 3, Abs. 4 StGB (Einsteigen in eine dauerhaft genutzte Privatwohnung)

Allerdings könnte L vorsätzlich in die dauerhaft genutzte Privatwohnung des U eingestiegen sein. Einsteigen ist das Hineingelangen in einen geschützten Raum auf einem nicht dafür vorgesehenen Weg unter Entfaltung gewisser Kraft oder Geschicklichkeit.[113] Vorliegend befand sich das Fenster, durch das L in das Haus gelangte, im 2. OG. Da dieses von außen auch nur mit einer Leiter zu erreichen war, war dies ein für das Hineingelangen nicht bestimmter Weg, was L auch bewusst war und von ihm auch willentlich so gewählt wurde, da er keinen anderen Weg in das Haus erblicken konnte. Indem er in die Kippspalte des Fensters gegriffen hat, den Griff auf waagrecht geschoben und das Fenster so geöffnet hat, hat er auch bewusst und gewollt eine gewisse Geschicklichkeit an den Tag gelegt, um in das Haus zu gelangen. L ist damit vorsätzlich in eine dauerhaft genutzte Privatwohnung eingestiegen.

> Klausurhinweis: Auch im Rahmen der Prüfung des Tatentschlusses muss unbedingt mit den jeweiligen Definitionen der einzelnen Tatbestandsmerkmale gearbeitet werden, um mit diesen anschließend korrekt zu subsumieren.

b) Absicht, sich oder einem anderen die Sache rechtswidrig zuzueignen

Fraglich ist jedoch, ob er auch die erforderliche Absicht hatte, sich oder einem Dritten die Gegenstände im Haus von U rechtswidrig zuzueignen.

aa) Aneignungsabsicht

Dafür müsste er zunächst mit Aneignungsabsicht gehandelt haben. L hatte die erforderliche Absicht, sich die Gegenstände, nach denen er suchte, zumindest vorübergehend in sein Vermögen einzuverleiben,[114] weshalb die Aneignungsabsicht gegeben ist.

bb) Enteignungsvorsatz

Da er auch vorhatte, U dauerhaft aus dessen Sachherrschaftsstellung zu verdrängen,[115] ist auch der Enteignungsvorsatz zu bejahen.

cc) Vorsatz bezüglich der Rechtswidrigkeit der beabsichtigten Zueignung

L wusste auch, dass er keinen fälligen und einredefreien Anspruch[116] auf die Gegenstände hatte.

L hatte demnach die Absicht, sich die Sachen rechtswidrig zuzueignen.

L handelte demnach mit Tatentschluss.

2. Unmittelbares Ansetzen

L müsste gemäß § 22 StGB unmittelbar zur Tatbestandsverwirklichung angesetzt haben. Dies ist dann der Fall, wenn der Täter subjektiv die Schwelle zum „jetzt geht's los" überschritten hat und objektiv so zur tatbestandsmäßigen Ausführungshandlung angesetzt hat, dass nach seiner Vorstellung seine Handlung ohne wesentliche Zwischenschritte in den tatbestandsmäßigen Erfolg mündet.[117] Indem L durch das Fenster in das Haus des U gelangte, um dort nach Stehlbarem zu suchen, hat er subjektiv die Schwelle zum „jetzt geht's los" überschritten. Da er auch im Haus bereits auf der Suche nach einzelnen Gegenständen war, die er entwenden konnte, waren nach der Vorstellung des L auch keine wesentlichen Zwischenschritte zur Wegnahme mehr erforderlich. L hat demnach unmittelbar zur Tatbestandsverwirklichung angesetzt.

Der Tatbestand ist damit erfüllt.

III. Rechtswidrigkeit

Da Rechtfertigungsgründe nicht ersichtlich sind, handelte L rechtswidrig.

IV. Schuld

Mangels ersichtlicher Entschuldigungsgründe handelte L auch schuldhaft.

V. Rücktritt, § 24 Abs. 1 S. 1 StGB

L könnte jedoch strafbefreiend nach § 24 Abs. 1 S. 1 StGB zurückgetreten sein.

1. Kein fehlgeschlagener Versuch

Der Versuch dürfte nicht fehlgeschlagen sein. Ein Versuch ist dann fehlgeschlagen, wenn der Täter erkennt, dass er den tatbestandsmäßigen Erfolg mit den ihm am Tatort zur Verfügung stehenden Mitteln entweder gar nicht mehr oder jedenfalls nicht mehr ohne zeitlich relevante Zäsur herbeiführen kann.[118] L hat vorliegend erkannt, dass sich im Haus weder stehlenswertes Bargeld noch Schmuck befanden. Lediglich ein Wandgemälde hat er als mögliches Diebesgut ausgemacht, welches er aufgrund der Größe aber nicht transportieren konnte. Er hat seinen Plan daher gezwungenermaßen aufgegeben. Nach seiner Vorstellung war es ihm daher nicht möglich, den tatbestandsmäßigen Erfolg in Form der Wegnahme von Gegenständen des U noch herbeizuführen. Aus diesem Grund ist der Versuch vorliegend fehlgeschlagen. L ist nicht strafbefreiend nach § 24 Abs. 1 StGB zurückgetreten.

Ergebnis

L hat sich wegen versuchten Wohnungseinbruchdiebstahls in eine dauerhaft genutzte Privatwohnung gemäß §§ 242 Abs. 1, 244 Abs. 1 Nr. 3, Abs. 4, 22, 23 Abs. 1 StGB strafbar gemacht, indem er durch das Fenster in das Haus des U gelangte und dort nach Stehlbarem suchte.

> Klausurhinweis: Beim Wohnungseinbruchdiebstahl ist immer neben § 244 Abs. 1 Nr. 3 StGB (sowie ggf. § 244 Abs. 4 StGB) auch noch § 243 Abs. 1 S. 2 Nr. 1 StGB verwirklicht. Hier bedarf es jedoch keiner Prüfung, sondern allenfalls eines Hinweises, dass auch die Strafzumessungsvorschrift in dieser Variante erfüllt wäre.

B. Strafbarkeit des L nach § 123 Abs. 1 StGB

L könnte sich wegen Hausfriedensbruchs gemäß § 123 Abs. 1 StGB strafbar gemacht haben, indem er durch das Fenster in das Haus des U gelangte.

> Klausurhinweis: Sollte der Wohnungseinbruchdiebstahl vollendet worden sein, reicht bezüglich § 123 Abs. 1 StGB ein kurzer nachgehender Satz, dass dieses Delikt ebenfalls mitverwirklicht wurde.

I. Tatbestand

1. Objektiver Tatbestand

a) Geschütztes Objekt: Wohnung eines anderen

Bei dem Haus des U handelt es sich um eine Wohnung eines anderen.

b) Tathandlung: Eindringen

Fraglich ist, ob L in die Wohnung des U eingedrungen ist. Ein Eindringen ist das Betreten der Räumlichkeit gegen den Willen des Berechtigten.[119] L hat die Wohnung des U gegen dessen Willen durch das Fenster betreten. Demnach ist er auch in die Wohnung eingedrungen.

> Klausurhinweis: Die in § 123 Abs. 1 StGB formulierte Widerrechtlichkeit braucht nicht eigens geprüft zu werden. Es handelt sich lediglich um einen Hinweis auf die allgemeine Rechtswidrigkeit, die nach dem subjektiven Tatbestand ohnehin geprüft werden muss.[120]

2. Subjektiver Tatbestand

L müsste vorsätzlich gehandelt haben. Er wusste, dass U nicht mit einem Betreten durch ihn einverstanden ist, wollte dies aber dennoch, da er im Haus nach Stehlbarem suchen wollte. Er handelte damit vorsätzlich.

II. Rechtswidrigkeit

Da Rechtfertigungsgründe nicht ersichtlich sind, handelte L rechtswidrig.

III. Schuld

Mangels ersichtlicher Entschuldigungsgründe handelte L auch schuldhaft.

Ergebnis

L hat sich wegen Hausfriedensbruchs gemäß § 123 Abs. 1 StGB strafbar gemacht, indem er durch das Fenster in das Haus des U gelangte.

C. Strafbarkeit des L nach § 303 Abs. 1 StGB

L könnte sich nach § 303 Abs. 1 StGB strafbar gemacht haben, indem er den Personen auf dem Gemälde des U Schnurrbärte und Frisuren mit einem wasserfesten Edding-Stift malte.

I. Tatbestand

1. Objektiver Tatbestand

Der objektive Tatbestand müsste erfüllt sein.

a) Sache

Bei dem Gemälde handelte es sich um einen körperlichen Gegenstand[121] und somit um eine Sache.

b) Fremd

Das Gemälde war für L auch fremd, da dieses im Eigentum von U stand.[122]

c) Beschädigen

L könnte das Gemälde beschädigt haben. Eine Sache ist beschädigt, wenn ihre Substanz nicht ganz unerheblich verletzt wird oder ihre bestimmungsgemäße Brauchbarkeit nicht nur unerheblich beeinträchtigt wird.[123] L hat allen Personen auf dem Wandgemälde mit einem wasserfesten Edding-Stift

Schnurrbärte und andere Frisuren aufgemalt. Dadurch, dass der Stift wasserfest ist, lässt sich die Bemalung auch nicht einfach wieder entfernen, ohne dass dadurch der Rest des Gemäldes in Mitleidenschaft gezogen würde. Vor diesem Hintergrund ist sowohl von einer Beeinträchtigung der bestimmungsgemäßen Brauchbarkeit als auch von einer nicht unerheblichen Substanzverletzung auszugehen. L hat das Gemälde demnach beschädigt.

d) Zerstören

Fraglich ist, ob L das Gemälde zerstört hat. Eine Sache ist zerstört, wenn ihre Substanz völlig vernichtet oder ihre bestimmungsgemäße Brauchbarkeit völlig aufgehoben ist.[124] Durch das Bemalen mit dem wasserfesten Edding ist selbst im Hinblick auf zu erwartenden Schäden am Gemälde beim Entfernen der Farbe keine völlige Vernichtung der Substanz des Gemäldes gegeben und auch keine völlige Aufhebung der bestimmungsgemäßen Brauchbarkeit des Gemäldes. Demnach hat L das Gemälde nicht zerstört.

Somit ist der objektive Tatbestand des § 303 Abs. 1 StGB erfüllt.

2. Subjektiver Tatbestand

Der subjektive Tatbestand müsste erfüllt sein.

L müsste hierzu vorsätzlich gehandelt haben. L wusste, dass er durch das Bemalen mit dem wasserfesten Stift das Gemälde beschädigen würde und wollte dies auch. Er hat demnach vorsätzlich gehandelt.

Der subjektive Tatbestand ist somit erfüllt.

II. Rechtswidrigkeit

Da Rechtfertigungsgründe nicht ersichtlich sind, handelte L rechtswidrig.

III. Schuld

Mangels ersichtlicher Entschuldigungsgründe handelte L auch schuldhaft.

Ergebnis

L hat sich nach § 303 Abs. 1 StGB strafbar gemacht, indem er den Personen auf dem Gemälde des U Schnurrbärte und Frisuren mit einem wasserfesten Edding-Stift malte.

Fall 10

Sachverhalt

Glückspilz Gustav (G) spaziert am Rhein entlang, als er plötzlich eine goldene Herrenuhr mit Namensgravur auf dem Weg entdeckt. Er erkennt sofort, dass es sich um ein sehr wertvolles Stück handelt. Er nimmt die Uhr an sich und plant, sie am nächsten Tag zum städtischen Fundbüro zu bringen.

Neugierig schaut G am Abend im Internet nach der Uhrenmarke und entdeckt, dass die Uhr noch viel wertvoller ist, als er dachte. Deshalb kommt er auf den Gedanken, nicht nur auf den geringen Finderlohn zu hoffen, sondern die Uhr lieber zu verkaufen. Von einem Bekannten hat er vor einiger Zeit von einem Schmuckgeschäft gehört, das alten Schmuck und Uhren aufkauft. G begibt sich deshalb am nächsten Tag zu besagtem Geschäft und zeigt dem Inhaber Ingo (I) die Uhr. G erklärt I glaubhaft, dass es sich um die Uhr seines verstorbenen Vaters handele, die G selbst nicht mehr gebrauchen könne. Daraufhin kauft I die Uhr zu einem angemessenen Preis.

Eine Stunde später erscheint Langfinger Lars (L) im Laden von I. Die beiden kennen sich schon lange und haben schon viele gute Geschäfte miteinander gemacht. L erzählt I von seinem gestrigen Einbruch und legt die Beute auf den Tresen. I ist interessiert, man feilscht eine Weile und dann kauft I dem L die gesamte Beute ab, in der Erwartung, diese erheblich teurer weiterverkaufen zu können.

Aufgabe

1. Prüfen Sie gutachterlich die Strafbarkeit von G. §§ 263 und 259 StGB sind hierbei nicht zu prüfen. Etwaig erforderliche Strafanträge sind gestellt.
2. Prüfen Sie gutachterlich die Strafbarkeit von L und I durch ihr gemeinsames Geschäft. § 246 StGB ist nicht zu prüfen.

Lösungsskizze

Aufgabe 1

Tatkomplex 1: Ansichnehmen der Uhr

A. Strafbarkeit des G nach § 242 Abs. 1 StGB?

I. Tatbestand

1. Objektiver Tatbestand
a) Fremde, bewegliche Sache (+)
b) Wegnahme (–)

Ergebnis: Strafbarkeit nach § 242 Abs. 1 StGB (–)

B. Strafbarkeit des G nach § 246 Abs. 1 StGB?

I. Tatbestand

1. Objektiver Tatbestand
a) Fremde, bewegliche Sache (+)
b) Zueignung (–)

Ergebnis: Strafbarkeit nach § 246 Abs. 1 StGB (–)

Tatkomplex 2: Verkauf der Uhr

A. Strafbarkeit des G nach § 242 Abs. 1 StGB?

I. Tatbestand

1. Objektiver Tatbestand
a) Fremde, bewegliche Sache (+)
b) Wegnahme (–)

Ergebnis: Strafbarkeit nach § 242 Abs. 1 StGB (–)

B. Strafbarkeit des G nach § 246 Abs. 1 StGB?

I. Tatbestand

1. Objektiver Tatbestand
a) Fremde, bewegliche Sache (+)
b) Zueignung (+)
c) Rechtswidrigkeit der Zueignung (+)

2. Subjektiver Tatbestand: Vorsatz (+)

II. Rechtswidrigkeit (+)

III. Schuld (+)

Ergebnis: Strafbarkeit nach § 246 Abs. 1 StGB (+)

Aufgabe 2

A. Strafbarkeit des L nach § 259 Abs. 1 StGB durch den Verkauf der Beute?

I. Tatbestand

1. Objektiver Tatbestand
a) Sache (+)
b) Die ein anderer gestohlen hat (–)

Ergebnis: Strafbarkeit nach § 259 Abs. 1 StGB durch den Verkauf der Beute (–)

B. Strafbarkeit des I nach § 259 Abs. 1 StGB durch den Ankauf der Beute?

I. Tatbestand

1. Objektiver Tatbestand
a) Sache (+)
b) Die ein anderer gestohlen hat (+)
c) Tathandlung: Ankaufen (+)

2. Subjektiver Tatbestand

a) Vorsatz (+)

b) Absicht, sich oder einen Dritten zu bereichern (+)

II. Rechtswidrigkeit (+)

III. Schuld (+)

Ergebnis: Strafbarkeit nach § 259 Abs. 1 StGB durch den Ankauf der Beute (+)

Ausformulierte Lösung Aufgabe 1

Tatkomplex 1: Ansichnehmen der Uhr

A. Strafbarkeit des G nach § 242 Abs. 1 StGB

G könnte sich strafbar gemacht haben wegen Diebstahls nach § 242 Abs. 1 StGB, indem er die Uhr an sich genommen hat.

I. Tatbestand

Dafür müsste er zunächst tatbestandlich gehandelt haben.

1. Objektiver Tatbestand

Fraglich ist bereits, ob er den objektiven Tatbestand des Diebstahls erfüllt hat.

a) Fremde, bewegliche Sache

Bei der Uhr handelt es sich um eine fremde, bewegliche Sache, also um einen körperlichen Gegenstand,[125] der fortbewegt werden kann[126] und nicht im Eigentum des G steht,[127] also fremd ist. Bei einer wertvollen Uhr mit Namensgravur, die auf der Straße gefunden wird, kann auch nicht davon ausgegangen werden, dass der ursprüngliche Eigentümer sein Eigentum aufgeben wollte, diese also herrenlos ist.

b) Wegnahme

Fraglich ist indes, ob G diese Uhr auch weggenommen hat. Unter einer Wegnahme versteht man den Bruch fremden und die Begründung neuen Gewahrsams.[128] Gewahrsam wiederum ist die von einem Sachherrschaftswillen getragene tatsächliche Sachherrschaft.[129] Es stellt sich das Problem, wer zum Zeitpunkt der Entdeckung der Uhr durch G den Gewahrsam an ihr hatte. Da von einem Verlust auszugehen ist und keine Anhaltspunkte dafür ersichtlich sind, dass der ursprüngliche Gewahrsamsinhaber der Uhr den Ort des Verlustes kannte, und schon gar nicht, dass er die Uhr dort bewusst abgelegt hat, muss festgestellt werden, dass er infolge des Verlustes der Uhr auch den Gewahrsam an ihr verloren hatte. Mithin konnte G keinen fremden Gewahrsam brechen, als er die Uhr an sich nahm. Es fehlt also an einer für den Diebstahl erforderlichen Wegnahme.

Der objektive Tatbestand des Diebstahls ist nicht gegeben.

> Klausurhinweis: Man könnte die Auffassung vertreten, dass dies zu offensichtlich ist, um es in einer eigenen ausführlichen Prüfung darzustellen. Andererseits kann man so die Abgrenzung zwischen Diebstahl und Unterschlagung gut herausarbeiten.

Ergebnis

Somit hat sich G durch das Ansichnehmen der Uhr nicht nach § 242 Abs. 1 StGB strafbar gemacht.

B. Strafbarkeit des G nach § 246 Abs. 1 StGB

G könnte sich durch dasselbe Verhalten aber nach § 246 Abs. 1 StGB wegen Unterschlagung strafbar gemacht haben.

> Klausurhinweis: Zu beachten ist die Subsidiarität der Unterschlagung nach § 246 Abs. 1 a. E. StGB. Vorliegend ist eine Unterschlagung aber nun zu prüfen, da durch die vorliegende Tathandlung keine sonstige Strafbarkeit, insbesondere nicht die des Diebstahls verwirklicht wird.

I. Tatbestand

Wiederum müsste er tatbestandlich gehandelt haben.

1. Objektiver Tatbestand

Er müsste zunächst den objektiven Tatbestand erfüllt haben.

a) Fremde, bewegliche Sache

Wie der soeben geprüfte Diebstahl verlangt auch die Unterschlagung im objektiven Tatbestand eine fremde, bewegliche Sache. Diese liegt mit der Uhr, wie bereits beschrieben, vor.

b) Zueignung

> Klausurhinweis: Der Prüfungsaufbau der Unterschlagung ist komplexer als gewohnt, da der objektive und der subjektive Tatbestand nicht so klar voneinander getrennt werden können, wie dies normalerweise der Fall ist. Daraus ergeben sich unterschiedliche Möglichkeiten, die Prüfung aufzubauen. Zwar verlangt der Tatbestand der Unterschlagung anders als der des Diebstahls nach seinem Wortlaut eindeutig eine Zueignung und nicht nur die Zueignungsabsicht. Die h. M. und mit ihr die Rechtsprechung verlangen jedoch nur einen nach außen manifestierten Zueignungswillen. Dementsprechend bietet es sich an, im Rahmen des objektiven Tatbestandes den subjektiven Zueignungswillen noch vor der objektiven Manifestation zu prüfen.

Fraglich ist, ob G sich die Uhr zugeeignet hat. Die h.M. verlangt hierfür einen nach außen manifestierten Zueignungswillen.[130] Vorauszusetzen ist also zunächst der Enteignungswille. Ein Enteignungwille kann dann angenommen werden, wenn der Täter den Berechtigten dauerhaft von der Sachherrschaft verdrängen will.[131] Genau dies beabsichtigte G zu diesem Zeitpunkt aber nicht. Vielmehr hatte er vor, die Uhr zum städtischen Fundbüro zu bringen, damit der Eigentümer die Möglichkeit erhält, die Sachherrschaft zurückzugewinnen. Es fehlte G also bereits der Zueignungswille, der sich dann natürlich auch nicht nach außen manifestieren konnte.

Somit scheidet eine Unterschlagung zu diesem Zeitpunkt bereits tatbestandlich aus.

Ergebnis

G hat sich also durch die Ansichnahme der Uhr nicht wegen Unterschlagung nach § 246 Abs. 1 StGB strafbar gemacht.

Tatkomplex 2: Verkauf der Uhr

A. Strafbarkeit des G nach § 242 Abs. 1 StGB

G könnte sich aber durch den Verkauf der Uhr wegen eines Diebstahls nach § 242 Abs. 1 StGB strafbar gemacht haben.

I. Tatbestand

Er müsste tatbestandlich gehandelt haben.

1. Objektiver Tatbestand

Zunächst müsste der objektive Tatbestand erfüllt sein.

a) Fremde, bewegliche Sache

Natürlich handelt es sich bei der Uhr weiterhin um eine für G fremde, bewegliche Sache.

b) Wegnahme

Auch zu diesem Zeitpunkt kommt allerdings eine Wegnahme nicht in Betracht. Die Uhr befand sich bereits im Gewahrsam des G, als er sie verkaufte. Er konnte damit keinen fremden Gewahrsam brechen.

Der objektive Tatbestand des § 242 Abs. 1 StGB ist also auch beim Verkauf der Uhr nicht gegeben.

Ergebnis

Auch zum Zeitpunkt des Verkaufs hat sich G folglich nicht wegen Diebstahls nach § 242 Abs. 1 StGB strafbar gemacht.

B. Strafbarkeit des G nach § 246 Abs. 1 StGB

G könnte sich jedoch durch den Verkauf der Uhr wegen Unterschlagung nach § 246 Abs. 1 StGB strafbar gemacht haben.

> Klausurhinweis: Der Straftatbestand der Unterschlagung kommt in strafrechtlichen Klausuren sicherlich deutlich seltener vor als der Diebstahl. Immer dann aber, wenn der Diebstahl mangels Wegnahme ausscheidet, sollte an eine Unterschlagung gedacht werden.

I. Tatbestand

Dazu müsste der Tatbestand erfüllt sein.

1. Objektiver Tatbestand

G müsste den objektiven Tatbestand des § 246 Abs. 1 StGB erfüllt haben.

a) Fremde, bewegliche Sache

Die Uhr stellt eine fremde, bewegliche Sache für G dar.

b) Zueignung

Das Gesetz verlangt für eine Unterschlagung, wie gesehen, eine Zueignung.

Wie aber ebenfalls bereits erläutert sind zunächst der Enteignungs- und der Aneignungswille des G zum Zeitpunkt des Verkaufs der Uhr zu prüfen. Der Enteignungswille ist gegeben, wenn der Täter den Willen hat, den Berechtigten dauerhaft von der Sachherrschaft zu verdrängen. G verkaufte die Uhr an I. Dabei hatte er den erforderlichen Vorsatz, dass der ursprüngliche Eigentümer der Uhr diese niemals zurück erhält. Er hatte somit Enteignungswillen. Eine Aneignungsabsicht ist dann zu bejahen, wenn der Täter den Gegenstand zumindest vorübergehend in sein Vermögen einverleiben oder die Sache einem Dritten zueignen will.[132] Vorliegend lässt sich beides vertreten. Um die Sache verkaufen zu können, musste G sich die Sache vorsätzlich entweder für einen Moment selbst aneignen, sie sich also in sein Vermögen einverleiben. Oder er hatte den Vorsatz, die Uhr direkt in das Vermögen des I zu übergeben. Auf jeden Fall hatte er den nötigen Aneignungswillen und somit insgesamt den Zueignungswillen.

Objektiv müsste sich dieser Zueignungswille nach h. M. nach außen manifestieren. Der Täter muss also in irgendeiner Weise nach außen hin erkennbar machen, dass er über Zueignungswillen verfügt. Hierfür genügt nicht der bloße innere Entschluss, die Uhr behalten zu wollen. Dadurch allerdings, dass er die Uhr verkaufte und sich als ihr Eigentümer gerierte, manifestierte sich der Wille des G, sich bzw. I die Uhr zuzueignen.

c) Rechtswidrigkeit der Zueignung

Die erstrebte Zueignung müsste ferner objektiv rechtswidrig sein. Eine Einwilligung des Berechtigten dürfte nicht vorliegen und der Täter dürfte keinen Anspruch auf die Sache haben.[133] Beides ist vorliegend nicht der Fall, so dass auch die Rechtswidrigkeit der erstrebten Zueignung gegeben ist.

2. Subjektiver Tatbestand

G müsste ferner vorsätzlich gehandelt haben. Unter Vorsatz versteht man das Wissen und Wollen der Tatbestandsverwirklichung.[134] Zunächst kann unterstellt werden, dass er wusste, dass es sich bei der Uhr um eine für ihn fremde, bewegliche Sache handelte. Während der Zueignungswille oben bereits begründet wurde, kann nunmehr festgestellt werden, dass G auch Vorsatz bezüglich der Manifestation dieses Zueignungswillens hatte. Und schließlich wusste er auch, dass er keinen Anspruch auf die Uhr hatte, handelte also auch vorsätzlich bezüglich der Rechtswidrigkeit der erstrebten Zueignung.

G hat durch den Verkauf der Uhr also den Tatbestand der Unterschlagung erfüllt.

II. Rechtswidrigkeit

Mangels ersichtlicher Rechtfertigungsgründe handelte G auch rechtswidrig.

III. Schuld

Es sind auch keine Entschuldigungsgründe ersichtlich, so dass auch die Schuld gegeben ist.

Ergebnis

Indem er die Uhr an I verkaufte, hat sich G demnach wegen Unterschlagung nach § 246 Abs. 1 StGB strafbar gemacht.

Ausformulierte Lösung Aufgabe 2

A. Strafbarkeit des L nach § 259 Abs. 1 StGB durch den Verkauf der Beute

L könnte sich durch den Verkauf der Beute wegen Hehlerei nach § 259 Abs. 1 StGB strafbar gemacht haben.

I. Tatbestand

Hierfür müsste er tatbestandlich gehandelt haben.

1. Objektiver Tatbestand
Er müsste zunächst den objektiven Tatbestand des § 259 Abs. 1 StGB erfüllt haben.

a) Sache
Vorauszusetzen für eine Hehlerei ist eine Sache, hier also die Beute, bei der es sich um körperliche Gegenstände handelt.

b) Die ein anderer gestohlen hat
Diese Sache müsste ein anderer gestohlen oder sonst durch eine gegen fremdes Vermögen gerichtete rechtswidrige Tat erlangt haben. Vorliegend ist allerdings festzustellen, dass L selbst die Beute durch seinen Einbruch, also eine rechtswidrige Tat, erlangt hat. Somit wurden die Gegenstände nicht durch einen anderen gestohlen oder sonst erlangt. Der Dieb selbst kann nach dem Wortlaut des § 259 Abs. 1 StGB nicht Hehler an den gestohlenen Sachen sein.[135]

Der objektive Tatbestand ist damit nicht gegeben.

Ergebnis

L hat sich folglich nicht wegen Hehlerei nach § 259 Abs. 1 StGB strafbar gemacht.

B. Strafbarkeit des I nach § 259 Abs. 1 StGB durch den Ankauf der Beute

Jedoch könnte sich I durch den Ankauf der Beute nach § 259 Abs. 1 StGB wegen Hehlerei strafbar gemacht haben.

I. Tatbestand

Dafür müsste er tatbestandlich gehandelt haben.

1. Objektiver Tatbestand
Er müsste den objektiven Tatbestand des § 259 Abs. 1 StGB erfüllt haben.

a) Sache
Wie bereits erläutert handelt es sich bei den Beutegegenständen um Sachen.

b) Die ein anderer gestohlen hat
Mit L hat diese Sachen ein anderer gestohlen.

Klausurhinweis: Weitere Erläuterungen hierzu erscheinen obsolet. Zum einen spricht der Sachverhalt eindeutig von einem Einbruch, zum anderen fehlen auch sämtliche weitere Informationen zu dieser Vortat.

c) Tathandlung: Ankaufen

Dadurch, dass I die Verfügungsgewalt an den Beutegegenständen erlangt hat, verschaffte er sich die Sachen, hier in der besonderen Form des Ankaufens.[136]

2. Subjektiver Tatbestand

I müsste zudem aber auch den subjektiven Tatbestand erfüllt haben.

a) Vorsatz

Vorauszusetzen ist dafür zunächst der Vorsatz hinsichtlich aller objektiven Tatbestandsmerkmale. Vorliegend erzählte L von der Herkunft der Gegenstände aus seinem gestrigen Einbruch. I hatte somit direkten Vorsatz, dass die Sachen aus einer rechtswidrigen Tat herstammen. Zugleich hat er diese auch vorsätzlich angekauft.

b) Absicht, sich oder einen Dritten zu bereichern

Als besonderes subjektives Merkmal verlangt § 259 Abs. 1 StGB aber auch noch die Absicht des Täters, sich oder einen Dritten zu bereichern, also einen Vermögensvorteil zu erlangen.[137] I kaufte die Gegenstände an in der Erwartung, diese teurer weiterverkaufen zu können. Auf diesem Weg wollte er sich einen Vermögensvorteil verschaffen, er wollte sich also bereichern. Auch die entsprechende Absicht und damit auch der gesamte subjektive Tatbestand sind also gegeben.

II. Rechtswidrigkeit

Rechtfertigungsgründe sind nicht ersichtlich, so dass auch die Rechtwidrigkeit bejaht werden kann.

III. Schuld

Ebenso bestehen mangels ersichtlicher Entschuldigungsgründe auch an der Schuld keine Zweifel.

Ergebnis

I hat sich demzufolge durch den Ankauf der Beutegegenstände wegen Hehlerei nach § 259 Abs. 1 StGB strafbar gemacht.

Fall 11

Sachverhalt

Die beiden Taschendiebe Marc (M) und Uwe (U) verdienen bereits seit geraumer Zeit ihren Lebensunterhalt damit, dass sie in der Nähe von Bankautomaten beobachten, welche Personen einen höheren Geldbetrag von ihrem Konto abheben. Diesen Personen folgen sie sodann und entnehmen ihnen unbemerkt den abgehobenen Geldbetrag. Da dies nicht immer gelingt, schlägt M eines Tages vor, man könne doch für die Fälle, bei denen man unbemerkt an das Geld nicht herankomme, eine Pistole mitnehmen, um die Herausgabe des Geldes alternativ auch erzwingen zu können. U macht ihm jedoch unmissverständlich klar, dass das nicht in Frage komme. Mit Gewalt wolle er nichts zu tun haben. Daraufhin gibt M klein bei und erklärt überzeugend, auch weiterhin keine Waffen mitzunehmen. U hat keinerlei Zweifel daran, dass sich M an diese Vereinbarung halten werde.

Tatsächlich aber steckt M ab diesem Tag stets eine echte und geladene Waffe in seine Jackeninnentasche, wenn die beiden ihrer „Arbeit" nachgehen. U erzählt er davon nichts, hofft aber, ihn bei guter Gelegenheit von den Vorteilen einer Bewaffnung überzeugen zu können. An einem Samstagvormittag sind die beiden mal wieder „bei der Arbeit". Sie beobachten einen jüngeren Mann, den Bankkunden Boris (B), der den Vorraum einer Bank betritt und sich an den Bankautomaten begibt. Während M vor der Bank wartet, tut U so, als lese er die aktuellen Aushänge im Vorraum. In Wirklichkeit kann er jedoch beobachten, dass B insgesamt 500,00 Euro abhebt und dieses Geld in die Außentasche seines Mantels steckt. Beide verlassen nacheinander die Bank. U gibt M ein Zeichen, wo das abgehobene Geld zu finden ist. Beide folgen B unauffällig. Ein paar Straßen weiter hält U den B an und fragt diesen – scheinbar unwissend –, ob dieser ihm sagen könne, wie man zum Bahnhof kommt. Hierdurch gibt er M die Möglichkeit, unbemerkt das Geld aus der Manteltasche des B zu nehmen. Nunmehr bedankt sich U bei B für die Hilfe und geht in die eine Richtung davon, M mit dem Geld in die andere. Später am Tag trifft man sich wieder und teilt die Beute hälftig.

Aufgabe

Prüfen Sie gutachterlich die Strafbarkeit von M und U.

Lösungsskizze

A. Strafbarkeit des M nach §§ 242 Abs. 1, 243 Abs. 1 S. 2 Nr. 3 StGB

I. Tatbestand

1. Objektiver Tatbestand

a) Fremde, bewegliche Sache (+)
b) Wegnahme (+)

2. Subjektiver Tatbestand

a) Vorsatz (+)
b) Absicht, sich die Sache rechtswidrig zuzueignen
  aa) *Aneignungsabsicht (+)*
  bb) *Enteignungswille (+)*
  cc) *Rechtswidrigkeit der beabsichtigten Zueignung (+)*
  dd) *Vorsatz bezüglich der Rechtswidrigkeit der beabsichtigten Zueignung (+)*

II. Rechtswidrigkeit (+)

III. Schuld (+)

IV. Strafzumessungsregel, § 243 Abs. 1 S. 2 Nr. 3 StGB (+)

Ergebnis: Strafbarkeit nach §§ 242 Abs. 1, 243 Abs. 1 S. 2 Nr. 3 StGB (+)

B. Strafbarkeit des M nach §§ 242 Abs. 1, 244 Abs. 1 Nr. 1a StGB?

I. Tatbestand

1. Objektiver Tatbestand

§ 242 Abs. 1 StGB (+)

§ 244 Abs. 1 Nr. 1a StGB (+)

2. Subjektiver Tatbestand: Vorsatz (+)

II. Rechtswidrigkeit (+)

III. Schuld (+)

Ergebnis: Strafbarkeit nach §§ 242 Abs. 1, 244 Abs. 1 Nr. 1a StGB (+)

C. Strafbarkeit des U nach §§ 242 Abs. 1, 243 Abs. 1 S. 2 Nr. 3, 25 Abs. 2 StGB?

I. Tatbestand

1. Objektiver Tatbestand

a) Erfüllung des Tatbestandes durch U selbst (–)

b) Mittäterschaftliche Zurechnung, § 25 Abs. 2 StGB (+)

2. Subjektiver Tatbestand (+)

II. Rechtswidrigkeit (+)

III. Schuld (+)

IV. Strafzumessungsregel, § 243 Abs. 1 S. 2 Nr. 3 StGB (+)

Ergebnis: Strafbarkeit nach § 242 Abs. 1, 243 Abs. 1 S. 2 Nr. 3, 25 Abs. 2 StGB (+)

D. Strafbarkeit des U nach §§ 242 Abs. 1, 244 Abs. 1 Nr. 1a, 25 Abs. 2 StGB?

I. Tatbestand

1. Objektiver Tatbestand

§§ 242 Abs. 1, 25 Abs. 2 StGB (+)

§§ 244 Abs. 1 Nr. 1a StGB (+)

2. Subjektiver Tatbestand (–)

Ergebnis: Strafbarkeit nach §§ 242 Abs. 1, 244 Abs. 1 Nr. 1a, 25 Abs. 2 StGB (–)

Ausformulierte Lösung

A. Strafbarkeit des M nach §§ 242 Abs. 1, 243 Abs. 1 S. 2 Nr. 3 StGB

M könnte sich wegen eines besonders schweren Falls des Diebstahls nach §§ 242 Abs. 1, 243 Abs. 1 S. 2 Nr. 3 StGB strafbar gemacht haben, indem er B das Geld abnahm.

> Klausurhinweis: Bei dieser etwas komplexen Aufgabe ist es wichtig, sich vorab eine Prüfungsfolge zu überlegen, um alle Fragestellungen, die der Sachverhalt aufwirft, angemessen bearbeiten zu können. Es bietet sich an, zunächst die Person zu prüfen, die den möglichen Diebstahl selbst begangen hat, hier also M. Es wird vorgeschlagen, dann noch zwischen dem Diebstahl mit Regelbeispiel und der Qualifikation zu trennen. Anschließend kann dann der weitere Beteiligte geprüft werden, also U.

I. Tatbestand

Hierfür müsste er zunächst tatbestandlich gehandelt haben.

1. Objektiver Tatbestand

Er müsste zunächst den objektiven Tatbestand des § 242 Abs. 1 StGB, also des Diebstahls, erfüllt haben.

a) Fremde, bewegliche Sache

Voraussetzung hierfür ist das Vorliegen einer fremden, beweglichen Sache, also eines fortbewegbaren,[138] körperlichen Gegenstandes,[139] der nicht im Alleineigentum des M steht und auch nicht herrenlos ist.[140] Bei den Geldscheinen, die M aus der Manteltasche des B genommen hat, handelt es sich um solche körperlichen Gegenstände, die im Eigentum des B stehen, mithin um fremde, bewegliche Sachen.

b) Wegnahme

Diese Geldscheine müsste M weggenommen haben, er müsste also fremden Gewahrsam gebrochen und neuen begründet haben.[141] Gewahrsam ist die von einem Sachherrschaftswillen getragene tatsächliche Sachherrschaft.[142] Nach Abheben des Geldbetrages am Bankautomaten hatte B den Gewahrsam an den Geldscheinen. Ohne dessen Einverständnis hat M durch das Entnehmen der Scheine aus der Manteltasche dessen Gewahrsam gebrochen[143] und spätestens durch sein Entfernen neuen eigenen Gewahrsam begründet.[144] Er hat die Geldscheine mithin weggenommen.

2. Subjektiver Tatbestand

Er müsste den Grundtatbestand des § 242 Abs. 1 StGB aber auch subjektiv erfüllt haben.

a) Vorsatz

Dafür müsste er zunächst vorsätzlich gehandelt haben. Unter Vorsatz versteht man das Wissen und Wollen der Tatbestandsverwirklichung.[145] M wusste, dass es sich bei den Geldscheinen um für ihn fremde, bewegliche Sachen handelte, und er hatte die Absicht, diese dem B wegzunehmen. Er handelte also mit Vorsatz bezüglich des objektiven Tatbestandes.

b) Absicht, sich die Sache rechtswidrig zuzueignen

Als weiteres subjektives Element verlangt § 242 Abs. 1 StGB die Absicht des Täters, sich oder einem anderen die Sache rechtswidrig zuzueignen.

aa) Aneignungsabsicht

Die Aneignungsabsicht liegt dann vor, wenn der Täter sich die Sache zumindest vorübergehend in das eigene Vermögen einverleiben will.[146] Genau das entsprach vorliegend der Absicht des M.

bb) Enteignungswille

Unter Enteignung versteht man die dauerhafte Verdrängung des Berechtigten von seiner Sachherrschaft.[147] Diesbezüglich würde bereits bedingter Vorsatz genügen, M hatte allerdings auch die feste Absicht, dass B sein Geld niemals zurückerhält.

cc) Rechtswidrigkeit der beabsichtigten Zueignung

Da M natürlich keinen Anspruch auf das Geld hatte, war die von ihm beabsichtigte Zueignung auch rechtswidrig.[148]

dd) Vorsatz bezüglich der Rechtswidrigkeit der beabsichtigten Zueignung

Und schließlich ist auch der Vorsatz bezüglich dieser Rechtswidrigkeit gegeben, da M wusste, keinen solchen Anspruch zu haben.

II. Rechtswidrigkeit

Mangels ersichtlicher Rechtfertigungsgründe handelte M auch rechtswidrig.

III. Schuld

Da auch keine Entschuldigungsgründe in Betracht kommen, besteht auch an der Schuld kein Zweifel.

IV. Strafzumessungsregel, § 243 Abs. 1 S. 2 Nr. 3 StGB

Allerdings könnte vorliegend auch ein besonders schwerer Fall eines Diebstahls gegeben sein, wenn nämlich M gewerbsmäßig handelte, § 243 Abs. 1 S. 2 Nr. 3 StGB.

> Klausurhinweis: Im Gegensatz zu den anderen Regelbeispielen des § 243 Abs. 1 S. 2 (Nr. 1, 2, 4-7) StGB ist die Gewerbsmäßigkeit ein rein subjektives Merkmal, das daher nicht zunächst in objektiver Hinsicht geprüft werden kann.

Gewerbsmäßig handelt ein Täter, wenn er sich durch wiederholte Diebstähle eine nicht nur vorübergehende Einnahmequelle verschaffen will.[149] Laut Sachverhalt verdienen M und U bereits seit geraumer Zeit ihren Lebensunterhalt mit solchen Diebstählen wie dem hier besprochenen und sind sich dessen natürlich auch bewusst. M handelte also gewerbsmäßig.

Ergebnis

Folglich machte sich M durch die Ansichnahme des Geldes strafbar gemäß §§ 242 Abs. 1, 243 Abs. 1 S. 2 Nr. 3 StGB.

B. Strafbarkeit des M nach §§ 242 Abs. 1, 244 Abs. 1 Nr. 1a StGB

M könnte sich durch dieselbe Handlung aber auch wegen eines Diebstahls mit Waffen gemäß §§ 242 Abs. 1, 244 Abs. 1 Nr. 1a StGB strafbar gemacht haben.

> Klausurhinweis: Aufgrund des übereinstimmenden Grunddelikts, § 242 Abs. 1 StGB, sollte hier zeitsparend vorgegangen werden. Soweit möglich kann nach oben verwiesen werden. Natürlich gilt dies nur dann, wenn die Prüfungen insoweit auch absolut gleich sind.

I. Tatbestand

1. Objektiver Tatbestand

§ 242 Abs. 1 StGB

Wie soeben festgestellt, hat M durch die Ansichnahme des Geldes den objektiven Tatbestand eines Diebstahls erfüllt.

§ 244 Abs. 1 Nr. 1a StGB

Dadurch dass M während des Diebstahls wie immer eine Pistole in der Jackeninnentasche hatte, könnte er aber auch die Qualifikation eines Diebstahls mit Waffen nach § 244 Abs. 1 Nr. 1a StGB erfüllt haben. Dann müsste er bei seinem Diebstahl eine Waffe bei sich geführt haben. Bei der echten und geladenen Waffe handelt es sich fraglos um eine Waffe in diesem Sinne.[150] In der Jackeninnentasche ist die Pistole für M auch jederzeit zugriffs- und einsatzbereit, er führte sie also bei sich.[151] Der objektive Tatbestand des § 244 Abs. 1 Nr. 1a StGB ist somit erfüllt.

2. Subjektiver Tatbestand

Es wurde bereits erläutert, dass M den subjektiven Tatbestand des Diebstahls erfüllt, diesbezüglich also vorsätzlich gehandelt hat. M wusste aber auch, dass er die Waffe bei sich führte, weshalb auch der subjektive Qualifikationstatbestand gegeben ist.

III. und IV. Rechtswidrigkeit und Schuld

Wie bereits festgestellt, handelte M auch rechtswidrig und schuldhaft.

Ergebnis

Somit hat sich M durch die Ansichnahme des Geldes unter Beisichführen der Pistole wegen eines Diebstahls mit Waffen nach §§ 242 Abs. 1, 244 Abs. 1 Nr. 1a StGB strafbar gemacht.

C. Strafbarkeit des U nach §§ 242 Abs. 1, 243 Abs. 1 S. 2 Nr. 3, 25 Abs. 2 StGB

U könnte sich durch sein eigenes Verhalten in der Bank und durch das Ansprechen des B wegen eines besonders schweren Falls des gemeinschaftlichen Diebstahls nach §§ 242 Abs. 1, 243 Abs. 1 S. 2 Nr. 3, 25 Abs. 2 StGB strafbar gemacht haben.

I. Tatbestand

Auch er müsste dafür tatbestandlich gehandelt haben.

1. Objektiver Tatbestand

a) Erfüllung des Tatbestandes durch U selbst

Bereits erklärt wurde, dass es sich bei den entwendeten Geldscheinen um fremde, bewegliche Sachen handelt. Diese Geldscheine müsste U nun auch weggenommen haben. Laut Sachverhalt beschränkte sich jedoch das Tun von U auf eine Beobachtung und Information gegenüber M und anschließend auf das Ansprechen des B. Dies stellt jedoch keine Wegnahme dar. Später, als man das Geld zwischen M und U aufteilte, kann auch keine Wegnahme mehr angenommen werden.

> Klausurhinweis: Bei mehreren Mittätern, von denen nur einer den objektiven Tatbestand selbst erfüllt hat, kann dieser also unproblematisch für sich geprüft werden. § 25 Abs. 2 StGB spielt dabei im Grunde keine Rolle. Wenn dann aber die anderen Personen geprüft werden, ist zunächst festzustellen, dass diese den Tatbestand nicht durch ihr eigenes Handeln erfüllt haben, um dann Mittäterschaft zu prüfen und nach dessen Annahme die Zurechnungsvorschrift des § 25 Abs. 2 StGB anzuwenden.

b) Mittäterschaftliche Zurechnung, § 25 Abs. 2 StGB

Dennoch kommt aber ein Diebstahl in Betracht, wenn nämlich M und U gemeinschaftlich als Mittäter gehandelt hätten. In diesem Fall müssten sich die Mittäter nämlich nach § 25 Abs. 2 StGB ihre jeweiligen Tatbeiträge gegenseitig zurechnen lassen.[152] Fraglich ist also, ob M und U vorliegend als Mittäter handelten oder ob U nur der Gehilfe von M war, § 27 StGB. Bei der Abgrenzung zwischen Mittäterschaft und Beihilfe kann man eine stärker objektive oder mit der Rechtsprechung eine eher subjektive Sicht einnehmen. Das heißt, man kann entscheidend darauf abstellen, wer von den handelnden Personen die Tatherrschaft hat, oder man stellt die Frage, ob derjenige, der die objektiven Tatbestandselemente selbst nicht verwirklicht, Täterwillen oder nur den Willen hat, den anderen bei dessen Straftat zu unterstützen. Letztlich muss natürlich auf die Umstände des Einzelfalls abgestellt werden. Im vorliegenden Fall ist festzustellen, dass M und U einen gemeinsamen Tatplan hatten. Beide haben ganz wesentliche Tatbeiträge geliefert. M hätte die Wegnahme nicht durchführen können, hätte ihm U nicht zuvor verraten, wo das Geld zu finden ist, und hätte U den B nicht durch das Ansprechen abgelenkt. Schließlich hatten auch beide ein eigenes Tatinteresse, was insbesondere darin zum Ausdruck kommt, dass sie die Beute hälftig unter sich aufteilten. Aus objektiver Sicht hatten also M und U jeweils erhebliche Tatherrschaft, und U wollte subjektiv auch mit M gemeinsam eine Straftat begehen und ihm nicht nur helfen. M und U sind also als Mittäter anzusehen.

> Klausurhinweis: Um sachgerecht zwischen Mittäterschaft und Beihilfe abgrenzen zu können, müssen unbedingt alle relevanten Umstände des Sachverhaltes (objektive und subjektive) für die Diskussion herangezogen werden. Zuweilen mag das Ergebnis weniger klar sein als im vorliegenden Fall, vielleicht sind sogar unterschiedliche Ergebnisse gleich gut vertretbar.

U muss sich gemäß § 25 Abs. 2 StGB die Tathandlungen des M zurechnen lassen, also auch dessen Wegnahme. Somit hat auch U den objektiven Tatbestand des § 242 Abs. 1 StGB erfüllt.

2. Subjektiver Tatbestand

U hatte auch Vorsatz hinsichtlich einer gemeinschaftlichen Wegnahme der Geldscheine in der Form des dolus directus 1. Grades. Er hatte also auch den Vorsatz, als Mittäter gemeinschaftlich mit M zu handeln.

Er hatte darüber hinaus auch die Absicht, B dauerhaft zu enteignen und sich bzw. sich und M gemeinsam die Geldscheine anzueignen. Natürlich war ihm auch bewusst, dass auch er keinen Anspruch auf die Scheine hatte.

II. Rechtswidrigkeit

Auch U hat rechtswidrig gehandelt.

III. Schuld

An der Schuld des U bestehen ebenfalls keine Zweifel.

IV. Strafzumessungsregel, § 243 Abs. 1 S. 2 Nr. 3 StGB

U hat genauso wie M durch das gemeinschaftliche Handeln das Regelbeispiel § 243 Abs. 1 S. 2 Nr. 3 StGB erfüllt. Zur Begründung kann auf die entsprechenden Ausführungen zur Strafbarkeit des M verwiesen werden.

Ergebnis

Folglich hat sich U durch sein gemeinschaftliches Handeln mit M wegen eines besonders schweren Falls des Diebstahls in Mittäterschaft nach §§ 242 Abs. 1, 243 Abs. 1 S. 2 Nr. 3, 25 Abs. 2 StGB strafbar gemacht.

D. Strafbarkeit des U nach §§ 242 Abs. 1, 244 Abs. 1 Nr. 1a, 25 Abs. 2 StGB

U könnte sich zugleich aber auch in Mittäterschaft wegen eines Diebstahls mit Waffen nach §§ 242 Abs. 1, 244 Abs. 1 Nr. 1a, 25 Abs. 2 StGB strafbar gemacht haben.

I. Tatbestand

1. Objektiver Tatbestand

§§ 242 Abs. 1, 25 Abs. 2 StGB
Wie oben bereits erläutert, hat U zwar selbst keinen Diebstahl begangen, er muss sich aber als Mittäter die Handlungen des M zurechnen lassen nach § 25 Abs. 2 StGB. Mithin hat U also den objektiven Tatbestand des § 242 Abs. 1 StGB erfüllt.

§ 244 Abs. 1 Nr. 1a StGB
Fraglich ist jedoch, ob er auch den Qualifikationstatbestand des Diebstahls mit Waffen erfüllt hat. § 244 Abs. 1 Nr. 1a StGB lässt es genügen, dass einer der am Diebstahl beteiligten Personen eine Waffe bei sich führt. U selbst trug zwar keine Waffe, aber sein Mittäter M führte, wie bereits beschrieben, eine Pistole bei sich. Somit ist die Qualifikation objektiv gegeben.

2. Subjektiver Tatbestand

U handelte wie gesehen vorsätzlich hinsichtlich des Diebstahls. Sein Vorsatz müsste sich jedoch auch auf die Qualifikation, also auf das Beisichführen einer Waffe durch einen Tatbeteiligten, bezogen haben. Vorliegend ist mit dem Sachverhalt aber festzustellen, dass U nichts davon wusste, dass M während des Diebstahls eine Pistole in der Tasche hatte. Ganz im Gegenteil, er hatte in der vorangegangenen Unterhaltung mit M sogar ausdrücklich erklärt, damit nicht einverstanden zu sein. M hatte ihm glaubhaft zugesichert, keine Waffen zu tragen. Darauf vertraute U und nahm auch nicht billigend in Kauf, dass M trotzdem eine Waffe mitnahm. Er hatte somit nicht einmal bedingten Vorsatz hinsichtlich eines Diebstahls mit Waffen. Man kann diesbezüglich auch von einem Mittäterexzess sprechen.[153] Der subjektive Tatbestand des § 244 Abs. 1 Nr. 1a StGB ist nicht gegeben.

Ergebnis

U hat sich somit nicht wegen eines gemeinschaftlichen Diebstahls mit Waffen nach §§ 242 Abs. 1, 244 Abs. 1 Nr. 1a, 25 Abs. 2 StGB strafbar gemacht.

Fall 12

Sachverhalt

Die beiden Unternehmer Sancho (S) und Pancho (P) haben sich beide darum beworben, mit ihren Unternehmen den Umbau des städtischen Freibads durchzuführen. Den Zuschlag erhält P, worüber S sehr erbost ist und sich deshalb dazu entschließt, den P aus dem Weg zu räumen. Da P kaum Menschen an sich heranlässt, erscheint S daher allein ein Schuss aus einiger Entfernung ein zielführender Weg zu sein. Da er jedoch über die Gewohnheiten des P zu wenig weiß, fragt S seinen Freund Ferdi (F), den er auch in seinen Plan einweiht, ob er etwas über Gewohnheiten des P wisse. F hat selbst kein Problem mit P und hat an dessen Tod kein eigenes Interesse. Um seinen Freund S jedoch nicht hängen zu lassen, erzählt er diesem dennoch, dass P jeden Mittwochmorgen gegen 06:30 Uhr durch den örtlichen Park jogge.

Am nächsten Mittwochmorgen postiert sich S versteckt im Park mit einem Gewehr. Als er P erblickt, der dort, wie beabsichtigt, joggt, erschießt er diesen aus einem Hinterhalt. S vergewissert sich, dass P tot ist. Obwohl er genau dies beabsichtigt hatte, ist er nun doch geschockt, als der Tote vor ihm liegt. Deshalb ruft er seinen in solchen Dingen erfahreneren Bekannten Damian (D) an und fragt, was er nun machen solle. D gibt ihm den Rat, so schnell wie möglich abzuhauen und P liegen zu lassen. Zuvor solle er jedoch die Wertsachen des P mitgehen lassen. S durchsucht die Kleidung des P und findet dort 200 Euro, welche er mitnimmt, um sie für sich zu behalten und sucht sodann schnell das Weite.

Aufgabe

Prüfen Sie gutachterlich die Strafbarkeit von S, F und D. §§ 211 und 258 StGB sind nicht zu prüfen.

Etwaig erforderliche Strafanträge sind gestellt.

Lösungsskizze

Tatkomplex 1: Der Schuss im Park

A. Strafbarkeit des S gemäß § 212 Abs. 1 StGB?

I. Tatbestand

1. Objektiver Tatbestand

a) Erfolg: Tod eines anderen Menschen (+)
b) Kausalität (+)
c) Objektive Zurechnung (+)

2. Subjektiver Tatbestand: Vorsatz (+)

II. Rechtswidrigkeit (+)

III. Schuld (+)

Ergebnis: Strafbarkeit des S gemäß § 212 Abs. 1 StGB (+)

B. Strafbarkeit des F gemäß §§ 212 Abs. 1, 25 Abs. 2 StGB?

I. Tatbestand

1. Objektiver Tatbestand

a) Erfüllung des objektiven Tatbestands durch F selbst (–)
b) Mittäterschaftliche Zurechnung, § 25 Abs. 2 StGB (–)

Ergebnis: Strafbarkeit des F gemäß §§ 212 Abs. 1, 25 Abs. 2 StGB (–)

C. Strafbarkeit des F gemäß §§ 212 Abs. 1, 27 StGB?

I. Tatbestand

1. Objektiver Tatbestand

a) Vorsätzlich rechtswidrige Haupttat (+)
b) Hilfeleisten (+)

2. Subjektiver Tatbestand

a) Vorsatz bezüglich vorsätzlich rechtswidriger Haupttat (+)

b) Vorsatz bezüglich des Hilfeleistens (+)

II. Rechtswidrigkeit (+)

III. Schuld (+)

Ergebnis: Strafbarkeit des F gemäß §§ 212 Abs. 1, 27 StGB (+)

Tatkomplex 2: Ansichnahme des Bargeldes

A. Strafbarkeit des S gemäß § 242 Abs. 1 StGB?

I. Tatbestand

1. Objektiver Tatbestand

a) Fremde, bewegliche Sache (+)

b) Wegnahme (–)

Ergebnis: Strafbarkeit des S gemäß § 242 Abs. 1 StGB (–)

B. Strafbarkeit des S gemäß § 246 Abs. 1 StGB?

I. Tatbestand

1. Objektiver Tatbestand

a) Fremde, bewegliche Sache (+)

b) Zueignung (+)

c) Rechtswidrigkeit der Zueignung (+)

2. Subjektiver Tatbestand: Vorsatz (+)

II. Rechtswidrigkeit (+)

III. Schuld (+)

Ergebnis: Strafbarkeit des S gemäß § 246 Abs. 1 StGB (+)

C. Strafbarkeit des D gemäß §§ 246 Abs. 1, 26 StGB?

I. Tatbestand

1. Objektiver Tatbestand
a) Vorsätzlich rechtswidrige Haupttat (+)
b) Bestimmen (+)

2. Subjektiver Tatbestand
a) Vorsatz bezüglich vorsätzlich rechtswidriger Haupttat (+)
b) Vorsatz bezüglich des Bestimmens (+)

II. Rechtswidrigkeit (+)

III. Schuld (+)

Ergebnis: Strafbarkeit des D gemäß §§ 246 Abs. 1, 26 StGB (+)

Ausformulierte Lösung

Tatkomplex 1: Der Schuss im Park

A. Strafbarkeit des S gemäß § 212 Abs. 1 StGB

S könnte sich wegen Totschlags gemäß § 212 Abs. 1 StGB strafbar gemacht haben, indem er auf den P schoss.

I. Tatbestand

1. Objektiver Tatbestand
Fraglich ist, ob der objektive Tatbestand erfüllt ist.

a) Tod eines anderen Menschen
P ist tot.

> Wie bereits in den vorhergehenden Fällen erläutert, kann der Prüfungspunkt der Handlung in unproblematischen Fällen wie hier auch weggelassen werden.

b) Kausalität

Fraglich ist, ob die Handlung des S kausal für den Erfolg war. Eine Handlung ist kausal für den Erfolg, wenn sie nicht hinweggedacht werden kann, ohne dass der Erfolg in seiner konkreten Gestalt entfiele („conditio-sine-qua-non"-Formel).[154] Der Schuss des S kann nicht hinweggedacht werden, ohne dass der Tod des P entfiele. Folglich war die Handlung des S kausal für den Tod des P.

c) Objektive Zurechnung

Zu prüfen ist, ob der Erfolg dem S auch objektiv zuzurechnen ist. Dies ist dann der Fall, wenn der Täter ein rechtlich missbilligtes Risiko geschaffen hat, das sich im tatbestandsmäßigen Erfolg niedergeschlagen hat.[155] S hat durch den Schuss ein rechtlich missbilligtes Risiko geschaffen, das sich auch im tatbestandsmäßigen Todeserfolg niedergeschlagen hat. Folglich ist der Erfolg S auch objektiv zurechenbar.

Der objektive Tatbestand ist erfüllt.

2. Subjektiver Tatbestand

S müsste auch den subjektiven Tatbestand erfüllt haben.

Hierfür müsste er vorsätzlich gehandelt haben. Vorsatz ist das Wissen und Wollen der Tatbestandsverwirklichung.[156] Vorliegend wollte S den P aus dem Weg schaffen und ihn töten. Er wusste auch, dass ein Schuss aus dem Gewehr tödlich ist. Damit hat er vorsätzlich den Tod des P herbeigeführt.

Der subjektive Tatbestand ist somit erfüllt.

II. Rechtswidrigkeit

Da Rechtfertigungsgründe nicht ersichtlich sind, handelte S rechtswidrig.

III. Schuld

Mangels ersichtlicher Entschuldigungsgründe handelte S auch schuldhaft.

Ergebnis

S hat sich wegen Totschlags gemäß § 212 Abs. 1 StGB strafbar gemacht, indem er auf den P schoss.

> Klausurhinweis: Da in diesem Prüfungsabschnitt ersichtlich kein Problem des Falles liegt, sollte die Prüfung diesbezüglich kurz gefasst werden.

B. Strafbarkeit des F gemäß §§ 212 Abs. 1, 25 Abs. 2 StGB

F könnte sich wegen gemeinschaftlichen Totschlags gemäß §§ 212 Abs. 1, 25 Abs. 2 StGB strafbar gemacht haben, indem er S mitteilte, dass P jeden Mittwochmorgen im Park jogge.

I. Tatbestand

1. Objektiver Tatbestand

Der objektive Tatbestand müsste erfüllt sein.

a) Erfüllung des objektiven Tatbestands durch F selbst

Wie bereits oben geprüft, hat S den P mittels eines Schusses getötet und damit die objektiven Tatbestandsmerkmale des § 212 Abs. 1 StGB erfüllt. F selbst hat in seiner Person den Tatbestand nicht erfüllt.

b) Mittäterschaftliche Zurechnung, § 25 Abs. 2 StGB

Er könnte jedoch gleichwohl gemeinschaftlich mit S den Tatbestand erfüllt haben, wenn er Mittäter wäre und sich somit über § 25 Abs. 2 StGB den Tatbeitrag des S in Form der unmittelbaren Tötung durch S zurechnen lassen müsste. Hierfür müssten die Voraussetzungen der Mittäterschaft nach § 25 Abs. 2 StGB vorliegen, nämlich Handeln aufgrund eines gemeinsamen Tatplans und zur Mittäterschaft geeignete Tatbeiträge.

Fraglich ist, ob S und F aufgrund eines gemeinsamen Tatplans handelten. Dies setzt ein bewusstes und gewolltes Zusammenwirken aufgrund einer gemeinsamen Willensübereinkunft voraus. S hat den F in seinen Plan eingeweiht, dass er den P töten wolle. Obschon F nichts gegen P hatte und an dessen Tod kein eigenes Interesse hatte, hat er gegenüber S zu erkennen gegeben, mit der Tötung des P einverstanden zu sein und ihm die nötigen Details zu verraten, die für eine Tötung erforderlich sind. Damit hat er sich dem ursprünglich bei S allein bestehenden Tatplan zur Tötung des P bewusst und gewollt angeschlossen. Damit haben S und F aufgrund eines gemeinsamen Tatplans gehandelt.

> Klausurhinweis: An sich handelt es sich beim Handeln aufgrund eines gemeinsamen Tatplans um ein subjektiv geprägtes Tatbestandsmerkmal, das allerdings im objektiven Tatbestand geprüft wird.

Fraglich ist, ob der Tatbeitrag des F in Form der Information, dass P jeden Mittwochmorgen um 06:30 Uhr im Park jogge, so beschaffen ist, dass F als Mittäter gemäß § 25 Abs. 2 StGB zu beurteilen ist. Hiergegen spricht, dass F keine Tatherrschaft hatte, also das Tatgeschehen nicht in der Hand hielt und dieses auch nicht nach seinem Willen ablaufen lassen konnte. Sein Tatbeitrag erschöpfte sich allein in der Information, ohne dass er später noch an der Tatausführung in irgendeiner Weise beteiligt war. Der Umfang seiner Tatbeteiligung ist gemessen am Beitrag des S von deutlich untergeordneter Natur. Zudem hatte F keinerlei eigenes Interesse am Taterfolg. F erscheint eher als Randfigur des Geschehens, der die Tat des S als fremde fördern will. Insgesamt reicht der Tatbeitrag des F daher nicht aus, um hier eine Mittäterschaft nach § 25 Abs. 2 StGB anzunehmen.

Die mittäterschaftlichen Voraussetzungen liegen nicht vor.

Der objektive Tatbestand ist nicht erfüllt.

Ergebnis

F hat sich nicht wegen gemeinschaftlichen Totschlags gemäß §§ 212 Abs. 1, 25 Abs. 2 StGB strafbar gemacht, indem er dem S mitteilte, dass P jeden Mittwochmorgen im Park jogge.

C. Strafbarkeit des F gemäß §§ 212 Abs. 1, 27 StGB

F könnte sich wegen Beihilfe zum Totschlag gemäß §§ 212 Abs. 1, 27 StGB strafbar gemacht haben, indem er dem S mitteilte, dass P jeden Mittwochmorgen im Park jogge.

I. Tatbestand

1. Objektiver Tatbestand

Der objektive Tatbestand müsste erfüllt sein.

a) Vorsätzlich rechtswidrige Haupttat

Wie bereits oben geprüft, hat S mit der Begehung des § 212 Abs. 1 StGB eine vorsätzlich rechtswidrige Haupttat begangen.

b) Hilfeleisten

F müsste S zu dessen Tat Hilfe geleistet haben. Hilfeleisten liegt vor bei einem Fördern der Tat, unabhängig ob dies psychisch oder physisch geschieht.[157] F hat S mitgeteilt, dass P jeden Mittwochmorgen um 06:30 Uhr im örtlichen Park jogge, so dass S die Möglichkeit hatte, ihm zu diesem Zeitpunkt im Park aufzulauern und ihn zu erschießen. Dadurch hat er die Tat des S gefördert. F hat S demnach Hilfe geleistet.

> Klausurhinweis: Sofern die Prüfung einer Mittäterschaft nicht vorab erfolgt wäre, sondern bei F sofort mit der Beihilfeprüfung begonnen worden wäre, hätte die Frage, ob der Tatbeitrag des F als Mittäterschaft oder Beihilfe einzustufen ist, nicht unterbleiben dürfen, sondern hätte dann im Prüfungspunkt des „Hilfeleistens" erörtert werden müssen. Lediglich in Fällen, in denen die Einstufung als Mittäterschaft offensichtlich ausscheidet, kann sogleich mit der Beihilfe begonnen werden und auch dort auf eine Abgrenzung zwischen Mittäterschaft und Beihilfe verzichtet werden.

Der objektive Tatbestand ist erfüllt.

2. Subjektiver Tatbestand

F müsste auch den subjektiven Tatbestand erfüllt haben. Hierzu müsste er vorsätzlich gehandelt haben bezüglich der vorsätzlich rechtswidrigen Haupttat des S und bezüglich des eigenen Hilfeleistens (doppelter Gehilfenvorsatz).

a) Vorsatz bezüglich vorsätzlich rechtswidriger Haupttat

F wurde durch S in dessen Plan eingeweiht, dass dieser den P töten wolle. Obschon F nichts gegen P hatte und an dessen Tod kein eigenes Interesse hatte, hat er es zumindest für möglich gehalten, dass S die genannte vorsätzlich rechtswidrige Haupttat begehen werde und dies auch zumindest gebilligt. Er handelte damit vorsätzlich bezüglich der vorsätzlich rechtswidrigen Haupttat des S.

b) Vorsatz bezüglich des Hilfeleistens

F wusste, dass er durch die Informationen über das Joggingverhalten des P die Tat des S fördern würde und er wollte dies auch, da er den S nicht hängen lassen wollte. Er hatte damit auch Vorsatz bezüglich seines Hilfeleistens.

Der subjektive Tatbestand ist erfüllt.

II. Rechtswidrigkeit

Da Rechtfertigungsgründe nicht ersichtlich sind, handelte F rechtswidrig.

III. Schuld

Mangels ersichtlicher Entschuldigungsgründe handelte F auch schuldhaft.

Ergebnis

F hat sich wegen Beihilfe zum Totschlag gemäß §§ 212 Abs. 1, 27 StGB strafbar gemacht, indem er S mitteilte, dass P jeden Mittwochmorgen im Park jogge.

Tatkomplex 2: Ansichnahme des Bargeldes

A. Strafbarkeit des S gemäß § 242 Abs. 1 StGB

S könnte sich wegen Diebstahls nach § 242 Abs. 1 StGB strafbar gemacht haben, indem er das Bargeld des toten P an sich nahm.

I. Tatbestand

1. Objektiver Tatbestand

Der objektive Tatbestand müsste erfüllt sein.

a) Fremde, bewegliche Sache

Bei dem Bargeld handelt es sich um einen transportablen[158] körperlichen Gegenstand,[159] mithin um eine bewegliche Sache. Diese müsste für S auch fremd gewesen sein. Fremd sind Sachen, die nicht im Alleineigentum des Täters stehen und nicht herrenlos sind.[160] Ursprünglich war P Eigentümer der Geldscheine. Durch seinen Tod sind diese auch nicht herrenlos geworden, da sie mit Todeseintritt gemäß § 1922 BGB ins Eigentum des oder der Erben des S übergehen und zwar unabhängig von deren Kenntnis. Demnach war das Bargeld für S auch fremd.

b) Wegnahme

Fraglich ist indes, ob S das Bargeld auch weggenommen hat. Unter einer Wegnahme versteht man den Bruch fremden und die Begründung neuen Gewahrsams.[161] Gewahrsam wiederum ist die von einem Sachherrschaftswillen getragene tatsächliche Sachherrschaft.[162] Es stellt sich das Problem, wer zum Zeitpunkt der Entnahme des Bargeldes Gewahrsam an diesem hatte. Da P tot ist, konnte dieser keine Sachherrschaft mehr über das Geld ausüben. Auch etwaige Erben, die ggf. bei Kenntnis vom Erbfall die tatsächliche Sachherrschaft hätten ausüben können, sind nicht konkret ersichtlich, zumal bisher niemand vom Tod des P weiß. Das Bargeld war somit gewahrsamslos. Mithin konnte S keinen fremden Gewahrsam brechen, als er das Bargeld an sich nahm. Es fehlt also an der für einen Diebstahl erforderlichen Wegnahme.

Der objektive Tatbestand des Diebstahls ist nicht gegeben.

Ergebnis

S hat sich nicht wegen Diebstahls nach § 242 Abs. 1 StGB strafbar gemacht, indem er das Bargeld des toten P an sich nahm.

B. Strafbarkeit des S gemäß § 246 Abs. 1 StGB

S könnte sich wegen Unterschlagung nach § 246 Abs. 1 StGB strafbar gemacht haben, indem er das Bargeld des toten P an sich nahm.

> Klausurhinweis: Zu beachten ist die Subsidiarität der Unterschlagung nach § 246 Abs. 1 a. E. StGB. Vorliegend ist eine Unterschlagung aber nun zu prüfen, da durch die vorliegende Tathandlung keine sonstige Strafbarkeit, insbesondere nicht die des Diebstahls verwirklicht wird.

I. Tatbestand

1. Objektiver Tatbestand

a) Fremde, bewegliche Sache

Wie oben bereits geprüft, ist das Bargeld eine fremde bewegliche Sache.

b) Zueignung

S müsste sich die Sache zugeeignet haben. Dies wäre der Fall, wenn sich ein Zueignungswille nach außen manifestiert hätte.[163] S hatte die erforderliche Absicht, sich das Bargeld in sein Vermögen einzuverleiben, weshalb die Aneignungsabsicht gegeben ist.[164] Da er auch vorhatte, P bzw. dessen Erben dauerhaft von deren Sachherrschaft zu verdrängen, ist auch der Enteignungsvorsatz zu bejahen.[165] Indem er das Bargeld eingesteckt hat, hat sich dieser Zueignungswille auch nach außen manifestiert. S hat sich das Bargeld daher zugeeignet.

c) Rechtswidrigkeit der Zueignung

Die erstrebte Zueignung des S ist auch rechtswidrig, da dieser keinen fälligen und einredefreien Anspruch[166] auf das Bargeld hatte.

2. Subjektiver Tatbestand

S müsste vorsätzlich gehandelt haben. Er wusste, dass es sich beim Bargeld um eine fremde bewegliche Sache handelte. Er wollte sich dieses auch zueignen und er wusste, dass er keinen fälligen und einredefreien Anspruch auf das Geld hatte. Er handelte demnach vorsätzlich.

Der subjektive Tatbestand ist somit erfüllt.

II. Rechtswidrigkeit

Da Rechtfertigungsgründe nicht ersichtlich sind, handelte S rechtswidrig.

III. Schuld

Mangels ersichtlicher Entschuldigungsgründe handelte S auch schuldhaft.

Ergebnis

S hat sich wegen Unterschlagung nach § 246 Abs. 1 StGB strafbar gemacht, indem er das Bargeld des toten P an sich nahm.

C. Strafbarkeit des D gemäß §§ 246 Abs. 1, 26 StGB

D könnte sich wegen Anstiftung zur Unterschlagung nach §§ 246 Abs. 1, 26 StGB strafbar gemacht haben, indem er dem S dazu riet, das Bargeld des toten P an sich zu nehmen.

I. Tatbestand

1. Objektiver Tatbestand

Der objektive Tatbestand müsste erfüllt sein.

a) Vorsätzlich rechtswidrige Haupttat

Wie bereits oben geprüft, hat S mit der Begehung des § 246 Abs. 1 StGB eine vorsätzlich rechtswidrige Haupttat begangen.

b) Bestimmen

D müsste S zu dessen Tat bestimmt haben. Bestimmen ist das Hervorrufen des Tatentschlusses.[167] D hat dem S den Rat gegeben, so schnell wie möglich abzuhauen und P liegen zu lassen. Zuvor solle er jedoch die Wertsachen des P mitgehen lassen. Daraufhin hat S die Kleidung des P durchsucht und 200 Euro Bargeld an sich genommen. Demnach hat D den Tatentschluss bei S zur begangenen Unterschlagung hervorgerufen. D hat S zur Tat bestimmt.

Der objektive Tatbestand ist erfüllt.

2. Subjektiver Tatbestand

D müsste auch den subjektiven Tatbestand erfüllt haben. Hierzu müsste er vorsätzlich gehandelt haben bezüglich der vorsätzlich rechtswidrigen

Haupttat des S und bezüglich des eigenen Bestimmens (doppelter Anstiftervorsatz).

a) Vorsatz bezüglich vorsätzlich rechtswidriger Haupttat

D hat dem S den Rat gegeben, Wertsachen des P mitgehen lassen. Er hatte damit Vorsatz im Hinblick auf die vorsätzlich rechtswidrige Haupttat des S in Form der Unterschlagung.

b) Vorsatz bezüglich des Bestimmens

Zudem wusste D, dass er durch seinen Rat bei S den Tatentschluss hierzu hervorrufen würde und wollte dies auch, da S ihn ausdrücklich gefragt hatte, was er nun tun solle. Er handelte damit auch mit Vorsatz bezüglich des Bestimmens.

Der subjektive Tatbestand ist erfüllt.

II. Rechtswidrigkeit

Da Rechtfertigungsgründe nicht ersichtlich sind, handelte D rechtswidrig.

III. Schuld

Mangels ersichtlicher Entschuldigungsgründe handelte D auch schuldhaft.

Ergebnis

D hat sich wegen Anstiftung zur Unterschlagung nach §§ 246 Abs. 1, 26 StGB strafbar gemacht, indem er dem S dazu riet, das Bargeld des toten P an sich zu nehmen.

Fall 13

Sachverhalt

Staubsaugerverkäufer Sascha (S) hatte einen schweren Tag. Zunächst hat ihm sein Chef eröffnet, dass er mit den Verkaufszahlen von ihm nicht zufrieden sei. Zudem hat sich seine Freundin beschwert, warum er so lange arbeite und von ihm gefordert, er solle nun sofort nach Hause kommen. Nach einer rasanten Heimfahrt in den Feierabend freut sich S, dass er einen öffentlichen Parkplatz direkt vor seinem Haus gefunden hat, der parallel zur Straße verläuft. Doch zu früh gefreut. Denn vor dem Öffnen der Fahrertür um auszusteigen, beobachtet er nicht den Verkehr hinter ihm. Der gerade auf Höhe des Autos von S befindliche Radfahrer Rudi (R) wird so von der von S aufgerissenen Fahrertür getroffen, fällt von seinem Fahrrad und zieht sich einen sehr schmerzhaften Bruch des Arms zu. Die von Zeugen gerufene Polizei schickt die Beamten Konrad (K) und Tobias (T) zum Unfallort. Dort fordern sie S unter Einhaltung aller Form- und Verfahrensvorschriften auf, seine Personalien anzugeben, um gegen ihn eine Strafanzeige zu schreiben. S möchte jedoch endlich nach Hause und fängt an, mit den Polizeibeamten zu diskutieren. Er gibt an, dass er seine Personalien nicht sagen und im Übrigen jetzt gehen werde. Um dies zu verhindern, hält K den S am Arm fest und sagt „Sie gehen erstmal nirgendwo hin, bis wir wissen, wer Sie sind“. Jetzt sieht S rot. Er schlägt den Polizeibeamten K mit der Faust auf die Nase, die augenblicklich zu bluten beginnt. Durch die Wucht des Schlages verliert K den Halt, fällt hin und schlägt mit seinem Kopf so unglücklich auf den Asphalt, dass er ein schweres Schädel-Hirn-Trauma erleidet, an dem er nach einem Tag im Koma stirbt. S ist entsetzt. Er wollte K durch den Schlag zwar verletzen, hatte jedoch nicht im Entferntesten damit gerechnet und gewollt, dass dieser stirbt oder sonstige schwere Folgen davon trägt.

Aufgabe

Prüfen Sie gutachterlich die Strafbarkeit von S.

Etwaig erforderliche Strafanträge sind gestellt. Verkehrsstraftaten sind nicht zu prüfen.

Lösungsskizze

Tatkomplex 1: Öffnen der Fahrertür

Strafbarkeit des S nach § 229 StGB

I. Tatbestand

1. Handlung (+)

2. Erfolg: Körperverletzung
a) Körperliche Misshandlung (+)
b) Gesundheitsschädigung (+)

3. Kausalität (+)

4. Objektive Sorgfaltspflichtverletzung (+)

5. Objektive Vorhersehbarkeit (+)

6. Objektive Zurechnung (+)

II. Rechtswidrigkeit (+)

III. Schuld

1. Keine Entschuldigungsgründe (+)

2. Fahrlässigkeitsschuld
a) Subjektive Sorgfaltspflichtverletzung (+)
b) Subjektive Vorhersehbarkeit (+)

Ergebnis: Strafbarkeit des S nach § 229 StGB (+)

Tatkomplex 2: Schlag mit der Faust auf die Nase

A. Strafbarkeit des S nach § 227 StGB?

I. Tatbestand

1. Grunddelikt § 223 Abs. 1 StGB

a) Objektiver Tatbestand
   aa) *Erfolg*
      (1) Körperliche Misshandlung (+)
      (2) Gesundheitsschädigung (+)
   bb) *Kausalität (+)*
   cc) *Objektive Zurechnung (+)*
b) Subjektiver Tatbestand (+)

2. Eintritt der schweren Folge: Tod eines Menschen (+)

3. Kausalität des Grunddelikts für die schwere Folge (+)

4. Tatbestandsspezifischer Gefahrzusammenhang (+)

5. Fahrlässigkeit bezüglich der schweren Folge

a) Objektive Sorgfaltspflichtverletzung (+)
b) Objektive Vorhersehbarkeit (+)

II. Rechtswidrigkeit (+)

III. Schuld

1. Keine Entschuldigungsgründe (+)

2. Fahrlässigkeitsschuld

a) Subjektive Sorgfaltspflichtverletzung (+)
b) Subjektive Vorhersehbarkeit (+)

Ergebnis: Strafbarkeit des S nach § 227 StGB (+)

B. Strafbarkeit des S gemäß § 113 Abs. 1, Abs. 2 S. 2 Nr. 2 StGB?

I. Tatbestand

1. Objektiver Tatbestand
a) Amtsträger (+)
b) Zur Vollstreckung im Sinne des Absatzes 1 berufen (+)
c) Bei der Vornahme einer solchen Diensthandlung (+)
d) Tathandlung: Widerstand leisten durch Gewalt (+)

2. Subjektiver Tatbestand: Vorsatz (+)

II. Rechtmäßigkeit der Vollstreckungshandlung, § 113 Abs. 3 StGB (+)

III. Rechtswidrigkeit (+)

IV. Schuld (+)

V. Strafzumessungsregel, § 113 Abs. 2 Nr. 2 StGB

1. Objektive Merkmale (+)

2. Subjektive Merkmale (–)

Ergebnis: Strafbarkeit des S gemäß § 113 Abs. 1 StGB (+)

C. Strafbarkeit des S gemäß § 114 Abs. 1 StGB?

I. Tatbestand

1. Objektiver Tatbestand
a) Geschützter Personenkreis (+)
b) Tathandlung: Tätlicher Angriff (+)

2. Subjektiver Tatbestand (+)

II. Rechtmäßigkeit der Vollstreckungshandlung, §§ 114 Abs. 3 StGB i.V.m. 113 Abs. 3 StGB (+)

III. Rechtswidrigkeit (+)

IV. Schuld (+)

Ergebnis: Strafbarkeit des S gemäß § 114 Abs. 1 StGB (+)

Ausformulierte Lösung

Tatkomplex 1: Öffnen der Fahrertür

Strafbarkeit des S nach § 229 StGB

S könnte sich wegen fahrlässiger Körperverletzung nach § 229 StGB strafbar gemacht haben, indem er die Fahrertür seines Autos geöffnet hat.

> Klausurhinweis: Da ein Körperverletzungsvorsatz des S hier fern liegt, erscheint es sachgerecht, direkt eine Fahrlässigkeitsstrafbarkeit zu prüfen und nicht zuvor eine vorsätzliche Körperverletzung.

I. Tatbestand

Hierfür müsste er zunächst tatbestandlich gehandelt haben.

1. Handlung

Die Handlung des S liegt in dem Öffnen der Fahrertür.

2. Erfolg: Körperverletzung

Weiterhin müsste es als Erfolg zu einer Körperverletzung gekommen sein, also zu einer körperlichen Misshandlung oder einer Gesundheitsschädigung.

a) Körperliche Misshandlung

Fraglich ist, ob eine körperliche Misshandlung vorliegt. Eine körperliche Misshandlung ist jede üble unangemessene Behandlung, die das körperliche Wohlbefinden oder die körperliche Unversehrtheit nicht nur unerheblich beeinträchtigt.[168] R hat sich durch den Sturz einen schmerzhaften Bruch des Arms zugezogen. Dies beeinträchtigt sowohl das körperliche Wohlbefinden als auch die körperliche Unversehrtheit nicht nur unerheblich. Demnach liegt eine körperliche Misshandlung vor.

b) Gesundheitsschädigung

Zudem könnte eine Gesundheitsschädigung vorliegen. Eine Gesundheitsschädigung ist das Hervorrufen oder Steigern eines pathologischen Zustandes.[169] Der Armbruch bei R stellt einen vom Normalzustand abweichenden pathologischen Zustand dar. Also ist auch eine Gesundheitsschädigung gegeben.

3. Kausalität

Diese Körperverletzung müsste nunmehr kausal auf der Handlung des S beruhen. Eine Handlung ist kausal für den Erfolg, wenn sie nicht hinweggedacht werden kann, ohne dass der Erfolg in seiner konkreten Gestalt entfiele.[170] Ohne das Öffnen der Fahrertür, wäre R nicht gestürzt und hätte sich keinen Armbruch zugezogen. Also war die Handlung des S kausal für den Erfolg.

4. Objektive Sorgfaltspflichtverletzung

S müsste die objektive Sorgfaltspflicht verletzt haben. Dies wäre dann der Fall, wenn er nicht diejenige Sorgfalt angewandt hat, die von einem besonnenen und gewissenhaften Menschen in der konkreten Lage und der sozialen Rolle des Handelnden zu erwarten ist.[171] Vorliegend hat S die Fahrertür zum Aussteigen geöffnet, ohne sich über den Verkehr hinter ihm zu vergewissern. Dies wäre von einem besonnenen und gewissenhaften Menschen aber zu erwarten gewesen. S hat diese Sorgfalt nicht beachtet. Demnach handelte er objektiv sorgfaltswidrig.

5. Objektive Vorhersehbarkeit

Fraglich ist, ob auch eine objektive Vorhersehbarkeit vorliegt. Objektive Vorhersehbarkeit liegt vor, wenn der wesentliche Kausalverlauf und der eingetretene Erfolg nicht so sehr außerhalb der Lebenserfahrung liegen, dass mit ihnen nicht gerechnet zu werden braucht.[172] Dass beim Öffnen der Fahrertür ohne vorherige Beobachtung des Verkehrs eine Kollision mit Verkehrsteilnehmern erfolgen kann und sich diese schwer verletzen, wie hier R durch seinen Armbruch, liegt nicht außerhalb jeglicher Lebenserfahrung. Demnach besteht auch eine objektive Vorhersehbarkeit.

6. Objektive Zurechnung

Schließlich müsste sich S den Taterfolg objektiv zurechnen lassen. Dies ist dann der Fall, wenn der Täter ein rechtlich missbilligtes Risiko geschaffen hat, das sich im tatbestandsmäßigen Erfolg niedergeschlagen hat.[173] S hat durch das unvorsichtige Öffnen der Autotür ein rechtlich missbilligtes Risiko geschaffen, das sich auch im tatbestandsmäßigen Erfolg, dem Armbruch des R, niedergeschlagen hat. Folglich ist der Erfolg S auch objektiv zurechenbar.

> Klausurhinweis: Für das Prüfungsschema des Fahrlässigkeitsdelikts existieren an dieser Stelle unterschiedliche Aufbaumöglichkeiten. Teilweise wird der Prüfungspunkt „Objektive Vorhersehbarkeit" ganz weggelassen. Ob der Erfolg und der wesentliche Kausalverlauf so außerhalb der Lebenserfahrung liegen, dass mit ihnen nicht gerechnet zu werden braucht, wird dann im Prüfungspunkt „Objektive Zurechnung" geprüft.

II. Rechtswidrigkeit

Rechtfertigungsgründe sind nicht ersichtlich, so dass S rechtswidrig handelte.

III. Schuld

1. Keine Entschuldigungsgründe

Entschuldigungsgründe sind vorliegend nicht ersichtlich.

2. Fahrlässigkeitsschuld

a) Subjektive Sorgfaltspflichtverletzung

Zu prüfen ist ferner, ob S die subjektive Sorgfaltspflicht verletzt hat. Dies ist dann der Fall, wenn er nach seinen Kenntnissen und Fähigkeiten in der Lage gewesen wäre, die objektiv gebotene Sorgfalt einzuhalten.[174] S wäre nach seinen Kenntnissen und Fähigkeiten in der Lage gewesen, durch einen Blick in den Rückspiegel samt Schulterblick vor dem Öffnen die objektiv gebotene Sorgfalt einzuhalten. Demnach liegt auch eine subjektive Sorgfaltspflichtverletzung vor.

b) Subjektive Vorhersehbarkeit

Zu prüfen ist, ob auch eine subjektive Vorhersehbarkeit gegeben ist. Dies ist der Fall, wenn der Täter nach seinen Kenntnissen und Fähigkeiten den Erfolg hätte vorhersehen können.[175] Auch hierzu war S nach seinen Kenntnissen und Fähigkeiten in der Lage. Demnach ist auch eine subjektive Vorhersehbarkeit gegeben.

Somit handelte S auch schuldhaft.

Ergebnis

S hat sich wegen fahrlässiger Körperverletzung nach § 229 StGB strafbar gemacht, indem er die Fahrertür seines Autos geöffnet hat.

Tatkomplex 2: Schlag mit der Faust auf die Nase

A. Strafbarkeit des S nach § 227 StGB

S könnte sich wegen Körperverletzung mit Todesfolge nach § 227 StGB strafbar gemacht haben, indem er K mit der Faust auf die Nase schlug.

> Klausurhinweis: Aus dem Sachverhalt ergibt sich bereits eindeutig, dass S keinen Tötungsvorsatz hatte, so dass es einer vorherigen verneinenden Prüfung des § 212 StGB nicht bedarf.

> Klausurhinweis: Bei der Deliktsform der Erfolgsqualifikation, um die es sich bei der Körperverletzung mit Todesfolge gemäß § 227 StGB handelt, besteht die Besonderheit darin, dass zwar das Grunddelikt (hier der (einfachen) Körperverletzung gemäß § 223 Abs. 1 StGB) vorsätzlich begangen worden sein muss, die schwere Folge gemäß § 18 StGB aber auch nur fahrlässig herbeigeführt werden kann. Bei der fahrlässigen Tötung nach § 222 StGB hingegen hat der Täter nicht einmal Körperverletzungsvorsatz. Daraus resultiert für die Klausur die jedenfalls gedankliche Prüfungsreihenfolge: § 212 StGB – § 227 StGB – § 222 StGB. Sofern § 212 StGB bejaht wird, muss natürlich auf § 227 StGB und § 222 StGB nicht mehr eingegangen werden. Für den Fall, dass – wie hier – § 212 StGB ausscheidet, § 227 StGB aber vorliegt, muss § 222 StGB nicht mehr angesprochen werden.

I. Tatbestand

S müsste den Tatbestand erfüllt haben.

1. Grunddelikt § 223 Abs. 1 StGB

Hierzu müsste er zunächst das Grunddelikt des § 223 Abs. 1 StGB in objektiver und subjektiver Hinsicht erfüllt haben.

a) Objektiver Tatbestand
aa) Erfolg
(1) Körperliche Misshandlung

Fraglich ist, ob eine körperliche Misshandlung vorliegt. Der Faustschlag stellt eine üble unangemessene Behandlung dar. K erlitt dadurch eine blutende Nase. Dies beeinträchtigt das körperliche Wohlbefinden wie auch die körperliche Unversehrtheit nicht nur unerheblich. Eine körperliche Misshandlung liegt vor.

(2) Gesundheitsschädigung

Es könnte auch eine Gesundheitsschädigung vorliegen. Die blutende Nase stellt auch einen vom Normalzustand in negativer Hinsicht abweichenden pathologischen Zustand dar, so dass auch eine Gesundheitsschädigung gegeben ist.

bb) Kausalität

Hätte S den K nicht mit der Faust auf die Nase geschlagen, hätte diese nicht zu bluten angefangen. Die Handlung des S in Form des Faustschlags ist damit für den Eintritt des Körperverletzungserfolges kausal.

cc) Objektive Zurechnung

Durch den Schlag mit der Faust hat S ein rechtlich missbilligtes Risiko geschaffen, das sich auch im tatbestandsmäßigen Erfolg niedergeschlagen hat. Der Erfolg ist S daher auch objektiv zurechenbar.

b) Subjektiver Tatbestand

S müsste vorsätzlich gehandelt haben. Er wollte den K durch den Faustschlag verletzen und ihn daher sowohl körperlich misshandeln als auch an der Gesundheit schädigen. S handelte daher vorsätzlich.

S hat das Grunddelikt des § 223 Abs. 1 StGB in objektiver und subjektiver Hinsicht erfüllt.

2. Eintritt der schweren Folge: Tod eines Menschen

K ist vorliegend verstorben, so dass die schwere Folge im Sinne von § 227 StGB in Form des Todes eines Menschen eingetreten ist.

3. Kausalität des Grunddelikts für die schwere Folge

Zwischen der Begehung des Grunddelikts und dem Eintritt der schweren Folge muss ein kausaler Zusammenhang bestehen. Ohne die Begehung des Grunddelikts durch S wäre K nicht gestorben, so dass ein entsprechender kausaler Zusammenhang besteht.

4. Tatbestandsspezifischer Gefahrzusammenhang

Zwischen dem Grunddelikt und dem Eintritt der schweren Folge muss ein tatbestandsspezifischer Gefahrzusammenhang bestehen. Dies ist der Fall, wenn gerade die im Grunddelikt typischerweise angelegte, spezifische Gefahr sich in der schweren Folge realisiert hat.[176] Das Grunddelikt muss also die spezifische Gefahr der schweren Folge beinhalten. Dabei bestehen jedoch zwei unterschiedliche Anknüpfungsmöglichkeiten. Die Rechtsprechung knüpft für diese Beurteilung an die Grunddeliktshandlung, also den gesamten Vorgang einschließlich der die Verletzung bewirkenden oder begleitenden Ausführungshandlung an, wohingegen mit einem Teil der Lehre der Erfolg des Grunddelikts das entscheidende Anknüpfungskriterium ist.[177] Da eine blutende Nase als Körperverletzungserfolg nicht die besondere Gefahr des Todeseintritts beinhaltet, wäre der tatbestandsspezifische Gefahrzusammenhang bei einem Abstellen auf den Körperverletzungserfolg nicht gegeben. Hingegen beinhaltet die Körperverletzungshandlung, nämlich ein Faustschlag ins Gesicht, durchaus die spezifische Gefahr, dass das Opfer das Gleichgewicht verliert und mit dem Kopf lebensgefährlich auf den Boden aufschlägt. Da der Wortlaut „Körperverletzung" in § 227 StGB für ein Abstellen auf den Gesamtzusammenhang spricht und zudem bereits der Körperverletzungshandlung ein hohes Maß an kriminellem Unrecht innewohnt, bei dem der Eintritt oder das Ausbleiben des Körperverletzungserfolges oft nur vom Zufall abhängig ist, ist in dieser Streitfrage der Rechtsprechung zu folgen. Demnach besteht vorliegend ein tatbestandsspezifischer Gefahrzusammenhang.

5. Fahrlässigkeit bezüglich der schweren Folge

a) Objektive Sorgfaltspflichtverletzung

S müsste objektiv sorgfaltswidrig gehandelt haben. Da S, wie oben geprüft, in objektiver und subjektiver Hinsicht den Tatbestand der Körperverletzung erfüllt hat, liegt eine objektive Sorgfaltspflichtverletzung vor.

> Klausurhinweis: Im Gegensatz zum „einfachen" Fahrlässigkeitsdelikt muss daher bei der Erfolgsqualifikation die objektive Sorgfaltspflichtverletzung in der Regel nicht näher begründet werden, sondern kann durch einen Verweis auf die Begehung des bereits zuvor geprüften Grunddelikts meist unproblematisch bejaht werden.

b) Objektive Vorhersehbarkeit

Zudem müsste die objektive Vorhersehbarkeit gegeben sein. Objektive Vorhersehbarkeit liegt vor, wenn der wesentliche Kausalverlauf und die eingetretene schwere Folge nicht so sehr außerhalb der Lebenserfahrung liegen, dass mit ihnen nicht gerechnet zu werden braucht.[178] Dass bei einem Faustschlag ins Gesicht Menschen das Gleichgewicht verlieren, stürzen, mit dem Kopf aufschlagen und an diesen Verletzungen sterben, steht nicht außerhalb jeglicher Lebenserfahrung, so dass die objektive Vorhersehbarkeit vorliegt.

II. Rechtswidrigkeit

Rechtfertigungsgründe sind nicht ersichtlich, so dass S rechtswidrig handelte.

III. Schuld

1. Keine Entschuldigungsgründe

Entschuldigungsgründe sind vorliegend nicht ersichtlich.

2. Fahrlässigkeitsschuld

a) Subjektive Sorgfaltspflichtverletzung

Da S vorliegend das Grunddelikt der Körperverletzung vorsätzlich begangen hat, liegt darin auch eine subjektive Sorgfaltspflichtverletzung.

b) Subjektive Vorhersehbarkeit

S war nach seinen Kenntnissen und Fähigkeiten in der Lage, den wesentlichen Kausalverlauf und den Eintritt der schweren Folge vorherzusehen. Demnach ist auch eine subjektive Vorhersehbarkeit gegeben.

Ergebnis

S hat sich wegen Körperverletzung mit Todesfolge nach § 227 StGB strafbar gemacht, indem er K mit der Faust auf die Nase schlug.

B. Strafbarkeit des S gemäß § 113 Abs. 1, Abs. 2 S. 2 Nr. 2 StGB

S könnte sich zudem wegen Widerstands gegen Vollstreckungsbeamte in einem besonders schweren Fall nach § 113 Abs. 1, Abs. 2 S. 2 Nr. 2 StGB strafbar gemacht haben, indem er K mit der Faust auf die Nase schlug.

I. Tatbestand

1. Objektiver Tatbestand

S müsste zunächst den objektiven Tatbestand erfüllt haben.

a) Amtsträger

K ist als Polizeibeamter Amtsträger im Sinne von § 11 Abs. 1 Nr. 2 Buchstabe a) StGB.

b) Zur Vollstreckung im Sinne des Absatzes 1 berufen

K ist als Polizeibeamter auch zur Vollstreckung von Gesetzen berufen.

c) Bei der Vornahme einer solchen Diensthandlung

K müsste auch eine Diensthandlung zur Vollstreckung vorgenommen haben. Er müsste also eine konkrete Vollstreckungshandlung in einem bestimmten Einzelfall vorgenommen haben. Vorliegend war K gerade dabei, bei S eine Identitätsfeststellung nach § 163b Abs. 1 StPO vorzunehmen. Hierzu hat er S nach § 163b Abs. 1 S. 2 StPO angehalten. Eine Vollstreckungshandlung des K lag damit vor.

d) Tathandlung: Widerstand leisten durch Gewalt

Als Tathandlung könnte S durch Gewalt Widerstand geleistet haben. Widerstandleisten ist jedes aktive, gegen den Vollstreckungsbeamten gerichtete Verhalten, das die Vollstreckungshandlung erschweren oder verhindern soll. Gewalt im Sinne von § 113 Abs. 1 StGB erfordert eine körperliche Kraftausübung, die gegen den Vollstreckungsbeamten gerichtet ist und für ihn körperlich spürbar ist.[179] S hat vorliegend gegen K einen für diesen körperlich spürbaren Faustschlag ausgeführt, um zu verhindern, dass K seine Identität feststellt und ihn hierzu festhält. Demnach hat S durch Gewalt Widerstand geleistet.

Der objektive Tatbestand ist erfüllt.

2. Subjektiver Tatbestand

S müsste auch den subjektiven Tatbestand erfüllt haben. Hierfür müsste er vorsätzlich gehandelt haben. Vorsatz ist das Wissen und Wollen der Tatbestandsverwirklichung.[180] Vorliegend wusste S, dass es sich bei K um einen Polizeibeamten handelt, der bei ihm die Identität feststellen will. Er wollte sich auch hiergegen mit körperlicher Gewalt durch den Faustschlag wehren und die Identitätsfeststellung verhindern, da er nach Hause wollte. Damit hat S vorsätzlich gehandelt. Der subjektive Tatbestand ist somit erfüllt.

II. Rechtmäßigkeit der Vollstreckungshandlung, § 113 Abs. 3 StGB

> Klausurhinweis: Bei der Rechtmäßigkeit der Vollstreckungshandlung nach § 113 Abs. 3 StGB handelt es sich nicht um ein Tatbestandsmerkmal, sondern um eine so genannte objektive Bedingung der Strafbarkeit. Das bedeutet, dass dieses Merkmal nur in objektiver Hinsicht vorliegen muss, ohne dass der Täter diesbezüglich vorsätzlich gehandelt haben muss.

Die von K vorgenommene Vollstreckungshandlung müsste rechtmäßig gewesen sein. Maßgeblich dabei ist nach h. M., ob diese nach dem so genannten strafrechtlichen Rechtmäßigkeitsbegriff rechtmäßig ist.[181]

> Klausurhinweis: Nach dem strafrechtlichen Rechtmäßigkeitsbegriff ist also keine komplette Prüfung der Rechtmäßigkeit der Maßnahme nach dem entsprechenden Prüfungsschema wie im Eingriffsrecht/Strafprozessrecht/Polizeirecht erforderlich. Hier erfolgt lediglich eine eingeschränkte Prüfung. Es kommt also gerade nicht darauf an, dass die Tatbestandsvoraussetzungen der Ermächtigungsgrundlage im Einzelnen vorliegen.

Erforderlich hierfür ist Folgendes:

1. Bestehen einer gesetzlichen Ermächtigungsgrundlage

Mit § 163b Abs. 1 S. 1 und 2 StPO besteht eine taugliche Ermächtigungsgrundlage für die beabsichtigte Identitätsfeststellung und das hierfür erforderliche Festhalten des S am Arm.

2. Sachliche und örtliche Zuständigkeit des Amtsträgers

Von einer sachlichen und örtlichen Zuständigkeit des K als Polizeibeamter ist auszugehen.

3. Einhaltung der wesentlichen Förmlichkeiten

Laut Sachverhalt sind die für die Identitätsfeststellung erforderlichen wesentlichen Verfahrens- und Formvorschriften eingehalten worden.

4. Verhältnismäßigkeit

Angesichts dessen, dass gegen S der Anfangsverdacht einer Straftat bestand, war die beabsichtigte Identitätsfeststellung, ebenso wie auch das hierfür erforderliche Festhalten aufgrund dessen Fluchtversuchs verhältnismäßig. Insbesondere war vorliegend kein milderes, gleich geeignetes Mittel für K ersichtlich,[182] ein Verschwinden des S zu verhindern. Das Interesse der Allgemeinheit an der Strafverfolgung im konkreten Fall durch die Maßnahme des K ist vorliegend auch als höher zu bewerten als das Interesse des S, nun nach Hause zu wollen.

Die Vollstreckungshandlung war daher nach dem strafrechtlichen Rechtmäßigkeitsbegriff rechtmäßig.

III. Rechtswidrigkeit

Rechtfertigungsgründe für S sind vorliegend nicht ersichtlich. Insbesondere scheidet eine Notwehr nach § 32 StGB aus, da ein gegenwärtiger Angriff des K durch das Festhalten auf die Freiheit des S nicht rechtswidrig war, da hierfür eine Rechtfertigung aufgrund § 163b Abs. 1 StPO bestand. Demnach handelte S rechtswidrig.

IV. Schuld

Mangels ersichtlicher Entschuldigungsgründe handelte S auch schuldhaft.

V. Strafzumessungsregel, § 113 Abs. 2 Nr. 2 StGB

Fraglich ist, ob zudem ein besonders schwerer Fall nach § 113 Abs. 2 Nr. 2 StGB vorliegt.

1. Objektive Merkmale

S müsste K durch eine Gewalttätigkeit in die Gefahr des Todes gebracht haben. Vorliegend ist K durch die Gewalttätigkeit in Form des Faustschlages sogar gestorben, so dass sich die Gefahr bereits realisiert hat.

2. Subjektive Merkmale

S müsste auch vorsätzlich gehandelt haben. Er wollte K durch den Schlag zwar verletzten, hatte jedoch nicht im Entferntesten damit gerechnet und gewollt, dass dieser stirbt. Auch dafür, dass es bei seinem Faustschlag nur noch vom Zufall abhängt, dass es zum einem Todeseintritt oder einer schweren Gesundheitsschädigung kommt, sind aus dem Sachverhalt keine Anhaltspunkte ersichtlich. Demnach handelte er bezüglich der Gefahr eines Todeseintritts oder einer schweren Gesundheitsschädigung nicht vorsätzlich.

Ein besonders schwerer Fall nach § 113 Abs. 2 Nr. 2 StGB liegt damit nicht vor.

Ergebnis

S hat sich wegen Widerstands gegen Vollstreckungsbeamte nach § 113 Abs. 1 StGB strafbar gemacht haben, indem er K mit der Faust auf die Nase schlug.

C. Strafbarkeit des S gemäß § 114 Abs. 1 StGB

S könnte sich darüber hinaus durch dieselbe Handlung wegen tätlichen Angriffs auf Vollstreckungsbeamte gemäß § 114 Abs. 1 StGB strafbar gemacht haben.

> Klausurhinweis: Teilweise wird auch vertreten, dass es sich bei § 114 StGB nicht um einen eigenständigen Tatbestand, sondern um eine Qualifikation zu § 113 StGB handelt.

I. Tatbestand

1. Objektiver Tatbestand

S müsste zunächst den objektiven Tatbestand erfüllt haben.

a) Geschützter Personenkreis

Hinsichtlich des geschützten Personenkreises ergeben sich keine Unterschiede zu den Ausführungen bei der Prüfung der Strafbarkeit des S nach § 113 StGB. Zwar würde es für § 114 StGB auch ausreichen, wenn der Amtsträger eine bloße Diensthandlung, also nicht zwingend eine konkrete Einzelfallvollstreckung vornehmen würde. Wie oben geprüft liegt aber sogar eine Vollstreckungshandlung vor, so dass auch dieses Merkmal erfüllt ist.

b) Tathandlung: Tätlicher Angriff

S müsste K tätlich angegriffen haben. Ein tätlicher Angriff ist jede in feindseliger Absicht unmittelbar auf den Körper zielende Einwirkung ohne Rücksicht auf ihren Erfolg.[183] Vorliegend hat S auf den K mit einem Faustschlag auf die Nase unmittelbar in feindseliger Absicht eingewirkt. Ein tätlicher Angriff liegt daher vor.

Der objektive Tatbestand ist erfüllt.

2. Subjektiver Tatbestand

S müsste auch den subjektiven Tatbestand erfüllt haben. Hierfür müsste er vorsätzlich gehandelt haben. Wie bereits festgestellt, wollte er den Polizeibeamten K mit seinem Faustschlag verletzen, so dass er auch bezüglich eines tätlichen Angriffs auf diesen vorsätzlich handelte. Der subjektive Tatbestand ist somit erfüllt.

II. Rechtmäßigkeit der Vollstreckungshandlung, §§ 114 Abs. 3 StGB i. V. m. 113 Abs. 3 StGB

Sofern es sich bei der Diensthandlung um eine Vollstreckungshandlung handelt, wie dies vorliegend der Fall ist, sieht § 114 Abs. 3 StGB durch den Verweis auf § 113 Abs. 3 StGB vor, dass auch die objektive Bedingung der Rechtmäßigkeit der Vollstreckungshandlung gegeben sein muss. Diese wurde bereits im Rahmen des § 113 StGB bejaht. Unterschiede ergeben sich diesbezüglich nicht.

III. Rechtswidrigkeit

Auch hier sind keine Rechtfertigungsgründe ersichtlich, so dass S rechtswidrig handelte.

IV. Schuld

Mangels ersichtlicher Entschuldigungsgründe handelte S auch schuldhaft.

Ergebnis

S hat sich durch seinen Faustschlag auch wegen tätlichen Angriffs auf Vollstreckungsbeamte nach § 114 Abs. 1 StGB strafbar gemacht.

Fall 14

Sachverhalt

Bartimäus (B) ist von Geburt an stark sehgeschwächt und muss deshalb eine sehr dicke und unmodische Brille tragen. Seit er vor einem Jahr umgezogen ist und eine neue Arbeitsstelle angetreten hat, wird er von einem neuen Kollegen, Simon (S), ständig darauf angesprochen und massiv geärgert. Nun entschließt sich B, dem Treiben ein Ende zu machen. Er will S umbringen. Zu diesem Zweck wartet er an einem Morgen, kurz vor Sonnenaufgang, vor dem Haus des bekanntermaßen allein lebenden S. B weiß, dass sich S zu diesem Zeitpunkt stets auf den Weg zur Arbeit macht. Als sich die Tür öffnet, meint B den S zu erkennen und schießt sofort auf die in der Tür stehende Person. Dann aber erscheint plötzlich S hinter seinem gerade erschossenen Bruder Andreas (A). A war gerade zu Besuch bei S und beide sehen sich durchaus ähnlich. Als B seinen Fehler erkennt, flieht er unerkannt.

Da die Sticheleien kein Ende nehmen, wagt B einige Monate später einen neuen Anlauf, S umzubringen. Wieder begibt er sich zum Haus von S. Er meint, im Garten S zu erkennen, wie dieser bewegungslos auf dem Rasen sitzt. Da er weiß, dass S begeisterter Yogaturner ist, ist er sicher, dass es sich dieses Mal um S handelt und schießt auf die Person, die sich allerdings bei näherem Hinsehen als eine sehr echt modellierte Statue herausstellt. Die Statue zerbricht in unzählig viele, kleine Stücke. Den Schuss selbst hat niemand bemerkt, so dass B erneut unerkannt verschwinden kann.

Wiederum einige Monate später unternimmt B einen letzten Versuch, S, dessen Pöbeleien immer massiver werden, aus dem Weg zu räumen. Dieses Mal will er aber sicher gehen, dass alles gut geht. Deshalb lauert er ihm auf dem Nachhauseweg auf und ruft dessen Namen aus seinem Hinterhalt laut über die Straße. S schaut auf und fragt laut, wer seinen Namen gerufen habe. Als er keine Antwort erhält, geht er weiter. In diesem Moment aber nimmt ihn B ins Visier und schießt. Die Kugel wäre tödlich für S gewesen, wenn dieser sich nicht zufällig genau in diesem Moment gebückt hätte, um seine Schuhe zu binden. So trifft die Kugel tödlich den ebenso zufällig hinter S stehenden Passanten Paul (P). Die Möglichkeit, dass dies passieren könnte, hatte B in keiner Weise erkannt. S flieht und B kann ihn nicht mehr treffen.

Aufgabe

Prüfen Sie gutachterlich die Strafbarkeit des B nach dem StGB. § 211 StGB ist nicht zu prüfen.

Lösungsskizze

Tatkomplex 1: „Bruder"

Strafbarkeit des B nach § 212 Abs. 1 StGB?

I. Tatbestand

1. Objektiver Tatbestand

a) Handlung (+)
b) Erfolg: Tod eines Menschen (+)
c) Kausalität (+)
d) Objektive Zurechnung (+)

2. Subjektiver Tatbestand (+)

II. Rechtswidrigkeit (+)

III. Schuld (+)

Ergebnis: Strafbarkeit nach § 212 Abs. 1 StGB (+)

Tatkomplex 2: „Statue"

A. Strafbarkeit des B nach §§ 212 Abs. 1, 22, 23 Abs. 1 StGB?

I. Vorprüfung

1. Keine Vollendung (+)

2. Strafbarkeit des Versuchs (+)

II. Tatbestand

1. Tatentschluss (+)

2. Unmittelbares Ansetzen (+)

III. Rechtswidrigkeit (+)

IV. Schuld (+)

V. Rücktritt, § 24 Abs. 1 S. 1 StGB (–)

Ergebnis: Strafbarkeit nach §§ 212 Abs. 1, 22, 23 Abs. 1 StGB (+)

B. Strafbarkeit des B nach § 303 Abs. 1 StGB?

I. Tatbestand

1. Objektiver Tatbestand
a) Fremde Sache (+)
b) Zerstören (+)

2. Subjektiver Tatbestand (–)

Ergebnis: Strafbarkeit nach § 303 Abs. 1 StGB (–)

Tatkomplex 3: „Schuhe binden“

A. Strafbarkeit des B nach § 212 Abs. 1 StGB an P?

I. Tatbestand

1. Objektiver Tatbestand (+)

2. Subjektiver Tatbestand (–)

Ergebnis: Strafbarkeit nach § 212 Abs. 1 StGB (–)

B. Strafbarkeit des B nach §§ 212 Abs. 1, 22, 23 Abs. 1 StGB an S?

I. Vorprüfung

1. Keine Vollendung (+)

2. Strafbarkeit des Versuchs (+)

II. Tatbestand

1. Tatentschluss (+)

2. Unmittelbares Ansetzen (+)

III. Rechtswidrigkeit (+)

IV. Schuld (+)

V. Rücktritt, § 24 Abs. 1 S. 1 StGB (–)

Ergebnis: Strafbarkeit nach §§ 212 Abs. 1, 22, 23 Abs. 1 StGB (+)

C. Strafbarkeit des B nach § 222 StGB an P?

I. Tatbestand

1. Handlung (+)

2. Taterfolg: Tod eines Menschen (+)

3. Kausalität (+)

4. Objektive Sorgfaltspflichtverletzung (+)

5. Objektive Vorhersehbarkeit (+)

6. Objektive Zurechnung (+)

II. Rechtswidrigkeit (+)

III. Schuld

1. Keine Entschuldigungsgründe (+)

2. Fahrlässigkeitsschuld
a) Subjektive Sorgfaltspflichtverletzung (+)
b) Subjektive Vorhersehbarkeit (+)

Ergebnis: Strafbarkeit nach § 222 StGB (+)

Ausformulierte Lösung

Tatkomplex 1: „Bruder"

Strafbarkeit des B nach § 212 Abs. 1 StGB

B könnte sich wegen Totschlags nach § 212 Abs. 1 StGB strafbar gemacht haben, indem er auf A geschossen hat.

I. Tatbestand

Dafür müsste er tatbestandlich gehandelt haben.

1. Objektiver Tatbestand
Er müsste also zunächst den objektiven Tatbestand des Totschlags erfüllt haben.

a) Handlung
Mit dem Schuss auf A liegt ein willensgesteuertes Verhalten[184] seitens des B vor, er hat also gehandelt.

b) Erfolg
Da A tot ist, liegt auch der tatbestandliche Erfolg des § 212 Abs. 1 StGB, also der Tod eines Menschen, vor.

c) Kausalität
Ferner müsste der Erfolg kausal auf der Handlung des B beruhen. Kausalität liegt nach der Äquivalenzformel dann vor, wenn die Handlung nicht hinweggedacht werden kann, ohne dass der Erfolg in seiner konkreten Gestalt entfiele.[185] Würde man vorliegend den Schuss des B hinwegdenken, so wäre A nicht tot. Die Kausalität kann also angenommen werden.

d) Objektive Zurechnung
Objektiv zurechenbar ist der Erfolg, wenn der Täter ein rechtlich missbilligtes Risiko geschaffen hat und sich dieses Risiko im tatbestandlichen Erfolg realisiert hat.[186] B hat durch den Schuss ein rechtlich missbilligtes Risiko geschaffen, welches sich auch im Todeserfolg des A realisiert hat. Dem B ist demzufolge der Tod des A auch objektiv zuzurechnen.

2. Subjektiver Tatbestand
Im Rahmen des subjektiven Tatbestandes müsste B allerdings auch vorsätzlich gehandelt haben. Zwar hatte B vorliegend eindeutig Tötungsabsicht,

allerdings wollte er nicht A, sondern S töten. Fraglich ist demnach, wie sich ein solcher Irrtum, ein error in persona, bei dem also der Täter das Objekt trifft, was er anvisiert, er sich aber über dessen Identität irrt, rechtlich auswirkt. Dabei ist zu differenzieren, ob der Irrtum des Täters sich auf gleichwertige oder ungleichwertige Tatobjekte bezieht. Im vorliegenden Fall wollte B den Menschen S und nicht den Menschen A töten. Es handelt sich somit um gleichwertige Tatobjekte. Ein error in persona bei gleichwertigen Tatobjekten ist als unbeachtlicher Identitätsirrtum zu beurteilen.[187] Es macht also keinen Unterschied, wen B töten wollte, er wollte entsprechend dem Wortlaut des § 212 Abs. 1 StGB einen Menschen töten und hatte folglich den erforderlichen Vorsatz. Der subjektive Tatbestand ist mithin erfüllt.

Klausurhinweis: Das Erkennen und die Darstellung eines Irrtums fallen in der Klausur nicht immer ganz leicht. Man kann zunächst differenzieren, ob ein Irrtum über die Rechtslage oder – wie hier – über den Sachverhalt vorliegt. Weiterhin kann hier festgestellt werden, dass der Irrtum nichts mit Rechtswidrigkeit oder Schuld zu tun hat, sondern sich auf den Tatbestand des § 212 Abs. 1 StGB bezieht. In der Konsequenz stellt sich die Frage nach dem Vorsatz. Wird ein Tatbestandsmerkmal gar nicht erkannt, so fehlt selbstverständlich der Vorsatz. Liegt – wie hier – eine Verwechslung vor, so handelt es sich um einen error in persona (vel objecto), bei dem Vorsatz im Falle gleichwertiger Tatobjekte anzunehmen ist.

II. und III. Rechtswidrigkeit und Schuld

Mangels ersichtlicher Rechtfertigungs- oder Entschuldigungsgründe handelte B auch rechtswidrig und schuldhaft. Insbesondere liegt trotz der ständigen Sticheleien seitens des S zum Zeitpunkt des Schusses kein gegenwärtiger Angriff im Sinne der Notwehr bzw. keine gegenwärtige Gefahr im Sinne eines Notstands vor.

Klausurhinweis: Da eine Rechtfertigung offensichtlich ausscheidet, erscheint eine solche kurze Erwähnung ausreichend.

Ergebnis

Durch den Schuss auf A hat sich B somit wegen Totschlags nach § 212 Abs. 1 StGB strafbar gemacht.

Tatkomplex 2: „Statue"

A. Strafbarkeit des B nach §§ 212 Abs. 1, 22, 23 Abs. 1 StGB

Durch den Schuss auf die Statue im Garten des S könnte sich B wegen eines versuchten Totschlags nach §§ 212 Abs. 1, 22, 23 Abs. 1 StGB strafbar gemacht haben.

I. Vorprüfung

1. Keine Vollendung

Zunächst dürfte es nicht zur Tatvollendung gekommen sein. Da S nicht getötet wurde, kann dies angenommen werden.

2. Strafbarkeit des Versuchs

Der Versuch eines Totschlags ist strafbar, da es sich beim Totschlag mit einem angedrohten Mindeststrafmaß von fünf Jahren gemäß § 12 Abs. 1 StGB um ein Verbrechen handelt, und der Versuch eines Verbrechens nach § 23 Abs. 1 StGB stets strafbar ist.

II. Tatbestand

1. Tatentschluss

B müsste bei seinem Schuss auf die Statue mit Tatentschluss, also mit Tötungsvorsatz, gehandelt haben. B hatte S mit der Statue verwechselt. Beim Schuss auf die Statue hatte er also tatsächlich die Absicht, S zu töten. Der Tatentschluss ist gegeben.

> Klausurhinweis: Genauere rechtliche Überlegungen zum Irrtum sind an dieser Stelle (noch) nicht gefragt. Da kein Mensch getötet wurde, kann nur ein Versuch in Betracht kommen. Der Tatentschluss ist unproblematisch gegeben.

2. Unmittelbares Ansetzen

B müsste auch unmittelbar zur Tat angesetzt haben. Dies kann dann angenommen werden, wenn der Täter subjektiv die Schwelle zum „jetzt geht's los" überschritten hat und objektiv so zur tatbestandsmäßigen Ausführungshandlung angesetzt hat, dass nach seiner Vorstellung seine Handlung ohne wesentliche Zwischenschritte in den tatbestandsmäßigen Erfolg mündet.[188] B hat bereits einen Schuss abgegeben. Dieser erfolgte zwar nur auf eine Statue, aber nach der Vorstellung von B hätte er mit diesem Schuss S getötet. Er hat folglich unmittelbar zur Tat angesetzt.

III. und IV. Rechtswidrigkeit und Schuld

Auch in diesem zweiten Tatkomplex sind keine Rechtfertigungs- oder Entschuldigungsgründe ersichtlich, so dass B auch rechtswidrig und schuldhaft handelte.

V. Rücktritt, § 24 Abs. 1 S. 1 StGB

Fraglich ist, ob B strafbefreiend nach § 24 Abs. 1 S. 1 StGB zurückgetreten ist, da er keinen weiteren Schuss mehr abgegeben hat. Hierfür dürfte der Versuch nicht fehlgeschlagen sein. Ein Versuch ist dann fehlgeschlagen, wenn der Täter erkennt, dass er den tatbestandsmäßigen Erfolg mit den ihm am Tatort zur Verfügung stehenden Mitteln entweder gar nicht mehr oder jedenfalls nicht mehr ohne zeitlich relevante Zäsur herbeiführen kann.[189] Im vorliegenden Fall war das beabsichtigte Opfer S zu keiner Zeit am Tatort, so dass B erkannt hat, S nicht mehr töten zu können. Der Versuch ist demnach fehlgeschlagen, so dass B nicht vom Versuch zurücktreten konnte.

Ergebnis

B hat sich durch seinen Schuss auf die Statue demnach gemäß §§ 212 Abs. 1, 22, 23 Abs. 1 StGB wegen versuchten Totschlags strafbar gemacht.

B. Strafbarkeit des B nach § 303 Abs. 1 StGB

B könnte sich durch diesen Schuss aber auch wegen Sachbeschädigung nach § 303 Abs. 1 StGB strafbar gemacht haben.

I. Tatbestand

Auch hierzu müsste er tatbestandlich gehandelt haben.

1. Objektiver Tatbestand

Fraglich ist also, ob er den objektiven Tatbestand des § 303 Abs. 1 StGB erfüllt hat.

a) Fremde Sache

Dafür müsste es sich bei der Statue um eine fremde Sache, also um einen körperlichen Gegenstand[190] handeln, der nicht im Alleineigentum des B steht und nicht herrenlos ist. Da die Statue vermutlich S, jedenfalls aber nicht B gehört, handelt es sich um eine fremde Sache.

b) Zerstören

Diese könnte B durch seinen Schuss zerstört haben. Eine Sache ist zerstört, wenn ihre Substanz völlig vernichtet oder ihre bestimmungsgemäße Brauchbarkeit vollständig aufgehoben ist.[191] Im Falle der zu kleinen Teilen zerbrochenen Statue kann von einer solchen Zerstörung ausgegangen werden.

Der objektive Tatbestand des § 303 Abs. 1 StGB ist mithin erfüllt.

2. Subjektiver Tatbestand

Fraglich ist jedoch, ob B Vorsatz bezüglich einer solchen Sachbeschädigung hatte. Dabei stellt sich das Problem, dass B gar keine Sache zerstören, sondern einen Menschen töten wollte. Wiederum liegt also eine Verwechslung, ein error in persona vel objecto, vor. Im Unterschied zum ersten Tatkomplex sind die beiden verwechselten Tatobjekte allerdings nicht gleichwertig. Er wollte einen Menschen töten, zerstörte aber eine Sache. Der Vorsatz bezüglich solcher ungleichwertiger Tatobjekte kann nun aber nicht gleichbehandelt werden. B hatte eben gerade keinen Sachbeschädigungsvorsatz. Bei ungleichwertigen Tatobjekten ist der error in persona vel objecto also beachtlich, das heißt, der Vorsatz kann nicht von einem Tatobjekt auf das andere übertragen werden.[192] Im Ergebnis ist somit der subjektive Tatbestand nicht gegeben.

Ergebnis

B hat sich durch seinen Schuss auf die Statue also nicht wegen Sachbeschädigung nach § 303 Abs. 1 StGB strafbar gemacht.

> Klausurhinweis: Dasselbe würde gelten, wenn B eine Sache zerstören möchte, aber aufgrund einer Verwechslung einen Menschen tötet. Tötungsvorsatz könnte nicht angenommen werden. Zu bestrafen wäre B wegen einer versuchten Sachbeschädigung sowie wegen fahrlässiger Tötung. Eine fahrlässige Sachbeschädigung kommt im vorliegenden Sachverhalt nur deshalb nicht in Betracht, weil eine solche vom Gesetzgeber nicht unter Strafe gestellt wurde (vgl. § 15 StGB).

Tatkomplex 3: „Schuhe binden"

A. Strafbarkeit des B nach § 212 Abs. 1 StGB an P

Mit seinem letzten Schuss könnte sich B wegen Totschlags nach § 212 Abs. 1 StGB gegenüber P strafbar gemacht haben.

I. Tatbestand

Wiederum müsste er tatbestandsmäßig gehandelt haben.

1. Objektiver Tatbestand

Es bestehen keinerlei Zweifel daran, dass er den objektiven Tatbestand des Totschlags erfüllt hat. Durch seinen Schuss hat er kausal und objektiv zurechenbar P getötet.

2. Subjektiver Tatbestand

Erneut stellt sich aber das Problem, dass B den P gar nicht töten wollte. Wie bereits zuvor wollte er S umbringen. Diesen traf er jedoch nicht. Bezüglich P hatte er nicht einmal bedingten Tötungsvorsatz, da er die Möglichkeit, jemand anderes treffen zu können, überhaupt nicht erkannt hat. Vergleicht man dies mit dem vorangegangenen error in persona, würde man aufgrund der Gleichwertigkeit der Tatobjekte zu dem Ergebnis kommen, dass sich das Danebenschießen rechtlich nicht auswirkt und B Tötungsvorsatz hatte. Im Unterschied dazu liegt hier aber gar keine Verwechslung vor. Zwar hat B genau auf die Person gezielt, die er auch töten wollte, sein Schuss traf aber ein anderes als das anvisierte Objekt. Es ist vorliegend also kein error in persona, sondern eine aberratio ictus anzunehmen. Die h.M. sieht dieses Fehlgehen als stets beachtlich an.[193] Dafür spricht, dass der Täter seinen Vorsatz durch das Anvisieren des (richtigen) Opfers konkretisiert hat. Dieser konkretisierte Vorsatz kann nun nicht mehr auf ein anderes Opfer, hier also den versehentlich getroffenen P, übertragen werden. Somit ist der Tötungsvorsatz hinsichtlich P abzulehnen. Der subjektive Tatbestand ist nicht gegeben.

> Klausurhinweis: Beim error in persona mit gleichwertigen Tatobjekten konkretisiert sich der Vorsatz auf das anvisierte Tatobjekt, das auch getroffen wird. Der Täter irrt sich lediglich über die Identität seines Ziels, was sich als unbeachtlich darstellt. Bei der aberratio ictus konkretisiert sich der Vorsatz ebenfalls auf das anvisierte Tatobjekt, dieses wird aber nicht getroffen, so dass sich der Vorsatz nicht auf das versehentlich getroffene Ziel übertragen lässt.

Ergebnis

B hat sich somit nicht wegen Totschlags nach § 212 Abs. 1 StGB strafbar gemacht, indem er P mit seinem Schuss tödlich getroffen hat.

B. Strafbarkeit des B nach §§ 212 Abs. 1, 22, 23 Abs. 1 StGB an S

Er könnte sich durch diesen Schuss allerdings wegen eines versuchten Totschlags nach §§ 212 Abs. 1, 22, 23 Abs. 1 StGB an S strafbar gemacht haben.

I. Vorprüfung

1. Keine Vollendung

Da auch dieses Mal S nicht getötet wurde, ist keine Tatvollendung gegeben.

2. Strafbarkeit des Versuchs

Dass der Versuch des Totschlags strafbar ist, wurde bereits begründet.

II. Tatbestand

1. Tatentschluss

Dass B den S töten wollte und nur versehentlich P traf, weil sich S im entscheidenden Moment bückte, wurde ebenfalls schon erläutert. B hatte also den für den Tatentschluss erforderlichen Tötungsvorsatz.

2. Unmittelbares Ansetzen

Wiederum hat B durch die Abgabe des Schusses auf S auch unmittelbar zur Tat angesetzt.

III. und IV. Rechtswidrigkeit und Schuld

Weiterhin sind keine Rechtfertigungs- oder Entschuldigungsgründe vorliegend relevant.

V. Rücktritt, § 24 Abs. 1 S. 1 StGB

Wie bereits im 2. Tatkomplex, so konnte B auch in diesem Moment den geflüchteten S nicht mehr tödlich treffen, was er auch erkannte. Ein strafbefreiender Rücktritt vom Versuch kommt also auch hier nicht in Betracht.

Ergebnis

B hat sich durch den Schuss auf S folglich wegen eines versuchten Totschlags nach §§ 212 Abs. 1, 22, 23 Abs. 1 StGB strafbar gemacht.

C. Strafbarkeit des B nach § 222 StGB an P

Schließlich könnte sich B durch die Abgabe des Schusses auch wegen einer fahrlässigen Tötung nach § 222 StGB strafbar gemacht haben.

I. Tatbestand

Dafür müsste er zunächst den Tatbestand des § 222 StGB erfüllt haben.

1. Handlung

Der Schuss stellt ein willensgesteuertes Verhalten des B, also eine Handlung, dar.

2. Taterfolg

Im Gegensatz zu S ist P tot, so dass auch der Taterfolg, der Tod eines Menschen, gegeben ist.

3. Kausalität

Ohne den letzten Schuss von B wäre es auch nicht zum Tod des P gekommen, weshalb auch die Kausalität zwischen Handlung und Erfolg bejaht werden kann.

4. Objektive Sorgfaltspflichtverletzung

Ferner müsste es seitens des B aber auch zu einer objektiven Sorgfaltspflichtverletzung gekommen sein. Entscheidend hierfür ist, ob der Täter die Sorgfalt angewandt hat, die von einem besonnenen und gewissenhaften Menschen in der konkreten Lage und der sozialen Rolle des Handelnden zu erwarten ist.[194] Einen lebensgefährlichen Schuss auf einen Menschen abzugeben, stellt ohne Zweifel eine Verletzung der Sorgfaltspflicht dar.

5. Objektive Vorhersehbarkeit

Es stellt sich weiterhin die Frage, ob der Taterfolg für den Täter vorhersehbar war. Dies ist dann der Fall, wenn der Taterfolg und der wesentliche Kausalverlauf nicht so sehr außer aller Lebenserfahrung liegen, dass damit nicht gerechnet werden konnte.[195] Gibt man auf offener Straße einen Schuss auf einen Menschen ab, so liegt es keinesfalls außer aller Lebenserfahrung, dass man die anvisierte Person nicht trifft und stattdessen der Schuss eine andere anwesende Person trifft. Der Taterfolg war vorliegend also objektiv vorhersehbar.

6. Objektive Zurechnung

Durch seinen auf P abgegebenen Schuss hat B schließlich auch ein rechtlich missbilligtes Risiko geschaffen, das sich im Todeserfolg realisiert hat.

II. Rechtswidrigkeit

Rechtfertigungsgründe sind nicht ersichtlich, so dass B auch rechtswidrig handelte.

III. Schuld

1. Keine Entschuldigungsgründe

Entschuldigungsgründe sind vorliegend nicht einschlägig.

2. Fahrlässigkeitsschuld

a) Subjektive Sorgfaltspflichtverletzung

Zu prüfen ist ferner, ob das Handeln des B eine subjektive Sorgfaltspflichtverletzung darstellt. Dies ist dann der Fall, wenn der Täter nach seinen Fähigkeiten in der Lage gewesen wäre, die objektiv gebotene Sorgfalt einzuhalten.[196] Selbstverständlich hätte es B auch unterlassen können, den Schuss auf S abzugeben, so dass eine subjektive Sorgfaltspflichtverletzung gegeben ist.

b) Subjektive Vorhersehbarkeit

Im Rahmen der subjektiven Vorhersehbarkeit ist festzustellen, ob der Täter nach seinen individuellen Befähigungen das Erfolgsrisiko hätte vorhersehen können.[197] Dem Sachverhalt können keinerlei Informationen entnommen werden, dass B nach seinen eigenen Fähigkeiten zu dieser Vorhersehbarkeit nicht in der Lage gewesen wäre.

Folglich ist auch die Fahrlässigkeitsschuld gegeben. B handelte schuldhaft.

Ergebnis

Durch den Schuss, mit dem er P tödlich getroffen hat, machte sich B also strafbar wegen einer fahrlässigen Tötung gemäß § 222 StGB.

Fall 15

Sachverhalt

Student Stefan (S) erwirbt einen nagelneuen E-Scooter, um schneller zwischen dem Bahnhof und seiner Hochschule pendeln zu können. Eines Tages hat die Bahn mal wieder Verspätung, S will aber unbedingt pünktlich an der Hochschule ankommen, da eine wichtige Klausur geschrieben wird. In einem auf der Strecke gelegenen kleinen Park rast er daher mit deutlich unangemessener Geschwindigkeit zwischen den Bäumen hindurch. Als er hinter einem Baum wieder hervorkommt, sieht er noch, dass sich unmittelbar vor ihm auf dem Weg eine ältere Dame (D) mit ihrem Rollator befindet, er kann allerdings nicht mehr bremsen und trifft D frontal. Diese stürzt mit voller Wucht zu Boden und schlägt sich den Kopf auf. S hatte es zwar sehr eilig, dass es zu einem solchen Unfall kommen könnte, hatte er indes überhaupt nicht bedacht. Er war sich vielmehr sicher, dass zu dieser Morgenstunde schon niemand anderes in dem Park unterwegs sein würde.

S bleibt vor der auf dem Boden liegenden, stark blutenden D stehen. Er schaut sich um und stellt fest, dass keine andere Person in der Nähe ist. Zugleich erkennt er mit seiner Erfahrung als Sanitäter im Rahmen seines Bundesfreiwilligendienstes, dass D ohne fremde Hilfe in wenigen Minuten verbluten werde. Er weiß aber auch, dass er ihr Leben retten könnte, indem er entweder selbst Erste-Hilfe-Maßnahmen ergreift oder zumindest einen Krankenwagen ruft. Zum einen weil er noch rechtzeitig zur Prüfung an der Hochschule erscheinen will, zum anderen weil er Angst vor den Konsequenzen für sich selbst hat, unternimmt er jedoch gar nichts, um D zu helfen, sondern fährt schnell weiter.

Wenige Minuten später durchquert der Auszubildende Aurelian (A) den Park und sieht D immer noch blutend, aber noch lebend auf dem Weg liegen. Auch er erkennt, dass es zwar dringend erforderlich und auch noch möglich wäre, D zu helfen. Ebenfalls hat er es jedoch zu eilig, um rettende Maßnahmen entweder selbst zu ergreifen oder wenigstens Hilfe zu rufen. Stattdessen geht er weiter, als habe er nichts bemerkt. Ein paar Minuten später erliegt D ihren Verletzungen. Hätten S oder auch A ihr jedoch geholfen bzw. mithilfe der von beiden mitgeführten Handys Hilfe geholt, so wäre D nicht gestorben.

Aufgabe

Prüfen Sie gutachterlich die Strafbarkeit von S und A nach dem Strafgesetzbuch. Straßenverkehrsdelikte sowie §§ 211 und 221 StGB sind nicht zu berücksichtigen.

Etwaig erforderliche Strafanträge sind gestellt.

Lösungsskizze

Tatkomplex 1: Anfahren

A. Strafbarkeit des S nach § 229 StGB?

I. Tatbestand

1. Handlung (+)

2. Taterfolg: Körperverletzung (+)

3. Kausalität (+)

4. Objektive Sorgfaltspflichtverletzung (+)

5. Objektive Vorhersehbarkeit (+)

6. Objektive Zurechnung (+)

II. Rechtswidrigkeit (+)

III. Schuld

1. Keine Entschuldigungsgründe (+)

2. Fahrlässigkeitsschuld

a) Subjektive Sorgfaltspflichtverletzung (+)
b) Subjektive Vorhersehbarkeit (+)

Ergebnis: Strafbarkeit nach § 229 StGB (+)

Tatkomplex 2: Liegenlassen

A. Strafbarkeit des S nach §§ 212 Abs. 1, 13 StGB?

I. Tatbestand

1. Objektiver Tatbestand

a) Erfolg: Tod (+)
b) Unterlassen: Nichtvornahme der gebotenen Handlung trotz Möglichkeit (+)

c) Hypothetische Kausalität und objektive Zurechnung (+)
d) Garantenstellung (+)
e) Entsprechungsklausel (+)

2. Subjektiver Tatbestand: Vorsatz (+)

II. Rechtswidrigkeit (+)

III. Schuld

1. Keine Entschuldigungsgründe (+)

2. Zumutbarkeit (+)

Ergebnis: Strafbarkeit nach §§ 212 Abs. 1, 13 StGB (+)

B. Strafbarkeit des A nach § 323c Abs. 1 StGB?

I. Tatbestand

1. Objektiver Tatbestand
a) Unglücksfall (+)
b) Unterlassen: Nichtvornahme der erforderlichen, möglichen und zumutbaren Hilfeleistung (+)

2. Subjektiver Tatbestand: Vorsatz (+)

II. Rechtswidrigkeit (+)

III. Schuld (+)

Ergebnis: Strafbarkeit nach § 323c Abs. 1 StGB (+)

Ausformulierte Lösung

Tatkomplex 1: Anfahren

A. Strafbarkeit des S nach § 229 StGB

S könnte sich wegen fahrlässiger Körperverletzung nach § 229 StGB strafbar gemacht haben, indem er D anfuhr.

> Klausurhinweis: Da im Sachverhalt eindeutig Vorsatz, auch Eventualvorsatz, zum Zeitpunkt des Anfahrens ausgeschlossen wird (Erfolgseintritt überhaupt nicht bedacht), erscheint es sachgerecht, direkt eine Fahrlässigkeitsstrafbarkeit zu prüfen und nicht zuvor eine vorsätzliche Körperverletzung.

I. Tatbestand

Hierfür müsste er zunächst tatbestandlich gehandelt haben.

1. Handlung

Er müsste zunächst willensgesteuert[198] gehandelt haben, was mit der Fahrt mit dem E-Scooter gegeben ist.

2. Taterfolg: Körperverletzung

Weiterhin müsste es als Erfolg zu einer Körperverletzung gekommen sein. Darunter versteht man eine körperliche Misshandlung oder eine Gesundheitsschädigung. Körperliche Misshandlung ist die üble, unangemessene Behandlung, die das körperliche Wohlbefinden oder die körperliche Unversehrtheit des Opfers nicht ganz unerheblich beeinträchtigt.[199] Gesundheitsschädigung wiederum ist das Hervorrufen oder Steigern eines pathologischen Zustandes.[200] Die gestürzte und stark blutende D wurde in ihrem körperlichen Wohlbefinden erheblich beeinträchtigt und ein pathologischer Zustand wurde hervorgerufen, so dass sowohl die körperliche Misshandlung als auch die Gesundheitsschädigung angenommen werden können.

3. Kausalität

Diese Körperverletzung müsste nunmehr kausal auf der Handlung des S beruhen. Kausalität nach der Äquivalenztheorie liegt dann vor, wenn die Handlung nicht hinweggedacht werden kann, ohne dass der Erfolg in seiner konkreten Gestalt entfiele.[201] Würde man die Fahrt von S mit dem E-Scooter hinwegdenken, so wäre es nicht zur Verletzung von D gekommen, weshalb die Kausalität gegeben ist.

4. Objektive Sorgfaltspflichtverletzung

S müsste die objektive Sorgfaltspflicht verletzt haben, das heißt, er dürfte nicht die Sorgfalt angewandt haben, die von einem besonnenen und gewissenhaften Menschen in der konkreten Lage und der sozialen Rolle des Handelnden zu erwarten ist.[202] Vorliegend fährt S mit seinem neuen E-Scooter mit einer unangemessen hohen Geschwindigkeit durch einen Park. Ohne zu sehen, wer oder was sich dahinter befindet, rast er hinter einem Baum hervor auf den Weg. Die erforderliche Sorgfalt zu beachten, hieße, die Geschwindigkeit den Verhältnissen anzupassen und auf eine Weise zu fahren, die es erlaubt, rechtzeitig abzubremsen, wenn es nötig ist. Durch seine Fahrt hat S also diese Sorgfalt nicht beachtet und es ist damit zu einer objektiven Sorgfaltspflichtverletzung gekommen.

5. Objektive Vorhersehbarkeit

Der Taterfolg müsste für den Täter objektiv vorhersehbar gewesen sein. Dies ist dann der Fall, wenn der Taterfolg und der Kausalverlauf nicht so sehr außer aller Lebenserfahrung liegen, dass damit nicht gerechnet werden konnte.[203] Auch wenn S mit einem Unfall nicht gerechnet hatte, ist es doch für ihn objektiv vorhersehbar gewesen, dass es zu einem Zusammenstoß mit einem Passanten kommen konnte, wenn er derart den Park durchquerte, dass er nicht sehen konnte, wer sich vor ihm auf dem Weg befindet. Dagegen spricht auch nicht, dass er glaubte, zu der frühen Stunde allein im Park zu sein. Auch wenn dies seiner Erfahrung entsprechen sollte, ist es keinesfalls ausgeschlossen, dass ausgerechnet an diesem Tag andere Menschen im Park anwesend sein können. Für S war der Verletzungserfolg somit objektiv vorhersehbar.

6. Objektive Zurechnung

Durch seine Fahrt mit hoher Geschwindigkeit durch den Park hat S schließlich auch ein rechtlich missbilligtes Risiko geschaffen, das sich im Verletzungserfolg realisiert hat.[204]

II. Rechtswidrigkeit

Rechtfertigungsgründe sind nicht ersichtlich, so dass S rechtswidrig handelte.

III. Schuld

1. Keine Entschuldigungsgründe

Auch Entschuldigungsgründe sind vorliegend nicht relevant.

2. Fahrlässigkeitsschuld

a) Subjektive Sorgfaltspflichtverletzung

Zu prüfen ist ferner, ob das Handeln des S eine subjektive Sorgfaltspflichtverletzung darstellt. Dies ist dann der Fall, wenn der Täter nach seinen Fähigkeiten in der Lage gewesen wäre, die objektiv gebotene Sorgfalt einzuhalten.[205] S hätte durch eine angemessene und sichere Fahrweise die objektiv gebotene Sorgfalt einhalten können. Demnach liegt auch eine subjektive Sorgfaltspflichtverletzung vor.

b) Subjektive Vorhersehbarkeit

Im Rahmen der subjektiven Vorhersehbarkeit ist festzustellen, ob der Täter nach seinen individuellen Befähigungen das Erfolgsrisiko hätte vorhersehen können.[206] Dem Sachverhalt können keinerlei Informationen entnommen werden, dass S nach seinen eigenen Fähigkeiten zu dieser Vorhersehbarkeit nicht in der Lage gewesen wäre.

Ergebnis

Durch das Anfahren der D hat sich S somit wegen fahrlässiger Körperverletzung nach § 229 StGB strafbar gemacht.

Tatkomplex 2: Liegenlassen

A. Strafbarkeit des S nach §§ 212 Abs. 1, 13 StGB

Dadurch dass S anschließend D im Park hat liegen lassen, könnte er sich aber auch wegen Totschlags durch Unterlassen nach §§ 212 Abs. 1, 13 StGB strafbar gemacht haben.

> Klausurhinweis: Zu dem Zeitpunkt, als S die D vor sich hat liegen lassen, hat er keine Handlung mehr vollzogen. Eine Strafbarkeit kommt daher nur durch Unterlassen in Betracht. Beim Anfahren wiederum lag noch kein Tötungsvorsatz bei S vor. Durchaus nahe liegt zwar die Annahme einer fahrlässigen Tötung gemäß § 222 StGB durch das Anfahren. Eine Prüfung erscheint jedoch obsolet, da die fahrlässige Tötung jedenfalls subsidiär hinter die spätere vorsätzliche Tötung durch Unterlassen zurücktreten würde.[207] Andererseits könnte man eine fahrlässige Tötung aber auch gänzlich verneinen, wenn man durch das spätere vorsätzliche Verhalten des S (Liegen- und Sterbenlassen) einen Zurechnungszusammenhang zwischen Anfahren und Todeserfolg als nicht gegeben ansieht.[208]

I. Tatbestand

1. Objektiver Tatbestand

S müsste zunächst den objektiven Tatbestand erfüllt haben.

a) Erfolg: Tod

D erliegt letztlich ihren Verletzungen, so dass der Todeserfolg gegeben ist.

b) Unterlassen: Nichtvornahme der gebotenen Handlung trotz Möglichkeit

In der vorliegenden Situation hätte S der D helfen oder zumindest Hilfe von außen herbeirufen müssen. Genau dies hat er jedoch unterlassen, obwohl er die Möglichkeit dazu gehabt hätte. Aufgrund seiner Erfahrungen als Sanitäter hätte er sogar selbst eingreifen können. Zumindest aber wäre es ihm möglich gewesen, ärztliche Hilfe zu rufen.

c) Hypothetische Kausalität und objektive Zurechnung

Auch beim Unterlassungsdelikt muss die Kausalität, genauer die hypothetische Kausalität gegeben sein, das heißt, der tatbestandliche Erfolg muss kausal auf dem Unterlassen beruhen. Nach der umgekehrten Äquivalenzformel ist ein Unterlassen dann kausal für den Erfolg, wenn die gebotene Handlung nicht hinzugedacht werden kann, ohne dass der Erfolg mit an Sicherheit grenzender Wahrscheinlichkeit entfiele.[209] Laut Sachverhalt wäre D nicht gestorben, hätte S ihr geholfen oder Hilfe geholt. Die hypothetische Kausalität ist somit zu bejahen.

Zweifel an der objektiven Zurechenbarkeit könnten sich vorliegend daraus ergeben, dass auch der später erscheinende A die D hätte retten können. Fraglich könnte deshalb sein, ob sich S den Tod von D, den auch A nicht verhinderte, zurechnen lassen muss. Eine solche Zurechnung würde dann ausscheiden, wenn sich das von S geschaffene Risiko nicht im Taterfolg realisiert hätte. Entscheidend hierfür ist, ob das Unterlassen einer Hilfe durch weitere hinzukommende Personen noch erwartbar war oder einem völlig neuen, willkürlichen Kausalverlauf entsprach. Lässt vorliegend jedoch S die stark blutende D auf dem Weg liegen, so muss er auch damit rechnen, dass weitere Personen, die vorbeikommen, sich genauso verhalten. Die objektive Zurechnung des Todes von D ist für S also nicht dadurch ausgeschlossen, dass auch A keine Hilfeleistung vornahm.

> Klausurhinweis: Dieses Problem auch nur zu erkennen, stellt natürlich eine erhebliche Schwierigkeit dar, erst recht, es sachgerecht zu diskutieren. Vorliegend zu einem anderen Ergebnis zu kommen, erscheint nur schwer vertretbar. Anders würde es sich jedoch verhalten, hätte S die D nur leicht verletzt. Würde nunmehr A hinzukommen und D, die sich aufgrund ihrer Verletzung nicht wehren kann, mutwillig töten, so müsste sich S, der kausal für den Tod verantwortlich ist, diesen Erfolg wohl nicht objektiv zurechnen lassen.

d) Garantenstellung

Der Unterlassende kann sich aber nur dann wegen Totschlags durch Unterlassen strafbar machen, wenn er gemäß § 13 StGB rechtlich dafür einzustehen hat, dass der Erfolg nicht eintritt. Voraussetzung hierfür ist, dass der Täter Garant für das Opfer ist. Eine solche Garantenstellung könnte sich vorliegend aus Ingerenz ergeben. Eine Garantenstellung aus Ingerenz wird zumindest dann angenommen, wenn der Täter die Gefahrenlage durch ein pflichtwidriges Vorverhalten geschaffen hat.[210] S hat D durch sein fahrlässiges Fahrverhalten verletzt, was ein solches pflichtwidriges Vorverhalten darstellt. Die erforderliche Garantenstellung des S für D ist deshalb gegeben.

> Klausurhinweis: Ob eine solche Garantenstellung besteht, muss gedanklich entschieden werden, bevor mit der Prüfung begonnen wird. Da bei einem unechten Unterlassungsdelikt, hier also dem Totschlag durch Unterlassen, die Garantenstellung zwingend erforderlich ist, wäre bei Fehlen einer Garantenstellung „nur" eine unterlassene Hilfeleistung nach § 323c StGB zu prüfen (s. u.).

e) Entsprechungsklausel

Gemäß § 13 StGB muss das Unterlassen des S einem Tun wertmäßig gleichgestellt sein. Daran bestehen vorliegend keine Zweifel, so dass auch die Entsprechungsklausel erfüllt ist.

Der objektive Tatbestand des Totschlags durch Unterlassen ist folglich erfüllt.

2. Subjektiver Tatbestand

S müsste beim Liegenlassen aber auch vorsätzlich gehandelt haben. Vorsatz ist das Wissen und Wollen der Tatbestandsverwirklichung.[211] S hat zumindest billigend in Kauf genommen, dass D ihren Verletzungen erliegen wird, wenn er nichts tut. Er hat auch erkannt, dass er die Möglichkeit hatte, D zu retten, hat sie aber dennoch bewusst liegen lassen. Ihm waren schließlich auch die Umstände bekannt, aus denen sich seine Garantenstellung ergibt, er wusste nämlich, dass D durch sein pflichtwidriges Vorverhalten lebensgefährlich verletzt worden war.

> Klausurhinweis: Dass S möglicherweise noch nie den Begriff der „Garantenstellung" gehört hat, geschweige denn weiß, was sich dahinter verbirgt, spielt keine Rolle. Es genügt, dass er Vorsatz bezüglich der Umstände hat, die die Garantenstellung begründen.

II. Rechtswidrigkeit

Mangels ersichtlicher Rechtfertigungsgründe handelte S auch rechtswidrig.

III. Schuld

1. Keine Entschuldigungsgründe

Entschuldigungsgründe sind ebenso wenig einschlägig.

2. Zumutbarkeit

Ein Tätigwerden müsste S auch zumutbar gewesen sein. Von einer Unzumutbarkeit würde man nur dann ausgehen können, wenn der Handlungspflicht eigene, billigenswerte Interessen entgegenstehen.[212] Weder die Tatsache, dass er aufgrund des Unfalls mit persönlichen Konsequenzen zu rechnen hatte, noch der Umstand, dass er zu spät zur Klausur kommen würde, kann aber angesichts der akuten Lebensgefahr von D dazu führen, dass ein Tätigwerden, zumindest jedoch Hilfe zu holen, unzumutbar war.

> Klausurhinweis: Man kann das unechte Unterlassungsdelikt auf unterschiedliche Weise aufbauen. Entscheidend ist letztlich vor allem, dass alle relevanten Prüfungspunkte abgearbeitet werden.

Ergebnis

Folglich hat sich S dadurch, dass er D auf dem Weg hat liegenlassen, nach § 212 Abs. 1, 13 StGB wegen Totschlags durch Unterlassen strafbar gemacht.

B. Strafbarkeit des A nach § 323c Abs. 1 StGB

A könnte sich wegen unterlassener Hilfeleistung gemäß § 323c Abs. 1 StGB strafbar gemacht haben, indem er ebenfalls keine Hilfe holte und D im Park liegen ließ.

> Klausurhinweis: Der Sachverhalt gibt überhaupt keinen Anhaltspunkt zur Annahme einer Garantenstellung bei A. Deshalb ist es offensichtlich, dass ein Totschlag durch Unterlassen für ihn ausscheidet. Es kann daher auf eine solche Prüfung verzichtet und unmittelbar § 323c StGB geprüft werden.

I. Tatbestand

1. Objektiver Tatbestand

A müsste durch sein Verhalten den objektiven Tatbestand der unterlassenen Hilfeleistung erfüllt haben.

a) Unglücksfall

Ein Unglücksfall, gemeine Gefahr oder gemeine Not wären hierfür vorauszusetzen. Da vorliegend nur D betroffen ist, kommen eine gemeine Gefahr oder Not nicht in Betracht. Unter einem Unglücksfall ist ein plötzlich eintretendes Ereignis zu verstehen, das erhebliche Gefahren für Personen oder erhebliche Sachwerte mit sich bringt.[213] Dies kann angesichts der Lebensgefahr von D angenommen werden. Ein Unglücksfall lag somit vor.

b) Unterlassen: Nichtvornahme der erforderlichen, möglichen und zumutbaren Hilfeleistung

Auch A ist D weder selbst zu Hilfe gekommen, noch hat er von außen Hilfe hinzugeholt, hat die für das Leben von D erforderliche Hilfeleistung also nicht vorgenommen. Zumindest einen Rettungsdienst zu benachrichtigen, wäre ihm aber durchaus möglich gewesen. Auch A war in Eile, was aber im Rahmen einer Güter- und Interessenabwägung nicht dazu führen kann, ein Tätigwerden als unzumutbar anzusehen. A hat somit die erforderliche, mögliche und zumutbare Hilfeleistung nicht vorgenommen.

2. Subjektiver Tatbestand

A müsste ferner vorsätzlich gehandelt haben. Er hat erkannt, dass es sich vorliegend um einen Unglücksfall handelte und wusste auch, dass Hilfe erforderlich und ihm möglich und zumutbar war. Der Vorsatz ist folglich gegeben.

II. und III. Rechtswidrigkeit und Schuld

Rechtfertigungs- und Entschuldigungsgründe sind nicht ersichtlich. Auch A handelte also rechtswidrig und schuldhaft.

Ergebnis

A hat sich somit wegen unterlassener Hilfeleistung nach § 323c Abs. 1 StGB strafbar gemacht, als er D im Park hat liegenlassen.

> Klausurhinweis: Natürlich würde auch eine Prüfung des S bezüglich § 323c Abs. 1 StGB zur Strafbarkeit führen. Diese Strafbarkeit tritt aber subsidiär zurück, wenn der Täter als Garant wegen des unechten Unterlassungsdelikts, hier Totschlag durch Unterlassen, strafbar ist, und braucht deshalb gar nicht oder höchstens in aller Kürze angesprochen zu werden.

Fall 16

Sachverhalt[214]

Anton (A) ist des Lebens überdrüssig, weil seine Frau ihn verlassen hat. Er beschließt daher, Selbstmord zu begehen. Hierzu fährt er mitten in der Nacht mit seinem Pkw zur nächsten Autobahn, schaltet die Scheinwerfer aus und fährt in Gegenrichtung auf die zweispurige Autobahn auf. A beschleunigt sodann sein Fahrzeug. Er erkennt, dass sich in ca. 500m Entfernung ein Auto auf der ordnungsgemäßen rechten Fahrspur in seine Richtung nähert, wechselt auf diese Fahrspur und gibt Vollgas. Dabei handelt er in der Absicht, frontal einen Unfall zu verursachen, um sich selbst zu töten, nimmt aber auch billigend in Kauf, dass durch einen Zusammenstoß mit dem entgegenkommenden Pkw andere Verkehrsteilnehmer getötet werden. Ihm ist bewusst, dass die Insassen des entgegenkommenden Fahrzeugs nicht damit rechnen, dass ihnen ein unbeleuchtetes Fahrzeug auf ihrer Spur entgegenkommt, sodass der Führer des Fahrzeugs keine Möglichkeit haben wird, einen Unfall zu vermeiden. Als eine Kollision der Fahrzeuge auf der rechten Fahrspur für A und den Führer des entgegenkommenden Fahrzeugs objektiv durch eine Bremsung nicht mehr zu vermeiden ist, besinnt sich A plötzlich und unerwartet der Freuden des Lebens und gibt seine Suizidabsicht auf. Er schaltet das Licht an seinem Fahrzeug ein, um den Führer des entgegenkommenden Fahrzeugs auf sich aufmerksam zu machen. Dieser reißt das Lenkrad herum und versucht nach links auszuweichen, was ihm jedoch nicht mehr gelingt. Die Fahrzeuge stoßen überlappend mit dem jeweils rechten Frontbereich zusammen. In dem Fahrzeug, mit dem der von A geführte Pkw kollidiert, befinden sich zwei Personen, Fahrer Friedrich (F) und Beifahrer Berthold (B). B stirbt an den tödlichen Verletzungen des Unfalls. F erleidet eine schmerzhafte Fraktur des Beines. Bei einem Frontalzusammenstoß wären mit an Sicherheit grenzender Wahrscheinlichkeit alle Unfallbeteiligten verstorben. Der mit seinem Sprinter hinter dem Pkw des F und B fahrende Siggi (S) schafft es nur durch eine Vollbremsung, nicht in die Unfallstelle zu rasen.

Aufgabe:

Prüfen Sie gutachterlich die Strafbarkeit von A. § 240 StGB und Straßenverkehrsdelikte sind nicht zu prüfen.

Lösungsskizze

A. Strafbarkeit des A nach §§ 212 Abs. 1, 211 Abs. 2 StGB zum Nachteil des B?

I. Tatbestand

1. Objektiver Tatbestand

§ 212 Abs. 1 StGB
a) Tod eines Menschen (+)
b) Kausalität (+)
c) Objektive Zurechnung (+)

§ 211 Abs. 2 StGB
a) Heimtücke (+)
b) Gemeingefährliches Mittel (+)

2. Subjektiver Tatbestand
a) Vorsatz
  aa) *Tod eines Menschen (+)*
  bb) *Heimtücke (+)*
  cc) *Gemeingefährliches Mittel (+)*
b) Sonst niedrige Beweggründe (+)

II. Rechtswidrigkeit (+)

III. Schuld (+)

Ergebnis: Strafbarkeit des A nach §§ 212 Abs. 1, 211 Abs. 2 StGB zum Nachteil des B (+)

B. Strafbarkeit des A nach §§ 212 Abs. 1, 211 Abs. 2, 22, 23 Abs. 1 StGB zum Nachteil des F?

I. Vorprüfung

1. Keine Vollendung (+)

2. Strafbarkeit des Versuchs (+)

II. Tatbestand

1. Tatentschluss

a) Vorsatz bezüglich des Todes sowie der Heimtücke und des gemeingefährlichen Mittels (+)
b) Sonst niedrige Beweggründe (+)

2. Unmittelbares Ansetzen (+)

III. Rechtswidrigkeit (+)

IV. Schuld (+)

V. Rücktritt, § 24 Abs. 1 S. 1 StGB

1. Kein fehlgeschlagener Versuch (+)

2. Beendeter Versuch (+)

3. Vollendungsverhinderung (+)

4. Freiwilligkeit (+)

Ergebnis: Strafbarkeit des A nach §§ 212 Abs. 1, 211 Abs. 2, 22, 23 Abs. 1 StGB zum Nachteil des F (–)

C. Strafbarkeit des A nach §§ 223 Abs. 1, 224 Abs. 1 Nr. 2, 3, 5 StGB zum Nachteil des F?

I. Tatbestand

1. Objektiver Tatbestand

§ 223 Abs. 1 StGB

a) Erfolg
  aa) *Körperliche Misshandlung (+)*
  bb) *Gesundheitsschädigung (+)*
b) Kausalität (+)
c) Objektive Zurechnung (+)

§ 224 Abs. 1 Nr. 2, 3, 5 StGB

a) Gefährliches Werkzeug, § 224 Abs. 1 Nr. 2 StGB (+)
b) Hinterlistiger Überfall, § 224 Abs. 1 Nr. 3 StGB (+)
c) Lebensgefährdende Behandlung, § 224 Abs. 1 Nr. 5 StGB (+)

2. Subjektiver Tatbestand: Vorsatz (+)

II. Rechtswidrigkeit (+)

III. Schuld (+)

Ergebnis: Strafbarkeit des A nach §§ 223 Abs. 1, 224 Abs. 1 Nr. 2, 3, 5 StGB zum Nachteil des F (+)

Ausformulierte Lösung

A. Strafbarkeit des A nach §§ 212 Abs. 1, 211 Abs. 2 StGB zum Nachteil des B

A könnte sich des Mordes nach §§ 212 Abs. 1, 211 Abs. 2 StGB zum Nachteil des B strafbar gemacht haben, indem er mit seinem Pkw einen Zusammenstoß verursachte.

> Klausurhinweis: Das Verhältnis von § 212 StGB und § 211 StGB ist zwischen der h. L. und der Rechtsprechung umstritten. Während die Literatur § 212 StGB als Grundtatbestand und § 211 StGB als Qualifikation ansieht, vertritt die Rechtsprechung die Ansicht, es handele sich um zwei eigenständige Tatbestände.[215] Praktische Relevanz haben die unterschiedlichen Ansichten nur in einem äußerst seltenen Bereich, nämlich bei einer möglichen Durchbrechung der Akzessorietät nach § 28 StGB, die aber im polizeilichen Studium in der Regel kein Prüfungsgegenstand einer Klausur sein dürfte. Der vorliegende Aufbau orientiert sich aus Praktikabilitätsgründen an der h. L. Selbstverständlich kann mit der Rechtsprechung aber auch ein anderer Aufbau gewählt werden. Die Art des Aufbaus und wie das Verhältnis zwischen § 212 StGB und § 211 StGB einzustufen ist, muss hingegen in der Klausur nicht diskutiert und erläutert werden.

I. Tatbestand

1. Objektiver Tatbestand

Der objektive Tatbestand müsste erfüllt sein.

§ 212 Abs. 1 StGB

a) Tod eines Menschen

B ist verstorben. Der Erfolg in Form des Todes eines Menschen ist eingetreten.

b) Kausalität

Der Erfolg müsste kausal auf der Handlung des A beruhen. Eine Handlung ist kausal für den Erfolg, wenn sie nicht hinweggedacht werden kann, ohne dass der Erfolg in seiner konkreten Gestalt entfiele.[216] Wäre A nicht als Geisterfahrer in den Gegenverkehr gefahren, so wäre B nicht gestorben. Also war die Handlung des A kausal für den Todeserfolg.

c) Objektive Zurechnung

Schließlich müsste sich A den Taterfolg objektiv zurechnen lassen. Dies ist dann der Fall, wenn er ein rechtlich missbilligtes Risiko geschaffen hat, das sich im tatbestandsmäßigen Erfolg niedergeschlagen hat.[217] A hat durch seine Fahrt in den Gegenverkehr ein rechtlich missbilligtes Risiko geschaffen, das sich auch im tatbestandsmäßigen Erfolg, dem Tod des B, niedergeschlagen hat. Folglich ist der Erfolg A auch objektiv zurechenbar.

§ 211 Abs. 2 StGB

a) Heimtücke

Fraglich ist, ob B das objektive Mordmerkmal der Heimtücke verwirklicht hat. Dies setzt das Ausnutzen der Arglosigkeit und Wehrlosigkeit des Opfers in feindlicher Willensrichtung voraus.[218]

Arglos ist, wer sich bei Beginn der ersten mit Tötungsvorsatz geführten Angriffshandlung keines tätlichen, erheblichen Angriffs versieht.[219] B hat als Beifahrer nicht erwartet, dass ihnen frontal ein anderes Auto entgegenkommt. Fraglich ist jedoch, ob die Arglosigkeit dadurch ausgeschlossen wird, weil A kurz vor der Kollision das Licht einschaltete und B somit erkannte, dass ein Angriff auf seine körperliche Unversehrtheit und sein Leben durch A drohte. Indes ist zur Beurteilung der Arglosigkeit des Opfers auf den Beginn des ersten mit Tötungsvorsatz geführten Angriffs abzustellen. A hatte zur Ausführung seines mit bedingtem Tötungsvorsatz geführten Angriffs bereits mit dem gezielten Zufahren mit seinem unbeleuchteten

Pkw auf das entgegenkommende Fahrzeug von F und B unmittelbar angesetzt. Die zu diesem Zeitpunkt gegebene Arglosigkeit des B bestand auch nach dem Erkennen der Gefahrensituation durch das Einschalten des Lichts fort, denn die danach bis zur Kollision verbliebene Zeitspanne ließ keine Möglichkeit, dem Angriff auszuweichen. Demnach war B arglos.[220]

Wehrlos ist, wer infolge seiner Arglosigkeit in seiner natürlichen Abwehrfähigkeit erheblich eingeschränkt ist.[221] Da sich B keines Angriffs versah, war er infolge dessen auch in seiner Abwehrbereitschaft eingeschränkt und damit wehrlos.

A hat diese Arg- und Wehrlosigkeit auch in feindseliger Willensrichtung ausgenutzt, um seinen Tatplan verwirklichen zu können.

Demnach handelte A heimtückisch.

b) Gemeingefährliches Mittel

Zudem könnte auch das objektive Mordmerkmal eines gemeingefährlichen Mittels erfüllt sein. Ein gemeingefährliches Mittel liegt vor, wenn der Täter ein Mittel zur Tötung einsetzt, das in der konkreten Tatsituation eine Mehrzahl von Menschen an Leib und Leben gefährden kann, weil er die Ausdehnung der Gefahr nicht in seiner Gewalt hat.[222] Mit seinem Pkw hat A ein Tatmittel eingesetzt, das er im Einzelfall bei einer Kollision nicht sicher beherrschen konnte. Dies brachte sowohl eine Gefahr für den Pkw mit den Insassen B und F, aber auch für die Insassen weiterer entgegenkommender Kraftfahrzeuge mit sich. Der hinter dem Pkw des F und B fahrende Sprinter des Siggi (S) schaffte es beispielsweise nur durch eine Vollbremsung, nicht in die Unfallstelle zu rasen. Welche und wie viele Personen durch das von A in den Gegenverkehr gelenkte Fahrzeug gefährdet, verletzt und getötet werden konnten, war für diesen nicht beherrschbar. Dieser hatte durch die für die entgegenkommenden Verkehrsteilnehmer unberechenbare Fahrt eine Gefahr für eine unbestimmte Vielzahl von Personen geschaffen. Demnach liegt auch ein gemeingefährliches Mittel vor.[223]

Der objektive Tatbestand des Grunddelikts sowie der Qualifikation ist erfüllt.

2. Subjektiver Tatbestand

A müsste auch den subjektiven Tatbestand erfüllt haben.

a) Vorsatz

Hierfür müsste er vorsätzlich gehandelt haben. Vorsatz ist das Wissen und Wollen der Tatbestandsverwirklichung.[224]

aa) Tod eines Menschen

A wusste, dass durch seine Fahrt in den Gegenverkehr bei einer Kollision Menschen sterben können und nahm dies auch billigend in Kauf. Er handelte daher vorsätzlich bezüglich des Todes des B.

bb) Heimtücke

A war sich auch bewusst, dass die Insassen des entgegenkommenden Pkw nicht mit Gegenverkehr rechneten und daher in ihrer Verteidigung eingeschränkt waren. Demnach handelte er auch vorsätzlich bezüglich des Mordmerkmals der Heimtücke.

cc) Gemeingefährliches Mittel

Auch war A bewusst, dass er es nicht in der Hand hatte, für wie viele Menschen er durch seine Handlung eine Gefahr schaffte. Demnach liegt auch Vorsatz bezüglich des gemeingefährlichen Mittels vor.

b) Sonst niedrige Beweggründe[225]

Als subjektives Mordmerkmal könnte A zudem aus sonst niedrigen Beweggründen gehandelt haben. Beweggründe sind niedrig, wenn sie sittlich auf niedrigster Stufe stehen und deshalb nach allgemeinen Wertmaßstäben als besonders verwerflich und verachtenswert anzusehen sind.[226] A wollte vorliegend Suizid begehen, da seine Frau ihn verlassen hatte. Um diesen zu verwirklichen, hat er billigend in Kauf genommen, dass bei dem Unfall auch andere Personen sterben werden. Dabei hat er seine eigenen Interessen in rücksichtsloser Weise unter Missachtung des Menschenlebens völlig unbeteiligter Personen durchgesetzt. Dabei ist auch zu berücksichtigen, dass zwischen dem Anlass für seinen beabsichtigten Suizid in Form der Trennung seiner Frau und der Tötung Unbeteiligter ein eklatantes Missverhältnis besteht. Die Tötung des B als Unbeteiligter als Folge des eigenen beabsichtigten Suizids steht daher nach einer Gesamtabwägung auf sittlich niedrigster Stufe und ist nach allgemeinen Wertmaßstäben als besonders verwerflich und verachtenswert anzusehen. Demnach handelte A vorliegend aus niedrigen Beweggründen.

> Klausurhinweis: Ein anderes Ergebnis erscheint hier bei entsprechender Begründung genauso gut vertretbar. Häufig gibt es in der Klausur nicht (nur) das eine richtige Ergebnis, es kommt vielmehr darauf an, sein Ergebnis gut zu begründen. Wichtig ist es allerdings aufbautechnisch, die subjektiven Mordmerkmale (1. und 3. Gruppe des § 211 StGB) erst im subjektiven Tatbestand anzusprechen.

II. Rechtswidrigkeit

Rechtfertigungsgründe sind nicht ersichtlich, so dass A rechtswidrig handelte.

III. Schuld

Entschuldigungsgründe sind vorliegend nicht ersichtlich. A handelte schuldhaft.

Ergebnis

A hat sich des Mordes nach §§ 212 Abs. 1, 211 Abs. 2 StGB zum Nachteil des B strafbar gemacht, indem er mit seinem Pkw einen Zusammenstoß verursachte.

B. Strafbarkeit des A nach §§ 212 Abs. 1, 211 Abs. 2, 22, 23 Abs. 1 StGB zum Nachteil des F

A könnte sich des versuchten Mordes nach §§ 212 Abs. 1, 211 Abs. 2, 22, 23 Abs. 1 StGB zum Nachteil des F strafbar gemacht haben, indem er mit seinem Pkw einen Zusammenstoß verursachte.

I. Vorprüfung

1. Keine Vollendung

F hat den Unfall überlebt. Somit ist der Tatbestand des Mordes mangels Todes eines Menschen nicht vollendet.

2. Strafbarkeit des Versuchs

Da es sich beim Mord um ein Verbrechen handelt und der Versuch eines Verbrechens gemäß § 23 Abs. 1 StGB stets strafbar ist, ist der Mordversuch strafbar.

II. Tatbestand

1. Tatentschluss

A müsste Tatentschluss gehabt haben.

a) Vorsatz bezüglich des Todes sowie der Heimtücke und des gemeingefährlichen Mittels

Dies wäre der Fall, wenn er vorsätzlich gehandelt hätte und ggf. erforderliche besondere subjektive Tatbestandsmerkmale aufweisen würde. Hinsichtlich des Vorsatzes bezüglich des Todes eines Menschen, der Heimtücke und des Vorliegens eines gemeingefährlichen Mittels ergeben sich hier bei F keine Unterschiede zum bereits bejahten Vorsatz hinsichtlich dieser Merkmale bei der Prüfung der Strafbarkeit des A zum Nachteil des B. Demnach hatte A Tatentschluss bezüglich eines heimtückischen Mordes an F mit gemeingefährlichen Mitteln.

b) Sonst niedrige Beweggründe

Aus den bereits oben angegebenen Gründen handelte A zudem auch bezüglich der billigend in Kauf genommenen Tötung des F aus niedrigen Beweggründen.

> Klausurhinweis: Sofern ein vollendeter Mord geprüft wird, sind daher die Mordmerkmale der 2. Gruppe im objektiven Tatbestand, diejenigen der 1. und 3. Gruppe nach der Vorsatzprüfung im subjektiven Tatbestand zu prüfen. Sofern jedoch ein versuchter Mord geprüft wird, sind diese alle im Tatentschluss zu erörtern.

A hatte demnach Tatentschluss.

2. Unmittelbares Ansetzen

A müsste unmittelbar zur Tatbestandsverwirklichung angesetzt haben. Dies ist dann der Fall, wenn er subjektiv die Schwelle zum „jetzt geht's los" überschritten hat und objektiv so zur tatbestandsmäßigen Ausführungshandlung angesetzt hat, dass nach seiner Vorstellung seine Handlung ohne wesentliche Zwischenschritte in den tatbestandsmäßigen Erfolg mündet.[227] A hatte zur Ausführung seines mit bedingtem Tötungsvorsatz geführten Angriffs mit dem gezielten Zufahren mit seinem unbeleuchteten PKW auf das entgegenkommende Fahrzeug die Schwelle zum „jetzt geht's los" überschritten. Zudem waren objektiv nach seiner Vorstellung keine wesentliche Zwischenschritte für den Eintritt des tatbestandsmäßigen Erfolges mehr erforderlich. A hat daher unmittelbar angesetzt.

III. Rechtswidrigkeit

Da Rechtfertigungsgründe nicht ersichtlich sind, handelte A rechtswidrig.

IV. Schuld

Mangels ersichtlicher Entschuldigungsgründe handelte A auch schuldhaft.

V. Rücktritt, § 24 Abs. 1 S. 1 StGB

A könnte jedoch strafbefreiend nach § 24 Abs. 1 S. 1 StGB zurückgetreten sein.

1. Kein fehlgeschlagener Versuch

Der Versuch dürfte nicht fehlgeschlagen sein. Ein Versuch ist dann fehlgeschlagen, wenn der Täter erkennt, dass er den tatbestandsmäßigen Erfolg mit den ihm am Tatort zur Verfügung stehenden Mitteln entweder gar nicht mehr oder jedenfalls nicht mehr ohne zeitlich relevante Zäsur herbeiführen kann.[228] Vorliegend hätte A den Erfolg ohne Probleme herbeiführen können, indem er das Licht ausgeschaltet gelassen hätte. Demnach ist der Versuch nicht fehlgeschlagen.

2. Beendeter Versuch

Fraglich ist, ob ein unbeendeter oder ein beendeter Versuch vorliegt. Ein unbeendeter Versuch liegt dann vor, wenn der Täter glaubt, noch nicht alles Erforderliche dafür getan zu haben, dass der tatbestandsmäßige Erfolg eintritt.[229] Ein beendeter Versuch liegt dagegen vor, wenn der Täter glaubt, alles Erforderliche getan zu haben, dass der tatbestandsmäßige Erfolg eintritt.[230] Vorliegend hat A für den Eintritt des Todes der Insassen des entgegenkommenden Pkw F und B nach seiner Vorstellung alles Erforderliche getan. Er hätte nur weiter mit ausgeschaltetem Licht fahren und es zu einem Frontalzusammenstoß kommen lassen müssen, bei dem mit an Sicherheit grenzender Wahrscheinlichkeit alle Unfallbeteiligten getötet worden wären. Demnach ist der Versuch beendet.

3. Vollendungsverhinderung

A müsste die Vollendung der Tat verhindert haben. Hierzu müsste er aktiv eine Kausalkette in Gang gesetzt haben, die für das Ausbleiben des Erfolges zumindest mitursächlich ist.[231] Mit dem Einschalten der Scheinwerfer ermöglichte A dem Führer des entgegenkommenden Fahrzeugs F, durch ein Ausweichen nach links zumindest einen Frontalzusammenstoß zu vermeiden, so dass die Fahrzeuge nur überlappend im Beifahrerbereich kollidierten. Dieses Verhalten des A war zumindest mitursächlich dafür, dass F keine tödlichen Verletzungen erlitten hat, da ansonsten der Unfall mit an Sicherheit grenzender Wahrscheinlichkeit auch für F tödlich geendet hätte. Demnach hat A die Vollendung verhindert.

4. Freiwilligkeit

A müsste die Tat auch freiwillig, also aus autonomen Motiven[232] aufgegeben haben. A hat die Tat vorliegend aufgegeben, weil er sich an die Freuden des Lebens erinnert und seine Suizidabsicht nicht weiterverfolgt hat. Dies stellt ein autonomes Motiv dar, so dass A die Tat freiwillig aufgegeben hat.

A ist demnach strafbefreiend nach § 24 Abs. 1 S. 1 StGB zurückgetreten.

Ergebnis

A hat sich nicht des versuchten Mordes nach §§ 212 Abs. 1, 211 Abs. 2, 22, 23 Abs. 1 StGB zum Nachteil des F strafbar gemacht, indem er mit seinem Pkw einen Zusammenstoß verursachte.

C. Strafbarkeit des A nach §§ 223 Abs. 1, 224 Abs. 1 Nr. 2, 3, 5 StGB zum Nachteil des F

A könnte sich jedoch durch dieselbe Handlung der gefährlichen Körperverletzung nach §§ 223 Abs. 1, 224 Abs. 1 Nr. 2, 3, 5 StGB zum Nachteil des F strafbar gemacht haben.

> Klausurhinweis: Sofern sich aus dem Sachverhalt ergibt, dass das Opfer eines Tötungs- oder Mordversuches auch verletzt wurde, ist zwingend im Anschluss noch eine gefährliche Körperverletzung zu prüfen und zwar unabhängig davon, ob ein Rücktritt vorliegt oder nicht.

I. Tatbestand

1. Objektiver Tatbestand

Der objektive Tatbestand müsste erfüllt sein.

§ 223 Abs. 1 StGB

a) Erfolg

aa) Körperliche Misshandlung

A müsste F im Sinne des § 223 Abs. 1 StGB körperlich misshandelt haben. Körperliche Misshandlung ist jede üble unangemessene Behandlung, durch die das körperliche Wohlbefinden oder die körperliche Unversehrtheit des Opfers nicht nur unerheblich beeinträchtigt wird.[233] F hat vorliegend eine schmerzhafte Beinfraktur erlitten. Demnach ist sowohl sein körperliches Wohlbefinden als auch seine körperliche Unversehrtheit nicht nur unerheblich beeinträchtigt. Also liegt eine körperliche Misshandlung vor.

bb) Gesundheitsschädigung

Es könnte zudem eine Gesundheitsschädigung vorliegen. Gesundheitsschädigung ist das Hervorrufen oder Steigern eines pathologischen Zustandes.[234] Die von F erlittene Beinfraktur stellen einen pathologischen Zustand dar. Demnach ist auch eine Gesundheitsschädigung gegeben.

b) Kausalität

Wäre der A nicht als Geisterfahrer in den Gegenverkehr gefahren, wäre es zu keinem Unfall gekommen und F hätte keine Fraktur erlitten. Also war die Handlung des A kausal für den Eintritt des Körperverletzungserfolgs.

c) Objektive Zurechnung

Da A durch seine Fahrt in den Gegenverkehr auch ein rechtlich missbilligtes Risiko geschaffen hat, das sich im tatbestandsmäßigen Körperverletzungserfolg bei F niedergeschlagen hat, ist der Erfolg A auch objektiv zurechenbar.

§ 224 Abs. 1 Nr. 2, 3, 5 StGB

a) Gefährliches Werkzeug, § 224 Abs. 1 Nr. 2 StGB

A könnte die Körperverletzung auch mittels eines gefährlichen Werkzeugs im Sinne des § 224 Abs. 1 Nr. 2 StGB begangen haben. Ein gefährliches Werkzeug ist ein Gegenstand, der nach seiner objektiven Beschaffenheit und nach der konkreten Art seiner Benutzung dazu geeignet ist, erhebliche Verletzungen herbeizuführen.[235] Der Pkw des A ist von seiner Beschaffenheit hart und schwer und insbesondere bei seiner vorliegenden Verwendung als „Rammbock" gegen einen anderen Pkw bei hoher Geschwindigkeit geeignet, erhebliche Verletzungen der Insassen hinzuzufügen. Demnach handelt es sich bei dem Pkw um ein gefährliches Werkzeug.

b) Hinterlistiger Überfall, § 224 Abs. 1 Nr. 3 StGB

Zudem könnte ein hinterlistiger Überfall gegeben sein. Ein Überfall ist ein plötzlicher und unerwarteter Angriff, auf den sich das Opfer nicht vorbereiten kann.[236] A hat durch sein Verhalten die Rechtsgüter Leben und körperliche Unversehrtheit von F angegriffen. Auf diesen Angriff konnte sich F nicht vorbereiten, so dass ein Überfall gegeben ist. Dieser müsste auch hinterlistig gewesen sein. Dies wäre der Fall, wenn sich die Absicht des Täters, dem Opfer die Verteidigungsmöglichkeit zu nehmen, äußerlich manifestiert. Der Täter muss also planmäßig, in einer auf Verdeckung seiner wahren Absichten ausgerichteten Weise vorgegangen sein.[237] Vorliegend hat A extra das Licht an seinem Pkw ausgeschaltet, damit ihn F als Fahrer des entgegenkommenden Pkw erst bemerken konnte, als eine Kollision nicht mehr zu vermeiden war. Dies stellt ein Verhalten dar, in dem sich nach außen zeigt, dass es A bewusst darum gegangen ist, durch sein planvolles Vorgehen dem F jegliche Verteidigungsmöglichkeiten zu nehmen. Demnach ist der Überfall des A auch hinterlistig gewesen.

c) Lebensgefährdende Behandlung, § 224 Abs. 1 Nr. 5 StGB

Fraglich ist, ob zudem eine lebensgefährdende Behandlung vorliegt. Nach h.M. ist dies bereits dann gegeben, wenn die vom Täter vorgenommene Handlung abstrakt lebensgefährlich ist.[238] Einen Frontalzusammenstoß mit einem entgegenkommenden Auto bei hoher Geschwindigkeit zu verursachen ist für die Insassen des entgegenkommenden Autos abstrakt gesehen lebensgefährlich, so dass auch eine lebensgefährdende Behandlung vorliegt.

Der objektive Tatbestand ist somit erfüllt.

2. Subjektiver Tatbestand

Um den subjektiven Tatbestand zu verwirklichen, müsste A vorsätzlich gehandelt haben. Wie bereits festgestellt, hatte A sogar den Vorsatz, F zu töten. Dies beinhaltet zwangsläufig auch den Vorsatz bezüglich einer körperlichen Misshandlung, einer Gesundheitsschädigung und einer lebensgefährdenden Behandlung. Zudem wusste A, dass es sich bei dem Auto um ein gefährliches Werkzeug handelt und er hat gerade zur Durchsetzung seines Suizidziels wissentlich und willentlich das Licht ausgeschaltet, um dem F jegliche Ausweichmöglichkeiten zu nehmen. Demnach hatte er auch Vorsatz bezüglich eines hinterlistigen Überfalls. Der subjektive Tatbestand ist erfüllt.

II. Rechtswidrigkeit

Da keine Rechtfertigungsgründe ersichtlich sind, handelte A auch rechtswidrig.

III. Schuld

Mangels Entschuldigungsgründen handelte A ebenfalls schuldhaft.

Ergebnis

A hat sich auch der gefährlichen Körperverletzung nach §§ 223 Abs. 1, 224 Abs. 1 Nr. 2, 3, 5 StGB zum Nachteil des F strafbar gemacht.

Fall 17

Sachverhalt

Erbe Erwin (E) hat in den letzten Monaten das Vermögen seiner verstorbenen Großmutter verprasst und ist nun völlig pleite. Er überlegt sich, wie er an Geld kommen könnte, als er in einem Zeitungsartikel über den berüchtigten „Enkeltrick" liest. E entschließt sich, das auch einmal zu versuchen. Er erinnert sich an eine ältere, sehr wohlhabende und allein lebende Nachbarin Nadja (N), die mit seiner Großmutter befreundet war. Aus den Erzählungen seiner Großmutter weiß E, dass N einen Urenkel Ulrich (U) hat, der sich derzeit für ein archäologisches Auslandsstudium in Afrika aufhält.

Er ruft deshalb N an, stellt sich als bester Freund von U vor, lässt scheinbar beiläufig einige von seiner Großmutter erfahrene private Informationen über U fallen, um das Vertrauen von N zu gewinnen und erklärt sodann den eigentlichen Zweck seines Anrufs. Er, E, komme nämlich gerade von einer Dienstreise aus Afrika zurück und habe dort U getroffen. Dieser halte sich derzeit in einer Wüstenregion auf ohne die Möglichkeit, telefonischen Kontakt ins Ausland aufzunehmen. U habe E gebeten, sich bei seiner Urgroßmutter zu melden und diese zu bitten, ihm Geld zu schicken, da er vor kurzem ausgeraubt worden sei und seine gesamte Reisekasse verloren habe. Für Unterkunft, Essen, seine Forschungen und die Rückkehr zum Ende des Jahres benötige er ungefähr 80.000 Euro. N ist in größter Sorge, erklärt, dass sie ihrem Urenkel natürlich dieses Geld geben möchte und fragt E, wie sie das Geld nach Afrika schicken könne. Daraufhin bietet sich E als Bote an, da er in einigen Tagen für seinen Arbeitgeber ohnehin erneut in die Region reisen müsse und dort mit U verabredet sei. N ist froh über diese Gelegenheit, holt sofort die 80.000 Euro aus einem Versteck im Schlafzimmer und übergibt sie E.

E freut sich, wie leicht er wieder zu Geld gekommen ist, nimmt sich aber vor, diesmal sparsamer zu sein und fährt mit der Straßenbahn nach Hause. Beim Umsteigen beobachtet er zwei jugendliche Mädchen. Die Größere, Greta (G), nimmt sich einen alten, offensichtlich gebrauchten Fahrschein aus einem Mülleimer und beide steigen mit E zusammen in die Bahn. Nach einigen Stationen steigt die Kleinere, Klara (K), wieder aus und flüstert ihrer Freundin, laut genug, dass es E hören kann, zu, dass sei doch mal wieder eine schöne, kostenlose Fahrt gewesen. G bleibt sitzen, wird aber erkennbar nervös, als ein Kontrolleur die Bahn betritt. Dieser fragt G nach ihrem Fahrschein und sie hält ihm den Fahrschein hin, den sie zuvor aus dem Mülleimer genommen hatte. Der Kontrolleur schaut ihn sich näher an, stellt fest, dass der Fahrschein längst abgelaufen ist und lässt sich die Personalien von G geben. Diese solle sich auf eine ordentliche Strafzahlung und eine Anzeige bei der Polizei einstellen. G und E verlassen die Bahn und jeder geht seiner Wege.

Aufgabe

Prüfen Sie gutachterlich die Strafbarkeit der Beteiligten.

Etwaig erforderliche Strafanträge sind gestellt.

Lösungsskizze

Tatkomplex 1: „Enkeltrick“

Strafbarkeit des E nach § 263 Abs. 1, Abs. 3 Nr. 2 StGB?

I. Tatbestand

1. Objektiver Tatbestand
a) Täuschung (+)
b) Irrtum (+)
c) Vermögensverfügung (+)
d) Vermögensschaden (+)

2. Subjektiver Tatbestand
a) Vorsatz (+)
b) Absicht, sich rechtswidrig und stoffgleich zu bereichern (+)

II. Rechtswidrigkeit (+)

III. Schuld (+)

IV. Strafzumessungsregel, § 263 Abs. 3 Nr. 2 StGB

1. Objektive Merkmale (+)

2. Subjektive Merkmale: Vorsatz (+)

Ergebnis: Strafbarkeit nach § 263 Abs. 1, Abs. 3 Nr. 2 StGB (+)

Tatkomplex 2: Bahnfahrt

A. Strafbarkeit von G nach §§ 263 Abs. 1, Abs. 2, 22, 23 Abs. 1 StGB?

I. Vorprüfung

1. Keine Tatvollendung (+)

2. Strafbarkeit des Versuchs (+)

II. Tatbestand

1. Tatentschluss
a) Vorsatz (+)
b) Absicht der rechtswidrigen und stoffgleichen Bereicherung (+)

2. Unmittelbares Ansetzen (+)

III. Rechtswidrigkeit (+)

IV. Schuld (+)

Ergebnis: Strafbarkeit nach §§ 263 Abs. 1, Abs. 2, 22, 23 Abs. 1 StGB (+)

B. Strafbarkeit von K nach § 263 Abs. 1 StGB?

I. Tatbestand

1. Objektiver Tatbestand
a) Täuschung (–)

Ergebnis: Strafbarkeit nach § 263 Abs. 1 StGB (–)

C. Strafbarkeit von K nach § 265a Abs. 1 3. Var. StGB?

I. Tatbestand

1. Objektiver Tatbestand
a) Beförderung durch ein Verkehrsmittel (+)
b) Erschleichen der Beförderung (+)

2. Subjektiver Tatbestand
a) Vorsatz (+)
b) Absicht, das Entgelt nicht zu entrichten (+)

II. Rechtswidrigkeit (+)

III. Schuld (+)

Ergebnis: Strafbarkeit nach § 265a Abs. 1 3. Var. StGB (+)

Ausformulierte Lösung

Tatkomplex 1: „Enkeltrick“

E könnte sich wegen des besonders schweren Falls des Betrugs nach § 263 Abs. 1, Abs. 3 Nr. 2 StGB strafbar gemacht haben, indem er N belogen und diese ihm deshalb 80.000 Euro übergeben hat.

I. Tatbestand

Dafür müsste er den Tatbestand des Betrugs verwirklicht haben.

1. Objektiver Tatbestand

Voraussetzung hierfür ist zunächst, dass er objektiv tatbestandsmäßig gehandelt hat.

a) Täuschung

Nach § 263 Abs. 1 StGB könnte E die N durch Vorspiegelung falscher Tatsachen getäuscht haben. Tatsachen sind Ereignisse oder Zustände, die dem Beweis zugänglich sind.[239] Vorliegend hat E der N berichtet, ihr Urenkel U sei ausgeraubt worden und in finanzieller Not. Weiterhin benötige er 80.000 Euro, die er, also E, dem U übergeben werde. Bei diesen Informationen handelt es sich um beweisbare Umstände, also um Tatsachen. Diese entsprechen jedoch umfänglich nicht der Wahrheit. E hat N somit ausdrücklich über Tatsachen getäuscht.

b) Irrtum

Durch die Täuschung müsste es bei N zu einem Irrtum gekommen sein. Unter einem Irrtum versteht man eine Fehlvorstellung, also das Auseinanderfallen von Vorstellung des Getäuschten und Wirklichkeit.[240] Die Umstände, die E der N berichtete, waren so glaubhaft geschildert, dass N darauf vertraute, dass sie der Wahrheit entsprachen. Sie irrte sich folglich. Ihr Irrtum beruhte auch kausal auf der Täuschung des E, da sie ohne den Bericht des E nicht zu ihrer Fehlvorstellung gelangt wäre.

> Klausurhinweis: Die einzelnen objektiven Tatbestandsvoraussetzungen des Betrugs müssen alle kausal miteinander verbunden sein, das heißt, der Irrtum muss kausal auf der Täuschung beruhen, die Vermögensverfügung kausal auf dem Irrtum und der Vermögensschaden kausal auf der Vermögensverfügung. Dies kann entweder alles gemeinsam im Anschluss an die einzelnen Merkmale geprüft werden oder, wie hier, bei jedem Prüfungspunkt einzeln.

c) Vermögensverfügung

Als ungeschriebenes Tatbestandsmerkmal für den Betrug ist eine Vermögensverfügung durch den Getäuschten vorauszusetzen. Darunter versteht man jedes Tun, Dulden oder Unterlassen, das sich unmittelbar vermögensmindernd auswirkt.[241]

> Klausurhinweis: Anders als bei der (räuberischen) Erpressung ist die Prüfung dieses ungeschriebenen Merkmals im Rahmen des Betrugs weithin unbestritten. Eine Diskussion wie bei der Abgrenzung zwischen Raub und räuberischer Erpressung (siehe Fall 20) erübrigt sich daher an dieser Stelle.

N hat E 80.000 Euro übergeben und somit eine Vermögensverfügung getätigt. Diese beruht auch kausal auf ihrem Irrtum, da sie in Kenntnis einer fehlenden Notlage ihres Urenkels das Geld nicht an E ausgehändigt hätte.

d) Vermögensschaden

Aufgrund der Vermögensverfügung müsste es schließlich bei N zu einem Vermögensschaden gekommen sein, das heißt, ihr Vermögen müsste gemindert worden sein. Dies ist im Rahmen einer Gesamtsaldierung zu berechnen. Zu vergleichen ist also die Vermögenslage vor und nach der Verfügung.[242] N hat nach der Herausgabe des Geldes 80.000 Euro weniger, so dass ihr unzweifelhaft durch die Verfügung ein Vermögensschaden entstanden ist. Problematisch ist im vorliegenden Fall allerdings, dass davon auszugehen ist, dass N diese Vermögenseinbuße bewusst auf sich genommen hat, sie wollte also für ihre Ausgabe keinen Ersatz erhalten. Fraglich ist, ob man dann noch von einem Vermögensschaden sprechen kann. Die h. M. und mit ihr die Rechtsprechung vertritt hierzu die so genannte „Zweckverfehlungslehre". Ein Schaden liegt demnach bei einem Schenkungsbetrug auch dann vor, wenn der Schenkungszweck, der dem Verfügenden notwendig und sinnvoll erscheint, verfehlt wird.[243] Vorliegend hat N dem E das Geld zu dem Zweck gegeben, dieses an U weiterzugeben. Dadurch, dass E das Geld jedoch nicht an U weitergegeben hat, wurde dieser von N verfolgte Zweck verfehlt. Demnach liegt trotz dessen, dass N das Geld bewusst ohne Kompensation weggegeben hat, ein Vermögensschaden vor, der auch kausal auf der Täuschung beruht.

Somit ist der objektive Tatbestand des § 263 Abs. 1 StGB erfüllt.

2. Subjektiver Tatbestand

E müsste auch den subjektiven Tatbestand erfüllt haben.

a) Vorsatz

Er müsste hier zunächst Vorsatz bezüglich der objektiven Tatbestandsvoraussetzungen gehabt haben. Vorsatz ist das Wissen und Wollen der Tatbestandsverwirklichung.[244] Im vorliegenden Fall handelte E mit der Absicht im Sinne des dolus directus 1. Grades hinsichtlich der Täuschung der N. Er wollte auch, dass diese ihm aufgrund des bei ihr verursachten Irrtums die Geldsumme übergibt, also über ihr Vermögen verfügt, was wiederum zu einem Vermögensschaden führen musste.

b) Absicht, sich rechtswidrig und stoffgleich zu bereichern

Ferner müsste E aber auch die Absicht gehabt haben, sich rechtswidrig zu bereichern, also die Absicht, sich zu Unrecht einen Vermögensvorteil zu verschaffen.[245] Bei den erhaltenen 80.000 Euro handelt es sich für E um einen Vermögensvorteil. Da er auf diesen auch keinerlei Anspruch hatte, was er auch wusste, war der Vermögensvorteil auch rechtswidrig[246] und E handelte diesbezüglich vorsätzlich. Die Absicht der rechtswidrigen Bereicherung kann mithin bejaht werden.

Schließlich ist aber auch zu prüfen, ob die angestrebte Bereicherung stoffgleich zum erwirkten Schaden ist, die Bereicherung muss also unmittelbar aus dem Schaden stammen.[247] Im vorliegenden Fall bereichert sich E an den erhaltenen 80.000 Euro. Dieses Geld wiederum stellt zugleich den Schaden der N dar. Die Stoffgleichheit ist also gegeben.

Somit hat E also auch den subjektiven Tatbestand des Betrugs verwirklicht.

> Klausurhinweis: Genau wie der Diebstahl (Zueignungsabsicht) beinhaltet auch der Betrug ein besonderes subjektives Merkmal, nämlich die Absicht einer rechtswidrigen und stoffgleichen Bereicherung. Es ist darauf zu achten, dass dies nicht den Vorsatz ersetzt. Zunächst ist der Vorsatz bezüglich der objektiven Tatbestandsvoraussetzungen zu prüfen, anschließend dann die Bereicherungsabsicht.

II. Rechtswidrigkeit

Rechtfertigungsgründe sind vorliegend nicht ersichtlich, so dass E auch rechtswidrig handelte.

III. Schuld

Auch Entschuldigungsgründe kommen hier nicht in Betracht. E handelte also auch schuldhaft.

IV. Strafzumessungsregel, § 263 Abs. 3 Nr. 2 StGB

E könnte durch den hohen Schadensbetrag aber auch das Regelbeispiel § 263 Abs. 3 Nr. 2 StGB und damit einen besonders schweren Fall des Betrugs verwirklicht haben.

1. Objektive Merkmale

E könnte nämlich einen Vermögensverlust großen Ausmaßes herbeigeführt haben. Als Grenze wird gemeinhin ein Betrag von 50.000 Euro angenommen.[248] Die übergebenen 80.000 Euro stellen also objektiv einen Vermögensverlust großen Ausmaßes dar.

2. Subjektive Merkmale

Es war E auch bekannt, dass es sich um einen großen Vermögensverlust handelt. Das Regelbeispiel § 263 Abs. 3 Nr. 2 StGB ist mithin erfüllt

> Klausurhinweis: § 263 StGB enthält sowohl Regelbeispiele (Abs. 3) als auch Qualifikationstatbestände (Abs. 5). Dies ist beim Prüfungsaufbau zu berücksichtigen: Qualifikationen werden im Tatbestand geprüft, Regelbeispiele erst nach der Schuld.

Ergebnis

Folglich hat sich E durch sein Vorgehen gegenüber N wegen eines besonders schweren Falls eines Betrugs gemäß § 263 Abs. 1, Abs. 3 Nr. 2 StGB strafbar gemacht.

Tatkomplex 2: Bahnfahrt

A. Strafbarkeit von G nach §§ 263 Abs. 1, Abs. 2, 22, 23 Abs. 1 StGB

G könnte sich durch das Vorzeigen des dem Mülleimer entnommenen Fahrscheins wegen eines versuchten Betrugs gemäß §§ 263 Abs. 1, Abs. 2, 22, 23 Abs. 1 StGB strafbar gemacht haben.

> Klausurhinweis: Da im Bearbeitervermerk keine Straftatbestände ausgeschlossen sind, hätte man auch noch das Entnehmen des alten Fahrscheins aus dem Mülleimer prüfen können. Sowohl für einen Diebstahl als auch für eine Unterschlagung fehlt es jedoch an der fremden, beweglichen Sache, da der alte Eigentümer des Fahrscheins offensichtlich nach seiner Bahnfahrt durch das Werfen in den Mülleimer sein Eigentum am Fahrschein aufgegeben hat. Der Fahrschein ist dadurch herrenlos geworden und stellte für G keine fremde Sache dar. Dies erscheint so eindeutig, dass man auch gut vertreten kann, auf eine entsprechende Prüfung gänzlich zu verzichten.

I. Vorprüfung

1. Keine Tatvollendung

Zunächst dürfte es für die Strafbarkeit wegen eines versuchten Betrugs nicht zur Vollendung der Tat gekommen sein. Der Kontrolleur hat sofort erkannt, dass der ihm vorgehaltene Fahrschein abgelaufen war, er wurde durch G also nicht in einen Irrtum versetzt. Ein vollendeter Betrug scheidet mithin aus.

2. Strafbarkeit des Versuchs

Die Versuchsstrafbarkeit des Betrugs ergibt sich unmittelbar aus § 263 Abs. 2 StGB.

II. Tatbestand

1. Tatentschluss

G müsste Tatentschluss bezüglich eines Betrugs gehabt haben. Dazu bedarf es des Vorsatzes sowie der Absicht einer rechtswidrigen und stoffgleichen Bereicherung.

a) Vorsatz

Fraglich ist also zunächst, ob G Vorsatz hatte. G wollte in der Vorsatzform der Absicht den Kontrolleur hinsichtlich der Gültigkeit des Fahrscheins täuschen, ihn also in einen entsprechenden Irrtum versetzen. Zugleich wollte sie den Kontrolleur zu einer Vermögensverfügung veranlassen. Er sollte nämlich davon absehen, von G den Fahrpreis zu fordern. Hierin liegt ein Verhalten, das sich vermögensmindernd auswirkt. Dadurch sollte auch ein Vermögensschaden entstehen. Zumindest billigend in Kauf genommen hat G nämlich, dass der Eigentümer des Bahnunternehmens durch die Gestattung der Bahnfahrt ohne Gegenleistung einen Vermögensschaden erleidet.

Problematisch ist dabei, dass auch nach der Vorstellung von G der Verfügende nicht zugleich der Geschädigte wäre. Es handelt sich also um einen so genannten Dreiecksbetrug. Während der Getäuschte immer identisch sein muss mit dem Verfügenden, kann es sich nach h. M. beim Verfügenden und beim Geschädigten auch um verschiedene Personen handeln, wenn zwischen diesen ein besonderes Näheverhältnis besteht in dem Sinne, dass der Verfügende „im Lager" des Geschädigten steht.[249] Genau dies ist beim Kontrolleur, der im Dienst des Bahnunternehmens steht, anzunehmen, so dass ein Dreiecksbetrug möglich ist.

Klausurhinweis: Eine solche Konstellation ist sehr häufig gegeben und sollte in der Klausur herausgearbeitet werden. Ein vertieftes Eingehen auf die im Detail unterschiedlichen Auffassungen ist jedoch nicht erforderlich.

G hatte also Vorsatz, einen Betrug zu begehen.

b) Absicht der rechtswidrigen und stoffgleichen Bereicherung

Sie müsste ferner die Absicht einer rechtswidrigen und stoffgleichen Bereicherung gehabt haben. Durch die Straßenbahnfahrt ohne Erwerb eines Fahrscheins wollte sich G einen Vermögensvorteil verschaffen, auf den sie keinen Anspruch hatte, was sie auch wusste. Die erstrebte Bereicherung war demnach rechtswidrig und G handelte diesbezüglich auch vorsätzlich. Dieser Vermögensvorteil stellt zugleich auch den Schaden des Bahnunternehmers dar, so dass auch die Stoffgleichheit bejaht werden kann.

Somit hatte G neben dem Vorsatz auch die Absicht einer rechtswidrigen und stoffgleichen Bereicherung, wodurch der Tatentschluss gegeben ist.

2. Unmittelbares Ansetzen

Fraglich ist, ob G auch unmittelbar zur Tat angesetzt hat. Dies ist dann der Fall, wenn der Täter subjektiv die Schwelle zum „jetzt geht's los" überschritten hat und objektiv so zur tatbestandsmäßigen Ausführungshandlung angesetzt hat, dass nach seiner Vorstellung seine Handlung ohne wesentliche Zwischenschritte in den tatbestandsmäßigen Erfolg mündet.[250] Indem G den Fahrschein dem Kontrolleur vorzeigte, hat sie bereits mit der Ausführungshandlung begonnen und damit unzweifelhaft zum Versuch unmittelbar angesetzt.

III. und IV. Rechtswidrigkeit und Schuld

Rechtfertigungs- und Entschuldigungsgründe sind nicht ersichtlich, so dass G auch rechtswidrig und schuldhaft handelte.

Klausurhinweis: Im Sachverhalt sind keinerlei Hinweise erkennbar, die auf einen strafbefreienden Rücktritt vom Versuch hindeuten. Ein Eingehen hierauf erscheint deshalb obsolet. Wollte man den Rücktritt jedoch ansprechen, so würde man zu der Feststellung gelangen, dass der Versuch dadurch fehlgeschlagen ist, dass der Kontrolleur die fehlende Gültigkeit des Fahrscheins erkannt hat. Ein Rücktritt scheidet damit aus.

Ergebnis

G hat sich durch das Vorhalten des abgelaufenen Fahrscheins also gemäß §§ 263 Abs. 1, Abs. 2, 22, 23 Abs. 1 StGB wegen versuchten Betrugs strafbar gemacht.

> Klausurhinweis: Durch ihr Verhalten hat G ebenfalls den Tatbestand einer Leistungserschleichung nach § 265a Abs. 1 3. Var. StGB erfüllt. Dieses Delikt tritt allerdings subsidiär hinter den versuchten Betrug zurück (§ 265a Abs. 1 a. E.: „... wenn die Tat nicht in anderen Vorschriften mit schwererer Strafe bedroht ist"). Insbesondere, weil § 265a StGB für K im Weiteren noch geprüft wird, erscheint es aus klausurtaktischer Sicht an dieser Stelle nicht sinnvoll, nähere Ausführungen dazu zu machen. Ein klarstellender Satz ist natürlich denkbar.

B. Strafbarkeit von K nach § 263 Abs. 1 StGB

K könnte sich durch die fahrscheinlose Bahnfahrt wegen Betrugs nach § 263 Abs. 1 StGB strafbar gemacht haben.

I. Tatbestand

1. Objektiver Tatbestand

Dafür müsste sie den objektiven Tatbestand des Betrugs verwirklicht haben.

a) Täuschung

Zunächst müsste sie einen Menschen über Tatsachen getäuscht haben. Allerdings ist festzustellen, dass K keinem Kontrolleur begegnet ist, den sie hätte täuschen können. Denkbar wäre es, von einer Täuschung des Fahrers zu sprechen. Da dieser vorliegend aber keinerlei Notiz von K genommen haben dürfte, K also in keiner Weise auf ihn eingewirkt hat, fehlt es vorliegend bereits an der Täuschung.

Der objektive Tatbestand des Betrugs ist somit nicht gegeben.

> Klausurhinweis: Es erscheint beim „Schwarzfahren" ohne Kontrolle auch vertretbar, eine Täuschung anzunehmen, aber einen Irrtum abzulehnen. Anders wäre es jedoch zu behandeln, wenn ein Kontrolleur durch die Bahn geht und allgemein fragt, ob jemand zugestiegen sei. Meldet sich der Schwarzfahrer auf diese Frage nicht, so erklärt er konkludent (= durch schlüssiges Tun), er sei bereits kontrolliert worden, und versetzt dadurch den Kontrolleur in einen entsprechenden Irrtum.[251]

Ergebnis

K hat sich durch ihre Fahrt in der Bahn also nicht wegen Betrugs nach § 263 Abs. 1 StGB strafbar gemacht.

> Klausurhinweis: Da sie in diesem Moment auch keinen Tatentschluss hatte, eine andere Person zu täuschen, kommt auch ein versuchter Betrug nicht in Betracht.

C. Strafbarkeit von K nach § 265a Abs. 1 3. Var. StGB

Durch ihre fahrscheinlose Straßenbahnfahrt könnte sich K aber wegen Leistungserschleichung gemäß § 265a Abs. 1 3. Var. StGB strafbar gemacht haben.

> Klausurhinweis: Noch einmal: zu beachten ist die Subsidiarität des Erschleichens von Leistungen nach § 265a Abs. 1 a. E. StGB. Das Erschleichen ist nun zu prüfen, da durch die vorliegende Tathandlung keine sonstige Strafbarkeit, insbesondere kein Betrug, verwirklicht wird.

I. Tatbestand

Dafür müsste sie tatbestandsmäßig gehandelt haben.

1. Objektiver Tatbestand

Zunächst müsste sie den objektiven Tatbestand des § 265a Abs. 1 3. Var. StGB erfüllt haben.

a) Beförderung durch ein Verkehrsmittel

Voraussetzung hierfür ist, dass K mit einem Verkehrsmittel befördert wurde. Im vorliegenden Fall ist K mit der Straßenbahn mitgefahren, sie wurde also mit einem Verkehrsmittel befördert.

b) Erschleichen der Leistung

Fraglich ist, was darunter zu verstehen ist, dass die Beförderung erschlichen worden sein muss. Teilweise wird vertreten, dass die Varianten des § 265a StGB immer voraussetzen, dass ein Kontrollmechanismus ausgeschaltet oder überwunden wird. Erst dann könne man von einem Erschleichen sprechen.[252] Die Rechtsprechung lässt hingegen beim Erschleichen einer Beförderung das bloße „Schwarzfahren" genügen, da sich der „Schwarzfahrer" mit dem Anschein der Ordnungsmäßigkeit umgebe.[253] Dem folgend ist vorliegend eine Beförderungserschleichung anzunehmen, da K unentgeltlich und damit unbefugt die Leistung in Anspruch genommen hat und sich so in die Straßenbahn gesetzt hat als wäre sie ein zahlender Fahrgast.

Der objektive Tatbestand des § 265a Abs. 1 3. Var. StGB ist somit erfüllt.

2. Subjektiver Tatbestand

a) Vorsatz

K müsste vorsätzlich gehandelt haben. Sie hat sich absichtlich ohne Fahrschein befördern lassen, so dass der Vorsatz gegeben ist.

b) Absicht, das Entgelt nicht zu entrichten

Darüber hinaus hatte sie auch die Absicht, das Entgelt für die Beförderung nicht zu entrichten.

K hat also auch den subjektiven Tatbestand erfüllt.

II. und III. Rechtswidrigkeit und Schuld

An der Rechtswidrigkeit und der Schuld bestehen keinerlei Zweifel.

Ergebnis

Folglich hat sich K durch die Straßenbahnfahrt ohne Fahrschein wegen Leistungserschleichung nach § 265a Abs. 1 3. Var. StGB strafbar gemacht.

Fall 18

Sachverhalt

Bauarbeiter Berthold (B) ist wiederholt zu spät zur Arbeit auf der Baustelle erschienen. Sein Vorgesetzter Vladimir (V) ist darüber wenig begeistert. Er teilt B mit, dass er zur Strafe am Freitag für die ganze Belegschaft Bier zum Einläuten des Wochenendes mitbringen müsse. B ist einverstanden. Er sieht sich jedoch dem Problem gegenüber, dass er angesichts des fortgeschrittenen Monats eigentlich dringend sparen müsste. Dabei kommt ihm eine Idee. Er geht im nahegelegenen Supermarkt in die Getränkeabteilung und füllt seinen Einkaufswagen mit 30 einzelnen Flaschen „Urpils“ zum Preis von je 1 Euro pro Flasche. An der Kasse angekommen, legt er eine Flasche hiervon auf das Band und sagt zur Kassiererin Konny (K): „Hiervon 20 Flaschen“, woraufhin K nur 20 Flaschen in die Kasse eintippt. B legt die auf das Kassenband gelegte Flasche wieder in den Einkaufswagen. Auf die Aussage der K „das macht dann 20 Euro“ bezahlt B diesen Betrag und verlässt angesichts gesparter 10 Euro zufrieden mit den 30 Flaschen Bier den Supermarkt.

Und es kommt noch besser für B. Auf dem Nachhauseweg findet er einen Geldbeutel. Er geht zu Recht davon aus, dass diesen jemand verloren haben muss. Es befindet sich zwar kein Bargeld im Geldbeutel, aber eine Kreditkarte, die auf Gustav Guggenheimer (G) ausgestellt ist. Dies ist auch die Person, welche den Geldbeutel verloren hat. B nimmt die Kreditkarte aus dem Geldbeutel, steckt sie ein und geht nach Hause. Den Geldbeutel lässt er am Fundort zurück. Auf einer Onlinespielewebseite des Unternehmens O lädt er sich unter Eingabe der Kreditkartennummer des Karteninhabers G vollautomatisiert ein kostenpflichtiges Spiel auf sein eigenes Handy. Das Kreditkartenkonto des G wird dadurch mit 10 Euro belastet. Nachdem G die unberechtigte Abbuchung bemerkt hat, nimmt er Kontakt mit O auf, um klarzustellen, dass es sich um eine missbräuchliche Verwendung seiner Kreditkartendaten gehandelt habe. O überweist den Betrag daher wieder an den G zurück.

Aufgabe

Prüfen Sie gutachterlich die Strafbarkeit von B. Eine Strafbarkeit nach § 266b StGB ist nicht zu prüfen.

Etwaig erforderliche Strafanträge sind gestellt.

Lösungsskizze

Tatkomplex 1: Der Kauf des Biers

A. Strafbarkeit des B nach § 263 Abs. 1 StGB?

I. Tatbestand

1. Objektiver Tatbestand

a) Täuschung (+)
b) Irrtum (+)
c) Vermögensverfügung (–)

Ergebnis: Strafbarkeit des B nach § 263 Abs. 1 StGB (–)

B. Strafbarkeit des B nach § 242 Abs. 1 StGB?

I. Tatbestand

1. Objektiver Tatbestand

a) Sache (+)
b) Fremd (+)
c) Beweglich (+)
d) Wegnahme (+)

2. Subjektiver Tatbestand

a) Vorsatz (+)
b) Absicht, sich oder einem anderen die Sache rechtswidrig zuzueignen
   aa) *Aneignungsabsicht (+)*
   bb) *Enteignungsvorsatz (+)*
   cc) *Rechtswidrigkeit der beabsichtigten Zueignung (+)*
   dd) *Vorsatz bezüglich der Rechtswidrigkeit der beabsichtigten Zueignung (+)*

II. Rechtswidrigkeit (+)

III. Schuld (+)

Ergebnis: Strafbarkeit des B nach § 242 Abs. 1 StGB (+)

Tatkomplex 2: Das Mitnehmen der Kreditkarte

A. Strafbarkeit des B nach § 242 Abs. 1 StGB?

I. Tatbestand

1. Objektiver Tatbestand

a) Fremde, bewegliche Sache (+)
b) Wegnahme (–)

Ergebnis: Strafbarkeit des B nach § 242 Abs. 1 StGB (–)

B. Strafbarkeit des B nach § 246 Abs. 1 StGB?

I. Tatbestand

1. Objektiver Tatbestand

a) Fremde, bewegliche Sache (+)
b) Zueignung (+)
c) Rechtswidrigkeit der Zueignung (+)

2. Subjektiver Tatbestand (+)

II. Rechtswidrigkeit (+)

III. Schuld (+)

Ergebnis: Strafbarkeit des B nach § 246 Abs. 1 StGB (+)

Tatkomplex 3: Die Bestellung des Onlinespiels

A. Strafbarkeit des B nach § 263 Abs. 1 StGB?

I. Tatbestand

1. Objektiver Tatbestand

a) Täuschung (–)

Ergebnis: Strafbarkeit des B nach § 263 Abs. 1 StGB (–)

B. Strafbarkeit des B nach § 263a Abs. 1 Var. 2, 3 StGB?

I. Tatbestand

1. Objektiver Tatbestand

a) Verwendung unrichtiger Daten, Var. 2 (–)
b) Unbefugte Verwendung von Daten, Var. 3 (+)
c) Beeinflussung des Ergebnisses eines Datenverarbeitungsvorgangs (+)
d) Vermögensschaden (+)

2. Subjektiver Tatbestand

a) Vorsatz (+)
b) Absicht, sich rechtswidrig und stoffgleich zu bereichern (+)

II. Rechtswidrigkeit (+)

III. Schuld (+)

Ergebnis: Strafbarkeit des B nach § 263a Abs. 1 Var. 3 StGB (+)

Ausformulierte Lösung

Tatkomplex 1: Der Kauf des Biers

A. Strafbarkeit des B nach § 263 Abs. 1 StGB

B könnte sich wegen Betruges gemäß § 263 Abs. 1 StGB strafbar gemacht haben, indem er gegenüber K vorgab, nur 20 Flaschen Bier im Einkaufswagen zu haben.

I. Tatbestand

1. Objektiver Tatbestand

B müsste den objektiven Tatbestand erfüllt haben.

a) Täuschung

Fraglich ist, ob eine Täuschung vorliegt. Eine Täuschung ist die Einwirkung auf das Vorstellungsbild eines anderen mit dem Ziel der Irreführung über

Tatsachen.[254] Vorliegend hatte B insgesamt 30 Flaschen Bier in seinen Einkaufswagen gelegt. An der Kasse hat er jedoch unter Vorlage einer Flasche auf das Kassenband gegenüber K durch den Ausspruch „hiervon 20 Flaschen" zu erkennen gegeben, dass er insgesamt nur 19 und nicht wie in Wirklichkeit 29 weitere Flaschen Bier im Einkaufswagen habe. Somit hat B die K ausdrücklich über eine Tatsache, also einen dem Beweis zugänglichen Umstand, getäuscht.

b) Irrtum

Durch die Täuschung müsste es bei K zu einem Irrtum gekommen sein. Unter einem Irrtum versteht man eine Fehlvorstellung über Tatsachen.[255] Infolge der Täuschung des B ging K irrig davon aus, dass B insgesamt nur 20 und nicht wie in Wirklichkeit 30 Flaschen Bier zu bezahlen hatte. Demnach liegt auch ein kausal auf der Täuschung beruhender Irrtum bei K vor.

c) Vermögensverfügung

Zudem müsste eine Vermögensverfügung vorliegen. Darunter versteht man jedes Tun, Dulden oder Unterlassen, das sich unmittelbar vermögensmindernd auswirkt.[256] Beim Sachbetrug wird darüber hinaus von der h.M. ein Verfügungsbewusstsein des Verfügenden gefordert, also dass dieser um die vermögensmindernde Wirkung seiner Verfügung weiß.[257] Da es B vorliegend darum geht, durch seine Handlung 10 Flaschen Bier und somit eine Sache zu erlangen, würde es sich vorliegend um einen solchen Sachbetrug handeln. Das Bewusstsein von K, den Gewahrsam der Flaschen auf den B durch den Kauf zu übertragen, konnte sich jedoch nur auf die Flaschen beziehen, auf die B als Kunde hingewiesen hat und die K somit als Kaufgegenstand registriert hat. Vorliegend hat B aber nur auf 20 Flaschen als Kaufgegenstand hingewiesen. Von den weiteren 10 Flaschen hatte K als Kaufgegenstand überhaupt keine Kenntnis und konnte daher an diesen auch nicht bewusst Gewahrsam an den B übertragen. K war sich bezüglich der 10 zusätzlichen Flaschen daher einer vermögensmindernden Verfügung nicht bewusst. Demnach liegt keine mit dem entsprechenden Bewusstsein getätigte Vermögensverfügung vor.

> Klausurhinweis: Das Verfügungsbewusstsein muss nicht standardmäßig im Rahmen der Vermögensverfügung angesprochen werden, sondern nur dann, wenn es sich – wie hier – um Fälle eines möglichen Sachbetrugs handelt, bei denen mithilfe des Verfügungsbewusstseins zwischen Diebstahl und Betrug abgegrenzt werden kann. Dies ist insbesondere bei Taten im Selbstbedienungsladen problematisch, wenn der Täter nicht alle Waren an der Kasse deklariert.

Der objektive Tatbestand ist nicht erfüllt.

Ergebnis

B hat sich nicht wegen Betruges gemäß § 263 Abs. 1 StGB strafbar gemacht, indem er gegenüber K vorgab, nur 20 Flaschen Bier im Einkaufswagen zu haben.

> Klausurhinweis: Da Betrug und Diebstahl in einem Exklusivitätsverhältnis stehen, kann ein Verhalten nicht zugleich einen Betrug und einen Diebstahl darstellen. In Fällen, in denen eine Strafbarkeit wegen Betruges bejaht wird, darf somit anschließend nicht noch ein Diebstahl durch dieselbe Handlung geprüft werden.

B. Strafbarkeit des B nach § 242 Abs. 1 StGB

B könnte sich wegen Diebstahls gemäß § 242 Abs. 1 StGB strafbar gemacht haben, indem er mit 10 unbezahlten Flaschen Bier den Kassenbereich passierte.

I. Tatbestand

1. Objektiver Tatbestand

B müsste den objektiven Tatbestand erfüllt haben.

a) Sache

Bei den 10 Flaschen Bier müsste es sich um Sachen handeln. Sachen sind körperliche Gegenstände.[258] Die Bierflaschen sind körperliche Gegenstände und somit Sachen.

b) Fremd

Die Bierflaschen müssten auch fremd sein, also weder im Alleineigentum des Täters stehen noch herrenlos sein.[259] Die Bierflaschen stehen im Eigentum des Supermarktinhabers und damit nicht im Alleineigentum des B. Sie sind daher fremd.

c) Beweglich

Die Flaschen müssten auch beweglich sein. Dies ist der Fall, wenn sie tatsächlich fortbewegt werden können.[260] Die Bierflaschen können tatsächlich fortbewegt werden. Also sind die Flaschen auch beweglich.

d) Wegnahme

B müsste die 10 Flaschen weggenommen haben. Wegnahme ist der Bruch fremden und die Begründung neuen Gewahrsams.[261] Dies setzt voraus, dass sich diese in fremdem Gewahrsam befunden haben. Gewahrsam ist die von einem natürlichen Herrschaftswillen getragene tatsächliche Sachherrschaft eines Menschen über eine Sache.[262] Vorliegend befanden sich die 10 Flaschen Bier, die B später nicht bezahlen wird, in dessen Einkaufswagen. Gleichwohl hatte der Supermarktinhaber jedoch noch die Zugriffsmöglichkeit auf diese und damit die tatsächliche Sachherrschaft. Die Flaschen standen somit in für B fremdem Gewahrsam.

Diesen Gewahrsam müsste B gebrochen und neuen Gewahrsam begründet haben. Bruch fremden Gewahrsams liegt vor, wenn der Täter die tatsächliche Sachherrschaft des Berechtigten ohne bzw. gegen dessen Willen aufgehoben hat.[263] Wie bereits oben darstellt, hatte K die von B nicht bezahlten Flaschen nicht als Kaufgegenstand registriert und wollte den Gewahrsam an ihnen daher nicht willentlich an den B übertragen. Vielmehr hat B durch das Passieren des Kassenbereichs die Sachherrschaft ohne Einverständnis des Berechtigten aufgehoben und damit fremden Gewahrsam gebrochen. Spätestens mit Verlassen des Geschäfts hat er die tatsächliche Sachherrschaft auch so erlangt, dass ihrer Ausübung keine Hindernisse mehr entgegenstanden und somit auch neuen Gewahrsam begründet.[264] B hat die 10 nicht bezahlten Flaschen Bier folglich weggenommen.

> Klausurhinweis: Anders wäre es zu beurteilen, wenn B die Flaschen zusätzlich in eine wiederverschließbare Box für 20 Bierflaschen gepackt hätte. Die Kassiererin hätte zwar wieder nichts davon gewusst, sie hätte aber bewusst über die gesamte Box auf dem Kassenband verfügt, also auch über die zusätzlichen 10 Flaschen. Dies würde einen Betrug darstellen.[265]

Der objektive Tatbestand ist erfüllt.

2. Subjektiver Tatbestand

Auch der subjektive Tatbestand müsste erfüllt sein.

a) Vorsatz

Hierzu müsste er vorsätzlich gehandelt haben. Vorsatz ist das Wissen und Wollen der Tatbestandsverwirklichung.[266] B wusste, dass es sich bei den 10 Bierflaschen um fremde bewegliche Sachen handelt und wollte die Sachherrschaft des Supermarktinhabers aufheben und selbst erlangen und daher auch wegnehmen. B handelte vorsätzlich.

b) Absicht, sich oder einem anderen die Sache rechtswidrig zuzueignen

B müsste in der Absicht gehandelt haben, sich oder einem Dritten die Sache rechtswidrig zuzueignen.

aa) Aneignungsabsicht

B müsste vorliegend Aneignungsabsicht gehabt haben. Dies ist der Fall, wenn er die Absicht hatte, sich die Bierflaschen zumindest vorübergehend in sein Vermögen einzuverleiben.[267] Da er die Bierflaschen an sich nehmen und auch mit seinen Arbeitskollegen trinken wollte, wollte er sie sich auch seinem Vermögen einverleiben und hatte daher Aneignungsabsicht.

bb) Enteignungsvorsatz

Er müsste auch mit Enteignungsvorsatz gehandelt haben. Dies ist der Fall, wenn er den Vorsatz gehabt hatte, den Berechtigten dauerhaft von dessen Sachherrschaft zu verdrängen.[268] B wollte die Bierflaschen mit seinen Kollegen trinken und den Supermarktinhaber daher aus dessen Eigentümerstellung an den Bierflaschen dauerhaft verdrängen. Demnach handelte B auch mit Enteignungsvorsatz.

cc) Rechtswidrigkeit der beabsichtigten Zueignung

Die erstrebte Zueignung des B ist auch rechtswidrig, da dieser keinen fälligen und einredefreien Anspruch[269] auf die Bierflaschen hatte.

dd) Vorsatz bezüglich der Rechtswidrigkeit der beabsichtigten Zueignung

B wusste auch, dass er keinen fälligen und einredefreien Anspruch auf die Flaschen hatte.

B hatte demnach die Absicht, sich die Sache rechtswidrig zuzueignen.

Der subjektive Tatbestand ist somit erfüllt.

II. Rechtswidrigkeit

Da Rechtfertigungsgründe nicht ersichtlich sind, handelte B rechtswidrig.

III. Schuld

Mangels ersichtlicher Entschuldigungsgründe handelte B auch schuldhaft.

Ergebnis

B hat sich wegen Diebstahls gemäß § 242 Abs. 1 StGB strafbar gemacht, indem er mit 10 unbezahlten Flaschen Bier den Kassenbereich passierte.

Tatkomplex 2: Das Mitnehmen der Kreditkarte

A. Strafbarkeit des B nach § 242 Abs. 1 StGB

B könnte sich wegen Diebstahls nach § 242 Abs. 1 StGB strafbar gemacht haben, indem er die Kreditkarte mitgenommen hat und für sich behielt.

I. Tatbestand

1. Objektiver Tatbestand

Fraglich ist bereits, ob er den objektiven Tatbestand des Diebstahls erfüllt hat.

a) Fremde, bewegliche Sache

Bei der Kreditkarte handelt es sich um eine fremde, bewegliche Sache, also um einen körperlichen Gegenstand, der fortbewegt werden kann. Diese steht im Eigentum des G, der sie verloren hat. Sie ist also auch fremd für B.

b) Wegnahme

Fraglich ist indes, ob B die Kreditkarte auch weggenommen hat. Dies setzt voraus, dass diese sich zum Zeitpunkt der Ansichnahme durch B in fremdem Gewahrsam befunden hat. Da G vorliegend die Geldbörse samt Kreditkarte verloren hat und keine Anhaltspunkte dafür ersichtlich sind, dass er den Ort des Verlustes kannte, hatte dieser keine Sachherrschaft und damit keinen Gewahrsam mehr über diese.[270] Die Geldbörse samt Kreditkarte war somit gewahrsamslos, so dass B keinen fremden Gewahrsam gebrochen hat, als er die Kreditkarte an sich nahm. Er hat die Kreditkarte demnach nicht weggenommen.

Der objektive Tatbestand des Diebstahls ist nicht gegeben.

Ergebnis

Somit hat sich B durch das Mitnehmen und Behalten der Kreditkarte nicht nach § 242 Abs. 1 StGB strafbar gemacht.

B. Strafbarkeit des B nach § 246 Abs. 1 StGB

B könnte sich durch dasselbe Verhalten aber nach § 246 Abs. 1 StGB wegen Unterschlagung strafbar gemacht haben.

I. Tatbestand

1. Objektiver Tatbestand

Er müsste zunächst den objektiven Tatbestand erfüllt haben

a) Fremde, bewegliche Sache

Wie bereits geprüft, liegt eine fremde, bewegliche Sache vor.

b) Zueignung

B müsste sich die Kreditkarte zugeeignet haben. Hierzu müsste sich sein Zueignungswille nach außen manifestiert haben.[271] B wollte sich die Kreditkarte in sein Vermögen einverleiben und G von dessen Sachherrschaft dauerhaft verdrängen. Er hatte damit sowohl Aneignungsabsicht wie auch Enteignungsvorsatz.[272] Objektiv müsste sich dieser Zueignungswille nach h. M. nach außen hin manifestiert haben. Der Täter muss also in irgendeiner Weise nach außen hin erkennbar machen, dass er über Zueignungswillen verfügt. Hierfür genügt nicht der bloße innere Entschluss, die Kreditkarte behalten zu wollen. Dadurch allerdings, dass B die Kreditkarte aus dem Geldbeutel genommen und eingesteckt sowie den Geldbeutel selbst am Tatort liegen gelassen hat, manifestierte sich sein Wille, sich diese auch zuzueignen.

c) Rechtswidrigkeit der Zueignung

Die erstrebte Zueignung müsste ferner objektiv rechtswidrig sein. B hat keinen fälligen, einredefreien Anspruch[273] auf die Kreditkarte, so dass auch die Rechtswidrigkeit der erstrebten Zueignung gegeben ist.

Der objektive Tatbestand ist erfüllt.

2. Subjektiver Tatbestand

B müsste ferner vorsätzlich gehandelt haben. Er wusste, dass es sich bei der Kreditkarte um eine für ihn fremde, bewegliche Sache handelte. Er hatte auch Vorsatz bezüglich der Zueignung und er wusste er auch, dass er keinen Anspruch auf die Kreditkarte hatte, handelte also auch vorsätzlich bezüglich der Rechtswidrigkeit der erstrebten Zueignung.

II. Rechtswidrigkeit

Mangels ersichtlicher Rechtfertigungsgründe handelte B auch rechtswidrig.

III. Schuld

Es sind auch keine Entschuldigungsgründe ersichtlich, so dass auch die Schuld gegeben ist.

Ergebnis

Somit hat sich B durch das Mitnehmen der Kreditkarte nach § 246 Abs. 1 StGB strafbar gemacht.

Tatkomplex 3: Die Bestellung des Onlinespiels

A. Strafbarkeit des B nach § 263 Abs. 1 StGB

B könnte sich wegen Betruges gemäß § 263 Abs. 1 StGB strafbar gemacht haben, indem er bei O das Onlinespiel mit den Kreditkartendaten des G herunterlud.

I. Tatbestand

1. Objektiver Tatbestand

B müsste den objektiven Tatbestand erfüllt haben.

a) Täuschung

Fraglich ist, ob eine Täuschung vorliegt. Vorliegend hat B auf der Webseite von O die Kreditkartendaten des G eingegeben und sich das Handyspiel anschließend vollautomatisiert heruntergeladen. Hierdurch hat er jedoch nicht, wie es Voraussetzung für eine Täuschung ist, einem Menschen falsche Tatsachen vorgespiegelt, sondern nur dem Bestellungsprogramm von O. Eine Täuschung ist somit zu verneinen.

Der objektive Tatbestand ist nicht erfüllt.

Ergebnis

B hat sich nicht wegen Betruges gemäß § 263 Abs. 1 StGB strafbar gemacht, indem er bei O das Onlinespiel mit den Kreditkartendaten des G herunterlud.

> Klausurhinweis: Da eine Täuschung immer nur gegenüber einem Menschen begangen werden kann, wäre es auch vertretbar gewesen, sofort mit der Prüfung der Strafbarkeit des Computerbetruges zu beginnen.

B. Strafbarkeit des B nach § 263a Abs. 1 Var. 2, Var. 3 StGB

B könnte sich jedoch durch das Eingeben der Kreditkartendaten des G und das Herunterladen des Spiels bei O wegen Computerbetruges gemäß § 263a Abs. 1 Var. 2, 3 StGB strafbar gemacht haben.

I. Tatbestand

1. Objektiver Tatbestand

Der objektive Tatbestand müsste erfüllt sein.

a) Verwendung unrichtiger Daten, Var. 2

B könnte unrichtige Daten verwendet haben. Bei der Kreditkartennummer des G handelt es sich um Daten.[274] Diese müssten auch unrichtig gewesen sein. Dies ist der Fall, wenn die mit ihnen dargestellten Informationen falsch sind.[275] Vorliegend handelt es sich aber genau um die Kreditkartennummer, die zur Kreditkarte des Karteninhabers G ausgestellt wurde. Allein die Tatsache, dass B nicht berechtigt ist, die Kreditkartendaten des G zu nutzen, macht die Daten nicht unrichtig. Er hat somit keine unrichtigen Daten verwendet.

b) Unbefugte Verwendung von Daten, Var. 3

B könnte jedoch die Kreditkartennummer unbefugt verwendet haben im Sinne von Var. 3. Nach der von der h. M. vertretenen betrugsspezifischen Auslegung des Merkmals „unbefugt" ist maßgeblich, ob die vom Täter vorgenommene Handlung, wenn sie gegenüber einem Menschen mit den Fähigkeiten des Computers vorgenommen worden wäre, eine Täuschung über die Befugnis darstellen würde.[276] Hätte B das Onlinespiel bei einem fiktiven Menschen der Onlinespielefirma bestellt und hätte diesem gegenüber die Kreditkartendaten des G als Zahlungsmittel angegeben, wäre dieser fiktive Mensch davon ausgegangen, dass es sich bei den angegebenen Kreditkartendaten um die des Bestellers handelt oder zumindest, dass der Besteller zur Nutzung der Kreditkartendaten vom Berechtigten bevollmächtigt worden ist. Da beides hier jedoch nicht der Fall ist, hätte sich ein fiktiver Mensch angesichts der Bestellungshandlung des B über dessen Befugnis zur Nutzung der Kreditkartendaten geirrt. Demnach stellt das Verhalten des B eine täuschungsähnliche Handlung dar, so dass nach der betrugsspezifischen Ansicht die Verwendung der Kreditkartendaten des G unbefugt erfolgt.

c) Beeinflussung des Ergebnisses eines Datenverarbeitungsvorgangs

Durch die unbefugte Verwendung von Daten hat B das Bearbeitungsergebnis des Bestellprogramms auch kausal beeinflusst, indem dieses infolge der eingegebenen Kreditkartendaten des G dem B das Herunterladen des Spiels ermöglichte.[277]

d) Vermögensschaden

O müsste auch ein Vermögensschaden entstanden sein. Dies ist der Fall, wenn sich bei O infolge der unbefugten Verwendung von Daten und der damit einhergehenden Beeinflussung des Bestellprozesses ein negativer Saldo ergeben hat.[278] O hat B durch die Bestellung ein Onlinespiel im Wert von 10 Euro zur Verfügung gestellt. Zwar ist das Spiel in dieser Höhe auch bezahlt worden, jedoch mit den Kreditkartendaten des G. Da G in Wirklichkeit keine Bestellung abgegeben hat, hat O gegen diesen auch keinen Anspruch auf den Kaufpreis für das Spiel und hat das Geld daher auch an G zurücküberwiesen. Demnach ist O ein Schaden in Höhe von 10 Euro entstanden.

Der objektive Tatbestand ist erfüllt.

2. Subjektiver Tatbestand

Der subjektive Tatbestand müsste ebenfalls erfüllt sein.

a) Vorsatz

B wusste, dass er keine Befugnis zur Nutzung der Kreditkartendaten des G zur Bestellung des Spiels hatte, wollte bei O aber durch die Bestellung und die Eingabe der Kreditkartennummer genau diese Vorstellung erreichen, um das Spiel herunterladen zu können. Er nahm auch zumindest billigend in Kauf, der Onlinespielefirma einen Schaden in Höhe des Wertes des Spiels in Höhe von 10 Euro zuzufügen, da er damit rechnen musste, dass der Kreditkarteninhaber den Betrag bei O zurückfordern kann. Also handelte B vorsätzlich.

b) Absicht, sich rechtswidrig und stoffgleich zu bereichern

Ferner müsste B aber auch die Absicht gehabt haben, sich rechtwidrig zu bereichern. B hatte die Absicht, sich einen Vermögensvorteil in Höhe von 10 Euro für das Onlinespiel zu verschaffen.[279]

Da er auf diesen auch keinerlei Anspruch hatte, was er auch wusste, war der Vermögensvorteil auch rechtswidrig[280] und B handelte diesbezüglich vorsätzlich. Die Absicht der rechtswidrigen Bereicherung kann mithin bejaht werden.

Die erstrebte Bereicherung müsste aber auch stoffgleich zum erwirkten Schaden sein. Der Vermögensvorteil beim Täter müsste daher spiegelbildlich zum entstandenen Schaden sein.[281] Der Vermögensvorteil bei B in Höhe von 10 Euro stellt zugleich den Schaden bei der O dar. Die Stoffgleichheit ist also gegeben.

Somit hat B auch den subjektiven Tatbestand verwirklicht.

II. Rechtswidrigkeit

Mangels ersichtlicher Rechtfertigungsgründe handelte B auch rechtswidrig.

III. Schuld

Es sind auch keine Entschuldigungsgründe ersichtlich, so dass auch die Schuld gegeben ist.

Ergebnis

B hat sich wegen Computerbetruges gemäß § 263a Abs. 1 Var. 3 StGB strafbar gemacht, indem er bei O das Onlinespiel mit den Kreditkartendaten des G herunterlud.

Fall 19

Sachverhalt

Der arbeitslose Arnim (A) und sein Kumpel Kurt (K) überlegen sich, wie sie an Geld kommen könnten, da beide total „abgebrannt“ sind. Da erinnert sich A an seine letzte Arbeitsstelle, einen kleinen Kiosk am Stadtrand. Sein Boss Boris (B) war zu faul, täglich die Kasseneinnahmen zur Bank zu bringen. Deshalb häufte sich bis zum Wochenende eine ganze Menge Bargeld an. K ist von der Idee, diese Einnahmen an sich zu bringen, begeistert. Sie überlegen sich, wie weiter vorzugehen sei. K zeigt A seine kürzlich als Weihnachtsgeschenk für seinen Neffen erworbene, als Schlaginstrument unbrauchbare Spielzeugpistole, die er mit wenig Aufwand so verändern könne, dass sie täuschend echt aussehe. Diese wolle er B vorhalten, so dass A in aller Ruhe die stets offen stehende Kasse ausräumen könne. Diese Idee gefällt A sehr gut, allerdings fällt ihm ein, dass B zu seinem Schutz und dem seiner Angestellten immer eine geladene Pistole unter dem Tresen liegen habe. Er beruhigt K jedoch mit dem Hinweis, dass er sich um dieses Problem kümmern werde, ohne ihm weitere Details zu erklären. Insgeheim hat er sich nämlich bereits eine Lösung überlegt. Er weiß nämlich, dass ein weiterer Mitarbeiter des B, Michael (M), jeden Freitag bis 14.00 Uhr Dienst hat, bevor B ihn ablöst. A will nun M dazu bringen, die Pistole am kommenden Freitag so zu verstecken, dass B beim Überfall keine Möglichkeit hat, sie zu erreichen. Er weiß auch schon, wie ihm das gelingen kann. A besitzt nämlich eine Videoaufnahme von seiner letzten Silvesterfeier, bei der M angetrunken derart über B herzog, dass dieser ihn, wenn er davon erführe, sofort entlassen würde. Dieses Video werde er B zusenden, falls M nicht mitmache.

Es kommt der besagte Freitag und mit ihm der Überfall, der, einschließlich der Vorarbeit des M, exakt so abläuft, wie A und K es geplant hatten. K, der Schnellere von den beiden, rennt zu dem besprochenen Versteck, wo die Beute zwischen ihnen gerecht aufgeteilt werden soll. A allerdings, der die Beute bei sich trägt, wird von der ehemaligen 100-Meter-Landesmeisterin Lara (L) verfolgt und schon nach rund 50 Metern eingeholt. L hatte den Überfall von der anderen Straßenseite aus mit angesehen und sich gefreut, dass der sie ständig bedrängende B eine Lektion erteilt bekommt. Deshalb will sie ihm keineswegs das Geld zurückholen. Als Hobbydetektivin möchte sie ausschließlich dafür sorgen, dass A seiner gerechten Strafe zugeführt wird. Deshalb packt sie A und hält ihn mit einem starken Griff fest. Dennoch gelingt es A, nach einem losen Pflasterstein am Boden zu greifen. Er nimmt den Stein und schlägt ihn L gegen den Kopf. Da er sich dadurch nur befreien möchte, um mit der Beute fliehen zu können, schlägt er nur leicht zu, gerade ausreichend, um sich von L loszureißen. Mit schwereren Verletzungen der L rechnet er in keiner Weise und tatsächlich kommt es bei ihr auch nur zu einer leichten Wunde am Kopf, die schnell verheilt. A kann seine Flucht fortsetzen und trifft im Versteck K, wo die beiden ihre Beute teilen.

Aufgabe

Prüfen Sie gutachterlich die Strafbarkeit (nur) von A und K nach dem Strafgesetzbuch.

§§ 123, 223, 224, 239, 239a StGB sowie Tatbestände des Waffengesetzes sind nicht zu prüfen.

Lösungsskizze

A. Strafbarkeit des A nach § 240 Abs. 1 StGB?

I. Tatbestand

1. Objektiver Tatbestand

a) Nötigungshandlung: Drohung mit einem empfindlichen Übel (+)
b) Nötigungserfolg: Handlung des M (+)
c) Kausalität (+)

2. Subjektiver Tatbestand: Vorsatz (+)

II. Rechtswidrigkeit

1. Keine Rechtfertigungsgründe (+)

2. Verwerflichkeit, § 240 Abs. 2 StGB (+)

III. Schuld (+)

Ergebnis: Strafbarkeit nach § 240 Abs. 1 StGB (+)

B. Strafbarkeit von A und K nach §§ 249 Abs. 1, 250 Abs. 1 Nr. 1b, Abs. 2 Nr. 1, 25 Abs. 2 StGB?

I. Tatbestand

1. Objektiver Tatbestand

§ 249 Abs. 1 StGB

a) Fremde, bewegliche Sache (+)
b) Wegnahme A (+)
c) Mittäterschaftliche Zurechnung der Wegnahme für K (+)
d) Nötigungsmittel: Drohung mit gegenwärtiger Gefahr für Leib oder Leben K (+)
e) Mittäterschaftliche Zurechnung der Drohung für A (+)
f) Finalität (+)

§ 250 Abs. 1 Nr. 1b StGB

a) Sonst ein Werkzeug oder Mittel (+)

b) Beisichführen durch den Täter oder einen anderen Beteiligten am Raub (+)

§ 250 Abs. 2 Nr. 1 StGB (–)

2. Subjektiver Tatbestand

a) Vorsatz

  aa) *§ 249 Abs. 1 StGB (+)*

  bb) *§ 250 Abs. 1 Nr. 1b StGB (+)*

b) Absicht, sich die Sache rechtswidrig zuzueignen

  aa) *Aneignungsabsicht (+)*

  bb) *Enteignungsvorsatz (+)*

  cc) *Rechtswidrigkeit der beabsichtigten Zueignung (+)*

  dd) *Vorsatz bezüglich der Rechtswidrigkeit der beabsichtigten Zueignung (+)*

c) Absicht, mit dem sonstigen Werkzeug den Widerstand zu verhindern (+)

II. Rechtswidrigkeit (+)

III. Schuld (+)

Ergebnis: Strafbarkeit nach §§ 249 Abs. 1, 250 Abs. 1 Nr. 1b, 25 Abs. 2 StGB (+)

C. Strafbarkeit des A nach §§ 252, 250 Abs. 1 Nr. 1a, Abs. 2 Nr. 1 StGB?

I. Tatbestand

1. Objektiver Tatbestand

§ 252 StGB

a) Vortat: Raub des A (+)

b) Nötigungsmittel: Gewalt gegen eine Person (+)

c) Auf frischer Tat betroffen (+)

§ 250 Abs. 1 Nr. 1a StGB

a) Gefährliches Werkzeug (+)

b) Beisichführen (+)

§ 250 Abs. 2 Nr. 1 StGB
a) Gefährliches Werkzeug (+)
b) Verwenden (+)

2. Subjektiver Tatbestand
a) Vorsatz
   aa) *§ 252 Abs. 1 StGB (+)*
   bb) *§ 250 Abs. 1 Nr. 1a StGB (+)*
   cc) *§ 250 Abs. 2 Nr. 1 StGB (+)*
b) Beuteerhaltungsabsicht (+)

II. Rechtswidrigkeit

Notwehr für A gemäß § 32 StGB?

1. Notwehrlage
a) Angriff (+)
b) Gegenwärtig (+)
c) Rechtswidrig
   – Notwehr für L, § 32 StGB (–)
   – Jedermannfestnahmerecht für L, § 127 Abs. 1 StPO
     aa) *Festnahmelage*
       (1) Auf frischer Tat betroffen oder verfolgt (+)
       (2) Fluchtverdacht oder Identität nicht sofort feststellbar (+)
     bb) *Festnahmehandlung*
       (1) Festnahme (+)
       (2) Verhältnismäßigkeit (+)
     cc) *Subjektive Voraussetzung: Festnahmewille mit der Absicht, die Strafverfolgung zu sichern (+)*

Zwischenergebnis 1: Rechtfertigung der L nach § 127 Abs. 1 StPO (+)

Zwischenergebnis 2: Rechtfertigung des A nach § 32 StGB (–)

III. Schuld (+)

Ergebnis: Strafbarkeit nach §§ 252, 250 Abs. 1 Nr. 1a, Abs. 2 Nr. 1 StGB (+)

Ausformulierte Lösung

A. Strafbarkeit des A nach § 240 Abs. 1 StGB

A könnte sich wegen Nötigung nach § 240 Abs. 1 StGB strafbar gemacht haben, indem er unter der Drohung, ansonsten Videoaufnahmen weiterzugeben, M dazu gebracht hat, die Pistole des B zu verstecken.

> Klausurhinweis: Mit dieser Handlung des A hat K nichts zu tun, liefert also keinerlei Tatbeiträge. Mittäterschaft oder Beihilfe dürften für K von vornherein ausscheiden.

I. Tatbestand

1. Objektiver Tatbestand

Dafür müsste A zunächst den objektiven Tatbestand der Nötigung erfüllt haben.

a) Nötigungshandlung: Drohung mit einem empfindlichen Übel

Als Nötigungsmittel könnte er vorliegend mit einem empfindlichen Übel gedroht haben. Drohung ist das Inaussichtstellen eines empfindlichen Übels, das der Drohende als von seinem Willen abhängig darstellt. Empfindlich ist das angedrohte Übel dann, wenn es derart erheblich ist, dass seine Ankündigung geeignet erscheint, den Bedrohten zum gewünschten Verhalten zu veranlassen.[282] Eine Drohung mit gegenwärtiger Gefahr für Leib oder Leben ist bei der Nötigung hingegen nicht erforderlich. A erklärte, dass er die Videoaufnahmen, in denen M wüst über B herzog, an B geben werde. Dies stellte für M ein empfindliches Übel dar, da er damit rechnen musste, dass B ihn nach Kenntnisnahme entlassen würde. Es liegt also eine Drohung mit einem empfindlichen Übel vor.

b) Nötigungserfolg: Handlung des M

Nötigungserfolg ist ein Handeln, Dulden oder Unterlassen des Genötigten, hier also das Verstecken der Pistole.

c) Kausalität

Der Nötigungserfolg müsste auch kausal[283] auf der Nötigungshandlung beruhen. Dies kann hier bejaht werden, da M, ohne von A bedroht worden zu sein, die Pistole des B nicht versteckt hätte.

Der objektive Tatbestand ist mithin erfüllt.

2. Subjektiver Tatbestand

Mit voller Absicht hat A den M bedroht und so dazu gebracht, die Pistole des B zu verstecken. Auch der subjektive Tatbestand ist somit erfüllt.

II. Rechtswidrigkeit

1. Keine Rechtfertigungsgründe

Rechtfertigungsgründe sind vorliegend nicht ersichtlich.

2. Verwerflichkeit, § 240 Abs. 2 StGB

Die Androhung des Übels müsste zusätzlich aber gemäß § 240 Abs. 2 StGB auch zum angestrebten Zweck als verwerflich anzusehen sein. Verwerflichkeit meint einen erhöhten Grad sittlicher Missbilligung.[284] Hieran besteht vorliegend kein Zweifel.

> Klausurhinweis: In weniger eindeutigen Fällen ist die Verwerflichkeit anhand einer Zweck-Mittel-Relation ausdrücklich festzustellen.

A handelte also auch rechtswidrig.

III. Schuld

Mangels ersichtlicher Entschuldigungsgründe handelte er ebenfalls schuldhaft.

Ergebnis

Durch das Einwirken auf M machte sich A also wegen Nötigung nach § 240 Abs. 1 StGB strafbar.

> Klausurhinweis: § 240 StGB ist Grundtatbestand zahlreicher Delikte, wie z. B. Raub, Erpressung, etc. Eine umfassende Prüfung erscheint jedoch nur dann angezeigt, wenn die Nötigung wie hier eine selbständige Bedeutung hat.

B. Strafbarkeit von A und K nach §§ 249 Abs. 1, 250 Abs. 1 Nr. 1b, Abs. 2 Nr. 1, 25 Abs. 2 StGB

A und K könnten sich durch den Überfall im Kiosk des B wegen eines gemeinschaftlichen besonders schweren Raubes nach §§ 249 Abs. 1, 250 Abs. 1 Nr. 1b, Abs. 2 Nr. 1, 25 Abs. 2 StGB strafbar gemacht haben.

I. Tatbestand

1. Objektiver Tatbestand

§ 249 Abs. 1 StGB
Dafür müssten sie zunächst den objektiven Tatbestand des § 249 Abs. 1 StGB als Grundtatbestand verwirklicht haben.

a) Fremde, bewegliche Sache
Bei dem entwendeten Geld müsste es sich daher um eine fremde, bewegliche Sache gehandelt haben. Da die Geldscheine körperliche Gegenstände darstellen,[285] die fortbewegt werden können,[286] und die jedenfalls nicht im Eigentum von A oder K standen und auch nicht herrenlos waren,[287] ist diese Voraussetzung erfüllt.

b) Wegnahme A
Fraglich ist, ob A diese Geldscheine weggenommen hat. Unter einer Wegnahme versteht man den Bruch fremden und die Begründung neuen Gewahrsams,[288] wobei Gewahrsam die von einem Sachherrschaftswillen getragene tatsächliche Sachherrschaft ist.[289] Bis zum Überfall hatte B die Sachherrschaft über das Geld in seiner Kasse, die Scheine standen also in seinem und damit für A fremden Gewahrsam. Ohne Einverständnis des B hat A die Geldscheine an sich genommen[290] und damit fremden Gewahrsam gebrochen. Spätestens mit Verlassen des Kiosks hat er auch neuen eigenen Gewahrsam an ihnen begründet.[291] Er hat das Geld also weggenommen.

c) Mittäterschaftliche Zurechnung der Wegnahme für K
Problematisch ist jedoch, dass K selbst die Geldscheine nicht aus der Kasse genommen hat. Er hat also keine Wegnahme vorgenommen. Damit wäre für ihn der objektive Tatbestand des Raubes nicht verwirklicht, es sei denn, er hätte bei dem Überfall mit A gemeinschaftlich als Mittäter gehandelt. In diesem Fall müsste er sich nämlich gemäß § 25 Abs. 2 StGB die Tathandlungen des A zurechnen lassen. Fraglich ist also, ob A und K Mittäter waren oder ob K lediglich A bei dessen Wegnahme geholfen hat. Um dies festzustellen, müssen alle relevanten Umstände des Sachverhalts herangezogen werden.

Zunächst ist festzustellen, dass A und K einen gemeinsamen Tatplan hatten, den Kiosk des B zu überfallen und Geld zu entwenden. Sie hatten auch ein gemeinsames Tatinteresse, da sie sich beide in wirtschaftlichen Nöten befanden und die Beute zwischen beiden gerecht aufgeteilt werden sollte. A und K gingen arbeitsteilig vor, beide aber hatten ganz wesentliche Tatbeiträge beim Überfall zu erfüllen, A, das Geld der Kasse zu entnehmen und mit ihm zu fliehen, K, den B in dieser Zeit mit seiner Spielzeugpistole in Schach zu halten. Beide hatten somit sowohl objektiv Tatherrschaft als auch subjektiv Täterwillen.

Folglich handelten A und K gemeinschaftlich als Mittäter. Gemäß § 25 Abs. 2 StGB müssen sich alle Mittäter ihre jeweiligen Tatbeiträge gegenseitig zurechnen lassen. Vorliegend ist also auch für K die Wegnahme zu bejahen.

> Klausurhinweis: Da diese Sachverhaltskonstellation völlig eindeutig auf einen Raub hindeutet, erscheint es unnötig, eine Abgrenzung gegenüber einer räuberischen Erpressung vorzunehmen. Siehe hierzu aber Fall 20.

d) Nötigungsmittel: Drohung mit gegenwärtiger Gefahr für Leib oder Leben K

Weitere Voraussetzung ist die Vornahme eines qualifizierten Nötigungsmittels. Vorliegend kommt als Nötigungsmittel nicht Gewalt gegen eine Person, sondern die Drohung mit gegenwärtiger Gefahr für Leib oder Leben durch K in Betracht. Drohung ist das Inaussichtstellen eines Übels, das der Drohende als von seinem Willen abhängig darstellt.[292] Zwar lässt sich dem Sachverhalt nicht entnehmen, dass K irgendetwas gesagt hat, als er B die Spielzeugpistole vorgehalten hat. Er hat hierdurch aber unmissverständlich für B konkludent, also durch schlüssiges Tun, zum Ausdruck gebracht, dass er B erschießen werde, wenn dieser nicht den Forderungen nachkomme. Somit hat er mit einer gegenwärtigen, also unmittelbar bevorstehenden Gefahr für dessen Leben gedroht. Dass er diese Drohung mit seiner Spielzeugwaffe nicht in die Tat umsetzen kann, spielt keine Rolle, es genügt, dass er diese Möglichkeit vorgibt. K hat mit Vorhalten der Spielzeugpistole also gegenüber B mit gegenwärtiger Gefahr für Leib oder Leben gedroht. Das qualifizierte Nötigungsmittel ist gegeben.

e) Mittäterschaftliche Zurechnung der Drohung für A

Die Drohung ist zwar nur von K ausgegangen, A muss sich allerdings als Mittäter, wie gesehen, diese Tathandlung als eigene nach § 25 Abs. 2 StGB zurechnen lassen.

f) Finalität

Schließlich muss zwischen dem Nötigungsmittel und der Wegnahme ein Finalitätszusammenhang bestehen, die Drohung muss also zum Zwecke der Durchführung der Wegnahme eingesetzt worden sein.[293] Vorliegend bedroht K den B zu dem Zweck, dass A ungestört das Geld aus der Kasse nehmen kann. Die Finalität ist somit gegeben.

> Klausurhinweis: Im Detail gibt es hierzu eine Vielzahl unterschiedlicher Ansätze. Als „Klausurklassiker" sollte aber bekannt sein, dass es an der Finalität dann fehlt, wenn der Täter das Nötigungsmittel zu einem ganz anderen Zweck angewandt hat. Kein Raub, sondern nur Körperverletzung und Diebstahl liegt z. B. dann vor, wenn der Täter aus Rache seinen Feind niederschlägt und dann erst auf die Idee kommt, dem ohnmächtig vor ihm Liegenden die wertvolle Armbanduhr zu entwenden.

A und K haben somit den objektiven Tatbestand eines gemeinschaftlichen Raubes nach §§ 249 Abs. 1, 25 Abs. 2 StGB erfüllt.

§ 250 Abs. 1 Nr. 1b StGB

Sie könnten durch ihr Handeln aber auch eine Qualifikation verwirklicht haben, nämlich einen gemeinschaftlichen schweren Raub nach §§ 249 Abs. 1, 250 Abs. 1 Nr. 1b, 25 Abs. 2 StGB begangen haben.

> Klausurhinweis: Da § 250 Abs. 2 Nr. 1 StGB gegenüber § 250 Abs. 1 Nr. 1a StGB spezieller ist, weil z. B. eine nach Abs. 2 verwendete Waffe nach Abs. 1 auch mitgeführt werden muss, ist es vorliegend genauso gut vertretbar, zuerst Abs. 2 zu prüfen, diesen hier abzulehnen und erst anschließend auf Abs. 1 einzugehen.

a) Sonst ein Werkzeug oder Mittel

Die Qualifikation des § 250 Abs. 1 Nr. 1a StGB kommt vorliegend nicht in Betracht, da es sich bei der Spielzeugwaffe weder um einen Gegenstand handelt, der dazu bestimmt ist, erhebliche Verletzungen herbeizuführen, noch dazu geeignet, zumal die Spielzeugpistole nicht einmal als Schlaginstrument brauchbar ist. Es handelt sich also weder um eine Waffe noch um ein anderes gefährliches Werkzeug, sondern um ein sonstiges Werkzeug nach § 250 Abs. 1 Nr. 1b StGB.[294]

b) Beisichführen durch den Täter oder einen anderen Beteiligten am Raub

Dieses Mittel müsste einer der Täter bei sich geführt haben. Das bedeutet, dass der Täter den Gegenstand derart dabei hat, dass er ihn jederzeit und ohne besonderen Aufwand zum Einsatz bringen kann, er also zugriffs- und einsatzbereit ist.[295] Durch das Mitnehmen und Vorhalten hat K die Spielzeugpistole dementsprechend bei sich geführt. Da es genügt, wenn einer der am Raub Beteiligten das Mittel bei sich führt, spielt es auch keine Rolle, dass A keine Waffe dabei hatte.

A und K haben also auch den objektiven Tatbestand der Qualifikation des § 250 Abs. 1 Nr. 1b StGB erfüllt.

§ 250 Abs. 2 Nr. 1 StGB

Zwar hat K die Spielzeugpistole auch – zur Drohung – verwendet, allerdings erfüllen A und K dennoch nicht die Qualifikation des § 250 Abs. 2 Nr. 1 StGB, da diesbezüglich als Tatwerkzeug eine Waffe oder ein gefährliches Werkzeug vorliegen muss, was hier, wie gesehen, nicht der Fall ist.

> Klausurhinweis: Da die Spielzeugpistole hier verwendet wird, ist auch Abs. 2 Nr. 1 StGB anzusprechen und dann aber abzulehnen. Weitere Qualifikationstatbestände erscheinen mit dem Sachverhalt eher abwegig. Eine Bande etwa erfordert mindestens drei Personen.

2. Subjektiver Tatbestand

a) Vorsatz

aa) § 249 Abs. 1 StGB

A und K müssten hinsichtlich der objektiven Tatbestandsvoraussetzungen vorsätzlich gehandelt haben. Vorsatz ist das Wissen und Wollen der Tatbestandsverwirklichung.[296] Beide hatten die Absicht, gemeinschaftlich als Mittäter mit den Geldscheinen fremde, bewegliche Sachen wegzunehmen, so dass dolus directus 1. Grades angenommen werden kann. Zudem wollten sie, dass der Tatbeitrag des jeweils anderen ihnen als eigener mittäterschaftlicher Tatbeitrag zugerechnet wird.

bb) § 250 Abs. 1 Nr. 1b StGB

Beiden war bekannt, dass K die Spielzeugpistole als sonstiges Werkzeug bei sich führte, so dass sie vorsätzlich handelten.

b) Absicht, sich die Sache rechtswidrig zuzueignen

Neben dem Vorsatz müsste aber auch die Absicht bestanden haben, sich die Geldscheine rechtswidrig zuzueignen.

aa) Aneignungsabsicht

Dazu bedarf es zunächst der Absicht der Täter, sich die Geldscheine zumindest vorübergehend in ihr Vermögen einzuverleiben.[297] Diese Absicht bestand vorliegend sowohl bei A als auch bei K.

bb) Enteignungsvorsatz

Sie hatten auch Enteignungsvorsatz, nämlich den Willen, B dauerhaft aus dessen Sachherrschaft zu verdrängen.[298]

cc) Rechtswidrigkeit der beabsichtigten Zueignung

Da weder A noch K einen Anspruch auf die Geldscheine hatten,[299] war die von ihnen erstrebte Zueignung auch rechtswidrig.

dd) Vorsatz bezüglich der Rechtswidrigkeit der beabsichtigten Zueignung
Dass sie keinen Anspruch auf die Geldscheine hatten, war ihnen auch bewusst. Sie handelten demnach mit Vorsatz hinsichtlich der Rechtswidrigkeit der beabsichtigten Zueignung.

c) Absicht, mit dem sonstigen Werkzeug den Widerstand zu verhindern
Die Scheinwaffe als sonstiges Werkzeug müsste mitgeführt worden sein, um den Widerstand einer anderen Person durch Gewalt oder Drohung mit Gewalt zu verhindern oder zu überwinden. K hat die Spielzeugpistole zum Überfall mitgenommen, um B davon abzuhalten, Gegenwehr zu leisten. Somit hatte er die erforderliche Verwendungsabsicht. Folglich ist auch der subjektive Tatbestand dieser Qualifikation erfüllt.

A und K haben somit auch den subjektiven Tatbestand eines schweren Raubes erfüllt.

II. Rechtswidrigkeit

Rechtfertigungsgründe sind nicht ersichtlich, so dass A und K auch rechtswidrig handelten.

III. Schuld

Auch an der Schuld bestehen keine Zweifel, insbesondere sind Entschuldigungsgründe hier nicht einschlägig.

Ergebnis

A und K haben sich somit durch ihren Überfall wegen eines gemeinschaftlichen schweren Raubes nach §§ 249 Abs. 1, 250 Abs. 1 Nr. 1b, 25 Abs. 2 StGB strafbar gemacht.

C. Strafbarkeit des A nach §§ 252, 250 Abs. 1 Nr. 1a, Abs. 2 Nr. 1 StGB

Durch seinen Schlag mit dem Stein auf den Kopf von L könnte sich A schließlich auch wegen eines besonders schweren räuberischen Diebstahls nach §§ 252, 250 Abs. 1 Nr. 1a, Abs. 2 Nr. 1 StGB strafbar gemacht haben.

> Klausurhinweis: Auch mit diesem Verhalten von A auf der Flucht hat K nichts zu tun, hiervon hatte er nicht einmal Kenntnis, so dass auch diesbezüglich eine Tatbeteiligung nicht in Betracht kommt.

I. Tatbestand

1. Objektiver Tatbestand

§ 252 StGB
Zunächst müsste A den Grundtatbestand des räuberischen Diebstahls objektiv erfüllt haben.

a) Vortat: Raub des A
Dafür müsste eine durch A begangene vollendete Vortat gegeben sein, nach dem Gesetz ein Diebstahl. Die h.M. setzt dem allerdings jede andere Wegnahme in Zueignungsabsicht gleich, also auch den von A begangenen vollendeten Raub, der ja auch die Diebstahlsvoraussetzungen umfasst.[300] Die erforderliche Vortat liegt also vor.

b) Nötigungsmittel: Gewalt gegen eine Person
Wiederum ist ferner ein qualifiziertes Nötigungsmittel erforderlich. Der Schlag mit dem Stein stellte sicherlich keine Drohung dar, in Betracht kommt also nur die Gewalt gegen eine Person. Gewalt ist der physisch vermittelte Zwang zur Überwindung eines geleisteten oder erwarteten Widerstandes.[301] Mit dem Schlag mit dem Stein kam es zur körperlichen Kraftentfaltung des A und zu einer körperlich empfundenen Zwangswirkung bei L. Gewalt gegen eine Person als Nötigungsmittel ist somit anzunehmen.

c) Auf frischer Tat betroffen
A müsste durch L nun auf frischer Tat betroffen sein. Das ist dann der Fall, wenn der Täter in Tatortnähe und alsbald nach Tatbegehung wahrgenommen wird.[302] Man kann auch von einem engen räumlichen und zeitlichen Zusammenhang zwischen Tat und Betroffensein sprechen. A wurde während der Tat von L beobachtet und bereits nach rund 50 Metern eingeholt, also in der Nähe des Tatorts und nur kurze Zeit nach der Tatausführung. Er wurde daher auf frischer Tat betroffen.

> Klausurhinweis: In der Regel kann man wie folgt differenzieren: Einsatz des Nötigungsmittels noch vor Vollendung der Wegnahme führt zum Raub; Gewalt erst nach Beendigung des Diebstahls stellt sich als Kombination aus Körperverletzung und Diebstahl dar, ein räuberischer Diebstahl ist anzunehmen, wenn das Nötigungsmittel, wie hier, zwischen Vollendung und Beendigung des Diebstahls eingesetzt wird.

A hat folglich den objektiven Tatbestand des § 252 StGB erfüllt.

§ 250 Abs. 1 Nr. 1a StGB

Er könnte aber durch den Schlag mit dem Stein auch die Qualifikation gemäß § 250 Abs. 1 Nr. 1a StGB verwirklicht haben. Der Täter des räuberischen Diebstahls wird nämlich nach § 252 StGB gleich einem Räuber bestraft, was auch die Qualifikationstatbestände des Raubes, hier also § 250 StGB umfasst.

a) Gefährliches Werkzeug

Es könnte sich bei dem aufgehobenen Stein um ein gefährliches Werkzeug handeln. Darunter versteht man einen Gegenstand, der zwar nicht dazu bestimmt, aber nach seiner objektiven Beschaffenheit und konkreten Art der Verwendung dazu geeignet ist, erhebliche Verletzungen herbeizuführen.[303] Schlägt man mit einem harten Pflasterstein auf den Kopf einer Person, so kann man durchaus erhebliche Verletzungen herbeiführen, so dass es sich um ein gefährliches Werkzeug handelt.

b) Beisichführen

Dieses gefährliche Werkzeug müsste A auch bei sich geführt haben. Zwar hat A den Stein nicht von vornherein an den Tatort mitgebracht hat, aber zum Zeitpunkt des Aufhebens und Schlagens hat er ihn zum Einsatz bringen können und damit bei sich geführt.

Der objektive Tatbestand des § 250 Abs. 1 Nr. 1a StGB ist somit erfüllt.

§ 250 Abs. 2 Nr. 1 StGB

Er könnte aber auch einen besonders schweren räuberischen Diebstahl nach § 250 Abs. 2 Nr. 1 StGB begangen haben.

a) Gefährliches Werkzeug

Wie gesehen handelt es sich bei dem Stein um ein gefährliches Werkzeug.

b) Verwenden

A müsste diesen Stein nun aber nicht nur bei sich geführt, sondern auch verwendet haben. Er müsste ihn also zur Erreichung seiner Zwecke eingesetzt haben.[304] Dies ist vorliegend dadurch gegeben, dass er den Stein gegen den Kopf von L geschlagen hat, um diese daran zu hindern, ihn weiter festzuhalten, und um letztlich mit der Beute fliehen zu können.

2. Subjektiver Tatbestand § 252 StGB

a) Vorsatz

aa) § 252 Abs. 1 StGB

A wusste, dass er einen Raub begangen hat und dass er auf frischer Tat durch L betroffen wurde. Darüber hinaus setzte er mit dem Schlag mit dem

Stein absichtlich Gewalt gegen eine Person ein. Er handelte also vorsätzlich.

bb) § 250 Abs. 1 Nr. 1a StGB

Da es A bewusst war, dass man mit dem Stein andere Menschen erheblich verletzen kann und er diesen Stein auch bewusst ergriffen hat, handelte er auch bezüglich § 250 Abs. 1 Nr. 1a StGB mit Vorsatz.

cc) § 250 Abs. 2 Nr. 1 StGB

Da er den Stein auch mit Absicht gegen den Kopf von L geschlagen hat, hatte er schließlich auch Vorsatz bezüglich der Qualifikation des § 250 Abs. 2 Nr. 1 StGB.

b) Beuteerhaltungsabsicht

Darüber hinaus müsste er aber auch in der Absicht gehandelt haben, sich im Besitz des gestohlenen Gutes zu erhalten.[305] A wollte mit der Beute fliehen, um sie mit seinem Mittäter K zu teilen. Er hatte also Beuteerhaltungsabsicht.

Somit hat A auch den subjektiven Tatbestand des räuberischen Diebstahls erfüllt.

> Klausurhinweis: Da ein verwendetes Werkzeug im Sinne des § 250 StGB zwingend auch bei sich geführt werden muss, erscheint es in dieser Konstellation erst recht auch gut vertretbar, direkt Abs. 2 zu prüfen. Viel wichtiger ist es aber, überhaupt an § 250 StGB zu denken, was angesichts der Gesetzessystematik im Falle des räuberischen Diebstahls nicht so selbstverständlich ist wie bei § 249 StGB.

Als Zwischenergebnis kann also festgestellt werden, dass A tatbestandlich nach §§ 252, 250 Abs. 1 Nr. 1a, Abs. 2 Nr. 1 StGB gehandelt hat.

II. Rechtswidrigkeit

Er könnte jedoch für sein Verhalten gerechtfertigt sein und deshalb nicht rechtswidrig gehandelt haben.

Notwehr A gemäß § 32 StGB

Als Rechtfertigungsgrund kommt vorliegend Notwehr nach § 32 StGB in Betracht.

1. Notwehrlage

a) Angriff

Im Rahmen einer Notwehrlage müsste sich A eines gegenwärtigen, rechtswidrigen Angriffs gegenübergestellt sehen. Unter einem Angriff versteht man die Bedrohung rechtlich geschützter Interessen durch menschliches

Verhalten.[306] Vorliegend hält L den A nicht nur auf, sie hält ihn auch mit einem starken Griff fest. Dies kann als Angriff auf die Freiheit des A angesehen werden.

b) Gegenwärtig

Dieser Angriff war auch gegenwärtig, da er zu diesem Zeitpunkt gerade stattgefunden hat.[307]

c) Rechtswidrig

Fraglich ist jedoch, ob dieser Angriff auch rechtswidrig war. L ihrerseits könnte nämlich für ihr Verhalten gerechtfertigt gewesen sein.[308]

> Klausurhinweis: An dieser Stelle ist es unvermeidbar, die Rechtswidrigkeit des Handelns von L inzident (also innerhalb der Strafbarkeitsprüfung des A) zu prüfen, da nach einer Strafbarkeit von L durch den Bearbeitervermerk nicht gefragt wird. Dabei gilt es, besonders systematisch vorzugehen, um nicht die beiden Fragen der Strafbarkeit des A und der Rechtswidrigkeit des Handelns von L durcheinanderzuwerfen. Hilfreich können eine stringente Gliederung und die Formulierung von Zwischenergebnissen sein.

Notwehr für L, § 32 StGB

Diesbezüglich könnte man zunächst daran denken, dass L ihrerseits durch Notwehr nach § 32 StGB gerechtfertigt ist. Immerhin hat A kurz zuvor B ausgeraubt, was einen gegenwärtigen, rechtswidrigen Angriff, also eine Notwehrlage darstellt. Dass L selbst gar nicht angegriffen wurde, spielt keine Rolle, da § 32 Abs. 2 StGB die Nothilfe der Notwehr gleichstellt. Die Handlung der L war auch gegen den Angreifer A gerichtet und mildere gleich geeignete Mittel waren nicht ersichtlich,[309] weshalb die Notwehrhandlung von L auch erforderlich war. Es gibt auch aus sozialethischen Gründen keine Zweifel an der Gebotenheit. Subjektiv ist hierfür allerdings Verteidigungswille erforderlich. Tatsächlich wollte L aber in keiner Weise B gegen den Verlust seines Eigentums verteidigen. Ihr einziges Ziel war es, A seiner gerechten Strafe zuzuführen. Es fehlt L also der für eine Rechtfertigung wegen Notwehr notwendige Verteidigungswille.

Jedermannfestnahmerecht für L, § 127 Abs. 1 StPO

Jedoch könnte L dennoch gerechtfertigt sein, wenn ihr nämlich das Jedermannfestnahmerecht aus § 127 Abs. 1 StPO zustehen würde.

aa) Festnahmelage

Vorauszusetzen ist hierfür zunächst eine Festnahmelage. L müsste also auf frischer Tat betroffen oder verfolgt gewesen sein und hinsichtlich des Täters müsste Fluchtverdacht vorgelegen haben bzw. seine Identität dürfte nicht sofort feststellbar gewesen sein.

(1) Auf frischer Tat betroffen oder verfolgt

Auf frischer Tat betroffen ist der Täter, wenn er bei Begehung seiner Tat oder unmittelbar danach am Tatort oder in dessen unmittelbarer Umgebung gestellt wird.[310] Verfolgt auf frischer Tat wird er, wenn er sich zwar vom Tatort bereits fortbewegt hat, aber sichere Anhaltspunkte auf seine Täterschaft hinweisen und seine Verfolgung zum Zwecke der Ergreifung aufgenommen wird.[311] An dieser Stelle braucht nicht entschieden zu werden, ob A auf frischer Tat betroffen oder „nur" verfolgt wurde, da er erst 50 Meter vom Tatort entfernt von L aufgegriffen wurde. Eine dieser beiden Varianten ist in jedem Fall gegeben, da L den A bei seiner Tat wahrgenommen und zum Zwecke der Ergreifung verfolgt und aufgehalten hat.

(2) Fluchtverdacht oder Identität nicht sofort feststellbar

Da A gerade dabei war, mit der Beute zu entkommen und weiter versuchte, sich zum Zwecke der Flucht von L loszureißen, war er der Flucht verdächtig. Zudem konnte seine Identität auch nicht sofort festgestellt werden.

bb) Festnahmehandlung

(1) Festnahme

L hat A gepackt und mit einem starken Griff festgehalten, ihn also festgenommen im Sinne des § 127 Abs. 1 StPO.

(2) Verhältnismäßigkeit

Die Festnahmehandlung muss in einem angemessenen Verhältnis zum Festnahmezweck stehen, insbesondere erlaubt § 127 Abs. 1 StPO keine Maßnahmen, die eine Gefahr für das Leben des Betroffenen oder eine ernsthafte Gesundheitsschädigung mit sich bringen.[312] Das Festhalten mit einem starken Griff steht keineswegs in einem erkennbaren Missverhältnis zum Zweck der Festnahme eines des schweren Raubes Verdächtigen. Die Verhältnismäßigkeit ist also gewahrt.

cc) Subjektive Voraussetzung: Festnahmewille mit der Absicht, die Strafverfolgung zu sichern

In subjektiver Hinsicht verlangt § 127 Abs. 1 StPO einen Festnahmewillen mit der Absicht, die Strafverfolgung zu sichern.[313] Tatsächlich hat L gerade nicht die Absicht, das Eigentum des B zu verteidigen, sondern den flüchtenden A seiner gerechten Strafe zuzuführen, also seine Strafverfolgung zu sichern.

Zwischenergebnis 1: Rechtfertigung der L nach § 127 Abs. 1 StPO
Es kann somit zunächst festgehalten werden, dass L die objektiven und subjektiven Voraussetzungen des Jedermannfestnahmerechts aus § 127 Abs. 1 StPO erfüllt hat. Sie war für ihr Vorgehen gegen A mithin gerechtfertigt.

Zwischenergebnis 2: Keine Rechtfertigung des A nach § 32 StGB
Dies hat des Weiteren zur Konsequenz, dass auf A kein rechtswidriger Angriff durch L vorgenommen wurde. Notwehr scheidet damit für ihn als Rechtfertigungsgrund aus. Da auch keine anderen Rechtfertigungsgründe ersichtlich sind, handelte er rechtswidrig.

III. Schuld

Mangels ersichtlicher Entschuldigungsgründe handelte er auch schuldhaft.

Ergebnis

A hat sich somit durch den Schlag mit dem Stein gegen den Kopf von L wegen eines besonders schweren räuberischen Diebstahls nach §§ 252, 250 Abs. 1 Nr. 1a, Abs. 2 Nr. 1 StGB strafbar gemacht.

> Klausurhinweis: Nun wäre eigentlich noch eine gefährliche Körperverletzung seitens des A zu prüfen, für die er natürlich genauso wenig gerechtfertigt wäre. Eine solche Prüfung ist jedoch vom Bearbeitervermerk ausgeschlossen. Daran in der Klausur zu denken, ist besonders wichtig, da anderenfalls der zeitliche Rahmen der Bearbeitung gesprengt würde.

Fall 20

Sachverhalt

Der schnöselige Hundebesitzer Hubertus (H) hat durch sein hochnäsiges Verhalten den Zorn seines zwielichtigen Nachbarn Garry (G) auf sich gezogen. H hatte G wiederholt überheblich darauf hingewiesen, wie teuer die von ihm getragene Rolex sei (5.000 Euro) und dass G sich sowas ja sicher nicht leisten könne. G will sich dies jedoch nicht mehr gefallen lassen. Als H ihm gegenüber eines Tages wieder einmal mit seiner Rolex prahlt, sagt G zu ihm: „Entweder du gibst mir jetzt deine Rolex oder ich vergifte deinen komischen Rassehund". G kommt es dabei nur darauf an, an die Rolex des H zu gelangen, um diese für sich zu behalten. Dem Hund des H würde er jedoch in Wirklichkeit nichts antun. H geht jedoch, wie G es beabsichtigt hatte, davon aus, dass G seine Drohung auch wahrmachen würde. Da ihm das Leben seines Rassehundes mehr wert ist als seine Rolex, übergibt er diese dem G, der sich zufrieden verabschiedet.

Nachdem G durch diesen Vorfall gesehen hat, wie einfach es sich durch kriminelle Machenschaften an Geld kommen lässt, beschließt er, es nun mit Überfällen zu versuchen. Mit einer scharfen Pistole geht er in die nächstgelegene Bank zum Schalter, hinter dem die Bankangestellte Birte (B) sitzt. Zwischen B und G befindet sich eine offensichtlich nicht schusssichere Scheibe, die es G aber dennoch unmöglich machen würde, selbst hinter den Schalter zu gelangen oder Geld im Schalterraum zu ergreifen. Er richtet die Waffe auf B und sagt: „Her mit der Kohle, sonst mach' ich dich platt". B weiß zwar, dass G ohne ihre Mitwirkung nicht an das Geld gelangen könnte. Aus Angst um ihr Leben ergreift sie jedoch ein Paar Bündel Banknoten, insgesamt 5.000 Euro, und schiebt diese durch einen kleinen in der Trennscheibe befindlichen Schlitz zu G, welcher das Geld nimmt und flüchtet.

G ist begeistert, wie einfach das ging und beschließt, es am nächsten Tag noch einmal mit einem Überfall auf die nahegelegene Bäckerei zu probieren. Die Waffe lässt er dieses Mal aber besser zu Hause, um nicht doch im Affekt einen Menschen zu erschießen. Dann geht er in die Bäckerei, kommt direkt auf den Inhaber Ansgar (A) zu und sagt mit erhobener Faust: „Mach die Kasse leer, sonst brech' ich dir die Nase". Wie gefordert, nimmt A alles vorhandene Geld (es handelt sich um 200 Euro) aus der Kasse und gibt es G. A geht dabei davon aus, dass er ohnehin das Geld nicht retten könne, da G es sich ansonsten auch selbst aus der Kasse nehmen würde. G ergreift mit dem Geld wieder die Flucht, wird jedoch aufgrund einer Zeugenbeschreibung am nächsten Tag festgenommen.

Aufgabe

Prüfen Sie gutachterlich die Strafbarkeit von G. Eine Strafbarkeit nach §§ 239, 239a StGB sowie Verstöße gegen das Waffengesetz sind nicht zu prüfen.

Lösungsskizze

Tatkomplex 1: Erlangung der Rolex

Strafbarkeit des G nach § 253 Abs. 1 StGB?

I. Tatbestand

1. Objektiver Tatbestand
a) Nötigungsmittel: Drohung mit einem empfindlichen Übel (+)
b) Nötigungserfolg: Handlung des H (+)
c) Vermögensschaden (+)
d) Kausalität (+)

2. Subjektiver Tatbestand
a) Vorsatz (+)
b) Absicht, sich rechtswidrig und stoffgleich zu bereichern (+)

II. Rechtswidrigkeit

1. Keine Rechtfertigungsgründe (+)

2. Verwerflichkeit, § 253 Abs. 2 StGB (+)

III. Schuld (+)

Ergebnis: Strafbarkeit des G nach § 253 Abs. 1 StGB (+)

Tatkomplex 2: Der Banküberfall

A. Strafbarkeit des G nach §§ 249 Abs. 1, 250 Abs. 2 Nr. 1 StGB?

I. Tatbestand

1. Objektiver Tatbestand

§ 249 Abs. 1 StGB
a) Fremde, bewegliche Sache (+)
b) Wegnahme (–)

Ergebnis: Strafbarkeit des G nach §§ 249 Abs. 1, 250 Abs. 2 Nr. 1 StGB (–)

B. Strafbarkeit des G nach §§ 253, 255, 250 Abs. 2 Nr. 1 StGB?

I. Tatbestand

1. Objektiver Tatbestand

§§ 253, 255 StGB

a) Qualifiziertes Nötigungsmittel: Drohung mit gegenwärtiger Gefahr für Leib oder Leben (+)
b) Nötigungserfolg: Handlung der B (+)
c) Vermögensschaden (+)
d) Kausalität (+)

§ 250 Abs. 2 Nr. 1

Verwendung einer Waffe (+)

2. Subjektiver Tatbestand

a) Vorsatz
   aa) *§ 253, 255 StGB (+)*
   bb) *§ 250 Abs. 2 Nr. 1 StGB (+)*
b) Absicht, sich rechtswidrig und stoffgleich zu bereichern (+)

II. Rechtswidrigkeit

1. Keine Rechtfertigungsgründe (+)

2. Verwerflichkeit, § 253 Abs. 2 StGB (+)

III. Schuld (+)

Ergebnis: Strafbarkeit des G nach §§ 253, 255, 250 Abs. 2 Nr. 1 StGB (+)

Tatkomplex 3: Der Überfall auf die Bäckerei

A. Strafbarkeit des G nach § 249 Abs. 1 StGB?

I. Tatbestand

1. Objektiver Tatbestand

a) Fremde, bewegliche Sache (+)
b) Wegnahme (–)

Ergebnis: Strafbarkeit des G nach § 249 Abs. 1 StGB (–)

B. Strafbarkeit des G nach §§ 253, 255 StGB?

I. Tatbestand

1. Objektiver Tatbestand

a) Qualifiziertes Nötigungsmittel: Drohung mit gegenwärtiger Gefahr für Leib oder Leben (+)
b) Nötigungserfolg: Handlung des A (+)
c) Vermögensschaden (+)
d) Kausalität (+)

2. Subjektiver Tatbestand

a) Vorsatz (+)
b) Absicht, sich rechtswidrig und stoffgleich zu bereichern (+)

II. Rechtswidrigkeit

1. Keine Rechtfertigungsgründe (+)

2. Verwerflichkeit, § 253 Abs. 2 StGB (+)

III. Schuld (+)

Ergebnis: Strafbarkeit des G nach §§ 253, 255 StGB (+)

Ausformulierte Lösung

Tatkomplex 1: Erlangung der Rolex

Strafbarkeit des G nach § 253 Abs. 1 StGB

G könnte sich wegen Erpressung gemäß § 253 Abs. 1 StGB strafbar gemacht haben, indem er H aufforderte, ihm seine Rolex zu geben, da er ansonsten seinen Hund vergiften werde.

I. Tatbestand

1. Objektiver Tatbestand

G müsste den objektiven Tatbestand erfüllt haben.

a) Nötigungsmittel: Drohung mit einem empfindlichen Übel

Als Nötigungsmittel könnte er vorliegend mit einem empfindlichen Übel gedroht haben. Drohung ist das Inaussichtstellen eines Übels, das der Drohende als von seinem Willen abhängig darstellt.[314] Empfindlich ist das angedrohte Übel dann, wenn es derart erheblich ist, dass seine Ankündigung geeignet erscheint, den Bedrohten zum erwünschten Verhalten zu veranlassen.[315] G stellt H in Aussicht, dessen Hund zu vergiften, wenn er ihm nicht seine Rolex gebe. Dass G nicht vorhatte, dem Hund wirklich etwas anzutun, ist irrelevant, soweit das Opfer die Drohung ernst nimmt. Dies ist vorliegend der Fall, da H davon ausgeht, dass G seinen Hund wirklich vergiften würde. Dies stellt einen Nachteil für H dar, der von erheblichem Gewicht ist. Demnach liegt eine Drohung mit einem empfindlichen Übel vor.

b) Nötigungserfolg: Handlung des H

Es müsste ein Nötigungserfolg vorliegen. Nötigungserfolg ist ein Handeln, Dulden oder Unterlassen des Genötigten, hier also die Handlung des Gebens der Rolex von H an G.

Die h.L. fordert darüber hinaus im Gegensatz zur Rechtsprechung das Vorliegen einer Vermögensverfügung, also eines Tuns, Duldens oder Unterlassens, das sich unmittelbar vermögensmindernd auswirkt.[316] Da H dem G freiwillig, wenn auch aus seiner Sicht gezwungenermaßen, den Besitz an der Rolex übertragen hat, liegt eine solche Vermögensverfügung aber auch vor, so dass es eines Streitentscheides zwischen Rechtsprechung und Literatur, ob eine Vermögensverfügung für eine Erpressung erforderlich ist, nicht bedarf.

c) Vermögensschaden

H müsste auch einen Vermögensschaden erlitten haben. Dies ist dann der Fall, wenn ein Vergleich der Vermögenslage vor und nach der vorliegenden Vermögensverfügung einen negativen Saldo ergibt.[317] Dadurch, dass H dem G seine Rolex gegeben hat, ist ihm in Höhe deren Wertes von 5.000 Euro ein negativer Saldo und damit ein Vermögensschaden entstanden.

d) Kausalität

Der Nötigungserfolg und der Vermögensschaden müssten auch kausal[318] auf der Nötigungshandlung beruhen. Ohne die Drohung des G, den Hund von H zu vergiften, hätte H dem G nicht seine Rolex übergeben und H wäre auch kein Vermögensschaden entstanden. Die Nötigungshandlung des G war damit kausal für den Nötigungserfolg und dieser für den Vermögensschaden von H.

Der objektive Tatbestand ist mithin erfüllt.

2. Subjektiver Tatbestand

a) Vorsatz

G müsste vorsätzlich gehandelt haben. Vorsatz ist das Wissen und Wollen der Tatbestandsverwirklichung.[319] G wusste, dass H seine Drohung, den Hund zu vergiften, ernst nehmen würde. Ihm kam es auch hierauf an, da er erreichen wollte, dass H ihm die Rolex gibt und diesem dadurch ein entsprechender Vermögensschaden entsteht. G handelte daher vorsätzlich.

b) Absicht, sich rechtswidrig und stoffgleich zu bereichern

Ferner müsste G aber auch die Absicht gehabt haben, sich rechtswidrig zu bereichern. G hatte die Absicht, sich einen Vermögensvorteil in Höhe des Wertes der Rolex zu verschaffen.[320]

Da er auf diese Bereicherung auch keinerlei Anspruch hatte, was er auch wusste, war der Vermögensvorteil auch rechtswidrig[321] und G handelte diesbezüglich vorsätzlich. Die Absicht der rechtswidrigen Bereicherung liegt damit vor.

Die erstrebte Bereicherung müsste aber auch stoffgleich zum erwirkten Schaden sein. Der Vermögensvorteil beim Täter müsste daher spiegelbildlich zum entstandenen Schaden sein.[322] Der Vermögensvorteil bei G in Höhe des Wertes der Rolex von 5.000 Euro stellt zugleich den Schaden bei H dar. Die Stoffgleichheit ist also gegeben.

Somit hat G auch den subjektiven Tatbestand verwirklicht.

II. Rechtswidrigkeit

1. Keine Rechtfertigungsgründe
Rechtfertigungsgründe sind vorliegend nicht ersichtlich.

2. Verwerflichkeit, § 253 Abs. 2 StGB
Die Androhung des Übels müsste zusätzlich aber gemäß § 253 Abs. 2 StGB auch zum angestrebten Zweck als verwerflich anzusehen sein. Sowohl der von G beabsichtigte Zweck, dass H ihm seine Rolex gibt, als auch das hierzu verwendete Mittel in Form der Drohung, dessen Hund zu vergiften, sind vorliegend als verwerflich einzustufen, so dass auch eine Verwerflichkeit der Mittel-Zweck-Relation vorliegt.[323]

G handelte also auch rechtswidrig.

III. Schuld

Mangels ersichtlicher Entschuldigungsgründe handelte er ebenfalls schuldhaft.

Ergebnis

G hat sich wegen Erpressung gemäß § 253 Abs. 1 StGB strafbar gemacht, indem er H aufforderte ihm seine Rolex zu geben, da er ansonsten seinen Hund vergiften werde.

Tatkomplex 2: Der Banküberfall

A. Strafbarkeit des G nach §§ 249 Abs. 1, 250 Abs. 2 Nr. 1 StGB

G könnte sich wegen besonders schweren Raubes nach §§ 249 Abs. 1, 250 Abs. 2 Nr. 1 StGB strafbar gemacht haben, indem er B unter Vorhalt der Pistole aufforderte, das Geld herauszugeben.

I. Tatbestand

1. Objektiver Tatbestand
Dafür müsste er zunächst den objektiven Tatbestand verwirklicht haben.

§ 249 Abs. 1 StGB

a) Fremde, bewegliche Sache

Bei den entwendeten Geldscheinen müsste es sich um fremde, bewegliche Sachen gehandelt haben. Da die Geldscheine körperliche Gegenstände[324] darstellen, die fortbewegt werden können und die jedenfalls nicht im Eigentum von G standen und auch nicht herrenlos waren,[325] handelt es sich bei den Geldscheinen um fremde bewegliche Sachen.

b) Wegnahme

G müsste diese Geldscheine weggenommen haben. Unter einer Wegnahme versteht man den Bruch fremden und die Begründung neuen Gewahrsams.[326] Gewahrsam ist die von einem natürlichen Herrschaftswillen getragene tatsächliche Sachherrschaft eines Menschen über eine Sache.[327] Das Geld stand vorliegend im Gewahrsam von B. Zu prüfen ist, ob G diesen Gewahrsam gebrochen, also die tatsächliche Sachherrschaft von B ohne bzw. gegen deren Willen aufgehoben hat.[328] Dies erscheint deshalb problematisch, weil B dem G die Geldscheine gegeben hat, so dass ein Einverständnis vorliegen könnte. Fraglich ist daher, ob es sich vorliegend um eine Wegnahme und damit einen Raub oder eine Weggabe und damit eine räuberische Erpressung handelt.

Die Rechtsprechung beurteilt dies nach dem äußeren Erscheinungsbild.[329] Liege nach dem äußeren Erscheinungsbild ein Geben des Opfers an den Täter vor, handele es sich um eine Weggabe und nicht um eine Wegnahme im Sinne des § 249 Abs. 1 StGB, so dass ein Raub ausscheide und nur eine räuberische Erpressung in Betracht komme. Nehme der Täter sich die Beute, so liege demgegenüber eine Wegnahme im Sinne von § 249 Abs. 1 StGB vor. Da B dem G vorliegend die Scheine durch den Schlitz durchschob, lag nach dem äußeren Erscheinungsbild ein Geben des Opfers und damit keine Wegnahme im Sinne von § 249 Abs. 1 StGB vor.

Die Literatur stellt hingegen bei der Abgrenzung nicht auf das äußere Erscheinungsbild, sondern auf die innere Willensrichtung des Opfers ab.[330] Übertrage das Opfer den Gewahrsam willentlich, wenn auch erzwungenermaßen, liege eine Weggabe und damit keine Wegnahme im Sinne von § 249 Abs. 1 StGB vor. Glaube das Opfer aber, es habe keine Wahl, weil es den Gewahrsam ohnehin verlieren werde, da sich der Täter bei einer Weigerung des Opfers die Sache selbst nehmen werde, liege eine Wegnahme vor.[331] Vorliegend gab B dem G das Geld willentlich durch den Schlitz. Allerdings befand sich zwischen B und G eine Scheibe, die es G unmöglich machte, selbst hinter den Schalter zu gelangen oder das Geld im Schalterraum zu ergreifen. Demnach konnte sich G das Geld keinesfalls selbst nehmen. B hätte also, wenn sie das Geld nicht herausgegeben hätte, den Gewahrsam am Geld nicht verloren. Vor diesem Hintergrund erfolgte die Gewahrsamsübertragung am Geld von B auf G zwar erzwungenermaßen, da B davon ausgehen musste, bei einer Weigerung erschossen zu werden; gleichwohl erfolgte die Übertragung nach der h. L. vorliegend willentlich, so dass ebenfalls keine Wegnahme vorliegt.

Da beide Ansichten vorliegend zum selben Ergebnis kommen, bedarf es keines Streitentscheides, welcher Meinung zu folgen ist.

Es liegt damit keine Wegnahme vor.

Der objektive Tatbestand ist nicht erfüllt.

Ergebnis

G hat sich keines besonders schweren Raubes nach §§ 249 Abs. 1, 250 Abs. 2 Nr. 1 StGB strafbar gemacht, indem er B unter Vorhalt der Pistole aufforderte, das Geld herauszugeben.

B. Strafbarkeit des G nach §§ 253, 255, 250 Abs. 2 Nr. 1 StGB

G könnte sich aber durch dieselbe Handlung wegen besonders schwerer räuberischer Erpressung nach §§ 253, 255, 250 Abs. 2 Nr. 2 StGB strafbar gemacht haben.

I. Tatbestand

1. Objektiver Tatbestand

Dafür müsste er zunächst den objektiven Tatbestand verwirklicht haben.

§§ 253, 255 StGB

a) Qualifiziertes Nötigungsmittel: Drohung mit gegenwärtiger Gefahr für Leib oder Leben

Als qualifiziertes Nötigungsmittel kommt Gewalt gegen eine Person oder eine Drohung mit gegenwärtiger Gefahr für Leib oder Leben in Betracht. G richtet vorliegend die Waffe auf B und sagt: „Her mit der Kohle, sonst mach‘ ich dich platt“. Dadurch wird B in Aussicht gestellt, dass G sie unmittelbar töten werde. Demnach liegt eine Drohung mit gegenwärtiger Gefahr für das Leben der B vor.

> Klausurhinweis: Die Rechtsprechung geht beim Bedrohen mit einer scharfen Schusswaffe teilweise sogar von Gewalt aus, weil das Opfer dadurch in einen Zustand erheblicher seelischer Erregung versetzt werde.[332] Da dies für das Ergebnis jedoch nicht relevant ist, da ein qualifiziertes Nötigungsmittel durch die Drohung mit gegenwärtiger Gefahr für Leib und Leben beim Bedrohen mit einer Schusswaffe ohnehin vorliegt, erscheint es vertretbar, dies in der Klausur nicht zu erwähnen, sondern schlicht die Drohung mit gegenwärtiger Gefahr für Leib oder Leben anzusprechen und mit positivem Ergebnis zu subsumieren.

b) Nötigungserfolg: Handlung der B

Es müsste ein Nötigungserfolg vorliegen. Nötigungserfolg ist ein Handeln, Dulden oder Unterlassen des Genötigten. B hat dem G die Geldscheine durch den Schlitz geschoben und somit eine Handlung vorgenommen.

Fraglich ist, ob zudem eine Vermögensverfügung erforderlich ist, also ein Tun, Dulden oder Unterlassen, das sich unmittelbar vermögensmindernd auswirkt.[333] Nach der h. L. schließen sich Raub und räuberische Erpressung aus, stehen also in einem Exklusivitätsverhältnis, da für die räuberische Erpressung eine Vermögensverfügung erforderlich sei. Die Rechtsprechung, nach der sich Raub und räuberische Erpressung nicht ausschließen, fordert hingegen keine Vermögensverfügung, sondern lässt jedes Handeln, aber auch ein Dulden oder Unterlassen als Nötigungserfolg genügen. Da vorliegend in dem Verhalten von B nach dem oben Gesagten gerade keine Wegnahme, sondern eine Weggabe zu sehen ist, liegt eine solche Vermögensverfügung hier vor, so dass ein Streitentscheid hier entbehrlich ist.

> Klausurhinweis: Hätte man die Prüfung nicht mit dem Raub, sondern mit der räuberischen Erpressung angefangen, hätte an dieser Stelle der Streit um die Abgrenzung zwischen Raub und räuberischer Erpressung und die Anforderungen an eine Vermögensverfügung im Gegensatz zur Wegnahme erörtert werden müssen. Da dies jedoch nach dem hier gewählten Aufbau bereits bei der Prüfung des Raubes erfolgt ist, muss diese Abgrenzung inhaltlich nicht noch einmal erfolgen.

c) Vermögensschaden

Es müsste auch zu einem Vermögensschaden gekommen sein. B hat an G 5.000 Euro herausgegeben, so dass in dieser Höhe ein Schaden entstanden ist. Dieser Schaden ist allerdings nicht bei B als Verfügender, sondern bei der Bank eingetreten. Ein Abweichen von Verfügendem und Geschädigtem ist jedoch ebenso wie beim Dreiecksbetrug (siehe Fall 17) dann unschädlich, wenn zwischen Verfügendem und Geschädigtem ein Näheverhältnis besteht, also beide nach h. M. in einem Lager stehen.[334] Dies ist vorliegend der Fall, da B als Angestellte bei der Bank arbeitet und befugt ist, am Schalter Auszahlungen vorzunehmen.

d) Kausalität

Der Nötigungserfolg und der Vermögensschaden müssten auch kausal auf der qualifizierten Nötigungshandlung beruhen. Ohne die Drohung des G, die B zu erschießen, hätte diese die 5.000 Euro nicht an diesen herausgegeben. Die qualifizierte Nötigungshandlung des G war damit kausal für den Nötigungserfolg und dieser für den Vermögensschaden bei der Bank.

§ 250 Abs. 2 Nr. 1 StGB

Verwendung einer Waffe

Fraglich ist, ob G eine Waffe verwendet hat. Ein Verwenden liegt vor, wenn ein Einsatz als Mittel der Gewalt oder als Drohmittel erfolgt.[335] Bei dem Überfall hat G die B mit einer scharfen, geladenen Pistole bedroht. Demnach hat er bei der räuberischen Erpressung eine Waffe verwendet.

> Klausurhinweis: Für das Verwenden kommt es nicht darauf, dass mit der Pistole auch geschossen wird. Es reicht für ein Verwenden aus, wenn sie als Drohmittel eingesetzt wird.

> Klausurhinweis: Wie bereits im Rahmen des Falles 19 gezeigt, bestehen bezüglich § 250 Abs. 1 Nr. 1a und b StGB und § 250 Abs. 2 Nr. 1 StGB unterschiedliche Aufbaumöglichkeiten. Wenn – wie in diesem Fall – § 250 Abs. 2 Nr. 1 StGB zuerst geprüft und bejaht wird, muss auf § 250 Abs. 1 Nr. 1a oder b StGB nicht mehr eingegangen werden, da § 250 Abs. 2 Nr. 1 StGB spezieller ist.

Der objektive Tatbestand ist erfüllt.

2. Subjektiver Tatbestand

a) Vorsatz

aa) § 253, 255 StGB

G müsste vorsätzlich gehandelt haben. G wusste und wollte, dass er durch das Richten der Waffe auf B und dem Ausspruch „Her mit der Kohle, sonst mach‘ ich dich platt“ mit einer gegenwärtigen Gefahr für das Leben der B unter Verwendung einer Waffe drohte und wollte gerade dadurch erreichen, dass diese ihm die 5.000 Euro herausgibt und dass der Bank in dieser Höhe ein Schaden entsteht. Demnach handelte G vorsätzlich.

bb) § 250 Abs. 2 Nr. 1 StGB

Aus oben genannten Gründen hat er auch vorsätzlich bezüglich der Verwendung einer Waffe gehandelt.

b) Absicht, sich rechtswidrig und stoffgleich zu bereichern

G müsste auch die Absicht gehabt haben, sich rechtwidrig zu bereichern. G hatte die Absicht, sich einen Vermögensvorteil in Höhe des Wertes des von B herausgegebenen Geldes in Höhe von 5.000 Euro zu verschaffen.

Da er auf dieses auch keinerlei Anspruch hatte, was er auch wusste, war der Vermögensvorteil auch rechtswidrig und G handelte diesbezüglich vorsätzlich. Die Absicht der rechtswidrigen Bereicherung liegt damit vor.

Die erstrebte Bereicherung war auch stoffgleich zum erwirkten Schaden, da der Vorteil bei G in Form der erhaltenen 5.000 Euro genau die Kehrseite des Schadens bei der Bank bildet.

Auch der subjektive Tatbestand ist erfüllt.

II. Rechtswidrigkeit

1. Keine Rechtfertigungsgründe

Rechtfertigungsgründe sind vorliegend nicht ersichtlich.

2. Verwerflichkeit, § 253 Abs. 2 StGB

Die Androhung des Übels müsste zusätzlich aber gemäß § 253 Abs. 2 StGB auch zum angestrebten Zweck als verwerflich anzusehen sein. Sowohl das Drohen mit der Pistole als auch der von G beabsichtigte Zweck, das Geld zu erlangen, sind vorliegend verwerflich, so dass auch eine Verwerflichkeit der Mittel-Zweck-Relation vorliegt.

G handelte also auch rechtswidrig.

III. Schuld

Mangels ersichtlicher Entschuldigungsgründe handelte er ebenfalls schuldhaft.

Ergebnis

G hat sich wegen besonders schwerer räuberischer Erpressung nach §§ 253, 255, 250 Abs. 2 Nr. 1 StGB strafbar gemacht haben, indem er B unter Vorhalt der Pistole aufforderte, das Geld herauszugeben.

Tatkomplex 3: Der Überfall auf die Bäckerei

A. Strafbarkeit des G nach § 249 Abs. 1 StGB

G könnte sich eines Raubes nach § 249 Abs. 1 StGB strafbar gemacht haben, indem er A mit erhobener Faust aufforderte, die Kasse leer zu machen.

I. Tatbestand

1. Objektiver Tatbestand

Der objektive Tatbestand müsste erfüllt sein.

a) Fremde, bewegliche Sache

Bei den Geldscheinen in Höhe von 200 Euro handelt es sich um fremde bewegliche Sachen.

b) Wegnahme

Fraglich ist, ob G diese Geldscheine weggenommen hat. Das Geld stand vorliegend im Gewahrsam des A. Fraglich ist nun, ob G diese tatsächliche Sachherrschaft des A am Geld gegen dessen Willen aufgehoben hat. Erneut erscheint dies deshalb problematisch, da A dem G die Geldscheine gegeben hat, so dass ein Einverständnis vorliegen könnte. Demnach stellt sich wieder die Frage nach einer Abgrenzung zwischen Raub und räuberischer Erpressung gemäß den bereits dargestellten unterschiedlichen Ansatzpunkten in Rechtsprechung und Literatur.

Nach dem äußeren Erscheinungsbild, das die Rechtsprechung zugrunde legt, besteht keine Wegnahme, da A dem G das Geld gegeben hat und ein Gewahrsamsbruch aufgrund dessen Einverständnisses ausscheidet.

Unter Zugrundlegung des Ansatzes der Literatur, dass die Abgrenzung nach der inneren Willensrichtung des Opfers zu erfolgen habe, gab A zwar das Geld an G, glaubte hier aber – im Gegensatz zu B in Tatkomplex 2 – er habe bezüglich der Herausgabe des Geldes deshalb keine Wahl, da er den Gewahrsam am Geld ohnehin verlieren werde, weil G bei einer Weigerung seinerseits das Geld durch einen Griff in die Kasse selbst nehmen würde. Dies führt dazu, dass nach der h. L. vorliegend eine Wegnahme gegeben ist.

Da beide Ansichten zu unterschiedlichen Ergebnissen kommen, bedarf es vorliegend eines Streitentscheides zwischen h. L. und Rechtsprechung.

Nach h. L. schließen sich Raub und räuberische Erpressung durch ein Exklusivitätsverhältnis aus, da für die räuberische Erpressung eine Vermögensverfügung erforderlich sei. Nach der Rechtsprechung schließen sich Raub und räuberische Erpressung nicht aus, sondern in jedem Raub liegt zugleich eine räuberische Erpressung, wobei der Raub hier das speziellere Delikt sei.

Für die h. L. und gegen die Auffassung der Rechtsprechung spricht, dass das speziellere Delikt im StGB grundsätzlich erst nach dem allgemeinen Delikt steht. Sofern man mit der Rechtsprechung aber in § 249 StGB das speziellere Delikt gegenüber §§ 253, 255 StGB sieht, steht dies dem genannten Grundsatz entgegen. Zudem spricht gegen die Rechtsprechung, dass der

Raub durch dieses Verständnis eine unbedeutende Stellung als eigenständiges Delikt erhält.

Für die Rechtsprechung spricht, dass §§ 253, 255 StGB dem Wortlaut nach keine Vermögensverfügung fordert.

Die Argumente der Rechtsprechung vermögen vorliegend mehr zu überzeugen, so dass die h.L. in diesem Aspekt abzulehnen ist.

> Klausurhinweis: Eine tiefere Argumentation wird in der Regel in einer Klausur nicht erwartet. Ohnehin ist sie nur nötig, wenn die beiden Seiten zu unterschiedlichen Ergebnissen kommen.

> Klausurhinweis: Hier ist es selbstverständlich auch ohne Weiteres möglich, die Argumente der h.L. für überzeugender zu halten und ihr zu folgen. In diesem Fall müsste die Wegnahme bejaht und der Raub weiter geprüft werden.

Mangels Bruches fremden Gewahrsams aufgrund des Einverständnisses des A liegt damit keine Wegnahme vor.

Der objektive Tatbestand ist nicht erfüllt.

Ergebnis

G hat sich nicht wegen Raubes nach § 249 Abs. 1 StGB strafbar gemacht, indem er A mit erhobener Faust aufforderte, die Kasse leer zu machen.

B. Strafbarkeit des G nach §§ 253, 255 StGB

G könnte sich aber durch dieselbe Handlung wegen räuberischer Erpressung nach §§ 253, 255 strafbar gemacht haben.

I. Tatbestand

1. Objektiver Tatbestand

Dafür müsste er zunächst den objektiven Tatbestand verwirklicht haben.

a) Qualifiziertes Nötigungsmittel: Drohung mit gegenwärtiger Gefahr für Leib oder Leben

G hat A mit erhobener Faust in Aussicht gestellt, ihm die Nase zu brechen, wenn er nicht die Kasse leer mache. Dies stellt eine Drohung mit einer gegenwärtigen Gefahr für den Leib des A dar. Ein qualifiziertes Nötigungsmittel liegt daher vor.

b) Nötigungserfolg: Handlung des A

Dadurch, dass A dem G die 200 Euro gegeben hat, liegt auch ein Nötigungserfolg in Form einer Handlung des A vor.

> Klausurhinweis: Da bereits oben in der Prüfung des Raubes der Streit zwischen Rechtsprechung und Literatur um das Verhältnis zwischen Raub und räuberischer Erpressung und damit auch der Streit um das Erfordernis einer Vermögensverfügung bei der räuberischen Erpressung zugunsten der Rechtsprechung entschieden wurde, die keine Vermögensverfügung fordert, wäre es unsinnig, den Streit hier erneut anzusprechen. Dass die Literatur hier aufgrund der nach ihrer Ansicht bestehenden Wegnahme keine Vermögensverfügung annehmen würde, ist daher nicht erneut zu thematisieren.

c) Vermögensschaden

Durch die Handlung des A in Form der Übergabe des Geldes ist es bei diesem zu einem Vermögensschaden in Höhe von 200 Euro gekommen.

d) Kausalität

Der Nötigungserfolg und der Vermögensschaden bei A beruhen auch kausal auf der Drohung des G.

Der objektive Tatbestand ist erfüllt.

2. Subjektiver Tatbestand

a) Vorsatz

G wusste und wollte, dass er durch die Aussage, A auf die Nase zu hauen, mit einer gegenwärtigen Gefahr für dessen Leib drohte und wollte gerade dadurch erreichen, dass dieser ihm die 200 Euro herausgibt und dass dem Inhaber der Bäckerei A in dieser Höhe ein Schaden entsteht. Demnach handelte G vorsätzlich.

b) Absicht, sich rechtswidrig und stoffgleich zu bereichern

G hatte auch die Absicht, sich einen Vermögensvorteil in Höhe des Wertes des von B herausgegebenen Geldes in Höhe von 200 Euro zu verschaffen. Die erstrebte Bereicherung war wiederum rechtswidrig, was G auch wusste und zudem auch stoffgleich, da der Vorteil bei G in Form der erhaltenen 200 Euro die Kehrseite des Schadens bei A bildet.

Auch der subjektive Tatbestand ist erfüllt.

II. Rechtswidrigkeit

1. Keine Rechtfertigungsgründe

Rechtfertigungsgründe sind vorliegend nicht ersichtlich.

2. Verwerflichkeit, § 253 Abs. 2 StGB

Sowohl das Drohen mit dem Nasenbeinbruch als auch der von G beabsichtigte Zweck, das Geld zu erlangen, sind vorliegend verwerflich, so dass auch eine Verwerflichkeit der Mittel-Zweck-Relation vorliegt.

G handelte also auch rechtswidrig.

III. Schuld

Mangels ersichtlicher Entschuldigungsgründe handelte er ebenfalls schuldhaft.

Ergebnis

G hat sich wegen räuberischer Erpressung nach §§ 253, 255 StGB strafbar gemacht, indem er A mit erhobener Faust aufforderte, die Kasse leer zu machen.

Fall 21

Sachverhalt

Barry (B) ist Inhaber eines Gebrauchtwagengeschäftes. Das Geschäft läuft jedoch nicht besonders gut. Eines Tages lernt er auf Tinder Anna (A) kennen. Als sie sich treffen und A ihm erzählt, dass sie beim TÜV arbeite, kommt B eine Idee. Nach und nach schafft es B, sich das Vertrauen von A zu erschleichen, welche hoffnungslos in B verliebt ist. Eines Tages erzählt er A, dass es schlecht um sein Geschäft stehe, er jedoch von einer Zukunft mit ihr träume und sie deshalb unbedingt etwas für ihn tun müsse, wenn sie ihn wirklich liebe und sie mit ihm zusammenbleiben wolle. Er bittet A, ihm ihre Schlüssel zu den Geschäftsräumen des TÜV zu geben. Dann werde er nachts in die Räumlichkeiten gehen, TÜV-Plaketten entwenden und könne dann in der Folge seine Gebrauchtwagen „mit neuem TÜV" anbieten und damit zu einem viel höheren Preis verkaufen. Damit sei auch ihre Zukunft gesichert. A hat zwar Bedenken und ist an sich auch gegen kriminelle Handlungen, stimmt aber letztlich zu, aus Angst der B könnte sie sonst verlassen. Sie gibt ihm ihren Schlüssel zu den Räumlichkeiten des TÜV. Mit diesem Schlüssel öffnet B Dienstagnacht die Tür zu den Geschäftsräumen des TÜV, findet nach einigem Suchen 50 TÜV-Plaketten, steckt diese ein und verschwindet.

In seinem Gebrauchtwagengeschäft angekommen, verändert er handschriftlich und unter Zuhilfenahme eines Stempels die Zulassungsbescheinigung Teil I (Fahrzeugschein) eines zugelassenen Opels mit abgelaufenem TÜV und bringt auf dem Nummernschild dieses Fahrzeugs mit abgelaufener TÜV-Plakette eine der entwendeten TÜV-Plaketten an, sodass insgesamt der Anschein erweckt wird, dass der Opel noch 24 Monate TÜV habe. Dieses Fahrzeug stellt er auf seinem Verkaufsgelände aus mit einem Zettel hinter der Windschutzscheibe „TÜV neu".

A hat jedoch inzwischen Gewissensbisse bekommen und will B dazu überreden, dass er das lassen solle. B denkt jedoch nicht daran und offenbart A, dass er sie sowieso nur benutzt habe und sie jetzt besser still sein solle, da sie ebenso wie er da „mit drin hänge". A lässt sich jedoch nicht beirren und sagt zu B, dass sie dann eben die Konsequenzen trage, aber jetzt zur Polizei gehe, um sich selbst und B anzuzeigen. B bekommt es nun mit der Angst zu tun. Er packt sie und schließt sie in seinem Gästezimmer im 2. Obergeschoss ein, welches mit einem Fenster ausgestattet ist, das ca. 10 m über dem Erdboden liegt. Dadurch möchte er ihr so viel Angst machen, dass sie sich nicht mehr traut, zur Polizei zu gehen. Als er nach einem halben Tag nach ihr sehen will und die Tür öffnet, schafft es A, an B vorbeizuhuschen. Um seine Bestrafung zu verhindern, ergreift B einen schweren Schraubenschlüssel und schlägt A damit nach nur wenigen Metern von hinten auf den Kopf. Damit will er erreichen, sie wieder in das Zimmer einzusperren. A sackt mit einer Kopfplatzwunde zusammen und stirbt infolge des Schlages, was B nicht wollte, aber in Kauf nahm.

Aufgabe

Prüfen Sie gutachterlich die Strafbarkeit von B und A. §§ 123 und 274 StGB sind nicht zu prüfen. Die von B durchgeführten Veränderungen an der Zulassungsbescheinigung sind nicht isoliert zu prüfen.

Etwaig erforderliche Strafanträge sind gestellt.

Lösungsskizze

Tatkomplex 1: Die Entwendung der TÜV-Plaketten

A. Strafbarkeit des B nach §§ 242 Abs. 1, 243 Abs. 1 S. 2 Nr. 1 StGB?

I. Tatbestand

1. Objektiver Tatbestand

a) Fremde, bewegliche Sache (+)
b) Wegnahme (+)

2. Subjektiver Tatbestand

a) Vorsatz (+)
b) Absicht, sich oder einem anderen die Sache rechtswidrig zuzueignen
  aa) *Aneignungsabsicht (+)*
  bb) *Enteignungsvorsatz (+)*
  cc) *Rechtswidrigkeit der beabsichtigten Zueignung (+)*
  dd) *Vorsatz bezüglich der Rechtswidrigkeit der beabsichtigten Zueignung (+)*

II. Rechtswidrigkeit (+)

III. Schuld (+)

IV. Strafzumessungsregel, § 243 Abs. 1 S. 2 Nr. 1 StGB

1. Objektive Merkmale

a) Tatobjekt: Geschäftsraum (+)
b) Tathandlung
  aa) *Einbrechen (–)*
  bb) *Einsteigen (–)*
  cc) *Eindringen mit einem falschen Schlüssel (–)*

Ergebnis: Strafbarkeit des B nach §§ 242 Abs. 1 StGB (+)

B. Strafbarkeit der A nach §§ 242 Abs. 1, 27 StGB?

I. Tatbestand

1. Objektiver Tatbestand
a) Vorsätzlich, rechtswidrige Haupttat (+)
b) Hilfe leisten (+)

2. Subjektiver Tatbestand
a) Vorsatz bezüglich der vorsätzlich rechtswidrigen Haupttat (+)
b) Vorsatz bezüglich des Hilfeleistens (+)

II. Rechtswidrigkeit (+)

III. Schuld (+)

Ergebnis: Strafbarkeit der A nach §§ 242 Abs. 1, 27 StGB (+)

Tatkomplex 2: Das Aufkleben der TÜV-Plakette

A. Strafbarkeit des B nach § 267 Abs. 1 Var. 1, 2 und 3, Abs. 3 S. 2 Nr. 1 StGB?

I. Tatbestand

1. Objektiver Tatbestand
a) Herstellen einer unechten Urkunde (Var. 1) (+)
b) Verfälschen einer echten Urkunde (Var. 2) (+)
c) Gebrauchen einer unechten/verfälschten Urkunde (Var. 3) (+)

2. Subjektiver Tatbestand
a) Vorsatz (+)
b) Zur Täuschung im Rechtsverkehr (+)

II. Rechtswidrigkeit (+)

III. Schuld (+)

IV. Strafzumessungsregel, § 267 Abs. 3 S. 2 Nr. 1 StGB (+)

Ergebnis: Strafbarkeit des B nach § 267 Abs. 1 Var. 1, 2 und 3, Abs. 3 S. 2 Nr. 1 StGB (+)

B. Strafbarkeit des B nach §§ 263 Abs. 1, Abs. 2, 22, 23 Abs. 1 StGB?

I. Vorprüfung

1. Keine Tatvollendung (+)

2. Strafbarkeit des Versuchs (+)

II. Tatbestand

1. Tatentschluss

a) Vorsatz
  aa) *Täuschung (+)*
  bb) *Irrtum (+)*
  cc) *Vermögensverfügung (+)*
  dd) *Vermögensschaden (+)*
b) Absicht der rechtswidrigen und stoffgleichen Bereicherung (+)

2. Unmittelbares Ansetzen (–)

Ergebnis: Strafbarkeit des B nach §§ 263 Abs. 1, Abs. 2, 22, 23 Abs. 1 StGB (–)

C. Strafbarkeit der A nach §§ 267 Abs. 1 Var. 1, 2 und 3, Abs. 3 S. 2 Nr. 1, 27 StGB?

I. Tatbestand

1. Objektiver Tatbestand

a) Vorsätzlich, rechtswidrige Haupttat (+)
b) Hilfe leisten (+)

2. Subjektiver Tatbestand

a) Vorsatz bezüglich der vorsätzlich rechtswidrigen Haupttat (+)
b) Vorsatz bezüglich des Hilfeleistens (+)

II. Rechtswidrigkeit (+)

III. Schuld (+)

Ergebnis: Strafbarkeit der A nach §§ 267 Abs. 1 Var. 1, 2 und 3, Abs. 3 S. 2 Nr. 1, 27 StGB (+)

Tatkomplex 3: Das Abschließen der Tür

Strafbarkeit des B nach § 239 Abs. 1 StGB?

I. Tatbestand

1. Objektiver Tatbestand

Einen Menschen einsperren (+)

2. Subjektiver Tatbestand: Vorsatz (+)

II. Rechtswidrigkeit (+)

III. Schuld (+)

Ergebnis: Strafbarkeit des B nach § 239 Abs. 1 StGB (+)

Tatkomplex 4: Der Schlag mit dem Schraubenschlüssel

A. Strafbarkeit des B nach §§ 212 Abs. 1, 211 Abs. 2 StGB?

I. Tatbestand

1. Objektiver Tatbestand

a) Tod eines Menschen (+)
b) Kausalität (+)
c) Objektive Zurechnung (+)

2. Subjektiver Tatbestand

a) Vorsatz (+)
b) Zur Verdeckung einer anderen Straftat (+)

II. Rechtswidrigkeit (+)

III. Schuld (+)

Ergebnis: Strafbarkeit des B nach §§ 212 Abs. 1, 211 Abs. 2 StGB (+)

B. Strafbarkeit des B nach § 239 Abs. 1, Abs. 4 StGB?

I. Tatbestand

1. Objektiver Tatbestand

a) Objektiver Tatbestand des Grunddelikts, § 239 Abs. 1 StGB (+)
b) Objektiver Tatbestand der Erfolgsqualifikation, § 239 Abs. 4 StGB
   aa) *Eintritt der schweren Folge: Tod eines Menschen (+)*
   bb) *Kausalität des Grunddelikts für die schwere Folge (+)*
   cc) *Tatbestandsspezifischer Gefahrzusammenhang (+)*

2. Subjektiver Tatbestand

a) Vorsatz bezüglich des Grunddelikts, § 239 Abs. 1 StGB (+)
b) Vorsatz bezüglich der Erfolgsqualifikation, § 239 Abs. 4 StGB (+)

II. Rechtswidrigkeit

III. Schuld

Ergebnis: Strafbarkeit des B nach § 239 Abs. 1, Abs. 4 StGB (+)

Ausformulierte Lösung

Tatkomplex 1: Die Entwendung der TÜV-Plaketten

A. Strafbarkeit des B nach §§ 242 Abs. 1, 243 Abs. 1 S. 2 Nr. 1 StGB

B könnte sich wegen Diebstahls im besonders schweren Fall gemäß §§ 242 Abs. 1, 243 Abs. 1 S. 2 Nr. 1 StGB strafbar gemacht haben, indem er die TÜV-Plaketten aus den Geschäftsräumen entwendete.

I. Tatbestand

1. Objektiver Tatbestand

B müsste den objektiven Tatbestand erfüllt haben.

a) Fremde, bewegliche Sache

Bei den 50 TÜV-Plaketten müsste es sich um fremde, bewegliche Sachen handeln. Sachen sind körperliche Gegenstände.[336] Beweglich sind Sachen, die tatsächlich fortbewegt werden können.[337] Sie sind fremd, wenn sie nicht im Alleineigentum des Täters stehen und nicht herrenlos sind.[338] Die 50 TÜV-Plaketten sind körperliche Gegenstände, die tatsächlich fortbewegt werden können und die nicht im Alleineigentum des B stehen oder herrenlos sind. Es handelt sich daher um fremde bewegliche Sachen.

b) Wegnahme

B müsste die TÜV-Plaketten weggenommen haben. Wegnahme ist Bruch fremden und die Begründung neuen Gewahrsams.[339] Dies setzt voraus, dass sich diese in fremdem Gewahrsam befunden haben. Gewahrsam ist die von einem natürlichen Herrschaftswillen getragene tatsächliche Sachherrschaft eines Menschen über eine Sache.[340] Vorliegend befanden sich die TÜV-Plaketten in den Geschäftsräumen des TÜV. Sie standen somit in für B fremdem Gewahrsam.

Diesen Gewahrsam müsste B gebrochen und neuen Gewahrsam begründet haben. Bruch fremden Gewahrsams liegt vor, wenn der Täter die tatsächliche Sachherrschaft des Berechtigten ohne bzw. gegen dessen Willen aufgehoben hat.[341] Neuer Gewahrsam ist begründet, wenn der Täter die tatsächliche Sachherrschaft so erlangt hat, dass ihrer Ausübung keine Hindernisse mehr entgegenstehen.[342] B hat die TÜV-Plaketten eingesteckt. Da es sich um kleine, leicht zu verbergende Gegenstände handelt, hat er bereits dadurch eine Gewahrsamsenklave gebildet. Er hat damit die tatsächliche Sachherrschaft des Gewahrsamsinhabers aufgehoben und fremden Gewahrsam gebrochen. Zudem steht der Ausübung der Sachherrschaft mangels Zugriffsmöglichkeit des Berechtigten auch kein Hindernis mehr entgegen, so dass er auch neuen Gewahrsam begründet hat. Er hat die TÜV-Plaketten daher weggenommen.

Der objektive Tatbestand ist erfüllt.

2. Subjektiver Tatbestand

Auch der subjektive Tatbestand müsste erfüllt sein.

a) Vorsatz

Hierzu müsste er vorsätzlich gehandelt haben. Vorsatz ist das Wissen und Wollen der Tatbestandsverwirklichung.[343] B wusste, dass es sich bei den 50 TÜV-Plaketten um fremde bewegliche Sachen handelt und er wollte die Sachherrschaft des Berechtigten aufheben und selbst erlangen und daher auch wegnehmen. B handelte vorsätzlich.

b) Absicht, sich oder einem anderen die Sache rechtswidrig zuzueignen

B müsste die Absicht gehabt haben, sich oder einem Dritten die Sachen rechtswidrig zuzueignen.

aa) Aneignungsabsicht

B müsste vorliegend Aneignungsabsicht gehabt haben. Dies ist der Fall, wenn er die Absicht hatte, sich die Plaketten zumindest vorübergehend in sein Vermögen einzuverleiben.[344] Da er die TÜV-Plaketten an sich nehmen und für seine Autos verwenden wollte, wollte er sie sich auch seinem Vermögen einverleiben und hatte daher Aneignungsabsicht.

bb) Enteignungsvorsatz

Er müsste auch mit Enteignungsvorsatz gehandelt haben. Dies ist der Fall, wenn er den Vorsatz gehabt hätte, den Berechtigten dauerhaft aus dessen Sachherrschaftsstellung zu verdrängen.[345] B wollte die Plaketten für seine Autos verwenden, um diese mit neuem TÜV zu verkaufen. Er wollte den TÜV als Eigentümer daher aus dessen Eigentümerstellung dauerhaft verdrängen. Demnach handelte B auch mit Enteignungsvorsatz.

cc) Rechtswidrigkeit der beabsichtigten Zueignung

Die erstrebte Zueignung des B ist auch rechtswidrig, da dieser keinen fälligen und einredefreien Anspruch[346] auf die Plaketten hatte.

dd) Vorsatz bezüglich der Rechtswidrigkeit der beabsichtigten Zueignung

B wusste auch, dass er keinen fälligen und einredefreien Anspruch auf die Plaketten hatte.

B hatte demnach die Absicht, sich die Sache rechtswidrig zuzueignen.

Der subjektive Tatbestand ist somit erfüllt.

II. Rechtswidrigkeit

Da Rechtfertigungsgründe nicht ersichtlich sind, handelte B rechtswidrig.

III. Schuld

Mangels ersichtlicher Entschuldigungsgründe handelte B auch schuldhaft.

IV. Strafzumessungsregel, § 243 Abs. 1 S. 2 Nr. 1 StGB

Er könnte zudem das Regelbeispiel des § 243 Abs. 1 S. 2 Nr. 1 StGB verwirklicht haben.

1. Objektive Merkmale

a) Tatobjekt: Geschäftsraum

Bei den Räumlichkeiten des TÜV handelt es sich um einen Geschäftsraum im Sinne des § 243 Abs. 1 S. 2 Nr. 1 StGB.

b) Tathandlung

Es müsste zudem eine Tathandlung im Sinne des § 243 Abs. 1 S. 2 Nr. 1 StGB vorliegen.

aa) Einbrechen

Ein Einbrechen scheidet bereits deshalb aus, da B zur Öffnung der Tür einen Schlüssel besaß und damit nicht unter gewaltsamer körperlicher Kraftentfaltung[347] in den Geschäftsraum gelangt ist.

bb) Einsteigen

Auch ein Einsteigen ist vorliegend nicht gegeben, da dies voraussetzen würde, dass B auf einem nicht dafür vorgesehenen Weg in die Räumlichkeiten gelangt ist.[348] B ist aber auf normalem Weg durch die Tür in die Geschäftsräume des TÜV gelangt.

cc) Eindringen mit einem falschen Schlüssel
B könnte aber mit einem falschen Schlüssel eingedrungen sein. Falsch ist ein Schlüssel, der nicht zur ordnungsgemäßen Öffnung bestimmt ist, also vom Berechtigten keine entsprechende Widmung zur Öffnung der Räume hat.[349] Bei dem Schlüssel, mit dem der B die Tür geöffnet hat, handelt es sich jedoch um den Schlüssel der Angestellten A, welche diesen freiwillig an den B herausgegeben hat. Der Schlüssel war daher gerade zur Öffnung der entsprechenden Tür gewidmet und dazu bestimmt und damit nicht falsch, so dass B auch nicht mit einem falschen Schlüssel eingedrungen ist.

> Klausurhinweis: Ein Schlüssel ist also nicht allein deshalb falsch, weil er zu einem nicht erlaubten Zweck genutzt wird, sondern erst dann, wenn er vom Berechtigten entwidmet wurde.

Mangels Tathandlung sind daher die objektiven Merkmale des § 243 Abs. 1 S. 2 Nr. 1 StGB nicht erfüllt, so dass das Regelbeispiel vorliegend auch nicht verwirklicht ist.

Ergebnis

B hat sich wegen Diebstahls gemäß § 242 Abs. 1 StGB strafbar gemacht haben, indem er die TÜV-Plaketten aus den Geschäftsräumen entwendete.

B. Strafbarkeit der A nach §§ 242 Abs. 1, 27 StGB

A könnte sich wegen Beihilfe zum Diebstahl nach §§ 242 Abs. 1, 27 StGB strafbar gemacht haben, indem sie B den Schlüssel zu den Geschäftsräumen des TÜV gab.

I. Tatbestand

1. Objektiver Tatbestand
Der objektive Tatbestand müsste erfüllt sein.

a) Vorsätzlich, rechtswidrige Haupttat
Wie bereits oben geprüft, hat B mit der Begehung des § 242 Abs. 1 StGB eine vorsätzlich rechtswidrige Haupttat begangen.

b) Hilfe leisten
A müsste B zu dessen Tat Hilfe geleistet haben. Hilfeleisten liegt vor bei einem Fördern der Tat, unabhängig davon, ob dies psychisch oder physisch

geschieht.[350] A hat B den Schlüssel zu den Geschäftsräumen des TÜV gegeben, mit dem B in diese gelangen konnte. Dies stellt eine physische Förderung der Tat des A dar.

Dieser Hilfebeitrag ist von seiner Natur her auch nicht so gravierend, dass vorliegend von einem mittäterschaftlichen Tatbeitrag auszugehen ist. Die letztendliche Tatherrschaft lag nämlich bei B, und A hatte auch kein eigenes Interesse am Taterfolg. Ihr ging es bei ihrer Hilfehandlung vornehmlich darum, B nicht zu enttäuschen, damit dieser sie nicht verlässt.

> Klausurhinweis: Da es hier recht offensichtlich ist, dass der Beitrag der A nicht für eine Mittäterschaft ausreicht, ist allenfalls eine knappe Abgrenzung zwischen Mittäterschaft und Beihilfe erforderlich.

Der objektive Tatbestand ist erfüllt.

2. Subjektiver Tatbestand

A müsste auch den subjektiven Tatbestand erfüllt haben. Hierzu müsste sie vorsätzlich gehandelt haben bezüglich der vorsätzlich rechtswidrigen Haupttat des B und bezüglich des eigenen Hilfeleistens (doppelter Gehilfenvorsatz).

a) Vorsatz bezüglich der vorsätzlich rechtswidrigen Haupttat

A wurde durch B in dessen Plan eingeweiht, dass er aus den Räumlichkeiten des TÜV die Plaketten mithilfe ihres Schlüssels entwenden will. Sie wusste daher um die Begehung des beabsichtigten Diebstahls. Zwar war sie dagegen, hat jedoch zumindest dessen Begehung billigend in Kauf genommen. Sie handelte damit vorsätzlich bezüglich der vorsätzlich rechtswidrigen Haupttat des B.

b) Vorsatz bezüglich des Hilfeleistens

A wusste, dass sie durch die Übergabe des Schlüssels an B zur Öffnung der Räumlichkeiten des TÜV die Tat des B fördern würde und hat dies auch zumindest billigend in Kauf genommen, da sie den B nicht enttäuschen wollte. Sie hatte damit auch Vorsatz bezüglich ihres Hilfeleistens.

Der subjektive Tatbestand ist erfüllt.

II. Rechtswidrigkeit

Da Rechtfertigungsgründe nicht ersichtlich sind, handelte A rechtswidrig.

III. Schuld

Mangels ersichtlicher Entschuldigungsgründe handelte A auch schuldhaft.

Ergebnis

A hat sich wegen Beihilfe zum Diebstahl nach §§ 242 Abs. 1, 27 StGB strafbar gemacht, indem sie B den Schlüssel zu den Geschäftsträumen des TÜV gab.

> Klausurhinweis: Wenn man „um die Ecke" denkt, könnte man zudem ggf. noch auf die Idee kommen, dass die Bitte des B an A, ihm die Schlüssel zu geben, die er später für die Öffnung der Tür zu den Geschäftsräumen des TÜV verwendet, zudem eine Anstiftung zur Beihilfe zum (eigenen) Diebstahl darstellt. Eine Anstiftung zur Beihilfe (sog. Kettenteilnahme) stellt eine Beihilfe zur Haupttat dar.[351] Diese würde jedoch bereits an der „vorsätzlich rechtswidrigen Haupttat" scheitern, da § 27 StGB voraussetzt, dass es die Haupttat eines „anderen" sein muss. Haupttäter und Gehilfe müssen daher personenverschieden sein, was im vorliegenden Fall dann aber nicht der Fall wäre.

Tatkomplex 2: Das Aufkleben der TÜV-Plakette

A. Strafbarkeit des B nach § 267 Abs. 1 Var. 1, 2 und 3, Abs. 3 S. 2 Nr. 1 StGB

B könnte sich wegen Urkundenfälschung in einem besonders schweren Fall nach § 267 Abs. 1 Var. 1, 2 und 3, Abs. 3 S. 2 Nr. 1 StGB strafbar gemacht haben, indem er zunächst die Eintragung in die Zulassungsbescheinigung Teil I vornahm und dann die entwendete TÜV-Plakette auf das Nummernschild des Opel mit dem abgelaufenen TÜV klebte.

I. Tatbestand

1. Objektiver Tatbestand

Der objektive Tatbestand müsste erfüllt sein.

a) Herstellen einer unechten Urkunde (Var. 1)

B könnte eine unechte Urkunde hergestellt haben. Urkunde ist jede verkörperte Gedankenerklärung, die zum Beweis im Rechtsverkehr geeignet und bestimmt ist und ihren Aussteller erkennen lässt.[352] Dabei ist zu beachten, dass es sich bei der TÜV-Plakette alleine nur um ein so genanntes Beweiszeichen handelt und nicht um eine Urkunde, da es ohne entsprechendes Bezugsobjekt, also z. B. das Nummernschild eines Kfz, an einer Gedankenerklärung fehlt.[353] Erst durch die Verbindung mit dem Nummernschild kann die Gedankenerklärung entstehen, dass das Kfz, an dem die TÜV-Plakette angebracht ist, technisch bis zu einem gewissen Datum für unbedenklich erachtet wird. Man spricht deshalb von einer zusammengesetzen Urkunde.[354] Diese Erklärung ist im Rechtsverkehr auch zum Beweis der technischen Unbedenklichkeit gegenüber Behörden und anderen Verkehrsteilnehmern geeignet und bestimmt. Zudem ist – jedenfalls durch die entsprechende von B vorgenommene Eintragung in der zugehörigen Zulassungsbescheinigung Teil I – der TÜV als geistiger Aussteller dieser Erklärung zu erkennen. Eine (zusammengesetzte) Urkunde liegt somit vor.

> Klausurhinweis: Ob es sich bei einer aufgeklebten TÜV-Plakette ohne die entsprechende korrespondierende – „gefälschte" – Eintragung in der Zulassungsbescheinigung Teil I um eine Urkunde handelt, ist strittig.[355] Problematisch ist dabei die Frage, ob bei den auf dem Nummernschild aufgeklebten TÜV-Plaketten ohne die entsprechende Eintragung in der Zulassungsbescheinigung Teil I überhaupt ein Aussteller zu erkennen ist. Da hier aber eine entsprechende Eintragung erfolgt ist, kommt es auf diese Frage nicht an.

Fraglich ist, ob diese Urkunde auch unecht ist. Eine Urkunde ist unecht, wenn sie nicht von demjenigen stammt, der in ihr als Aussteller bezeichnet ist.[356] Scheinbarer Aussteller der neu aufgeklebten TÜV-Plakette auf dem Opel ist der TÜV, da es – jedenfalls mit der korrespondierenden falschen Eintragung in der Zulassungsbescheinigung Teil I – den Anschein hat, dieser habe die technische Unbedenklichkeit dieses Pkw für weitere 24 Monate bescheinigt. Tatsächlich ist B selbst aber geistiger Urheber dieser Erklärung, die der TÜV so nicht abgegeben hat. Demnach stammt die Urkunde nicht vom scheinbaren Aussteller (TÜV), sondern von B. Die Urkunde ist damit unecht.

Da B die TÜV-Plakette auf das Nummernschild des Opel aufgeklebt hat, hat er die unechte Urkunde auch hergestellt.

b) Verfälschen einer echten Urkunde (Var. 2)

B könnte zudem eine echte Urkunde verfälscht haben. Verfälscht wird eine echte Urkunde, wenn ihr gedanklicher Inhalt nachträglich unbefugt geändert und so der Anschein erweckt wird als habe der ursprüngliche Aussteller die Erklärung in dieser Form so abgegeben.[357] Voraussetzung ist, dass eine echte Urkunde vorgelegen hat. Ursprünglich lag durch die alte (abgelaufene) aufgeklebte TÜV-Plakette am Opel eine echte Urkunde vor. Durch das Aufkleben der entwendeten neuen TÜV-Plakette unter entsprechender Eintragung in der Zulassungsbescheinigung Teil I hat B den Inhalt der alten Urkunde, nämlich, dass der Opel nur bis zu einem bestimmten, mittlerweile abgelaufenen Zeitpunkt technisch unbedenklich ist, nachträglich unbefugt verändert und so den Anschein erweckt, dass der TÜV das Fahrzeug für zwei weitere Jahre als technisch unbedenklich eingestuft habe. Diese Erklärung hat der TÜV so jedoch nicht abgegeben. Also hat B auch eine echte Urkunde verfälscht.

c) Gebrauchen einer unechten/verfälschten Urkunde (Var. 3)

B könnte die Urkunde auch gebraucht haben. Dies ist dann der Fall, wenn die Urkunde einer zu täuschenden Person so zugänglich gemacht wird, dass diese die Möglichkeit der Kenntnisnahme hat.[358] B hat den Opel mit der aufgeklebten TÜV-Plakette auf seinem Verkaufsgelände mit einem Zettel hinter der Windschutzscheibe „TÜV neu“ ausgestellt, um diesen zu verkaufen. Damit hat er einem Verkaufsinteressenten die Möglichkeit der Kenntnisnahme von der aufgeklebten TÜV-Plakette auf dem Nummernschild des Opel gegeben. Dass bislang noch keine tatsächliche Kenntnisnahme von einem möglichen Verkaufsinteressenten erfolgt ist, ist dabei unerheblich. Demnach hat B die unechte und verfälschte Urkunde auch gebraucht.

Der objektive Tatbestand ist erfüllt.

2. Subjektiver Tatbestand

B müsste auch den subjektiven Tatbestand verwirklicht haben.

a) Vorsatz

B müsste zunächst vorsätzlich gehandelt haben. B wusste, dass er durch die Eintragung in die Zulassungsbescheinigung Teil I sowie das Aufkleben der TÜV-Plakette den Anschein erwecken würde, dass der TÜV die Erklärung der technischen Unbedenklichkeit für 24 weitere Monate abgegeben habe. Dies wollte er auch, um seine Fahrzeuge, hier konkret den auf der Verkaufsfläche ausgestellten Opel, so besser verkaufen zu können. Er handelte damit vorsätzlich bezüglich des Herstellens einer echten Urkunde, des Verfälschens einer unechten Urkunde und des Gebrauchens der Urkunde.

b) Zur Täuschung im Rechtsverkehr

Als besonderes subjektives Merkmal müsste B auch zur Täuschung im Rechtsverkehr gehandelt haben. B hatte vor, durch sein Verhalten den Opel mit vorgeblich neuem TÜV besser und teurer verkaufen zu können, da er für Kaufinteressenten so attraktiver ist. Er wollte den Kaufinteressenten suggerieren, dass die Autos noch weitere 24 Monate TÜV haben, was aber nicht der Wahrheit entsprach. Also handelte B auch zur Täuschung im Rechtsverkehr.

II. Rechtswidrigkeit

Da Rechtfertigungsgründe nicht ersichtlich sind, handelte B rechtswidrig.

III. Schuld

Mangels einschlägiger Entschuldigungsgründe handelte B auch schuldhaft.

IV. Strafzumessungsregel, § 267 Abs. 3 S. 2 Nr. 1 StGB

Er könnte zudem das Regelbeispiel des § 267 Abs. 3 S. 2 Nr. 1 StGB verwirklicht haben. Hierzu müsste er gewerbsmäßig gehandelt haben. Gewerbsmäßig handelt, wer die Absicht hat, sich aus fortlaufender Tatbegehung eine nicht nur vorübergehende und nicht nur unerhebliche Einnahmequelle zu verschaffen.[359] B hat durch die entwendeten TÜV-Plaketten ein neues Geschäftsmodell entwickelt, indem er seine Gebrauchtwagen nun „mit neuem TÜV“ anbieten wollte. Dies impliziert, dass er auch vorhatte, bei weiteren Fahrzeugen nebst den Eintragungen in die jeweiligen Zulassungsbescheinigungen Teil I die entwendeten TÜV-Plaketten aufzukleben, um so die Autos zu einem höheren Preis verkaufen zu können. Demnach hat er gerade die Absicht, sich durch weitere Urkundenfälschungen eine nicht nur vorübergehende und nicht nur unerhebliche Einnahmequelle zu verschaffen. Für ein gewerbsmäßiges Handeln ist es demnach auch nicht erforderlich, dass bereits mehrere Taten begangen wurden. Auch wenn es sich um die erste Tat des B handelt, handelt er aufgrund seiner hier bestehenden entsprechenden Absicht gewerbsmäßig.

> Klausurhinweis: An sich wird das Prüfungsschema der Regelbeispiele in objektive und subjektive Merkmale unterteilt. Da es sich bei der Gewerbsmäßigkeit jedoch um ein rein subjektives Merkmal handelt, ist diese Untergliederung vorliegend nicht möglich.

Daher ist das Regelbeispiel des § 267 Abs. 3 S. 2 Nr. 1 StGB verwirklicht.

Ergebnis

B hat sich wegen Urkundenfälschung in einem besonders schweren Fall nach § 267 Abs. 1 Var. 1, 2 und 3, Abs. 3 S. 2 Nr. 1 StGB strafbar gemacht, indem er die Eintragung in der Zulassungsbescheinigung Teil I veränderte sowie die entwendete TÜV-Plakette auf das Nummernschild des Opel mit dem abgelaufenen TÜV klebte.

B. Strafbarkeit des B nach §§ 263 Abs. 1, Abs. 2, 22, 23 Abs. 1 StGB

B könnte sich durch das Ausstellen des Opel auf dem Verkaufsgelände zudem wegen versuchten Betruges gemäß §§ 263 Abs. 1, Abs. 2, 22, 23 Abs. 1 StGB strafbar gemacht haben.

I. Vorprüfung

1. Keine Tatvollendung

Zunächst dürfte es für die Strafbarkeit wegen versuchten Betruges nicht zur Vollendung der Tat gekommen sein. Bislang ist kein Kaufinteressent erschienen, der das Auto mit der aufgeklebten TÜV Plakette gekauft hat. Ein vollendeter Betrug scheidet mithin aus.

2. Strafbarkeit des Versuchs

Die Versuchsstrafbarkeit des Betrugs ergibt sich aus § 263 Abs. 2 StGB.

II. Tatbestand

1. Tatentschluss

B müsste Tatentschluss bezüglich eines Betrugs gehabt haben. Dazu bedarf es des Vorsatzes sowie der Absicht einer rechtswidrigen und stoffgleichen Bereicherung.

a) Vorsatz

Fraglich ist also zunächst, ob B Vorsatz hatte bezüglich der objektiven Tatbestandsmerkmale.

aa) Täuschung

B wollte durch das Aufkleben der TÜV-Plakette nebst veränderter Zulassungsbescheinigung Teil I und das Ausstellen des Opel gegenüber Kaufinteressenten vorgeben, dass dieser 24 weitere Monate vom TÜV als technisch unbedenklich eingestuft worden ist, was aber, wie er wusste, nicht der Wahrheit entsprach. Demnach hatte er Vorsatz bezüglich der Vorspiegelung falscher Tatsachen und somit bezüglich einer Täuschung.[360]

bb) Irrtum

B wollte bei möglichen Kaufinteressenten die Fehlvorstellung über die Gültigkeit des TÜV bei dem Opel hervorrufen und hatte daher Vorsatz bezüglich eines Irrtums.[361]

cc) Vermögensverfügung

Zugleich wollte er die Kaufinteressenten zu einer Vermögensverfügung veranlassen, indem diese durch die Zahlung des Kaufpreises eine Handlung vornehmen, die unmittelbar zu einer Vermögensminderung führt.[362]

dd) Vermögensschaden

Er wollte auch, dass bei den Kunden, die den Opel kaufen, ein Schaden entsteht in Höhe der Differenz, die der Opel mit neuem TÜV einerseits und ohne TÜV andererseits wert ist.[363]

G hatte also Vorsatz bezüglich der objektiven Tatbestandsmerkmale des Betruges.

b) Absicht der rechtswidrigen und stoffgleichen Bereicherung

Er müsste ferner die Absicht einer rechtswidrigen und stoffgleichen Bereicherung gehabt haben. Durch den Verkauf des Opel, der an sich keinen TÜV mehr hatte, wollte sich B einen Vermögensvorteil verschaffen, auf den er keinen Anspruch hatte, was er auch wusste.[364] Die erstrebte Bereicherung war demnach rechtswidrig und B handelte diesbezüglich vorsätzlich. Dieser erstrebte Vermögensvorteil in Form der Differenz des Wertes zwischen dem Opel mit und ohne TÜV stellt zugleich auch den Schaden des möglichen Kaufinteressenten dar, so dass auch die Stoffgleichheit[365] bejaht werden kann.

Somit hatte B neben dem Vorsatz auch die Absicht einer rechtswidrigen und stoffgleichen Bereicherung, wodurch der Tatentschluss gegeben ist.

2. Unmittelbares Ansetzen

Fraglich ist, ob B auch unmittelbar zur Tat angesetzt hat. Dies ist dann der Fall, wenn der Täter subjektiv die Schwelle zum „jetzt geht's los“ überschritten hat und objektiv so zur tatbestandsmäßigen Ausführungshandlung angesetzt hat, dass nach seiner Vorstellung seine Handlung ohne wesentliche Zwischenschritte in den tatbestandsmäßigen Erfolg mündet.[366] Vorliegend hat B das Auto bislang lediglich auf seiner Verkaufsfläche ausgestellt. Als Zwischenschritt zu einem vollendeten Betrug hätte zunächst ein Kaufinteressent für den Opel erscheinen müssen. Dieser Zwischenschritt stellt sich auch als wesentlich dar, so dass noch kein unmittelbares Ansetzen zur Tat gegeben ist.

Der Tatbestand ist nicht erfüllt.

Ergebnis

B hat sich nicht wegen versuchten Betruges gemäß §§ 263 Abs. 1, Abs. 2, 22, 23 Abs. 1 StGB strafbar gemacht, indem er den Opel auf dem Verkaufsgelände ausstellte.

> Klausurhinweis: Es mag an dieser Stelle sicherlich auch Meinungen geben, die diese Prüfung eines versuchten Betruges für eher abwegig halten, da es offensichtlich am unmittelbaren Ansetzen fehlt. Dieses Problem wird sich in juristischen Klausuren häufig stellen. Bei Unsicherheiten, ob etwas anzuprüfen und zu verneinen oder von vornherein wegzulassen ist, kann es sich ggf. auch anbieten, einen Mittelweg zu wählen, indem die Sache angesprochen wird, aber sodann abseits des eigentlichen Aufbaus direkt ausgeführt wird, warum eine entsprechende Strafbarkeit nicht besteht, also hier, dass eine Strafbarkeit wegen versuchten Betruges deshalb ausscheidet, weil für den tatbestandsmäßigen Erfolg noch das Erscheinen eines Kaufinteressenten für den Opel als wesentlicher Zwischenschritt fehlt und es deshalb am unmittelbaren Ansetzen fehlt.

C. Strafbarkeit der A nach §§ 267 Abs. 1 Var. 1, 2 und 3, Abs. 3 S. 2 Nr. 1, 27 StGB

A könnte sich wegen Beihilfe zur Urkundenfälschung in einem besonders schweren Fall nach §§ 267 Abs. 1 Var. 1, 2 und 3, Abs. 3 S. 2 Nr. 1 StGB, 27 StGB strafbar gemacht haben, indem sie B den Schlüssel zu den Geschäftsräumen des TÜV gab.

I. Tatbestand

1. Objektiver Tatbestand

Der objektive Tatbestand müsste erfüllt sein.

a) Vorsätzlich, rechtswidrige Haupttat

Wie bereits oben geprüft, hat B mit der Begehung des § 267 Abs. 1 Var. 1, 2 und 3, Abs. 3 S. 2 Nr. 1 StGB eine vorsätzlich rechtswidrige Haupttat begangen.

b) Hilfe leisten

A müsste B zu dessen Tat Hilfe geleistet haben. Diesbezüglich kann auf die obigen Ausführungen zum Hilfeleisten bei der Prüfung der Beihilfe zum Diebstahl verwiesen werden. Indem A dem B den Schlüssel zu den Geschäftsräumen des TÜV gegeben hat, er so die TÜV-Plaketten erlangen und diese auf das Nummernschild des Opel kleben konnte, hat sie die Tat des B physisch gefördert und somit Hilfe geleistet.

Der objektive Tatbestand ist erfüllt.

2. Subjektiver Tatbestand

A müsste auch den subjektiven Tatbestand erfüllt haben.

a) Vorsatz bezüglich der vorsätzlich rechtswidrigen Haupttat

A wurde durch B in dessen Plan eingeweiht, dass er aus den Räumlichkeiten des TÜV die Plaketten mithilfe ihres Schlüssels entwenden will und diese als neues Geschäftsmodell auf andere Fahrzeuge kleben will, um diese besser verkaufen zu können. Zwar war A dagegen, hat jedoch zumindest die Begehung der Urkundenfälschung in allen Varianten samt der gewerbsmäßigen Begehungsweise zumindest billigend in Kauf genommen. Dass sie später die Tat des B und dessen Geschäftsmodell nicht mehr wollte, ist nicht relevant, da es für die Beurteilung des Vorsatzes ausschließlich auf den Zeitpunkt des Hilfeleistens, also hier der Schlüsselübergabe, ankommt. A handelte damit vorsätzlich bezüglich der vorsätzlich rechtswidrigen Haupttat des B.

b) Vorsatz bezüglich des Hilfeleistens

A wusste, dass sie durch die Übergabe des Schlüssels an B zur Öffnung der Räumlichkeiten des TÜV die Tat des B fördern würde und hat dies auch billigend in Kauf genommen, da sie den B nicht enttäuschen wollte. Sie hatte damit auch Vorsatz bezüglich ihres Hilfeleistens.

Der subjektive Tatbestand ist erfüllt.

II. Rechtswidrigkeit

Da Rechtfertigungsgründe nicht ersichtlich sind, handelte A rechtswidrig.

III. Schuld

Mangels ersichtlicher Entschuldigungsgründe handelte A auch schuldhaft.

Ergebnis

A hat sich wegen Beihilfe zur Urkundenfälschung in einem besonders schweren Fall nach §§ 267 Abs. 1 Var. 1, 2 und 3, Abs. 3 S. 2 Nr. 1, 27 StGB strafbar gemacht, indem sie B den Schlüssel zu den Geschäftsträumen des TÜV gab.

Tatkomplex 3: Das Abschließen der Tür

Strafbarkeit des B nach § 239 Abs. 1 StGB

B könnte sich wegen Freiheitsberaubung gemäß § 239 Abs. 1 StGB strafbar gemacht haben, indem er A im Zimmer einschloss.

I. Tatbestand

1. Objektiver Tatbestand

Der objektive Tatbestand müsste erfüllt sein.

Einen Menschen einsperren

Hierfür müsste er einen Menschen eingesperrt haben. Einsperren ist das Verhindern des Verlassens eines Raums durch äußere Vorrichtungen gegen den Willen des Opfers.[367] B hat A für einen halben Tag und damit für einen erheblichen Zeitraum in seinem Gästezimmer im Obergeschoss gegen deren Willen eingeschlossen, so dass sie den Raum auf normalem Wege nicht verlassen konnte. Fraglich ist jedoch, wie es sich auswirkt, dass das Zimmer mit einem Fenster ausgestattet war, aus dem A prinzipiell den Raum hätte verlassen können, z. B. durch einen Sprung aus dem Fenster.[368] Hier ist jedoch zu beachten, dass sich das Zimmer im 2. Obergeschoss 10 m über dem Erdboden befand. Ein Sprung aus dem Fenster, um den Raum zu verlassen, wäre für A daher nicht gefahrlos möglich gewesen. Vor diesem Hintergrund ändert das Vorhandensein eines Fensters, durch das A dem Grunde nach hätte fliehen können, nichts daran, dass B sie eingesperrt hat.

B hat den objektiven Tatbestand erfüllt.

2. Subjektiver Tatbestand

B wollte A in dem Gästezimmer gegen deren Willen bewusst einschließen, damit diese nicht zur Polizei geht. Er handelte daher vorsätzlich bezüglich des Einsperrens und hat auch den subjektiven Tatbestand erfüllt.

II. Rechtswidrigkeit

Da Rechtfertigungsgründe nicht ersichtlich sind, handelte B rechtswidrig.

III. Schuld

Mangels ersichtlicher Entschuldigungsgründe handelte B auch schuldhaft.

Ergebnis

B hat sich wegen Freiheitsberaubung gemäß § 239 Abs. 1 StGB strafbar gemacht, indem er A im Zimmer einschloss.

Tatkomplex 4: Der Schlag mit dem Schraubenschlüssel

A. Strafbarkeit des B nach §§ 212 Abs. 1, 211 Abs. 2 StGB

B könnte sich des Mordes nach §§ 212 Abs. 1, 211 Abs. 2 StGB strafbar gemacht haben, indem er A mit dem Schraubenschlüssel auf den Kopf schlug.

> Klausurhinweis: Wie bereits in den vorherigen Fällen dargestellt, ist das Verhältnis von § 212 StGB und § 211 StGB zwischen der h. L. und der Rechtsprechung umstritten. Während die Literatur § 212 StGB als Grundtatbestand und § 211 StGB als Qualifikation ansieht, vertritt die Rechtsprechung die Ansicht, es handele sich um zwei eigenständige Tatbestände.[369] Der vorliegende Aufbau orientiert sich aus Praktikabilitätsgründen an der h. L. Selbstverständlich kann mit der Rechtsprechung aber auch ein anderer Aufbau gewählt werden. Die Art des Aufbaus und wie das Verhältnis zwischen § 212 StGB und § 211 StGB einzustufen ist, muss hingegen in der Klausur nicht erläutert werden.

I. Tatbestand

1. Objektiver Tatbestand

Der objektive Tatbestand müsste erfüllt sein.

a) Tod eines Menschen

A ist verstorben. Der Erfolg in Form des Todes eines Menschen ist eingetreten.

> Klausurhinweis: Da vorliegend objektive Mordmerkmale aus der 2. Gruppe nicht ersichtlich sind, weicht die Prüfung des objektiven Tatbestandes des Mordes nicht von der Prüfung des objektiven Tatbestandes des Totschlags ab.

b) Kausalität

Der Erfolg müsste kausal auf der Handlung des B beruhen. Eine Handlung ist kausal für den Erfolg, wenn sie nicht hinweggedacht werden kann, ohne dass der Erfolg in seiner konkreten Gestalt entfiele.[370] Hätte B der A nicht auf den Kopf geschlagen, wäre diese nicht gestorben. Also war die Handlung des B kausal für den Todeserfolg.

c) Objektive Zurechnung

Schließlich müsste sich B den Taterfolg objektiv zurechnen lassen. Dies ist dann der Fall, wenn er ein rechtlich missbilligtes Risiko geschaffen hat, das sich im tatbestandsmäßigen Erfolg niedergeschlagen hat.[371] B hat durch seinen Schlag mit dem Schraubenschlüssel auf den Kopf ein rechtlich missbilligtes Risiko geschaffen, das sich auch im tatbestandsmäßigen Erfolg, dem Tod der A, niedergeschlagen hat. Folglich ist der Erfolg B auch objektiv zurechenbar.

Der objektive Tatbestand ist erfüllt.

2. Subjektiver Tatbestand

B müsste auch den subjektiven Tatbestand erfüllt haben.

a) Vorsatz

B müsste vorsätzlich bezüglich des Todes der A gehandelt haben. Er nahm in Kauf, dass der Schlag mit dem großen Schraubenschlüssel von hinten auf den Kopf tödlich sein könnte. Er hat den Tod der A zwar nicht beabsichtigt, jedoch hat er sich zur Erreichung seines Ziels, eine Meldung der A bei der Polizei zu verhindern, mit ihm abgefunden und ihn damit gebilligt. Demnach handelte B zumindest mit dolus eventualis und damit vorsätzlich.

b) Zur Verdeckung einer anderen Straftat

Als subjektives Mordmerkmal könnte B zudem zur Verdeckung einer anderen Straftat gehandelt haben. Vorliegend ging es B darum, unbedingt zu verhindern, dass A entkommt und den Einbruch beim TÜV sowie sein neues Geschäftsmodell bei der Polizei meldet, weil er Angst vor Bestrafung hatte. Da sowohl der Einbruch beim TÜV wie auch das neue Geschäftsmodell in Form des Aufklebens der entwendeten TÜV-Plaketten wie bereits geprüft Straftaten darstellen, hat B die A getötet, um eine Aufdeckung dieser Straftaten durch die Polizei zu verhindern. Er handelte daher mit Verdeckungsabsicht.

Der subjektive Tatbestand ist erfüllt.

II. Rechtswidrigkeit

Rechtfertigungsgründe sind nicht ersichtlich, so dass B rechtswidrig handelte.

III. Schuld

Entschuldigungsgründe sind vorliegend nicht ersichtlich. B handelte schuldhaft.

Ergebnis

B hat sich damit des Mordes nach §§ 212 Abs. 1, 211 Abs. 2 StGB strafbar gemacht, indem er A mit dem Schraubenschlüssel auf den Kopf schlug.

B. Strafbarkeit des B nach § 239 Abs. 1, Abs. 4 StGB

B könnte sich durch dieselbe Handlung zudem auch wegen Freiheitsberaubung mit Todesfolge nach § 239 Abs. 1, Abs. 4 StGB strafbar gemacht haben.

> Klausurhinweis: Es ist nicht selbstverständlich, an diese Prüfung zu denken, aber auch zwischen der Freiheitsberaubung und dem späteren Tod von A besteht ein Zusammenhang. Wie dieser ausgestaltet ist, ist im Rahmen der Prüfung dieser Erfolgsqualifikation zu erörtern. Zudem besteht hier die Besonderheit, dass die schwere Folge in Form des Todes der A von B vorsätzlich herbeigeführt worden ist, was möglich ist, da § 18 StGB vorschreibt, dass bei einer Erfolgsqualifikation die schwere Folge „wenigstens" fahrlässig verursacht werden muss. Allerdings hat ein bestehender Vorsatz bezüglich der schweren Folge Auswirkungen auf den Aufbau, der dann grundsätzlich wie bei einem vorsätzlichen Erfolgsdelikt erfolgen kann.

I. Tatbestand

1. Objektiver Tatbestand

Der objektive Tatbestand müsste erfüllt sein.

a) Objektiver Tatbestand des Grunddelikts, § 239 Abs. 1 StGB

Es wurde oben bereits festgestellt, dass B zu Lasten von A eine Freiheitsberaubung objektiv verwirklicht hat, indem er sie eingesperrt hat. Der objektive Tatbestand des Grunddelikts ist also gegeben.

b) Objektiver Tatbestand der Erfolgsqualifikation, § 239 Abs. 4 StGB

aa) Eintritt der schweren Folge: Tod eines Menschen

Da A umgekommen ist, ist auch die schwere Folge der Erfolgsqualifikation nach § 239 Abs. 4 StGB eingetreten.

bb) Kausalität des Grunddelikts für die schwere Folge

Zwischen der Begehung des Grunddelikts und dem Eintritt der schweren Folge muss ein kausaler Zusammenhang bestehen. Ohne dass B die A eingesperrt hätte, wäre es nicht zur Flucht und darauf folgend nicht dazu gekommen, dass B der A mit tödlicher Wirkung den Schraubenschlüssel auf den Kopf von A geschlagen hätte. Zwischen dem Grunddelikt und der schweren Folge besteht mithin der erforderliche kausale Zusammenhang.

cc) Tatbestandsspezifischer Gefahrzusammenhang

Zwischen dem Grunddelikt und dem Eintritt der schweren Folge muss aber auch ein tatbestandsspezifischer Gefahrzusammenhang bestehen. Dies ist dann der Fall, wenn gerade die im Grunddelikt typischerweise angelegte, spezifische Gefahr sich in der schweren Folge realisiert hat.[372] Das Grunddelikt muss also die spezifische Gefahr der schweren Folge beinhalten. Dabei bestehen zwei unterschiedliche Anknüpfungsmöglichkeiten. Die Rechtsprechung knüpft für diese Beurteilung an die Grunddeliktshandlung, also den gesamten Vorgang einschließlich der den Erfolg des Grunddelikts bewirkenden oder begleitenden Ausführungshandlung an, wohingegen mit einem Teil der Lehre der Erfolg des Grunddelikts das entscheidende Anknüpfungskriterium ist.[373] Der Tod von A ist vorliegend nicht unmittelbare, spezifische Folge der Freiheitsberaubung in Form des Einsperrens, so dass der tatbestandsspezifische Gefahrzusammenhang bei einem Abstellen auf den Grunddeliktserfolg nicht gegeben wäre.

Aber selbst bei einem Anknüpfen an die Grunddeliktshandlung einschließlich der Begleithandlungen ist es vorliegend problematisch, dass B die A auf deren Flucht vorsätzlich mit dem Schraubenschlüssel getötet hat. Es kann jedoch durchaus auch die Tatsache, bei der Flucht vom Täter erschlagen zu werden, als spezifische Gefahr einer Freiheitsberaubung angesehen werden, die hier ja gerade den Zweck hatte, A durch ein weiteres Festhalten im Zimmer von einer Strafanzeige abzuhalten. Folglich kann der tatbestandsspezifische Gefahrzusammenhang vorliegend mit der Rechtsprechung angenommen werden.[374] Da bereits der Grunddeliktshandlung einschließlich der den gesamten Vorgang begleitenden Ausführungshandlungen ein hohes Maß an kriminellem Unrecht innewohnt und auch der Wortlaut des § 239 Abs. 4 StGB „während der Tat begangene Handlung" für einen weiten Gesamtzusammenhang spricht, ist in dieser Streitfrage der Rechtsprechung zu folgen. Demnach besteht vorliegend ein tatbestandsspezifischer Gefahrzusammenhang.

Der objektive Tatbestand ist erfüllt.

> Klausurhinweis: Mit entsprechender Begründung erscheint ein anderes Ergebnis auch vertretbar. In diesem Fall würde die Prüfung hier enden.

2. Subjektiver Tatbestand

Um den subjektiven Tatbestand zu erfüllen, müsste B vorsätzlich gehandelt haben.

a) Vorsatz bezüglich des Grunddelikts, § 239 Abs. 1 StGB

Es wurde oben bereits festgestellt, dass B zu Lasten von A auch subjektiv eine Freiheitsberaubung verwirklicht hat, indem er sie vorsätzlich eingesperrt hat.

b) Vorsatz bezüglich der Erfolgsqualifikation, § 239 Abs. 4 StGB

Wie bereits oben bei der Prüfung des Mordes festgestellt, hat B den Tod der A durch den Schlag mit dem Schraubenschlüssel auch bedingt vorsätzlich herbeigeführt.

Der subjektive Tatbestand ist daher erfüllt.

II. Rechtswidrigkeit

Rechtfertigungsgründe sind nicht ersichtlich, so dass B rechtswidrig handelte.

III. Schuld

Entschuldigungsgründe bestehen vorliegend nicht, so dass B schuldhaft handelte.

Ergebnis

B hat sich somit auch wegen Freiheitsberaubung mit Todesfolge nach § 239 Abs. 1, Abs. 4 StGB strafbar gemacht, indem er A mit dem Schraubenschlüssel auf den Kopf schlug.

Fall 22

Sachverhalt

Der beleidigte Bernhard (B) ist tief enttäuscht darüber, dass ihn seine langjährige Freundin Frieda (F) verlassen hat. Lange wehrt er sich gegen die Vorstellung, nun allein sein Leben zu fristen oder gar F in den Armen eines anderen Mannes zu sehen. Er entschließt sich, sie zurückzugewinnen. Zu diesem Zweck schreibt er ihr immer wieder Briefe, die allerdings nicht beantwortet werden. Auch auf seine immer häufiger werdenden Telefonanrufe gibt es keine Reaktion, bis er feststellt, dass F offensichtlich ihre Nummer geändert hat. Deshalb ändert B seine Strategie und taucht jeden Morgen vor dem Haus von F auf. Ihre Bitte, das zu unterlassen, ignoriert B. Auf Fragen besorgter Nachbarn antwortet er, dass er auf dem Weg zu seiner Arbeitsstelle sei, tatsächlich aber ist B derzeit arbeitslos. Sobald F ihr Haus verlässt, nähert sich B ihr und bedrängt sie derart, dass sie kaum von ihm loskommt. Da B immer wieder auch abends vor dem Haus von F auftaucht, macht F abends immer seltener das Licht an, und hält sich vorwiegend im hinteren Hausbereich auf. Als F einige Tage gar nicht aus dem Haus kommt, ruft B sogar bei ihrem Arbeitgeber an, um zu erfahren, dass F Urlaub hat und verreist ist. Da B noch einen nachgemachten Schlüssel aus der Zeit der gemeinsamen Beziehung hat, nutzt B diese Zeit, betritt die Wohnung von F mehrfach und schläft eine Nacht in dem ehemaligen gemeinsamen Bett. Nach Rückkehr aus dem Urlaub bemerkt F den ungebetenen Besuch und erstattet Anzeige gegen B.

Dies wiederum macht B noch viel wütender. Außerdem kommt er zu der Auffassung, F durfte ihn gar nicht verlassen und er habe ein „Anrecht" auf sie. Deshalb versteckt er sich an einem Abend in einem dichten und uneinsehbaren Gebüsch in der Nähe des Hauses von F und wartet, bis sie wie gewöhnlich in der beginnenden Dunkelheit von der Arbeit zurückkehrt. Als F erscheint, zieht B sie in das Gebüsch und hält ihr ein Messer vor das Gesicht. B flüstert ihr zu: „Halt bloß die Klappe und tu, was ich sage, sonst steche ich Dich ab!" Vor Angst bekommt F tatsächlich nur ein leises „Bitte nicht!" heraus. Nun zieht B seine Jeans und seine Unterhose bis zu den Knien herunter und fordert F auf, ihn oral zu befriedigen. Von Ekel gepackt, fasst F plötzlich neuen Mut, denkt gar nicht mehr an das Messer und rammt mit voller Wucht ihr Knie in den Unterleib von B, um sich loszureißen. Dies gelingt ihr auch und sie kann aus dem Gebüsch auf die belebte Straße herausrennen. Als sie zurückblickt, sieht sie den sich immer noch vor Schmerzen krümmenden B im Gebüsch. Voller Wut eilt sie zurück und rammt ihm aus purer Rache ein weiteres Mal das Knie in den Unterleib, was genauso schmerzhaft ist wie beim ersten Mal.

Aufgabe 1

Prüfen Sie gutachterlich die Strafbarkeit von B und F.

Etwaig erforderliche Strafanträge sind gestellt.

Sachverhaltsfortschreibung

Die sexuelle Annäherung kann F vor allem deshalb recht gut verkraften, weil sie gemerkt hat, dass sie sich wehren kann. Die Polizei benachrichtigt sie daher nicht. Allerdings steht B bereits am nächsten Tag wieder vor der Tür der F und ebenso an den darauf folgenden Tagen. F fühlt sich nun doch immer ängstlicher und schwächer und traut sich erst recht nicht mehr, die Polizei zu rufen. Sie fleht stattdessen B an, sie in Ruhe zu lassen, weil sie völlig am Ende sei und das nicht mehr aushalte. B lässt sich jedoch nicht beirren und erscheint nicht nur weiter täglich vor dem Haus von F, sondern verfolgt sie auch noch auf dem Weg zur Arbeit und zurück. Nunmehr weiß F gar keinen Ausweg mehr und erhängt sich im Keller ihres Hauses. Hiermit hatte B überhaupt nicht gerechnet.

Aufgabe 2

Prüfen Sie gutachterlich die Strafbarkeit von B.

Etwaig erforderliche Strafanträge sind gestellt.

Lösungsskizze

Aufgabe 1 – Strafbarkeit von B

A. Strafbarkeit von B nach § 238 Abs. 1 Nr. 1, 2 und 8 StGB?

I. Tatbestand

1. Objektiver Tatbestand

a) Nachstellungshandlung Nr. 1, 2 und 8 (+)
b) Unbefugt (+)
c) Eignung der Nachstellung, die Lebensgestaltung nicht unerheblich zu beeinträchtigen (+)

2. Subjektiver Tatbestand: Vorsatz (+)

II. Rechtswidrigkeit (+)

III. Schuld (+)

Ergebnis: Strafbarkeit nach § 238 Abs. 1 Nr. 1, 2 und 8 StGB (+)

B. Strafbarkeit von B nach § 123 Abs. 1 StGB?

I. Tatbestand

1. Objektiver Tatbestand

a) Geschützte Räumlichkeit: Wohnung (+)
b) Eindringen (+)

2. Subjektiver Tatbestand: Vorsatz (+)

II. Rechtswidrigkeit (+)

III. Schuld (+)

Ergebnis: Strafbarkeit nach § 123 Abs. 1 StGB (+)

C. Strafbarkeit von B nach §§ 177 Abs. 2 Nr. 5, Abs. 5 Nr. 2, Abs. 8 Nr. 1, Abs. 6 Nr. 1, 22, 23 Abs. 1 StGB?

I. Vorprüfung

1. Keine Tatvollendung (+)

2. Strafbarkeit des Versuchs (+)

II. Tatbestand

1. Tatentschluss

a) Vorsatz bezüglich § 177 Abs. 2 Nr. 5 StGB (+)
b) Vorsatz bezüglich § 177 Abs. 5 Nr. 2 StGB (+)
c) Vorsatz bezüglich § 177 Abs. 8 Nr. 1 StGB (+)

2. Unmittelbares Ansetzen (+)

III. Rechtswidrigkeit (+)

IV. Schuld (+)

V. Strafzumessungsregel, § 177 Abs. 6 Nr. 1 StGB (+)

Ergebnis: Strafbarkeit nach §§ 177 Abs. 2 Nr. 5, Abs. 5 Nr. 2, Abs. 8 Nr. 1, Abs. 6 Nr. 1, 22, 23 Abs. 1 StGB (+)

Aufgabe 1 – Strafbarkeit von F

A. Strafbarkeit von F durch den ersten Kniestoß nach § 223 Abs. 1 StGB?

I. Tatbestand

1. Objektiver Tatbestand

a) Handlung (+)
b) Erfolg (+)
c) Kausalität (+)
d) Objektive Zurechnung (+)

2. Subjektiver Tatbestand: Vorsatz (+)

II. Rechtswidrigkeit

Notwehr, § 32 StGB?

1. Notwehrlage
a) Angriff (+)
b) Gegenwärtig (+)
c) Rechtswidrig (+)

2. Notwehrhandlung
a) Verteidigung (+)
b) Erforderlich (+)
c) Geboten (+)

3. Subjektives Rechtfertigungselement (+)

Ergebnis: Strafbarkeit nach § 223 Abs. 1 StGB (–)

B. Strafbarkeit von F durch den zweiten Kniestoß nach § 223 Abs. 1 StGB?

I. Tatbestand

1. Objektiver Tatbestand (+)

2. Subjektiver Tatbestand (+)

II. Rechtswidrigkeit

Notwehr, § 32 StGB?

1. Notwehrlage
a) Angriff (+)
b) Gegenwärtig (–)

III. Schuld

1. Notwehrexzess, § 33 StGB (–)

2. Keine sonstigen Entschuldigungsgründe (+)

Ergebnis: Strafbarkeit nach § 223 Abs. 1 StGB (+)

Aufgabe 2

Strafbarkeit von B nach § 238 Abs. 1, 3 StGB?

I. Tatbestand

1. Grunddelikt § 238 Abs. 1 StGB (+)

2. Eintritt der schweren Folge: Tod eines Menschen (+)

3. Kausalität des Grunddelikts für die schwere Folge (+)

4. Tatbestandsspezifischer Gefahrzusammenhang (+)

5. Fahrlässigkeit bezüglich der schweren Folge
a) Objektive Sorgfaltspflichtverletzung (+)
b) Objektive Vorhersehbarkeit (+)

II. Rechtswidrigkeit (+)

III. Schuld

1. Keine Entschuldigungsgründe (+)

2. Fahrlässigkeitsschuld
a) Subjektive Sorgfaltspflichtverletzung (+)
b) Subjektive Vorhersehbarkeit (+)

Ergebnis: Strafbarkeit nach § 238 Abs. 1, 3 StGB (+)

Ausformulierte Lösung

Aufgabe 1 – Strafbarkeit von B

A. Strafbarkeit von B nach § 238 Abs. 1 Nr. 1, 2 und 8 StGB

B könnte sich wegen Nachstellung gemäß § 238 Abs. 1 Nr. 1, 2 und 8 StGB strafbar gemacht haben, indem er fortwährend F angerufen und angeschrieben hat sowie vor ihrem Haus gestanden und dieses sogar betreten hat.

I. Tatbestand

Dafür müsste er tatbestandlich gehandelt haben.

1. Objektiver Tatbestand

Er müsste also zunächst den objektiven Tatbestand einer Nachstellung verwirklicht haben.

a) Nachstellungshandlung Nr. 1, 2 und 8

Dies setzt eine Nachstellungshandlung voraus. Hier sind mehrere gesetzliche Varianten denkbar. Dadurch dass B sich vor dem Haus von F aufgehalten hat, hat er ihre räumliche Nähe aufgesucht im Sinne des § 238 Abs. 1 Nr. 1 StGB. Indem er sie angerufen und ihr Briefe geschickt hat, hat er darüber hinaus gemäß § 238 Abs. 1 Nr. 2 StGB unter Verwendung von Mitteln der Kommunikation versucht, Kontakt zu F herzustellen. Dass diese weder auf die Anrufe noch auf die Briefe reagiert hat, ändert an dieser Beurteilung nichts. Zusätzlich hat B aber auch die Abwesenheit von F dazu genutzt, die Wohnung von F zu betreten und eine Nacht dort zu verbringen. Dies stellt keine ausdrückliche Nachstellungshandlung nach § 238 Abs. 1 Nr. 1 bis 7 StGB dar. Allerdings ist ein solches Verhalten für das Nachstellungsopfer mindestens genauso belastend wie die direkte Nähe zu suchen und ist daher als vergleichbare Handlung im Sinne des Auffangtatbestandes § 238 Abs. 1 Nr. 8 StGB anzusehen.

> Klausurhinweis: Im Sinne einer gutachterlichen Prüfung sind also alle Varianten anzusprechen, die ernstlich in Betracht kommen.

b) Unbefugt

Die Nachstellungshandlungen müssten aber auch unbefugt gewesen sein. B handelt hier offensichtlich gegen den Willen von F. Diese antwortet nicht und bittet ihn, nicht mehr vor dem Haus aufzutauchen. Gegen die Erlaubnis von F und auch ohne einen anderen nachvollziehen Grund – seine Aussage gegenüber den Nachbarn, zur Arbeit zu gehen, stellt sich als falsch heraus – immer wieder vor dem Haus zu stehen, ist als unbefugt zu bezeichnen.[375]

c) Eignung der Nachstellung, die Lebensgestaltung nicht unerheblich zu beeinträchtigen

Die Nachstellung müsste schließlich dazu geeignet sein, die Lebensgestaltung des Opfers nicht unerheblich zu beeinträchtigen. Schon zu Beginn der Belästigungen hatte F ihre Telefonnummer geändert. Nachdem B dann täglich vor dem Haus von F auftauchte, traute sie sich kaum noch, das Licht anzumachen und hielt sich nur noch im hinteren Teil des Hauses auf. Die

Nachstellungshandlungen waren also nicht nur dazu geeignet, sondern führten sogar tatsächlich zu einer nicht unerheblichen Beeinträchtigung der Lebensgestaltung.

> Klausurhinweis: Der Gesetzgeber hat bewusst die Anforderungen an dieses Tatbestandsmerkmal abgesenkt, indem er den früheren Begriff „schwerwiegend" durch „nicht unerheblich" ersetzt hat. Es soll bereits ein objektiver Anlass für eine Verhaltensänderung beim Opfer genügen, erreicht durch einen ausreichend hohen Druck seitens des Täters. Dabei benennt er ausdrücklich beispielhaft auch das Ändern der Telefonnummer.[376] Es ist ferner zu bedenken, dass es – anders als bei Einführung des § 238 StGB – heute nicht mehr erforderlich ist, dass es tatsächlich zu besagter Beeinträchtigung gekommen ist. Es genügt, dass die Nachstellungshandlungen dazu geeignet sind.

Der objektive Tatbestand einer Nachstellung durch B ist somit erfüllt.

2. Subjektiver Tatbestand

B müsste diesbezüglich auch vorsätzlich gehandelt haben. Vorsatz ist das Wissen und Wollen der Tatbestandsverwirklichung.[377] B hat absichtlich F kontaktiert und dann auch räumlich ihre Nähe gesucht bzw. mit dem Betreten der Wohnung und dem Schlafen im Bett von F eine vergleichbare Handlung vollzogen. Aufgrund der ausdrücklichen Bitte von F, dies zu unterlassen, wusste er auch, dass er dies unbefugt tat. Schließlich nahm er zumindest billigend in Kauf, dass seine Handlungen dazu geeignet waren, die Lebensgestaltung von F nicht unerheblich zu beeinträchtigen. Auch der subjektive Tatbestand ist folglich erfüllt.

II. Rechtswidrigkeit

Mangels ersichtlicher Rechtfertigungsgründe handelte B auch rechtswidrig.

III. Schuld

Er handelte auch schuldhaft, Entschuldigungsgründe sind nicht ersichtlich.

Ergebnis

Somit hat sich B durch die Kontaktaufnahmen gegenüber F und seine weiteren Handlungen wegen Nachstellung gemäß § 238 Abs. 1 Nr. 1, 2 und 8 StGB strafbar gemacht.

B. Strafbarkeit von B nach § 123 Abs. 1 StGB

Durch das Betreten der Wohnung von F, um dort die Nacht zu verbringen, könnte sich B wegen Hausfriedensbruchs gemäß § 123 Abs. 1 StGB strafbar gemacht haben.

I. Tatbestand

1. Objektiver Tatbestand

Fraglich ist, ob der objektive Tatbestand erfüllt ist. Dafür müsste B in eine von § 123 Abs. 1 StGB geschützte Räumlichkeit eingedrungen sein.

a) Geschützte Räumlichkeit: Wohnung

Wohnung ist eine Räumlichkeit, die der Unterkunft von Menschen dient.[378] B hat vorliegend die Nacht in der Wohnung von F verbracht.

b) Eindringen

In diese Räumlichkeit müsste er eingedrungen sein, er müsste die Wohnung also gegen den Willen von F betreten haben.[379] Dass F nicht wollte, dass B ihre Wohnung betritt, war vorliegend offensichtlich. Er ist also eingedrungen.

Der objektive Tatbestand des Hausfriedensbruchs ist mithin erfüllt.

2. Subjektiver Tatbestand

B wusste, dass er in eine Wohnung eintritt, und er wusste auch, dass er dies gegen Willen von F tat. Somit handelte er mit Vorsatz, so dass auch der subjektive Tatbestand gegeben ist.

II. und III. Rechtswidrigkeit und Schuld

Weder Rechtfertigungs- noch Entschuldigungsgründe sind ersichtlich. B handelte demnach rechtswidrig und schuldhaft.

Ergebnis

Durch das Betreten der Wohnung von F hat sich B somit wegen Hausfriedensbruchs nach § 123 Abs. 1 StGB strafbar gemacht.

C. Strafbarkeit von B nach §§ 177 Abs. 2 Nr. 5, Abs. 5 Nr. 2, Abs. 8 Nr. 1, Abs. 6 Nr. 1, 22, 23 Abs. 1 StGB

B könnte sich wegen besonders schwerer versuchter Vergewaltigung nach §§ 177 Abs. 2 Nr. 5, Abs. 5 Nr. 2, Abs. 8 Nr. 1, Abs. 6 Nr. 1, 22, 23 Abs. 1 StGB strafbar gemacht haben, in dem er F das Messer vorhielt und sie dazu aufforderte, ihn oral zu befriedigen.

I. Vorprüfung

1. Keine Tatvollendung

Dabei dürfte die Tat nicht vollendet gewesen sein. Zur Vollendung einer Sexualstraftat nach § 177 StGB gehört immer die durchgeführte sexuelle Handlung. Da F jedoch B vor einem sexuellen Kontakt mit dem Kniestoß abwehren und sich in Sicherheit bringen konnte, fehlt es an der Vornahme einer solchen sexuellen Handlung. Die Tat war somit nicht vollendet.

2. Strafbarkeit des Versuchs

Bei § 177 Abs. 8 StGB handelt es sich um ein Verbrechen, da die Tat im Mindestmaß mit mehr als einem Jahr Freiheitsstrafe bedroht ist. Der Versuch eines Verbrechens ist nach § 23 Abs. 1 StGB stets strafbar.

II. Tatbestand

1. Tatentschluss

B müsste mit Tatentschluss, also vorsätzlich, gehandelt haben.

a) Vorsatz bezüglich § 177 Abs. 2 Nr. 5 StGB

Er müsste zunächst Vorsatz bezüglich des Grundtatbestandes gehabt haben, hier des sexuellen Übergriffs nach § 177 Abs. 2 Nr. 5 StGB. Vorauszusetzen hierfür ist der Vorsatz von B, durch F eine sexuelle Handlung an sich vornehmen zu lassen, wobei die bezweckte sexuelle Handlung gemäß § 184h Nr. 1 StGB von einiger Erheblichkeit sein muss. Sexuell ist eine Handlung, wenn sie das Geschlechtliche des Menschen zum unmittelbaren Inhalt hat.[380] Die Handlung, die B von F verlangt, nämlich ihn oral sexuell zu befriedigen, hat ohne Zweifel das Geschlechtliche zum Inhalt und ist auch im Hinblick auf das geschützte Rechtsgut von einiger Erheblichkeit. Er hatte somit die Absicht, durch F eine sexuelle Handlung an sich vornehmen zu lassen. Nach § 177 Abs. 2 Nr. 5 StGB müsste B ferner den Vorsatz gehabt haben, F zu dieser Handlung durch Drohung mit einem empfindlichen

Übel zu nötigen. Unter einer Drohung versteht man das Inaussichtstellen eines künftigen Übels, das der Drohende als von seinem Willen abhängig darstellt.[381] Empfindlich ist das angedrohte Übel dann, wenn es derart erheblich ist, dass seine Ankündigung geeignet erscheint, den Bedrohten zum erwünschten Verhalten zu veranlassen.[382] B erklärt F unmissverständlich, dass er sie mit dem vorgehaltenen Messer töten werde, wenn sie nicht tut, was er von ihr verlangt, er droht ihr also vorsätzlich mit einem empfindlichen Übel. Ob B seine Warnung tatsächlich umsetzen würde oder nicht, ist für diesen Umstand unerheblich. Der Tatentschluss für § 177 Abs. 2 Nr. 5 StGB ist somit gegeben.

> Klausurhinweis: Nach überwiegender Ansicht ist § 177 Abs. 1 StGB subsidiär gegenüber Abs. 2 Nr. 5, weshalb Abs. 1 an dieser Stelle nicht angesprochen zu werden braucht. Vertretbar erscheint es aber ebenso, beide Alternativen nebeneinander zu prüfen. In diesem Fall wäre § 177 Abs. 1 StGB auch zu bejahen, da der entgegenstehende Wille von F spätestens durch ihre Worte „Bitte nicht" für B offensichtlich erkennbar war (so genannte „Nein heißt nein" Lösung).

b) Vorsatz bezüglich § 177 Abs. 5 Nr. 2 StGB

B könnte aber auch Vorsatz bezüglich der Qualifikation des § 177 Abs. 5 Nr. 2 StGB gehabt haben. Dann müsste sich sein Vorsatz nicht nur auf eine Drohung mit einem empfindlichen Übel, sondern auf eine Drohung mit gegenwärtiger Gefahr für Leib oder Leben beziehen. Da B in Aussicht stellt,[383] F umzubringen, wenn sie seine Forderungen nicht erfüllt, liegt auch in dieser Hinsicht der erforderliche Tatentschluss vor.

c) Vorsatz bezüglich § 177 Abs. 8 Nr. 1 StGB

B müsste ferner Vorsatz zur Verwendung einer Waffe oder eines anderen gefährlichen Werkzeugs gehabt haben. Es kann davon ausgegangen werden, dass es sich bei dem vorgehaltenen Messer zwar nicht um einen Gegenstand handelt, der dazu geschaffen ist, erhebliche Verletzungen herbeizuführen, aber durchaus nach seiner objektiven Beschaffenheit und konkreten Art der Verwendung dazu geeignet.[384] Durch das Vorhalten wollte B also nicht nur ein gefährliches Werkzeug verwenden, er tat es sogar. Er hatte also auch Tatentschluss bezüglich dieser Qualifikation.

> Klausurhinweis: Der Aufbau erinnert an § 250 StGB: nach § 177 Abs. 7 StGB wird der Täter bestraft, der eine Waffe oder ein anderes gefährliches Werkzeug bei sich führt, nach Abs. 8 derjenige, der die Waffe oder das gefährliche Werkzeug auch verwendet. Es ist daher vertretbar, unmittelbar Abs. 8 zu prüfen, jedoch ebenso gut möglich, zuvor auch noch Abs. 7 anzunehmen.

2. Unmittelbares Ansetzen

B müsste unmittelbar zur Tat angesetzt haben. Dies ist dann der Fall, wenn der Täter subjektiv die Schwelle zum „jetzt geht's los“ überschritten hat und objektiv so zur tatbestandsmäßigen Ausführungshandlung angesetzt hat, dass nach seiner Vorstellung seine Handlung ohne wesentliche Zwischenschritte in den tatbestandsmäßigen Erfolg mündet.[385] Mit dem Ziehen von F in das dichte Gebüsch und Vorhalten des Messers und spätestens, indem er seine Hose herunterzog, hat B unmittelbar dazu angesetzt, ein sexuelle Handlung an sich vornehmen zu lassen.

III. Rechtswidrigkeit

Rechtfertigungsgründe sind vorliegend nicht ersichtlich, so dass B auch rechtswidrig handelte.

IV. Schuld

Auch Entschuldigungsgründe sind vorliegend nicht relevant. B handelte demnach auch schuldhaft.

V. Strafzumessungsregel, § 177 Abs. 6 Nr. 1 StGB

Indem B die F konkret dazu aufforderte, ihn oral zu befriedigen, könnte er sich auch wegen einer versuchten Vergewaltigung strafbar gemacht haben. Dies wäre dann gegeben, wenn sein Tatentschluss sich auch auf § 177 Abs. 6 Nr. 1 StGB bezogen hat. Fraglich ist also, ob B entweder den Beischlaf vollziehen oder eine ähnliche sexuelle Handlung an sich vornehmen lassen wollte, die das Opfer besonders erniedrigt, insbesondere wenn sie mit einem Eindringen in den Körper verbunden ist. Unter Beischlaf versteht man das Eindringen des männlichen Gliedes in die Scheide.[386] Dies war vorliegend nicht von B beabsichtigt. B wollte indes von F oral befriedigt werden, was eine ähnliche sexuelle Handlung darstellt wie der Beischlaf, verbunden nämlich mit einem Eindringen des männlichen Gliedes in den Körper, genauer den Mund, des B. Dass dies für F besonders erniedrigend wäre, war B zweifellos bewusst. B hatte somit Tatentschluss bezüglich einer Vergewaltigung. Durch sein Verhalten setzte er wie gesehen auch zu diesem Regelbeispiel unmittelbar an.

> Klausurhinweis: Während in der Literatur auch vertreten wird, dass ein Regelbeispiel gar nicht versucht werden kann, nimmt die Rechtsprechung den Versuch im besonders schweren Fall zumindest dann an, wenn sowohl der Grundtatbestand als auch das Regelbeispiel erstrebt aber nicht erreicht wird.

> Klausurhinweis: Ein strafbefreiender Rücktritt vom Versuch kommt schon deshalb nicht in Betracht, weil der Versuch dadurch fehlgeschlagen war, also aus Sicht des Täters der Taterfolg nicht mehr erreicht werden konnte, dass F sich losreißen und auf die belebte Straße laufen konnte.

Ergebnis

Folglich machte sich B durch seine Forderung unter Vorhalt des Messers wegen einer besonders schweren versuchten Vergewaltigung nach §§ 177 Abs. 2 Nr. 5, Abs. 5 Nr. 2, Abs. 8 Nr. 1, Abs. 6 Nr. 1, 22, 23 Abs. 1 StGB strafbar.

Aufgabe 1 – Strafbarkeit von F

A. Strafbarkeit der F durch den ersten Kniestoß nach § 223 Abs. 1 StGB

Indem sie B ihr Knie ein erstes Mal mit voller Wucht in den Unterleib gerammt hat, könnte sich F wegen Körperverletzung nach § 223 Abs. 1 StGB strafbar gemacht haben.

I. Tatbestand

1. Objektiver Tatbestand

Dazu müsste sie den objektiven Tatbestand des § 223 Abs. 1 StGB erfüllt haben.

a) Handlung

Durch das Zustoßen hat sie willensgesteuert[387] gehandelt.

b) Erfolg

Der Erfolg der Körperverletzung besteht in einer körperlichen Misshandlung oder einer Gesundheitsschädigung. Körperliche Misshandlung ist jede üble unangemessene Behandlung, durch die das körperliche Wohlbefinden oder die körperliche Unversehrtheit des Opfers nicht ganz unerheblich beeinträchtigt wird.[388] Gesundheitsschädigung ist das Hervorrufen oder Steigern eines pathologischen Zustandes.[389] Infolge des Stoßes krümmt sich B vor Schmerzen, sein Wohlbefinden wurde also nicht unerheblich beeinträchtigt. Ob hierdurch auch ein pathologischer Zustand herbeigeführt wurde, lässt sich mit dem Sachverhalt nicht sicher entnehmen. Der Körperverletzungserfolg ist aber auf jeden Fall eingetreten.

c) Kausalität

Die erforderliche Kausalität ist dann gegeben, wenn die Handlung nicht hinweggedacht werden kann, ohne dass der Erfolg in seiner konkreten Gestalt entfiele.[390] Ohne das Zustoßen mit dem Knie wäre es nicht zu den Verletzungsfolgen bei B gekommen, so dass die Kausalität gegeben ist.

d) Objektive Zurechnung

Der Erfolg kann F dann zugerechnet werden, wenn diese ein rechtlich missbilligtes Risiko geschaffen hat, welches sich im tatbestandlichen Erfolg realisiert hat.[391] Durch das Rammen des Knies in den Unterleib von B hat F ein Risiko geschaffen und dieses hat sich in den Verletzungsfolgen realisiert, so dass auch an der objektiven Zurechnung keine Zweifel bestehen.

Der objektive Tatbestand ist mithin erfüllt.

2. Subjektiver Tatbestand

F müsste auch vorsätzlich gehandelt haben. Mit voller Absicht hat F dem B ihr Knie in den Unterleib gerammt, um sich von ihm losreißen zu können und hat die schmerzhaften Folgen für B zumindest billigend in Kauf genommen.

II. Rechtswidrigkeit

Fraglich ist jedoch, ob sie auch rechtswidrig handelte.

Notwehr

Sie könnte nämlich wegen Notwehr nach § 32 StGB gerechtfertigt gewesen sein.

1. Notwehrlage

Dann müsste zunächst eine Notwehrlage gegeben gewesen sein.

a) Angriff

Vorauszusetzen ist hierfür ein Angriff auf F, also eine Bedrohung rechtlich geschützter Interessen durch menschliches Verhalten.[392] Ein solcher Angriff auf die sexuelle Selbstbestimmung von F lag hier durch B vor.

b) Gegenwärtig

Da er unmittelbar bevorstand, war der Angriff auch gegenwärtig.[393]

c) Rechtswidrig

Da keinerlei Rechtfertigung für das Verhalten von B ersichtlich ist, war sein Angriff ebenfalls rechtswidrig.[394]

Somit lag eine Notwehrlage zugunsten F vor.

2. Notwehrhandlung

a) Verteidigung

Als Notwehrhandlung müsste sich F gegen den Angreifer verteidigt haben,[395] was vorliegend der Fall ist.

b) Erforderlich

Da im vorliegenden Fall keine mildere, gleich geeignete Verteidigungshandlung als der Stoß mit dem Knie ersichtlich war, war die Notwehrhandlung auch erforderlich.[396]

c) Geboten

Das Notwehrrecht von F hier sozialethisch einzuschränken, erscheint abwegig, so dass auch die Gebotenheit bejaht werden kann.[397]

3. Subjektives Rechtfertigungselement

In subjektiver Hinsicht müsste F mit dem Willen, sich zu verteidigen, gehandelt haben. Auch dies war vorliegend der Fall.

F war für ihr Verhalten beim ersten Kniestoß also gerechtfertigt, das heißt, sie handelte nicht rechtswidrig.

Ergebnis

F machte sich folglich durch diesen ersten Stoß nicht wegen Körperverletzung nach § 223 Abs. 1 StGB strafbar.

B. Strafbarkeit von F durch den zweiten Kniestoß nach § 223 Abs. 1 StGB

Fraglich ist jedoch, ob sie auch beim zweiten Kniestoß gerechtfertigt war oder ob sie sich dadurch wegen Körperverletzung nach § 223 Abs. 1 StGB strafbar gemacht hat.

I. Tatbestand

1. Objektiver Tatbestand

Bezüglich des objektiven Tatbestandes ist vollumfänglich auf die vorangegangenen Ausführungen zu verweisen. Genauso wie beim ersten Stoß hat F auch durch den zweiten Stoß den objektiven Tatbestand erfüllt.

> Klausurhinweis: Es macht keinen Sinn, hier noch einmal genau dasselbe zu schreiben wie zuvor. Vielmehr erscheint es nicht nur zeitsparend, sondern sogar fachlich gekonnt, zu erkennen, dass die Prüfung keine Unterschiede aufweist und deshalb nach oben zu verweisen. Natürlich kommt aber eine Verweisung nur bezüglich der übereinstimmenden Aspekte in Betracht. Es ist also genau zu überlegen, ob es wirklich keine Unterschiede gibt.

2. Subjektiver Tatbestand

Wie bereits beim ersten Stoß, handelte F auch beim zweiten Zustoßen mit Vorsatz.

II. Rechtswidrigkeit

Erneut stellt sich die Frage, ob F durch Notwehr gerechtfertigt war.

1. Notwehrlage

a) Angriff

Zwar ist das Verhalten von B gegenüber F weiterhin als Angriff anzusehen.

b) Gegenwärtig

Allerdings erfolgte der zweite Stoß von F in den Unterleib von B zu einem Zeitpunkt, als der Angriff seitens B bereits abgeschlossen war. Er lag, durch den ersten Stoß getroffen, gekrümmt im Gebüsch, während F sich auf der belebten Straße in Sicherheit bringen konnte. Weitere Rechtsgutsbeeinträchtigungen durch B standen also nicht mehr unmittelbar bevor. Es fehlt an der Gegenwärtigkeit des Angriffs des B.

F war also nicht durch Notwehr gerechtfertigt. Da andere Rechtfertigungsgründe nicht in Betracht kommen, handelte F rechtswidrig.

III. Schuld

1. Notwehrexzess, § 33 StGB

Sie könnte jedoch möglicherweise entschuldigt sein, wenn ein Notwehrexzess nach § 33 StGB vorgelegen hat. Entschuldigt ist danach der Täter, der die Grenzen der Notwehr aus Verwirrung, Furcht oder Schrecken überschreitet. Problematisch ist aber, dass B vorliegend nicht die Grenze der Erforderlichkeit überschreitet, sondern die Grenze der Gegenwärtigkeit. Notwehr wurde also nicht deshalb abgelehnt, weil sich F nicht erforderlich verteidigte, sondern weil der Angriff bereits abgeschlossen war. Man spricht diesbezüglich auch von einem extensiven Notwehrexzess. Dabei ist umstritten, ob dieser extensive Notwehrexzess überhaupt von § 33 StGB erfasst wird. Teilweise wird angenommen, dass für eine Entschuldigung nach § 33 StGB zumindest eine Notwehrlage gegeben sein muss. Es wird aber auch vertreten, den extensiven Notwehrexzess dem intensiven gleichzustellen.[398] Im vorliegenden braucht diese Frage aber gar nicht entschieden zu werden, da § 33 StGB in jedem Fall verlangt, dass die Notwehr aufgrund eines asthenischen Affektes überschritten wird, also wegen Verwirrung, Furcht oder Schrecken. B rammt indes ihr Knie ein zweites Mal in den Unterleib von B aufgrund von Wut und Rachegelüsten. Solche sthenischen Affekte führen nicht zur Entschuldigung nach § 33 StGB.

2. Keine sonstigen Entschuldigungsgründe

Andere Entschuldigungsgründe kommen nicht in Betracht, so dass F schuldhaft handelte.

Ergebnis

Indem sie ein zweites Mal ihr Knie in den Unterleib von B rammte, machte sich F also wegen Körperverletzung nach § 223 Abs. 1 StGB strafbar.

Aufgabe 2

Strafbarkeit von B nach § 238 Abs. 1, 3 StGB

In der Fallfortsetzung könnte sich B durch seine weiteren Belästigungen von F und dadurch, dass diese sich das Leben nahm, wegen Nachstellung mit Todesfolge nach § 238 Abs. 1, 3 StGB strafbar gemacht haben.

> Klausurhinweis: Man könnte auch zunächst einen Totschlag prüfen und aufgrund des fehlenden Tötungsvorsatzes ablehnen. Da dies im Sachverhalt jedoch eindeutig vorgegeben ist, ist auch eine unmittelbare Prüfung von § 238 Abs. 1, 3 StGB wie hier vertretbar. Aufgrund des unproblematisch gegebenen Grundtatbestandes der Nachstellung ist es auch nicht nötig, eine fahrlässige Tötung zu prüfen, die natürlich im Falle einer Nachstellung mit Todesfolge auch gegeben wäre.

I. Tatbestand

1. Grunddelikt § 238 Abs. 1 StGB

Zunächst müsste B den Grundtatbestand der Nachstellung verwirklicht haben. Mit denselben Handlungen wie im Ausgangssachverhalt hat B weiterhin unbefugt die körperliche Nähe von F gesucht. Sein Verhalten war auch weiterhin dazu geeignet, die Lebensgestaltung von F nicht unerheblich zu beeinträchtigen. Da sein Verhalten vom Vorsatz getragen war, hat B den objektiven und subjektiven Grundtatbestand der Nachstellung verwirklicht.

2. Eintritt der schweren Folge: Tod eines Menschen

Als schwere Folge müsste es zum Tod eines Menschen gekommen sein, was durch den Suizid von F vorliegend der Fall war.

3. Kausalität des Grunddelikts für die schwere Folge

Würde man die Nachstellungshandlungen des B hinwegdenken, so kann auch davon ausgegangen werden, dass F sich nicht umgebracht hätte. Auch die Kausalität zwischen Grunddelikt und schwerer Folge ist also gegeben.

4. Tatbestandsspezifischer Gefahrzusammenhang

Zwischen dem Grunddelikt und dem Eintritt der schweren Folge muss ein tatbestandsspezifischer Gefahrzusammenhang bestehen. Dies ist dann der Fall, wenn gerade die im Grunddelikt typischerweise angelegte, spezifische Gefahr sich in der schweren Folge realisiert hat.[399] Mit der Rechtsprechung ist dabei an die Grunddeliktshandlung anzuknüpfen.[400] Zwar ist der Todeserfolg hier auf das eigene Verhalten von F durch ihren Suizid zurückzuführen. Angesichts des Schutzzwecks der Norm ist der tatbestandsspezifische Gefahrzusammenhang bei § 238 Abs. 3 StGB jedoch auch bei derart selbstschädigendem Verhalten zu bejahen, wenn dieses handlungsleitend auf die Nachstellung des Täters zurückzuführen ist. F hatte sich vorliegend deshalb das Leben genommen, da sie aufgrund der massiven Nachstellungen des B keinen Ausweg mehr sah. Diese Nachstellungshandlungen beinhalten aufgrund ihrer Schwere auch durchaus die Gefahr, dass sich eine betroffene Person das Leben nehmen könnte. Der erforderliche Gefahrzusammenhang lag also vor.

5. Fahrlässigkeit bezüglich der schweren Folge

Laut Sachverhalt ist aber festzustellen, dass B in keiner Weise mit der Möglichkeit rechnete, dass dies geschehen könnte. Er handelte also nicht mit Tötungsvorsatz, auch nicht in der Form des bedingten Vorsatzes. Ein solcher Vorsatz ist für die Erfolgsqualifikation des § 238 Abs. 3 StGB aber auch gar nicht erforderlich. Das Delikt ist bereits verwirklicht, wenn zwar das Grunddelikt vorsätzlich begangen, die schwere Folge aber nur fahrlässig herbeigeführt wurde. Fraglich ist also, ob B hinsichtlich des Todes von F fahrlässig handelte.

> Klausurhinweis: Zur Differenzierung bei einer Todesfolge: Nimmt der Täter den Tod des Opfers mindestens billigend in Kauf (Eventualvorsatz), so liegt ein Totschlag vor; hat er keinerlei Vorsatz, einen Menschen zu töten, handelt aber sorgfaltspflichtwidrig, so ist an eine fahrlässige Tötung zu denken; hat er Vorsatz bezüglich eines Grunddelikts, aber nicht bezüglich der schweren Folge, so kommt eine solche Erfolgsqualifikation wie § 238 Abs. 3 StGB in Betracht.

a) Objektive Sorgfaltspflichtverletzung

Die hierfür erforderliche objektive Sorgfaltspflichtverletzung ist mit dem vorsätzlich begangenen Grunddelikt gegeben.

b) Objektive Vorhersehbarkeit

Die schwere Folge müsste für einen objektiven und durchschnittlichen Betrachter objektiv vorhersehbar gewesen sein. Dies wäre dann zu verneinen, wenn der wesentliche Kausalverlauf und die eingetretene schwere Folge so sehr außerhalb der Lebenserfahrung liegen, dass man mit ihnen nicht zu rechnen brauchte.[401] Vorliegend nimmt B sehr massive Nachstellungshandlungen über einen langen Zeitraum hinweg vor, dies bereits vor der versuchten Vergewaltigung und auch danach. Dazwischen versuchte er ein schweres Delikt gegen die sexuelle Selbstbestimmung von F. Dass es diesbezüglich nicht zur Strafverfolgung kam, spornte ihn offensichtlich noch weiter an, da er anschließend unmittelbar die Annäherungen wieder aufnahm; dies sogar verstärkt, indem er F sogar bis zur Arbeit verfolgte. Da er nicht von der Polizei angesprochen wurde, war auch klar, dass F nicht in der Lage war, auf geeignete Art und Weise Hilfe in Anspruch zu nehmen. In einer solchen Situation stellt es für einen verständigen Beobachter keinen völlig atypischen Kausalverlauf dar, wenn das Opfer keinen anderen Weg mehr sieht, als sich das Leben zu nehmen. Der Tod von F war mithin objektiv vorhersehbar.

II. Rechtswidrigkeit

Rechtfertigungsgründe sind weiterhin nicht ersichtlich, so dass B auch rechtswidrig handelte.

III. Schuld

1. Keine Entschuldigungsgründe

Auch Entschuldigungsgründe sind vorliegend nicht relevant.

2. Fahrlässigkeitsschuld

Zusätzlich müsste auch noch die Fahrlässigkeitsschuld gegeben sein.

a) Subjektive Sorgfaltspflichtverletzung

Die subjektive Sorgfaltspflichtverletzung ist mit der vorsätzlichen Begehung des Grunddelikts zu bejahen.

b) Subjektive Vorhersehbarkeit

Es gibt keine Hinweise im Sachverhalt, die darauf hindeuten könnten, dass B mit seinen Kenntnissen und Fähigkeiten nicht in der Lage gewesen sein könnte, die Todesfolge von F vorherzusehen.[402] Auch die subjektive Vorhersehbarkeit und damit auch die Fahrlässigkeitsschuld im Gesamten sind mithin gegeben.

Ergebnis

Durch seine weiteren Nachstellungshandlungen und dem dadurch herbeigeführten Suizid von F hat sich B also wegen Nachstellung mit Todesfolge nach § 238 Abs. 1, 3 StGB strafbar gemacht.

Fall 23

Sachverhalt

Peter Pyromanski (P) ist Eigentümer eines baufälligen Mehrfamilienhauses mit 10 Wohnungen, die er alle an unterschiedliche Personen vermietet hat. Da ihn seine Mieter immer damit nerven, dass ein weiteres Wohnen im Haus ohne Renovierung unzumutbar sei, P aber kein Geld hat, diese durchzuführen, will er sich des Problems dadurch entledigen, dass er sein Haus, für welches er eine Brandschutzversicherung abgeschlossen hat, niederbrennt. Dadurch hätte er die nervigen Mieter vom Leib und könnte zudem von der Brandschutzversicherung die Versicherungssumme kassieren. Er wartet am Montagmorgen vor dem Haus, bis alle Mieter aus dem Haus zur Arbeit gegangen sind, weil er nicht möchte, dass irgendjemand zu Schaden kommt. Dann deponiert er im Erdgeschoss im Treppenhaus erhebliche Mengen an Holz, Zweigen und Grillanzünder, entzündet diese und sucht das Weite. Da das Holz und die Zweige jedoch feucht sind, entwickelt sich dabei aber kein richtiges Feuer, sondern nur dicker schwarzer Rauch, der schnell in die beiden im Erdgeschoss liegenden Wohnungen der Mieter Kasimir (K) und Armin (A) zieht. Was P nicht weiß, ist, dass A gerade Besuch von seinem Bruder Berthold (B) hat, welcher zum Zeitpunkt des Anzündens in der Wohnung des A anwesend ist. B schafft es zwar, durch das Fenster zu fliehen, zieht sich jedoch eine derart schwere Rauchgasvergiftung zu, dass er in lebensbedrohlichem Zustand drei Wochen stationär im Krankenhaus auf der Intensivstation aufgenommen werden muss. Der Feuerwehr gelingt es schnell, die Rauchquelle zu lokalisieren und unschädlich zu machen, bevor weitere Wohnungen in Mitleidenschaft gezogen werden. Die beiden im Erdgeschoss von K und A liegenden Wohnungen sind jedoch durch den eingedrungenen Rauch komplett verrußt und nicht mehr bewohnbar.

Aufgabe

Prüfen Sie gutachterlich die Strafbarkeit von P. Eine Strafbarkeit nach §§ 223, 229, 265, 303 StGB ist nicht zu prüfen.

Gehen Sie davon aus, dass für die von P abgeschlossene Brandschutzversicherung ein Versicherungsausschluss für die Fälle besteht, in denen der Brand vom Versicherungsnehmer selbst vorsätzlich verursacht worden ist.

Lösungsskizze

A. Strafbarkeit des P nach § 306 Abs. 1 Nr. 1 StGB?

I. Tatbestand

1. Objektiver Tatbestand

a) Tatobjekt: Fremdes Gebäude (–)

Ergebnis: Strafbarkeit des P nach § 306 Abs. 1 Nr. 1 StGB (–)

B. Strafbarkeit des P nach § 306a Abs. 1 Nr. 1 StGB?

I. Tatbestand

1. Objektiver Tatbestand

a) Tatobjekt: Gebäude, das der Wohnung von Menschen dient (+)
b) Tathandlung
   aa) *Inbrandsetzen (–)*
   bb) *Ganz oder teilweises Zerstören durch Brandlegung (+)*

2. Subjektiver Tatbestand: Vorsatz (+)

II. Rechtswidrigkeit (+)

III. Schuld (+)

Ergebnis: Strafbarkeit des P nach § 306a Abs. 1 Nr. 1 StGB (+)

C. Strafbarkeit des P nach § 306a Abs. 2 StGB?

I. Tatbestand

1. Objektiver Tatbestand

a) Tatobjekt: In § 306 Abs. 1 Nr. 1-6 StGB bezeichnete Sache (+)
b) Tathandlung: Teilweises Zerstören durch Brandlegung (+)
c) Dadurch verursachte Gefahr einer Gesundheitsschädigung für einen anderen Menschen (+)

2. Subjektiver Tatbestand: Vorsatz (–)

Ergebnis: Strafbarkeit des P nach § 306a Abs. 2 StGB (–)

D. Strafbarkeit des P nach § 306b Abs. 1 StGB?

I. Tatbestand

1. Grunddelikt: § 306a Abs. 1 StGB (+)

2. Eintritt der schweren Folge: Schwere Gesundheitsschädigung eines anderen Menschen (+)

3. Kausalität des Grunddelikts für die schwere Folge (+)

4. Tatbestandsspezifischer Gefahrzusammenhang (+)

5. Fahrlässigkeit bezüglich der schweren Folge

a) Objektive Sorgfaltspflichtverletzung (+)
b) Objektive Vorhersehbarkeit (+)

II. Rechtswidrigkeit (+)

III. Schuld

1. Keine Entschuldigungsgründe (+)

2. Fahrlässigkeitsschuld

a) Subjektive Sorgfaltspflichtverletzung (+)
b) Subjektive Vorhersehbarkeit (+)

Ergebnis: Strafbarkeit des P nach § 306b Abs. 1 StGB (+)

E. Strafbarkeit des P nach § 306b Abs. 2 StGB?

I. Tatbestand

1. Objektiver Tatbestand

§ 306a StGB (+)

§ 306b Abs. 2 StGB: Bringen eines anderen Menschen in die Gefahr des Todes durch die Tat, Nr. 1 (+)

2. Subjektiver Tatbestand

a) Vorsatz

aa) *Bezüglich Grunddelikt (+)*

bb) *Bezüglich Todesgefahr nach § 306b Abs. 2 Nr. 1 StGB (–)*

b) Absicht, eine andere Straftat zu ermöglichen, § 306b Abs. 2 Nr. 2 StGB (+)

II. Rechtswidrigkeit (+)

III. Schuld (+)

Ergebnis: Strafbarkeit des P nach § 306b Abs. 2 StGB (+)

Ausformulierte Lösung

> Klausurhinweis: Da die Brandstiftungsdelikte diverse Tatbestände enthalten, deren Verhältnis zueinander im Einzelnen höchst kompliziert ist, kann es sich in einfacheren Fällen anbieten, mit dem spezielleren Delikt anzufangen, da man sich sodann einzelne Prüfungen ggf. sparen oder diese knapper halten kann. Wenn – wie hier – jedoch zahlreiche unterschiedliche Tatbestände in Betracht kommen, kann es ebenso sinnvoll sein, mit den allgemeinen Delikten zu beginnen, um den Überblick nicht zu verlieren. Auch um die zahlreichen Brandstiftungsdelikte besser im Einzelnen darstellen zu können, erfolgt die Prüfung der einzelnen Delikte hier Stück für Stück.

A. Strafbarkeit des P nach § 306 Abs. 1 Nr. 1 StGB

P könnte sich gemäß § 306 Abs. 1 Nr. 1 StGB strafbar gemacht haben, indem er das Holz und die Zweige im Mehrfamilienhaus anzündete.

I. Tatbestand

1. Objektiver Tatbestand

P müsste den objektiven Tatbestand erfüllt haben.

a) Tatobjekt: Fremdes Gebäude

Bei dem Mehrfamilienhaus handelt es sich um ein durch Wände und Dach begrenztes, mit dem Erdboden fest verbundenes Bauwerk, das dazu geeignet und bestimmt ist, dem Aufenthalt – nicht notwendigerweise dem Wohnen – von Menschen zu dienen,[403] so dass es sich um ein Gebäude handelt.

Dieses müsste auch fremd sein. Fremd ist eine Sache, wenn sie nicht im Alleineigentum des Täters steht und nicht herrenlos ist.[404] Das Mehrfamilienhaus steht vorliegend im Eigentum des P selbst. Folglich ist das Haus für P nicht fremd.

> Klausurhinweis: Wie immer gilt es, sauber zwischen Eigentum und Besitz zu unterscheiden. Da es für die Bestimmung der Fremdheit nur auf die Eigentums- und nicht auf die Besitzverhältnisse ankommt, ist es hier nicht relevant, dass P gar nicht in dem Haus wohnt, sondern alle Wohnung vermietet hat.

Der objektive Tatbestand ist nicht erfüllt.

Ergebnis

P hat sich nicht gemäß § 306 Abs. 1 Nr. 1 StGB strafbar gemacht, indem er das Holz und die Zweige im Mehrfamilienhaus anzündete.

B. Strafbarkeit des P nach § 306a Abs. 1 Nr. 1 StGB

P könnte sich durch dieselbe Handlung jedoch gemäß § 306a Abs. 1 Nr. 1 StGB strafbar gemacht haben.

I. Tatbestand

1. Objektiver Tatbestand

P müsste den objektiven Tatbestand erfüllt haben.

a) Tatobjekt: Gebäude, das der Wohnung von Menschen dient

Bei dem Mehrfamilienhaus handelt es sich um ein Gebäude. Da P dieses komplett an 10 unterschiedliche Parteien vermietet hat, dient es auch der Wohnung von Menschen, da es hierzu gewidmet ist. Fraglich ist jedoch, ob der Wohnzweck dadurch wieder entfallen ist, dass P das Haus absichtlich anzünden wollte und somit eine Entwidmung vorgenommen haben könnte. Dabei ist jedoch zu beachten, dass eine Entwidmung des Gebäudes, mit der Folge, dass es nicht mehr der Wohnung von Menschen dient, von allen Bewohnern erfolgen muss.[405] Da dies vorliegend jedoch nicht der Fall ist, dient das Mehrfamilienhaus trotz des Anzündens des Brandmaterials mit dem Ziel des Entflammens des Hauses durch den Eigentümer P der Wohnung von Menschen.

> Klausurhinweis: Im Gegensatz zu § 306 StGB bedarf es bei § 306a StGB keiner Fremdheit des Tatobjektes.

Da der Strafgrund der Norm darin besteht, dass bei einem Anzünden der in § 306a Abs. 1 Nr. 1-3 StGB genannten Räumlichkeiten immer eine potentielle Gefahr für Menschen besteht, lässt die h. M. eine so genannte teleologische Reduktion im Sinne des Ausschlusses des Tatbestandes und damit der Strafbarkeit zu, wenn sich der Täter absolut zuverlässig und lückenlos vergewissert, dass sich keine Person im Tatobjekt befindet, die gefährdet werden könnte.[406] Vorliegend hat P gewartet, bis alle seiner Mieter zur Arbeit gegangen sind. Allerdings ist zu beachten, dass es sich hier um ein 10-Parteien-Haus handelt, bei dem allein durch ein Abwarten, bis alle bekannten Bewohner das Haus verlassen haben, sicherlich nicht absolut zuverlässig und lückenlos ausgeschlossen werden kann, dass sich kein Mensch mehr in dem Objekt befindet, da – wie sich auch hier zeigt – immer die Möglichkeit besteht, dass auch noch Personen anwesend sind, von denen P keine Kenntnis hat. Dementsprechend ist vorliegend auch keine teleologische Reduktion des Tatbestandes anzunehmen.

b) Tathandlung

aa) Inbrandsetzen

P müsste das Mehrfamilienhaus auch in Brand gesetzt haben. In Brand gesetzt ist ein Tatobjekt, wenn zumindest Teile, die für den bestimmungsgemäßen Gebrauch wesentlich sind, so vom Feuer erfasst sind, dass das Feuer aus eigener Kraft selbständig weiterbrennen kann.[407] P hat im Erdgeschoss im Treppenhaus erhebliche Mengen an Holz, Zweigen und Grillanzünder entzündet. Da das Holz und die Zweige jedoch feucht sind, entwickelt sich dabei aber kein richtiges Feuer, sondern nur dicker schwarzer Rauch. Wesentliche Bestandteile des Gebäudes wurden daher nicht vom Feuer erfasst, so dass ein selbständiges Weiterbrennen möglich wäre. Demnach liegt kein Inbrandsetzen vor.

bb) Ganz oder teilweises Zerstören durch Brandlegung

P könnte aber das Mehrfamilienhaus ganz oder teilweise durch Brandlegung zerstört haben. Eine Brandlegung ist jede Handlung, deren Ziel das Verursachen eines Brandes ist.[408] Da P vorliegend Holz und Zweige anzündete, liegt eine solche Brandlegung vor. Fraglich ist, ob das Tatobjekt durch die Brandlegung ganz oder teilweise zerstört wurde. Ganz zerstört ist das

Tatobjekt, wenn dieses seine bestimmungsgemäße Brauchbarkeit völlig verloren hat oder seine Substanz völlig aufgehoben ist.[409] Da vorliegend im Mehrfamilienhaus „nur“ die beiden Wohnungen im Erdgeschoss verrußt und unbewohnbar sind, ist dadurch weder die bestimmungsgemäße Brauchbarkeit noch die Substanz des Gesamtgebäudes völlig aufgehoben.

Klausurhinweis: Hier ist es von besonderer Relevanz, dass mit der Rechtsprechung Wohnungen in Gebäuden nicht jeweils als eigenständige Tatobjekte angesehen werden, sondern als Teile des Gesamtgebäudes.[410] Als Tatobjekt ist daher bei Mehrfamilienhäusern nicht auf die einzelnen brennenden Wohnungen, sondern auf das Mehrfamilienhaus an sich abzustellen.

Das Mehrfamilienhaus könnte jedoch teilweise zerstört sein. Ein teilweises Zerstören liegt vor, wenn ein wesentlicher Teil des Tatobjekts beschädigt oder für nicht unbeträchtliche Zeit unbrauchbar geworden ist.[411] Dies wird bei einem Mehrfamilienhaus dann angenommen, wenn ein zum selbständigen Gebrauch bestimmter Teil des Wohngebäudes, d.h. eine zum Wohnen bestimmte, abgeschlossene „Untereinheit“ – unbrauchbar geworden ist.[412] Da vorliegend sogar zwei Wohnungen im Erdgeschoss des Mehrfamilienhauses als abgeschlossene Untereinheiten durch den Rauch völlig verrußt und unbewohnbar sind, sind wesentliche Teile des Mehrfamilienhauses beschädigt und für beträchtliche Zeit unbrauchbar geworden. Demnach hat P das Mehrfamilienhaus auch durch eine Brandlegung teilweise zerstört.

Der objektive Tatbestand ist erfüllt.

2. Subjektiver Tatbestand

Der subjektive Tatbestand müsste erfüllt sein. Hierzu müsste P vorsätzlich gehandelt haben. Vorsatz ist das Wissen und Wollen der Tatbestandsverwirklichung.[413] P hat durch das Entzünden des Holzes und der Zweige, um sein Haus niederzubrennen, zumindest auch billigend in Kauf genommen, dass es nicht zu einem Feuer, sondern auch nur zu einer starken Rauchentwicklung kommen kann, durch die das Gebäude jedenfalls teilweise zerstört werden kann. Er handelte also vorsätzlich, so dass der subjektive Tatbestand erfüllt ist.

II. Rechtswidrigkeit

Mangels ersichtlicher Rechtfertigungsgründe handelte P auch rechtswidrig.

III. Schuld

Es sind auch keine Entschuldigungsgründe ersichtlich, so dass P auch schuldhaft handelte.

Ergebnis

P hat sich gemäß § 306a Abs. 1 Nr. 1 StGB strafbar gemacht, indem er das Holz und die Zweige im Mehrfamilienhaus anzündete.

C. Strafbarkeit des P nach § 306a Abs. 2 StGB

P könnte sich durch dieselbe Handlung jedoch auch gemäß § 306a Abs. 2 StGB strafbar gemacht haben.

I. Tatbestand

1. Objektiver Tatbestand

P müsste den objektiven Tatbestand erfüllt haben.

a) Tatobjekt: In § 306 Abs. 1 Nr. 1-6 StGB bezeichnete Sache

Wie bereits festgestellt, handelt es sich bei dem Mehrfamilienhaus um ein Gebäude im Sinne von § 306 Abs. 1 Nr. 1 StGB. Für § 306a Abs. 2 StGB sind die Eigentumsverhältnisse des Tatobjektes irrelevant, da sich nach ganz h.M. der Verweis in § 306a Abs. 2 StGB auf die Tatobjekte in § 306 Abs. 1 Nr. 1-6 StGB nicht auch auf die Fremdheit im Sinne des § 306 StGB bezieht.[414]

b) Tathandlung: Teilweises Zerstören durch Brandlegung

Wie bereits geprüft, liegt auch ein teilweises Zerstören durch eine Brandlegung vor.

c) Dadurch verursachte Gefahr einer Gesundheitsschädigung für einen anderen Menschen

P müsste durch das Inbrandsetzen des Tatobjektes die Gefahr einer Gesundheitsschädigung für einen anderen Menschen verursacht haben. Eine Gefahr liegt dann vor, wenn der Eintritt einer Gesundheitsschädigung nur noch vom Zufall abhängt.[415] Vorliegend hat B eine schwere Rauchgasvergiftung erlitten. Dies stellt einen pathologischen Zustand und damit eine Gesundheitsschädigung[416] dar, die vorliegend sogar bereits eingetreten ist. Demnach hat P die Gefahr einer Gesundheitsschädigung für einen anderen Menschen verursacht.

Der objektive Tatbestand ist erfüllt.

2. Subjektiver Tatbestand

Der subjektive Tatbestand müsste erfüllt sein. Vorliegend hat P, bevor er das Holz, die Zweige und den Grillanzünder entzündet hat, um sein Haus niederzubrennen, gewartet, bis alle Mieter aus dem Haus zur Arbeit gegangen sind. Er wollte nicht, dass irgendjemand zu Schaden kommt. Davon, dass B bei A zu Besuch war, hatte er keine Kenntnis. Demnach wollte er gerade nicht, dass durch das Anzünden des Hauses ein anderer Mensch in die Gefahr einer Gesundheitsschädigung kommt. Er hat dies auch nicht billigend in Kauf genommen. Er handelte demnach nicht vorsätzlich.

Der subjektive Tatbestand ist nicht erfüllt.

Ergebnis

P hat sich nicht gemäß § 306a Abs. 2 StGB strafbar gemacht, indem er das Holz und die Zweige im Mehrfamilienhaus anzündete.

> An sich könnte man jetzt auch die Vorsatz-Fahrlässigkeitskombination des § 306d Abs. 1 HS 2 StGB prüfen. Warum dies hier jedoch nicht erfolgt, zeigt sich im Anschluss an die Prüfung des § 306b StGB.

D. Strafbarkeit des P nach § 306b Abs. 1 StGB

P könnte sich aber durch dieselbe Handlung gemäß § 306b Abs. 1 StGB strafbar gemacht haben.

> Klausurhinweis: Im Gegensatz zu den bisherigen Delikten handelt es sich bei § 306b Abs. 1 StGB um eine Erfolgsqualifikation, so dass der Aufbau nun entsprechend angepasst werden muss.

I. Tatbestand

Der Tatbestand müsste erfüllt sein.

1. Grunddelikt: § 306a Abs. 1 StGB

Wie bereits oben geprüft, hat P sich gemäß § 306a Abs. 1 Nr. 1 StGB strafbar gemacht, so dass er das Grunddelikt des § 306a StGB in objektiver und subjektiver Hinsicht erfüllt hat.

2. Eintritt der schweren Folge: Schwere Gesundheitsschädigung eines anderen Menschen

Als schwere Folge im Sinne des § 306b Abs. 1 StGB müsste eine schwere Gesundheitsschädigung eines anderen Menschen eingetreten sein. B zog sich vorliegend eine derart schwere Rauchgasvergiftung zu, dass er in lebensbedrohlichem Zustand drei Wochen stationär im Krankenhaus auf der Intensivstation aufgenommen werden musste. Dies stellt zwar keine schwere Folge im Sinne des § 226 StGB dar. Dies ist jedoch für eine schwere Gesundheitsschädigung im Sinne von § 306b Abs. 1 StGB auch nicht erforderlich, denn für eine solche reicht es bereits aus, wenn eine langfristige oder ernstliche Erkrankung vorliegt.[417] Dies ist bei einer lebensbedrohlichen Rauchgasvergiftung, die drei Wochen stationär im Krankenhaus behandelt werden muss, der Fall. Demnach liegt eine schwere Gesundheitsschädigung eines anderen Menschen vor.

3. Kausalität des Grunddelikts für die schwere Folge

Zwischen der Begehung des Grunddelikts und dem Eintritt der schweren Folge muss ein kausaler Zusammenhang bestehen.[418] Ohne die Begehung des Grunddelikts durch P hätte B die schwere Rauchgasvergiftung nicht erlitten, so dass ein entsprechender kausaler Zusammenhang besteht.

4. Tatbestandsspezifischer Gefahrzusammenhang

Zwischen dem Grunddelikt und dem Eintritt der schweren Folge muss ein tatbestandsspezifischer Gefahrzusammenhang bestehen. Dies ist der Fall, wenn gerade die im Grunddelikt typischerweise angelegte, spezifische Gefahr sich in der schweren Folge realisiert hat, hier also die in der Brandstiftung typischerweise angelegte Gefahr in der schweren Gesundheitsschädigung.[419] Bei dem Anzünden erheblicher Mengen an Holz, Zweigen und Grillanzünder, um ein Haus niederzubrennen, besteht die spezifische Gefahr, dass Personen, die sich, wenn auch nur besuchsweise, dort aufhalten, brandspezifische Verletzungen, wie hier eine schwere, langanhaltende Rauchgasvergiftung zuziehen. Demnach besteht vorliegend ein tatbestandsspezifischer Gefahrzusammenhang.

5. Fahrlässigkeit bezüglich der schweren Folge

Wie bereits ausgeführt, hat P hinsichtlich der Schädigung von B keinen Vorsatz gehabt. Er könnte diesbezüglich aber fahrlässig gehandelt haben.

a) Objektive Sorgfaltspflichtverletzung

P müsste objektiv sorgfaltswidrig gehandelt haben. Da P, wie oben geprüft, in objektiver und subjektiver Hinsicht den Tatbestand der schweren Brandstiftung nach § 306a Abs. 1 StGB erfüllt hat, liegt eine objektive Sorgfaltspflichtverletzung vor.

> Klausurhinweis: Im Gegensatz zum „einfachen" Fahrlässigkeitsdelikt muss bei der Erfolgsqualifikation die objektive Sorgfaltspflichtverletzung in der Regel nicht näher begründet werden, sondern kann durch einen Verweis auf die Begehung des bereits zuvor geprüften Grunddelikts meist unproblematisch bejaht werden.

b) Objektive Vorhersehbarkeit

Zudem müsste die objektive Vorhersehbarkeit gegeben sein. Objektive Vorhersehbarkeit liegt vor, wenn der wesentliche Kausalverlauf und die eingetretene schwere Folge nicht so sehr außerhalb der Lebenserfahrung liegen, dass mit ihnen nicht gerechnet zu werden braucht.[420] Dass bei einem Anzünden der vorliegenden Materialien, um ein Mehrfamilienhaus niederzubrennen, Menschen, auch wenn sich diese dort unvorhergesehenerweise nur zu Besuch aufhalten, schwere und langanhaltende Rauchgasvergiftungen erleiden können, steht nicht außerhalb jeglicher Lebenserfahrung, so dass die objektive Vorhersehbarkeit vorliegt.

II. Rechtswidrigkeit

Rechtfertigungsgründe sind nicht ersichtlich, so dass P rechtswidrig handelte.

III. Schuld

1. Keine Entschuldigungsgründe

Entschuldigungsgründe sind vorliegend nicht ersichtlich.

2. Fahrlässigkeitsschuld

a) Subjektive Sorgfaltspflichtverletzung

Da P vorliegend das Grunddelikt der schweren Brandstiftung vorsätzlich begangen hat, liegt darin auch eine subjektive Sorgfaltspflichtverletzung.

b) Subjektive Vorhersehbarkeit

P war nach seinen Kenntnissen und Fähigkeiten in der Lage, den wesentlichen Kausalverlauf und den Eintritt der schweren Folge vorherzusehen.[421] Demnach ist auch eine subjektive Vorhersehbarkeit gegeben.

Ergebnis

P hat sich gemäß § 306b Abs. 1 StGB strafbar gemacht, indem er das Holz und die Zweige im Mehrfamilienhaus anzündete.

> Klausurhinweis: Dadurch, dass § 306b Abs. 1 StGB bejaht wurde, ist die fahrlässige Brandstiftung nach § 306d Abs. 1 HS 2 StGB (vorsätzliches Inbrandsetzen bzw. ganz oder teilweise Zerstörung durch Brandlegung in Bezug auf ein in § 306 Abs. 1 Nr. 1-6 StGB genanntes Tatobjekt + fahrlässige Verursachung der Gefahr einer Gesundheitsschädigung) in diesem Fall ebenso mitverwirklicht, so dass es einer entsprechenden Prüfung nicht bedarf.

E. Strafbarkeit des P nach § 306b Abs. 2 StGB

P könnte sich zudem durch dieselbe Handlung gemäß § 306b Abs. 2 StGB strafbar gemacht haben.

> Klausurhinweis: Im Gegensatz zu § 306b Abs. 1 StGB handelt es sich bei § 306b Abs. 2 StGB nicht um eine Erfolgsqualifikation, sondern um eine „normale" Qualifikation zu § 306a StGB.

I. Tatbestand

1. Objektiver Tatbestand

Der objektive Tatbestand müsste erfüllt sein.

§ 306a StGB

Wie bereits oben geprüft, hat P den Grundtatbestand des § 306a Abs. 1 StGB verwirklicht.

§ 306b Abs. 2 StGB

P könnte durch die Begehung des § 306a Abs. 1 StGB einen anderen Menschen in die Gefahr des Todes gebracht haben. Eine Gefahr für den Tod eines anderen Menschen liegt vor, wenn das Ausbleiben dessen Eintritts nur vom Zufall abhing und es damit beinahe zu einem Todeseintritt gekommen wäre. Angesichts dessen, dass B sich eine lebensbedrohliche derart schwere Rauchgasvergiftung zuzog, dass er drei Wochen stationär im Krankenhaus auf der Intensivstation aufgenommen werden musste, wäre es beinahe zu seinem Tod gekommen. Der Eintritt des Todes hing damit nur noch vom Zufall ab, so dass P einen anderen Menschen in Todesgefahr gebracht hat.

Der objektive Tatbestand des Grunddelikts sowie der Qualifikation ist erfüllt.

2. Subjektiver Tatbestand
a) Vorsatz

P müsste vorsätzlich gehandelt haben.

aa) Bezüglich Grunddelikt

Wie bereits geprüft, hat P das Grunddelikt des § 306a Abs. 1 StGB vorsätzlich verwirklicht.

bb) Bezüglich Todesgefahr nach § 306b Abs. 2 Nr. 1 StGB

Wie bereits bei der Prüfung des § 306a Abs. 2 StGB festgestellt, hat P mit dem Anzünden gewartet, bis alle Mieter aus dem Haus zur Arbeit gegangen sind, da er nicht wollte, dass irgendjemand zu Schaden kommt. Davon, dass B bei A zu Besuch war, hatte er keine Kenntnis. Aus diesem Grund wurde bei der Prüfung des § 306a Abs. 2 StGB bereits der Vorsatz im Hinblick auf die Gefahr einer Gesundheitsschädigung eines anderen Menschen verneint. Erst recht liegt daher kein Vorsatz bezüglich der Todesgefahr eines anderen Menschen vor.

b) Absicht, eine andere Straftat zu ermöglichen, § 306b Abs. 2 Nr. 2 StGB

> Klausurhinweis: Ähnlich wie bei den Mordmerkmalen wird bei § 306b Abs. 2 StGB zwischen objektiven und subjektiven Merkmalen unterschieden. Während § 306b Abs. 2 Nr. 1 und 3 StGB objektive Merkmale sind, bei deren Vorliegen sich in subjektiver Hinsicht auch der Vorsatz auf diese beziehen muss, handelt es sich bei § 306b Abs. 2 Nr. 2 StGB um ein rein subjektives Merkmal (zu erkennen an dem Wort „Absicht“), das folglich auch nur im subjektiven Tatbestand geprüft wird.

P könnte die Absicht gehabt haben, eine andere Straftat zu ermöglichen. In Betracht kommt vorliegend die Ermöglichung eines Betruges zum Nachteil der Brandschutzversicherung. Er hatte vor, von der Brandschutzversicherung die Versicherungssumme für sein abgebranntes Mehrfamilienhaus zu kassieren. Da bei der von ihm abgeschlossenen Brandschutzversicherung ein Versicherungsausschluss für die Fälle bestand, in denen der Brand vom Versicherungsnehmer selbst vorsätzlich verursacht worden ist, hatte er damit die Absicht, die Versicherung später darüber zu täuschen, dass er selbst den Brand gelegt hatte und wollte, dass sich die Versicherung diesbezüglich irrt, mit der Auszahlung der Versicherungssumme über ihr Vermögen verfügt und ihr ein entsprechender Schaden in dieser Höhe entsteht.

Von Teilen der Literatur wird zwar eine restriktive Auslegung der Norm dahingehend gefordert, dass der Täter die spezifische Gemeingefährlichkeit der Norm ausgenutzt haben müsse, so dass der klassische beabsichtigte Versicherungsbetrug angesichts des hohen Strafrahmens nicht als zu ermöglichende Straftat ausreiche.[422] Im Hinblick auf den klaren Wortlaut der Vorschrift ist diese Ansicht mit der Rechtsprechung aber abzulehnen und damit jede beabsichtigte Straftat von der Norm erfasst.[423]

Folglich handelte P in der Absicht, durch die schwere Brandstiftung nach § 306a Abs. 1 StGB einen Betrug zum Nachteil der Versicherung und damit eine andere Straftat zu ermöglichen.

Der subjektive Tatbestand ist erfüllt.

II. Rechtswidrigkeit

Mangels ersichtlicher Rechtfertigungsgründe handelte P auch rechtswidrig.

III. Schuld

Es sind auch keine Entschuldigungsgründe ersichtlich, so dass P auch schuldhaft handelte.

Ergebnis

P hat sich gemäß § 306b Abs. 2 StGB strafbar gemacht, indem er das Holz und die Zweige im Mehrfamilienhaus anzündete.

> Klausurhinweis: Da sich im Sachverhalt keinerlei Hinweise finden, dass P auch bereits den Schaden bei der Versicherung gemeldet hat, besteht auch noch kein Anlass, einen versuchten Betrug zu prüfen, der in diesem Stadium am unmittelbaren Ansetzen scheitern würde, da die Meldung des Schadens bei der Versicherung einen wesentlichen Zwischenschritt zum Erfolg darstellt. Gegeben wäre jedoch eine Strafbarkeit wegen Versicherungsmissbrauchs gemäß § 265 StGB, der jedoch laut Bearbeitervermerk nicht zu prüfen ist.

Fall 24

Sachverhalt

Der urlaubsreife Polizeibeamte Urs (U) und seine gestresste Kollegin Gesine (G) sind auf Streife in der Innenstadt unterwegs und sehnen den Feierabend herbei. Da begegnet ihnen der vorlaute Volker (V), der ihnen entgegen ruft: „Ihr Scheißbullen – haut bloß ab!“ U reagiert sofort und stellt V zur Rede. Er erklärt ihm, dass er gegen ihn Strafanzeige stellen werde und verlangt den Personalausweis von V. Dieser weist sich aus und kann gehen.

U und G setzen ihren Weg fort, als aus einer Nebenstraße plötzlich eine volle Bierdose geworfen wird, die G am Arm trifft und ihr eine blutende Wunde zufügt. Man hört noch V rufen, „Mist, ich wollte doch den Typen treffen“, bevor V die Flucht ergreift. Dass er G treffen würde, damit hatte er tatsächlich nicht gerechnet.

Nun machen sich die Beamten auf den Weg zurück zu ihrer Dienststelle. Dabei kommen sie durch eine Straße, die rechts und links von hohen Mauern begrenzt ist. Die Mauern wiederum begrenzen die Grundstücke der dort wohnenden Hauseigentümer. Gerade als U und G die Straße betreten, entdecken sie zwei weitere Jugendliche, die ihnen bekannt sind. Auf der linken Seite ist der Antifaschist Andi (A) gerade dabei, die Spraydosen wegzupacken, mit denen er mit großen Lettern „ACAB“ und darunter eine Polizeimütze an die Wand gesprüht hat. Später stellt sich heraus, dass man nur mit hohem Aufwand durch eine professionelle Reinigungsfirma die Wand säubern kann, anschließend bleiben dann aber auch keine Schäden zurück. Rechts wiederum malt Hooligan Holger (H) gerade mit Wasserfarben, die beim nächsten Regen abgewaschen werden, einige Hakenkreuze an die Wand. A gelingt es, rechtzeitig abzuhauen, während U den H festhalten kann. Da er problemlos mit ihm klarkommt, fordert er G auf, alleine zur Dienststelle zu gehen, um sich dort auszukurieren.

U will H gerade erklären, welche strafrechtlichen Folgen sein Tun haben werde, als plötzlich der Bruder von H, Bruno (B), hinzukommt. B ist der Besitzer einer Imbissbude, bei der U fast täglich sein Mittagessen, meistens im Wert von rund 10 Euro, kauft. B erkennt seinen Stammkunden und macht ihm ein Angebot: U könne sich in Zukunft, so oft er wolle, sein Mittagessen kostenlos abholen, wenn er H ungeschoren davon kommen lässt. Hocherfreut über dieses Angebot lässt U den H gehen, „vergisst“ die ganze Sache und freut sich schon auf die kommenden Gratis-Mahlzeiten.

Aufgabe

Prüfen Sie gutachterlich die Strafbarkeit der beteiligten Personen.

Etwaig erforderliche Strafanträge sind gestellt.

Lösungsskizze

Tatkomplex 1: Ruf des V

Strafbarkeit von V nach § 185 StGB?

I. Tatbestand

1. Objektiver Tatbestand

a) Ehrträger (+)
b) Beleidigung (+)

2. Subjektiver Tatbestand: Vorsatz (+)

II. Rechtswidrigkeit (+)

III. Schuld (+)

Ergebnis: Strafbarkeit nach § 185 StGB (+)

Tatkomplex 2: Wurf des V

A. Strafbarkeit von V nach §§ 223 Abs. 1, 224 Abs. 1 Nr. 2 und 3 StGB?

I. Tatbestand

1. Objektiver Tatbestand

§ 223 Abs. 1 StGB

a) Handlung (+)
b) Erfolg (+)
c) Kausalität (+)
d) Objektive Zurechnung (+)

§ 224 Abs. 1 StGB

a) § 224 Abs. 1 Nr. 2 StGB (gefährliches Werkzeug) (+)
b) § 224 Abs. 1 Nr. 3 StGB (mittels eines hinterlistigen Überfalls) (–)

2. Subjektiver Tatbestand

a) Vorsatz bezüglich § 223 Abs. 1 StGB (–)

Ergebnis: Strafbarkeit nach §§ 223 Abs. 1, 224 Abs. 1 Nr. 2 StGB (–)

B. Strafbarkeit von V nach §§ 223 Abs. 1 und 2, 224 Abs. 1 Nr. 2, Abs. 2, 22, 23 Abs. 1 StGB?

I. Vorprüfung

1. Keine Tatvollendung (+)

2. Strafbarkeit des Versuchs (+)

II. Tatbestand

1. Tatentschluss

a) Vorsatz bezüglich § 223 Abs. 1 StGB (+)
b) Vorsatz bezüglich § 224 Abs. 1 Nr. 2 StGB (+)

2. Unmittelbares Ansetzen (+)

III. Rechtswidrigkeit (+)

IV. Schuld (+)

Ergebnis: Strafbarkeit nach §§ 223 Abs. 1 und 2, 224 Abs. 1 Nr. 2, Abs. 2, 22, 23 Abs. 1 StGB (+)

C. Strafbarkeit von V nach § 229 StGB?

I. Tatbestand

1. Handlung (+)

2. Erfolg (+)

3. Kausalität (+)

4. Objektive Sorgfaltspflichtverletzung (+)

5. Objektive Vorhersehbarkeit (+)

6. Objektive Zurechnung (+)

II. Rechtswidrigkeit (+)

III. Schuld

1. Keine Entschuldigungsgründe (+)

2. Fahrlässigkeitsschuld
a) Subjektive Sorgfaltspflichtverletzung (+)
b) Subjektive Vorhersehbarkeit (+)

Ergebnis: Strafbarkeit nach § 229 StGB (+)

D. Strafbarkeit von V nach § 113 Abs. 1 StGB?

I. Tatbestand

1. Objektiver Tatbestand
a) Amtsträger (+)
b) Zur Vollstreckung im Sinne des Abs. 1 berufen (+)
c) Bei der Vornahme einer solchen Diensthandlung (–)

Ergebnis: Strafbarkeit nach § 113 Abs. 1 StGB (–)

E. Strafbarkeit von V nach § 114 Abs. 1 StGB?

I. Tatbestand

1. Objektiver Tatbestand
a) Amtsträger (+)
b) Zur Vollstreckung im Sinne des Abs. 1 berufen (+)
c) Tätlicher Angriff (+)

2. Subjektiver Tatbestand: Vorsatz (+)

II. Rechtswidrigkeit (+)

III. Schuld (+)

Ergebnis: Strafbarkeit nach § 114 Abs. 1 StGB (+)

Tatkomplex 3: Wandbemalungen

A. Strafbarkeit von A nach § 185 StGB?

I. Tatbestand

1. Objektiver Tatbestand
a) Beleidigung (+)
b) Ehrträger (–)

Ergebnis: Strafbarkeit nach § 185 StGB (–)

B. Strafbarkeit von A nach § 303 Abs. 2 StGB?

I. Tatbestand

1. Objektiver Tatbestand
a) Fremde Sache (+)
b) Veränderung des Erscheinungsbildes (+)
c) Unbefugt (+)
d) Nicht unerheblich und nicht nur vorübergehend (+)

2. Subjektiver Tatbestand: Vorsatz (+)

II. Rechtswidrigkeit (+)

III. Schuld (+)

Ergebnis: Strafbarkeit nach § 303 Abs. 2 StGB (+)

C. Strafbarkeit von H nach § 86a Abs. 1 Nr. 1 StGB?

I. Tatbestand

1. Objektiver Tatbestand
a) Kennzeichen einer der in § 86a Abs. 1 Nr. 1, 2 und 4 StGB bezeichneten Partei (+)
b) Öffentlich verwenden (+)

2. Subjektiver Tatbestand: Vorsatz (+)

II. Rechtswidrigkeit (+)

III. Schuld (+)

Ergebnis: Strafbarkeit nach § 86a Abs. 1 Nr. 1 StGB (+)

D. Strafbarkeit von H nach § 303 Abs. 2 StGB?

I. Tatbestand

1. Objektiver Tatbestand (–)

Ergebnis: Strafbarkeit nach § 303 Abs. 2 StGB (–)

Tatkomplex 4: „Imbiss-Angebot"

A. Strafbarkeit von U nach §§ 258a, 13 StGB?

I. Tatbestand

1. Objektiver Tatbestand

§§ 258, 13 StGB
a) Rechtswidrige Vortat eines anderen (+)
b) Ganz oder teilweises Vereiteln der Bestrafung durch ein Unterlassen trotz Möglichkeit (+)
c) Hypothetische Kausalität und objektive Zurechnung (+)
d) Garantenstellung (+)
e) Entsprechungsklausel (+)

§ 258a StGB
a) Amtsträger (+)
b) Zur Mitwirkung beim Verfahren berufen (+)

2. Subjektiver Tatbestand
a) Vorsatz bezüglich Vortat und Garantenstellung (+)
b) Direkter Vorsatz bezüglich des Vereitelns (+)
c) Vorsatz bezüglich § 258a StGB (+)

II. Rechtswidrigkeit (+)

III. Schuld (+)

Ergebnis: Strafbarkeit nach §§ 258a, 13 StGB (+)

B. Strafbarkeit von U nach § 332 Abs. 1 StGB?

I. Tatbestand

1. Objektiver Tatbestand

a) Amtsträger (+)
b) Tathandlung: sich versprechen lassen eines Vorteils (+)
c) Pflichtwidrige Diensthandlung (+)
d) Unrechtsvereinbarung (+)

2. Subjektiver Tatbestand: Vorsatz (+)

II. Rechtswidrigkeit (+)

III. Schuld (+)

Ergebnis: Strafbarkeit nach § 332 Abs. 1 StGB (+)

C. Strafbarkeit von B nach § 334 Abs. 1 StGB?

I. Tatbestand

1. Objektiver Tatbestand

a) Jedermann als Vorteilsgeber (+)
b) Amtsträger als Vorteilsnehmer (+)
c) Versprechen eines Vorteils (+)
d) Pflichtwidrige Diensthandlung (+)
e) Unrechtsvereinbarung (+)

2. Subjektiver Tatbestand: Vorsatz (+)

II. Rechtswidrigkeit (+)

III. Schuld (+)

Ergebnis: Strafbarkeit nach § 334 Abs. 1 StGB (+)

D. Strafbarkeit von B nach § 258 Abs. 1 StGB?

I. Tatbestand

1. Objektiver Tatbestand
a) Rechtswidrige Vortat eines anderen (+)
b) Ganz oder teilweises Vereiteln der Bestrafung (+)

2. Subjektiver Tatbestand: Vorsatz (+)

II. Rechtswidrigkeit (+)

III. Schuld (+)

IV. Persönlicher Strafausschließungsgrund, § 258 Abs. 6 StGB (+)

Ergebnis: Strafbarkeit nach § 258 Abs. 1 StGB (–)

Ausformulierte Lösung

Tatkomplex 1: Ruf des V

Strafbarkeit von V nach § 185 StGB

V könnte sich wegen Beleidigung nach § 185 StGB strafbar gemacht haben, indem er den Beamten U und G zurief „Ihr Scheißbullen – haut bloß ab!“.

I. Tatbestand

1. Objektiver Tatbestand
Dafür müsste er zunächst den objektiven Tatbestand einer Beleidigung erfüllt haben.

a) Ehrträger
Beleidigen kann man nur Personen oder Personengruppen, die als Ehrträger anerkannt sind. Hierzu gehören jedenfalls alle natürlichen Personen,

gegen die sich eine Beleidigung individuell richtet.[424] Der Ruf von V richtet sich gegen U und G, so dass diese hier beleidigungsfähige Ehrträger sind.

b) Beleidigung

Unter Beleidigung versteht man die Kundgabe eigener Missachtung oder Geringschätzung.[425] Dies ist aufgrund der Umstände des Einzelfalls objektiv aus der Sicht eines unbefangenen Dritten zu verstehen. V könnte ein ehrverletzendes Werturteil abgegeben haben, da es sich bei der Bemerkung „Ihr Scheißbullen – haut bloß ab!" nicht um eine Tatsachenbehauptung handelt. Während der Begriff „Bullen" nach heutiger Rechtsprechung nicht mehr selbstverständlich als ehrverletzend angesehen wird,[426] ist dies für „Scheißbullen" anders zu beurteilen. Durch die Vorsilbe „Scheiß..." wird der Geltungswert von U und G in erheblicher Weise herabgewürdigt. Es liegen also eine Beleidigung von Ehrträgern und damit der objektive Tatbestand des § 185 StGB vor.

> Klausurhinweis: § 185 StGB ist hier leicht von §§ 186 und 187 StGB abzugrenzen, da Werturteile nur von § 185 StGB erfasst werden.

2. Subjektiver Tatbestand

V müsste dabei auch vorsätzlich gehandelt haben, wobei man unter Vorsatz das Wissen und Wollen der Tatbestandsverwirklichung versteht.[427] V war zum Zeitpunkt seines Rufs bewusst, dass es sich bei den Beamten U und G um Ehrträger handelt, und er richtete sein ehrverletzendes Werturteil absichtlich gegen sie. Auch der subjektive Tatbestand ist somit erfüllt.

II. Rechtswidrigkeit

Rechtfertigungsgründe sind nicht ersichtlich, weshalb V auch rechtswidrig handelte.

III. Schuld

Da auch keine Entschuldigungsgründe relevant sind, handelte er schuldhaft.

Ergebnis

V machte sich durch seinen Ruf also wegen Beleidigung nach § 185 StGB strafbar.

Tatkomplex 2: Wurf des V

A. Strafbarkeit von V nach §§ 223 Abs. 1, 224 Abs. 1 Nr. 2 und 3 StGB

Durch seinen Wurf mit der vollen Bierdose, mit der er G am Arm traf und ihr eine blutende Wunde zufügte, könnte sich V wegen einer gefährlichen Körperverletzung nach §§ 223 Abs. 1, 224 Abs. 1 Nr. 2 und 3 StGB strafbar gemacht haben.

I. Tatbestand

1. Objektiver Tatbestand

§ 223 Abs. 1 StGB

V müsste zunächst den objektiven Tatbestand der einfachen Körperverletzung erfüllt haben.

a) Handlung

Mit dem Wurf der Bierdose liegt eine willensgesteuerte[428] Handlung vor.

b) Erfolg

Es müsste ferner der Erfolg einer Körperverletzung eingetreten sein, also eine körperliche Misshandlung oder eine Gesundheitsschädigung. Körperliche Misshandlung ist jede üble unangemessene Behandlung, durch die das körperliche Wohlbefinden oder die körperliche Unversehrtheit des Opfers nicht ganz unerheblich beeinträchtigt wird.[429] Gesundheitsschädigung ist das Hervorrufen oder Steigern eines pathologischen Zustandes.[430] Getroffen durch die Bierdose kam es bei G zu einer blutenden Wunde. Sie wurde also in ihrem körperlichen Wohlbefinden erheblich beeinträchtigt, und es wurde ein pathologischer Zustand hervorgerufen. Der Körperverletzungserfolg ist somit eingetreten.

c) Kausalität

Kausal ist die Handlung nach der Äquivalenztheorie dann für den Erfolg, wenn sie nicht hinweggedacht werden kann, ohne dass der Erfolg in seiner konkreten Gestalt entfiele.[431] Würde man vorliegend den Wurf hinwegdenken, so wäre es nicht zur blutenden Wunde bei G gekommen, weshalb die Kausalität gegeben ist.

d) Objektive Zurechnung

Dieser Erfolg wird V dann zugerechnet, wenn er ein rechtlich missbilligtes Risiko geschaffen hat, welches sich im tatbestandlichen Erfolg realisiert hat.[432] Mit dem Wurf einer vollen Dose auf die Beamten hat V ein Körperverletzungsrisiko geschaffen, welches sich in der Wunde von G realisiert hat. V ist dies also objektiv zuzurechnen.

Der objektive Tatbestand des § 223 Abs. 1 StGB ist mithin erfüllt.

§ 224 Abs. 1 StGB

Fraglich ist, ob er durch seinen Wurf auch eine Qualifikation erfüllt hat.

a) § 224 Abs. 1 Nr. 2 StGB

Bei der vollen Bierdose könnte es sich um ein gefährliches Werkzeug im Sinne des § 224 Abs. 1 Nr. 2 StGB handeln. Gefährlich ist ein Werkzeug, wenn es nicht wie eine Waffe dazu bestimmt, aber nach seiner objektiven Beschaffenheit und konkreten Art der Verwendung dazu geeignet ist, erhebliche Verletzungen herbeizuführen.[433] Eine volle Bierdose hat ein erhebliches Gewicht und noch dazu Kanten an den Rändern, die aus der Entfernung gegen den Körper geworfen, erhebliche Verletzungen herbeiführen können. Es handelt sich also um ein gefährliches Werkzeug, das durch den Wurf von V auch verwendet wurde. Der objektive Tatbestand der Qualifikation § 224 Abs. 1 Nr. 2 StGB ist also erfüllt.

b) § 224 Abs. 1 Nr. 3 StGB

Fraglich ist, ob die Verletzung auch mittels eines hinterlistigen Überfalls herbeigeführt wurde. Dies wird jedoch nicht schon dadurch angenommen, dass V unbemerkt aus der Ferne die Dose geworfen hat, sondern erst dann, wenn der Täter planmäßig unter Verdeckung seiner wahren Absichten vorgeht.[434] Dazu gibt es indes keine Hinweise im Sachverhalt, so dass diese Qualifikation nicht gegeben ist.

2. Subjektiver Tatbestand

V müsste aber auch den subjektiven Tatbestand des § 223 Abs. 1 StGB verwirklicht haben, er müsste also vorsätzlich gehandelt haben. V hat zwar wissentlich und willentlich die Bierdose geworfen, er wollte aber U und nicht G treffen. Er hatte auch nicht damit gerechnet, G zu treffen. Es liegt also auch kein Eventualvorsatz vor, G zu treffen. Da er sein Ziel verfehlt hat, spricht man hier von einem Irrtum in der Form der aberratio ictus (siehe auch Fall 14). Mit der herrschenden Auffassung ist davon auszugehen, dass V durch das Zielen auf U seinen Vorsatz dahingehend konkretisiert hat, nur diesen zu treffen.[435] Bezüglich der Verletzung von G hatte er somit keinen Vorsatz, weshalb der subjektive Tatbestand nicht gegeben ist.

Klausurhinweis: Zur Erinnerung: Da V nicht die Personen verwechselt, sondern nur daneben geworfen hat, liegt kein error in persona vel objecto, sondern eine aberratio ictus vor. Ein solcher Irrtum ist nach h. M. immer beachtlich, während beim error in persona vel objecto der Irrtum bei gleichwertigen Rechtsgütern unbeachtlich und nur bei ungleichwertigen Rechtsgütern beachtlich ist.

Ergebnis

V macht sich durch seinen Wurf mit der Bierdose also nicht wegen gefährlicher Körperverletzung strafbar gemäß §§ 223 Abs. 1, 224 Abs. 1 Nr. 2 StGB.

B. Strafbarkeit von V nach §§ 223 Abs. 1 und 2, 224 Abs. 1 Nr. 2, Abs. 2, 22, 23 Abs. 1 StGB

V könnte sich durch seinen Wurf jedoch wegen versuchter gefährlicher Körperverletzung strafbar gemacht haben nach §§ 223 Abs. 1 und 2, 224 Abs. 1 Nr. 2, Abs. 2, 22, 23 Abs. 1 StGB.

I. Vorprüfung

1. Keine Tatvollendung

An dieser Stelle kann festgestellt werden, dass der angezielte U nicht getroffen und verletzt wurde. Es ist also im Hinblick auf ihn nicht zur Tatvollendung gekommen.

2. Strafbarkeit des Versuchs

Der Versuch einer gefährlichen Körperverletzung ist gemäß § 224 Abs. 2 StGB strafbar.

II. Tatbestand

1. Tatentschluss

a) Vorsatz bezüglich § 223 Abs. 1 StGB

V müsste Vorsatz gehabt haben, U zu verletzen. V hat absichtlich mit der vollen Dose nach ihm geworfen und wollte ihn auch treffen. Dabei hat er mindestens billigend in Kauf genommen, dass es bei U zu einer Verletzung kommt. Er hatte also Tatentschluss bezüglich § 223 Abs. 1 StGB.

b) Vorsatz bezüglich § 224 Abs. 1 Nr. 2 StGB

Soeben wurde festgestellt, dass V mit seinem Wurf den objektiven Tatbestand der Qualifikation § 224 Abs. 1 Nr. 2 StGB erfüllt hat. Dies müsste aber auch von seinem Vorsatz getragen sein. Wissentlich und willentlich hat V mit der Bierdose ein gefährliches Werkzeug geworfen und damit verwendet. Er hatte also auch Vorsatz bezüglich der Qualifikation.

2. Unmittelbares Ansetzen

V müsste nunmehr zur gefährlichen Körperverletzung unmittelbar angesetzt haben. Dies ist dann der Fall, wenn der Täter subjektiv die Schwelle zum „jetzt geht's los" überschritten hat und objektiv so zur tatbestandsmäßigen Ausführungshandlung angesetzt hat, dass nach seiner Vorstellung seine Handlung ohne wesentliche Zwischenschritte in den tatbestandsmäßigen Erfolg mündet.[436] Da V bereits die Dose geworfen hat, hat er unmittelbar zur Tat angesetzt.

III. und IV. Rechtswidrigkeit und Schuld

Mangels ersichtlicher Rechtfertigungs- oder Entschuldigungsgründe handelte V auch rechtswidrig und schuldhaft.

Ergebnis

V hat sich durch den Wurf der Bierdose also nach §§ 223 Abs. 1 und 2, 224 Abs. 1 Nr. 2, Abs. 2, 22, 23 Abs. 1 StGB wegen versuchter gefährlicher Körperverletzung strafbar gemacht.

C. Strafbarkeit von V nach § 229 StGB

Er könnte sich zugleich aber auch wegen fahrlässiger Körperverletzung gemäß § 229 StGB strafbar gemacht haben, da er zwar U treffen wollte, tatsächlich aber ungewollt G getroffen hat.

I. Tatbestand

1. Handlung

Der Wurf stellt sich als willensgesteuerte Handlung des V dar.

2. Erfolg

Bei G ist es, wie oben erläutert, zum Körperverletzungserfolg gekommen.

3. Kausalität

Die Handlung war auch kausal für den Körperverletzungserfolg.

4. Objektive Sorgfaltspflichtverletzung

V müsste die objektive Sorgfaltspflicht verletzt haben. Dies wäre dann der Fall, wenn er nicht diejenige Sorgfalt angewandt hätte, die von einem besonnenen und gewissenhaften Menschen in der konkreten Lage und der sozialen Rolle des Handelnden zu erwarten gewesen wäre.[437] Mit vollen und damit gefährlichen Gegenständen auf Menschen zu werfen, stellt sich zweifellos als eine solche objektive Sorgfaltspflichtverletzung dar.

5. Objektive Vorhersehbarkeit

Fraglich ist, ob der Verletzungserfolg objektiv vorhersehbar war. Objektive Vorhersehbarkeit liegt vor, wenn der wesentliche Kausalverlauf und der eingetretene Erfolg nicht so sehr außerhalb der Lebenserfahrung liegen, dass mit ihnen nicht gerechnet zu werden braucht.[438] Es war vorhersehbar und sogar gewollt, einen Menschen mit der Bierdose zu treffen. Dass es bei einer vollen Bierdose zu Verletzungen kommen kann, war offensichtlich. Da die beiden Beamten jedoch gemeinsam auf Streife gingen, lag es nicht außerhalb der Lebenserfahrung, dass V aus der Entfernung mit der Bierdose nicht das anvisierte Ziel, sondern eine Person direkt daneben treffen würde. Somit war die Verletzung von G objektiv vorhersehbar.

6. Objektive Zurechnung

Wie bereits zuvor gesehen, hat V durch seinen Wurf ein Verletzungsrisiko geschaffen, das sich zwar nicht durch das geplante Opfer, sondern dessen Begleiterin dennoch im tatbestandlichen Erfolg realisiert hat. V muss sich somit die Verletzungen von G auch objektiv zurechnen lassen.

II. Rechtswidrigkeit

Auch diesbezüglich handelte V natürlich rechtswidrig.

III. Schuld

1. Keine Entschuldigungsgründe

Auch Entschuldigungsgründe liegen weiterhin nicht vor.

2. Fahrlässigkeitsschuld

a) Subjektive Sorgfaltspflichtverletzung

Zu prüfen ist ferner, ob V die subjektive Sorgfaltspflicht verletzt hat. Dies ist dann der Fall, wenn er nach seinen Kenntnissen und Fähigkeiten in der

Lage gewesen wäre, die objektiv gebotene Sorgfalt einzuhalten.[439] V hätte den Wurf der Bierdose unterlassen können, so dass es nicht zu Verletzungen bei G gekommen wäre. Er hat somit seine subjektive Sorgfaltspflicht verletzt.

b) Subjektive Vorhersehbarkeit

Die Verletzungen von G müssten für ihn auch subjektiv vorhersehbar gewesen sein. Dies ist der Fall, wenn der Täter nach seinen Kenntnissen und Fähigkeiten den Erfolg hätte vorhersehen können.[440] Dass er bei seinem Wurf aus der Entfernung nicht wie geplant U, sondern G treffen könnte, war auch für V mit seinen persönlichen Kenntnissen und Fähigkeiten subjektiv vorhersehbar.

Ergebnis

Durch den Wurf der Bierdose hat sich V mithin wegen fahrlässiger Körperverletzung nach § 229 StGB strafbar gemacht.

D. Strafbarkeit von V nach § 113 Abs. 1 StGB

Durch den Wurf der Bierdose und das Treffen von G könnte sich V zudem wegen Widerstands gegen Vollstreckungsbeamte nach § 113 Abs. 1 StGB strafbar gemacht haben.

I. Tatbestand

1. Objektiver Tatbestand

Fraglich ist, ob er den objektiven Tatbestand erfüllt hat.

a) Amtsträger

G ist als Polizeibeamtin Amtsträgerin im Sinne von § 11 Abs. 1 Nr. 2a) StGB.

b) Zur Vollstreckung im Sinne des Abs. 1 berufen

Als solche ist sie auch zur Vollstreckung von Gesetzen berufen.

c) Bei der Vornahme einer solchen Diensthandlung

V müsste G jedoch bei der Vornahme einer solchen Diensthandlung Widerstand geleistet haben. Zum Zeitpunkt des Wurfs mit der Bierdose hat G aber gerade keine Vollstreckungshandlung vorgenommen. Vielmehr waren U und G – nach Erledigung der Identitätsfeststellung gegenüber V – auf dem

Weg zurück zur Dienststelle. Der Wurf fand also nicht mehr bei dieser Diensthandlung statt und auch bei keiner anderen.

Der objektive Tatbestand des § 113 Abs. 1 StGB ist folglich nicht gegeben.

Ergebnis

V hat sich durch seinen Wurf nicht wegen Widerstands gegen Vollstreckungsbeamte gemäß § 113 Abs. 1 StGB strafbar gemacht.

> Klausurhinweis: Dies war der wesentliche Grund dafür, dass mit der Gesetzesreform von 2017 § 114 StGB dergestalt verändert wurde, dass der tätliche Angriff gegenüber Vollstreckungsbeamten auch dann bestraft werden kann, wenn diese keine Vollstreckungshandlung, sondern nur schlicht hoheitliches Handeln ausführen (z. B. die bloße Streifenfahrt).

E. Strafbarkeit von V nach § 114 Abs. 1 StGB

V könnte sich durch seinen Wurf auf U jedoch wegen eines tätlichen Angriffs auf Vollstreckungsbeamte nach § 114 Abs. 1 StGB strafbar gemacht haben.

I. Tatbestand

1. Objektiver Tatbestand

Auch diesbezüglich müsste der objektive Tatbestand verwirklicht worden sein.

a) und b)Amtsträger, zur Vollstreckung im Sinne des Abs. 1 berufen

Genauso wie soeben für G ausgeführt, handelt es sich auch bei dem Polizeibeamten U um einen Amtsträger, der zur Vollstreckung von Gesetzen berufen ist.

c) Tätlicher Angriff

Es müsste durch V auf U ein tätlicher Angriff vorgenommen worden sein. Hierunter versteht man jede in feindseliger Absicht unmittelbar auf den Körper zielende Einwirkung ohne Rücksicht auf ihren Erfolg.[441] V hat die volle Bierdose auf U geworfen, wenngleich er dabei G getroffen hat. Somit liegt ein tätlicher Angriff gegenüber U vor, ohne dass es sich rechtlich auswirkt, dass er G getroffen hat.

Der objektive Tatbestand des § 114 Abs. 1 StGB ist demnach erfüllt.

2. Subjektiver Tatbestand

Der Wurf war, wie bereits beschrieben, vom Vorsatz des V umfasst. Er hatte laut Sachverhalt auch den Vorsatz, U als Polizeibeamten und damit Amtsträger zu treffen. Dass er letztlich G traf, ändert an diesem Vorsatz nichts. Er hat also auch den subjektiven Tatbestand erfüllt.

> Klausurhinweis: Da U vorliegend nicht bei einer Vollstreckungshandlung angegriffen wurde, braucht auch keine Rechtmäßigkeit einer solchen Handlung überprüft zu werden – anders als bei § 113 StGB und anders auch beim tätlichen Angriff während einer Vollstreckungshandlung, §§ 114 Abs. 3 i. V. m. 113 Abs. 3 StGB.

II. und III. Rechtswidrigkeit und Schuld

Mangels ersichtlicher Rechtfertigungs- oder Entschuldigungsgründe bestehen an der Rechtswidrigkeit und Schuld keine Zweifel.

Ergebnis

V hat sich durch seinen Wurf also auch wegen eines tätlichen Angriffs auf Vollstreckungsbeamte nach § 114 Abs. 1 StGB strafbar gemacht.

Tatkomplex 3: Wandbemalungen

A. Strafbarkeit von A nach § 185 StGB

A wiederum könnte sich durch das Besprühen der Wand mit „ACAB“ wegen Beleidigung nach § 185 StGB strafbar gemacht haben.

I. Tatbestand

1. Objektiver Tatbestand

Er müsste hierfür den objektiven Tatbestand einer Beleidigung verwirklicht haben.

a) Beleidigung

Unter Beleidigung versteht man die Kundgabe eigener Missachtung oder Geringschätzung. Um dies vorliegend zu beurteilen, muss man zunächst die Buchstabenkette „ACAB“ deuten. Nach allgemeinem Verständnis aus der Sicht eines objektiven Dritten kommt jedoch keine andere Interpretation in Betracht als „All Cops Are Bastards“. Dies darf vorliegend unterstellt werden, zumal A unterhalb dieser Buchstaben auch noch eine Polizeimütze gesprüht hat. Mit diesem Werturteil „Bastards“ hat A die Polizei herabgewürdigt und damit ein ehrverletzendes Werturteil abgegeben.

b) Ehrträger

Fraglich ist jedoch, wer hier beleidigt wurde. Beleidigen kann man nur Personen oder Personengruppen, die als Ehrträger anerkannt sind. Dies ist vorliegend problematisch. Zunächst könnte die Polizei insgesamt beleidigt worden sein als so genannte Kollektivbeleidigung. Zwar ist durchaus anerkannt, dass im Einzelfall auch Personengemeinschaften beleidigungsfähig sind, jedoch nur, wenn sie eine rechtlich anerkannte Funktion erfüllen und einen einheitlichen Willen bilden können.[442] Ersteres ist für die Polizei zu bejahen, Letzteres jedoch nicht.[443] Eine Beleidigung der Polizei insgesamt scheidet also aus.

Man könnte jedoch daran denken, dass einzelne Personen, hier die Polizeibeamten U und G, unter einer Kollektivbezeichnung, Cops = Polizei, beleidigt werden. Dies ist von der herrschenden Meinung dann anerkannt, wenn der beleidigte Personenkreis zahlenmäßig überschaubar und klar abgrenzbar ist.[444] Die gesamte Polizei stellt keinen zahlenmäßig überschaubaren Personenkreis dar. Es ist aber auch nicht erkennbar, dass sich A an eine bestimmte Personengruppe innerhalb der Polizei richten wollte, etwa die Angehörigen einer bestimmten Dienstgruppe oder eben U und G im Speziellen. Deshalb liegt hier auch keine Beleidigung unter einer Kollektivbezeichnung vor, durch die sich U und G beleidigt fühlen durften.

> Klausurhinweis: Es genügt also nicht, dass der einzelne Angehörige einer großen Gruppe sich beleidigt fühlt, sondern er muss auch als Ehrträger anerkannt werden. Ob aber eine Beleidigung unter einer Kollektivbezeichnung angenommen werden kann oder nicht, hängt von den Umständen des Einzelfalls ab.[445]

Da es an einem anerkannten Ehrträger fehlt, ist der objektive Tatbestand einer Beleidigung vorliegend nicht erfüllt.

Ergebnis

A hat sich durch das Besprühen der Wand also nicht wegen Beleidigung nach § 185 StGB strafbar gemacht.

B. Strafbarkeit von A nach § 303 Abs. 2 StGB

Durch sein Verhalten könnte er sich jedoch wegen Sachbeschädigung nach § 303 Abs. 2 StGB strafbar gemacht haben.

I. Tatbestand

1. Objektiver Tatbestand

Auch diesbezüglich müsste er den objektiven Tatbestand erfüllt haben.

a) Fremde Sache

Bei der besprühten Wand handelt es sich um einen körperlichen Gegenstand, also eine Sache,[446] die sicherlich nicht im Eigentum von A stand, die also für ihn auch fremd war.[447]

b) Veränderung des Erscheinungsbildes

Durch das Besprühen der Wand wurde weder deren Substanz beeinträchtigt oder vernichtet, noch ihre Brauchbarkeit als solche völlig oder zum Teil aufgehoben.[448] Auch eine professionelle Reinigung würde an diesem Umstand nichts ändern. Ein Zerstören oder Beschädigen der Sache im Sinne des § 303 Abs. 1 StGB kommt vorliegend also nicht in Betracht. Allerdings hat A durch das Besprühen mit den Buchstaben und der Polizeimütze ihr Erscheinungsbild verändert, § 303 Abs. 2 StGB.

c) Unbefugt

Da A auch nicht das Einverständnis des Eigentümers hatte, tat er dies auch unbefugt.[449]

d) Nicht unerheblich und nicht vorübergehend

Das Besprühen einer Wand mit großen Lettern nebst Polizeimütze kann auch nicht als unerheblich angesehen werden, zumal es sich um eine für alle vorübergehenden Passanten sichtbare Wand handelt. Da zur Entfernung eine professionelle Reinigung erforderlich ist, liegt auch eine nicht nur vorübergehende Veränderung des Erscheinungsbildes vor.[450]

Der objektive Tatbestand des § 303 Abs. 2 StGB ist somit erfüllt.

2. Subjektiver Tatbestand

Da A absichtlich die Wand bemalte und dabei auch wusste, dass er dazu nicht befugt war und die Reinigung aufwändig werden würde, hat er vorsätzlich gehandelt, also den subjektiven Tatbestand erfüllt.

II. und III. Rechtswidrigkeit und Schuld

Mangels ersichtlicher Rechtfertigungs- und Entschuldigungsgründe handelte er auch rechtswidrig und schuldhaft.

Ergebnis

A hat sich folglich durch das Besprühen der Wand gemäß § 303 Abs. 2 StGB wegen Sachbeschädigung strafbar gemacht.

C. Strafbarkeit von H nach § 86a Abs. 1 Nr. 1 StGB

Dadurch dass H mit Wasserfarben Hakenkreuze an eine andere Wand gemalt hat, könnte er sich gemäß § 86a Abs. 1 Nr. 1 StGB wegen der Verwendung von Kennzeichen verfassungswidriger Organisationen strafbar gemacht haben.

I. Tatbestand

1. Objektiver Tatbestand

Fraglich ist, ob H den objektiven Tatbestand von § 86a Abs. 1 Nr. 1 StGB verwirklicht hat.

a) Kennzeichen einer der in § 86 Abs. 1 Nr. 1, 2 und 4 StGB bezeichneten Partei

Zu prüfen ist zunächst, ob es sich bei den angemalten Hakenkreuzen um das Kennzeichen einer der in § 86 Abs. 1 Nr. 1, 2 oder 4 StGB bezeichneten Partei oder Vereinigung handelt. Mögliche Kennzeichen sind in § 86a Abs. 2 StGB aufgezählt. Diese Aufzählung ist jedoch nicht abschließend, was aus dem Wort „namentlich" folgt. Demzufolge sind Abbildungen wie ein Hakenkreuz auch als Kennzeichen, also als charakteristische Erkennungszeichen, anzusehen. Das Hakenkreuz steht dabei als Kennzeichen für die NSDAP als Machtinstrument des Nationalsozialismus. Als ehemalige nationalsozialistische Organisation wird die NSDAP von § 86 Abs. 1 Nr. 4 StGB erfasst. Damit ist das Hakenkreuz ein Kennzeichen im Sinne von § 86a Abs. 1 StGB.[451]

b) Öffentlich verwendet

Dieses könnte nun durch H öffentlich verwendet worden sein. Das ist dann der Fall, wenn das Kennzeichen dergestalt gebraucht wird, dass es von einer nicht überschaubaren Anzahl von Personen wahrgenommen werden kann.[452] Die an die Wand zur Straße gemalten Hakenkreuze können von einer beliebigen Vielzahl von Personen wahrgenommen werden und wurden demnach öffentlich verwendet.

Der objektive Tatbestand des § 86a Abs. 1 Nr. 1 StGB ist folglich erfüllt.

2. Subjektiver Tatbestand

Da H absichtlich die Hakenkreuze angemalt hat und davon ausgegangen werden kann, dass er wusste, dass es sich dabei um Kennzeichen des Nationalsozialismus handelt, hat er auch vorsätzlich gehandelt und damit den subjektiven Tatbestand verwirklicht.

II. und III. Rechtswidrigkeit und Schuld

Wiederum sind Rechtfertigungs- und Entschuldigungsgründe hier nicht relevant, so dass H auch rechtswidrig und schuldhaft handelte.

Ergebnis

Durch das Anmalen der Hakenkreuze an die Wand hat sich H somit nach § 86a Abs. 1 Nr. 1 StGB wegen der Verwendung von Kennzeichen verfassungswidriger Organisationen strafbar gemacht.

D. Strafbarkeit von H nach § 303 Abs. 2 StGB

Fraglich ist, ob sich H durch das Aufmalen der Hakenkreuze genauso wie A auch wegen Sachbeschädigung nach § 303 Abs. 2 StGB strafbar gemacht hat.

I. Tatbestand

1. Objektiver Tatbestand

Dafür müsste der objektive Tatbestand erfüllt sein. Mit den auf die Wand gemalten Hakenkreuzen hat er genau wie A eine fremde Sache in ihrem Erscheinungsbild unbefugt verändert. Da er allerdings Wasserfarben benutzt hat, die spätestens beim nächsten Regen abgewaschen worden wären, stellt sich diese Veränderung als nur vorübergehend dar. Der objektive Tatbestand ist also nicht erfüllt.

Ergebnis

H hat sich also nicht wegen Sachbeschädigung nach § 303 Abs. 2 StGB strafbar gemacht, als er die Wand mit den Hakenkreuzen bemalte.

Tatkomplex 4: „Imbiss-Angebot"

A. Strafbarkeit von U nach §§ 258a, 13 StGB

U könnte sich wegen Strafvereitelung im Amt durch Unterlassen gemäß §§ 258a, 13 StGB strafbar gemacht haben, indem er H ohne weitere Folgen gehen ließ.

I. Tatbestand

1. Objektiver Tatbestand

§§ 258, 13 StGB
Hierfür müsste er zunächst den objektiven Tatbestand des § 258 StGB durch Unterlassen verwirklicht haben.

a) Rechtswidrige Vortat eines anderen
H hatte zuvor mit der Verwendung von Kennzeichen verfassungswidriger Organisationen nach § 86a StGB eine Straftat begangen.

b) Ganz oder teilweises Vereiteln der Bestrafung durch ein Unterlassen trotz Möglichkeit
U hätte die Möglichkeit gehabt, diese Straftat zu verfolgen, so dass H hätte bestraft werden können. Er hat ihn jedoch gehen lassen und es dabei unterlassen, die Strafverfolgung etwa durch eine Identitätsfeststellung zu sichern. Dadurch, dass er ihn laufen ließ, hat er die Bestrafung von H verhindert, also gänzlich vereitelt.

c) Hypothetische Kausalität und objektive Zurechnung
Auch beim Unterlassungsdelikt muss die Kausalität, genauer gesagt die hypothetische Kausalität, gegeben sein, das heißt, der tatbestandliche Erfolg muss kausal auf dem Unterlassen beruhen. Nach der umgekehrten Äquivalenzformel ist ein Unterlassen dann kausal für den Erfolg, wenn die gebotene Handlung nicht hinzugedacht werden kann, ohne dass der Erfolg mit an Sicherheit grenzender Wahrscheinlichkeit entfiele.[453] Hätte U die Strafverfolgung gegen H aufgenommen und ihn nicht laufen lassen, so wäre es voraussichtlich zu dessen Bestrafung gekommen. Es bestehen auch keine Zweifel daran, dass es U objektiv zurechenbar war, dass eine Bestrafung des H nicht mehr möglich war.

d) Garantenstellung

§ 13 StGB verlangt jedoch für eine Strafbarkeit durch Unterlassen, dass der Täter eine Garantenstellung hat, dass er also rechtlich dafür einzustehen hat, dass der Erfolg nicht eintritt. Polizeibeamte haben die Verpflichtung, Straftaten zu verfolgen. Dies ergibt sich aus § 152 Abs. 2 StPO, sofern zureichende tatsächliche Anhaltspunkte für eine Straftat bestehen, oder anders ausgedrückt, sofern ein Anfangsverdacht anzunehmen ist.[454] U hat beobachtet, wie H die Hakenkreuze an die Wand gemalt hat. Es bestand demnach der Anfangsverdacht einer Straftat und U hätte nach dem Legalitätsprinzip die Strafverfolgung aufnehmen müssen. Er hatte somit eine Garantenstellung.

e) Entsprechungsklausel

Es kann davon ausgegangen werden, dass dieses Unterlassen der Verwirklichung des gesetzlichen Tatbestandes durch ein Tun entspricht, wie es § 13 StGB verlangt.

§ 258a StGB

U könnte aber auch den objektiven Tatbestand der Qualifikation § 258a StGB erfüllt haben.

a) Amtsträger

Bei § 258a StGB handelt es sich um ein Amtsdelikt, das heißt, der Täter müsste Amtsträger gewesen sein. Dass der Polizeibeamte U Amtsträger war, wurde bereits aufgezeigt.

b) Zur Mitwirkung beim Verfahren berufen

Weiterhin ist er als Polizeibeamter auch zur Mitwirkung beim Verfahren berufen, wie sich unschwer § 152 Abs. 2 StPO entnehmen lässt.

2. Subjektiver Tatbestand

a) Vorsatz bezüglich Vortat und Garantenstellung

U müsste Vorsatz gehabt haben bezüglich der Vortat und seiner Garantenstellung. U hatte die Straftat von H selbst beobachtet und es war ihm bewusst, dass er aufgrund des Legalitätsprinzips als Polizeibeamter die Pflicht zur Strafverfolgung hatte.

b) Direkter Vorsatz bezüglich des Vereitelns

Während ansonsten jede Vorsatzform ausreichend ist, muss der Täter hinsichtlich des Vereitelns direkten Vorsatz aufweisen. Da ihm das Angebot auf kostenlose Verköstigungen in der Zukunft so verlockend erschien, hat U den H mit Absicht, also direktem Vorsatz ersten Grades gehen lassen und die Bestrafung vereitelt.

c) Vorsatz bezüglich § 258a StGB

Dass er Amtsträger war und als solcher zur Mitwirkung beim Verfahren berufen, war U sicherlich bewusst, weshalb auch der Vorsatz zur Qualifikation gegeben ist.

II. und III. Rechtswidrigkeit und Schuld

U handelte mangels ersichtlicher Rechtfertigungs- und Entschuldigungsgründe rechtswidrig und schuldhaft.

Ergebnis

Somit hat sich U, als er H nicht strafverfolgte, sondern laufen ließ, wegen Strafvereitelung im Amt durch Unterlassen nach §§ 258a, 13 StGB strafbar gemacht.

B. Strafbarkeit von U nach § 332 Abs. 1 StGB

Dadurch, dass er auf das Angebot von B auf zukünftige kostenlose Mittagessen einging und dafür H laufen ließ, könnte sich U aber zudem wegen Bestechlichkeit nach § 332 Abs. 1 StGB strafbar gemacht haben.

I. Tatbestand

1. Objektiver Tatbestand

Fraglich ist, ob er auch diesbezüglich den objektiven Tatbestand erfüllt hat.

a) Amtsträger

Bei § 332 Abs. 1 StGB muss es sich auf der Seite der bestochenen Person um einen Amtsträger handeln. Es wurde bereits mehrfach festgestellt, dass U als Polizeibeamter Amtsträger war.

b) Tathandlung: Sich-Versprechen-Lassen eines Vorteils

Als mögliche Tathandlung kommt in Betracht, dass sich der Täter einen Vorteil versprechen lässt, also das entsprechende Angebot einer künftigen Leistung annimmt.[455] B macht U vorliegend das Angebot, dass dieser künftig kostenlos bei ihm essen kann. Diese angebotene Leistung nimmt U an. Er lässt sich also einen Vorteil versprechen. Unstrittig ist jedoch, dass geringwertige Vorteile als sozialadäquat nicht § 332 StGB unterfallen.[456] Fraglich ist jedoch, welche Vorteile als sozialadäquat anerkannt werden können. Das jeweilige Mittagessen, das U gewöhnlich zu sich nimmt, hat einen Wert von

10 Euro. Es ist nicht abwegig, dies noch als sozialadäquat anzunehmen. Allerdings liegt der angebotene und angenommene Vorteil darin, zukünftig und sooft U möchte dieses kostenlose Mittagessen in Anspruch nehmen zu können. In der Gesamtheit kann dies nicht mehr als geringwertig und damit sozialadäquat angesehen werden. Die erforderliche Tathandlung ist also gegeben.

> Klausurhinweis: Die Frage der Sozialadäquanz könnte auch im Rahmen der Unrechtsvereinbarung als Einschränkung des Unrechtszusammenhangs diskutiert werden.

c) Pflichtwidrige Diensthandlung

Der versprochene Vorteil muss sich auf eine konkrete Diensthandlung beziehen, welche wiederum pflichtwidrig sein muss. B verspricht U das kostenlose Mittagessen dafür, dass U dessen Bruder H nicht mehr weiter strafverfolgt, sondern laufen lässt. Eine solche Diensthandlung ist aufgrund des bereits angesprochenen Legalitätsprinzips als pflichtwidrig anzusehen und wurde dennoch von U durchgeführt.

> Klausurhinweis: An dieser Stelle ist zwischen Bestechlichkeit/Bestechung und Vorteilsnahme/Vorteilsgewährung zu unterscheiden. Letztere Straftaten sind nicht an eine pflichtwidrige Diensthandlung geknüpft, dienen vielmehr der „Anfütterung".

d) Unrechtsvereinbarung

Es bestehen vorliegend keinerlei Zweifel, dass es zwischen U und B zu einer Unrechtsvereinbarung gekommen ist, da B von U eine pflichtwidrige Diensthandlung verlangt und U sich im Gegenzug zum versprochenen Vorteil dazu bereit erklärt.[457]

> Klausurhinweis: Da es bei Vorteilsnahme/Vorteilsgewährung an einer pflichtwidrigen Diensthandlung fehlt, muss die Unrechtsvereinbarung dann anhand der Umstände des Einzelfalls genau herausgearbeitet werden.

U hat also den objektiven Tatbestand des § 332 Abs. 1 StGB erfüllt.

2. Subjektiver Tatbestand

U müsste auch vorsätzlich gehandelt haben. Er hat mit Wissen und Wollen das Angebot von B auf den versprochenen Vorteil angenommen. Dabei kann auch davon ausgegangen werden, dass ihm bekannt war, dass in der Vielzahl der versprochenen Fälle das Mittagessen keinen geringwertigen Vorteil darstellt. Er wusste ferner, dass der Verzicht auf eine Strafverfolgung von H eine pflichtwidrige Diensthandlung darstellte. Er hat folglich auch den subjektiven Tatbestand der Bestechlichkeit verwirklicht.

II. und III. Rechtswidrigkeit und Schuld

Rechtfertigungs- oder Entschuldigungsgründe sind nicht ersichtlich. U handelte also auch rechtswidrig und schuldhaft.

Ergebnis

Somit hat sich U durch die Absprache mit B und das Laufenlassen von H auch wegen Bestechlichkeit nach § 332 Abs. 1 StGB strafbar gemacht.

C. Strafbarkeit von B nach § 334 Abs. 1 StGB

Im Gegenzug könnte sich B durch sein Angebot wegen Bestechung nach § 334 Abs. 1 StGB strafbar gemacht haben.

I. Tatbestand

1. Objektiver Tatbestand

Auch er müsste den objektiven Tatbestand erfüllt haben.

a) Jedermann als Vorteilsgeber

§ 334 Abs. 1 StGB ist insofern kein Amtsträgerdelikt, als dass der Täter nicht Amtsträger sein muss. B ist also möglicher Täter der Bestechung

b) Amtsträger als Vorteilsnehmer

Der Vorteilsnehmer hingegen muss Amtsträger sein, hier also U als Polizeibeamter.

c) Versprechen eines Vorteils

Diesem Amtsträger müsste der Täter nun einen Vorteil angeboten haben. Der vorliegende Vorteil wurde bereits bei der Bestechlichkeit von U herausgearbeitet. Diesen Vorteil hat B auch angeboten. Dass dieses Angebot von U angenommen wurde, kann hier festgestellt werden, ist aber für eine Strafbarkeit des B nicht erforderlich.

d) und e) Pflichtwidrige Diensthandlung und Unrechtsvereinbarung

Auch hinsichtlich der pflichtwidrigen Diensthandlung sowie der Unrechtsvereinbarung kann vollumfänglich nach oben verwiesen werden.

2. Subjektiver Tatbestand

B hat mit direktem Vorsatz U einen Vorteil versprochen. Ihm war auch bekannt, dass es sich bei U als Polizeibeamten um einen Amtsträger handelte.

Und schließlich bezweckte er auch, dass U eine pflichtwidrige Diensthandlung vornahm, indem er H laufen ließ und nicht weiter strafverfolgte. Der subjektive Tatbestand ist mithin erfüllt.

II. und III. Rechtswidrigkeit und Schuld

Mangels ersichtlicher Rechtsfertigungs- oder Entschuldigungsgründe handelte B auch rechtswidrig und schuldhaft.

Ergebnis

Durch sein Angebot gegenüber U hat sich B somit wegen Bestechung nach § 334 Abs. 1 StGB strafbar gemacht.

D. Strafbarkeit von B nach § 258 Abs. 1 StGB

Schließlich könnte sich B hierdurch zugleich wegen Strafvereitelung nach § 258 Abs. 1 StGB strafbar gemacht haben.

I. Tatbestand

1. Objektiver Tatbestand

B müsste den objektiven Tatbestand einer Strafvereitelung erfüllt haben.

a) Rechtswidrige Vortat eines anderen

Mit dem Verwenden von Kennzeichen verfassungswidriger Organisationen durch H liegt eine rechtswidrige Vortat eines anderen vor.

b) Ganz oder teilweises Vereiteln der Bestrafung

Indem B dem U das Angebot gemacht hat, bei ihm zukünftig kostenlos essen zu können und dieser das Angebot angenommen hat, hat B dafür gesorgt, dass U den H laufen ließ, er hat also die Bestrafung seines Bruders H gänzlich vereitelt. Somit ist der objektive Tatbestand erfüllt.

> Klausurhinweis: Zugleich könnte man sich auch fragen, ob sich B auch einer Anstiftung zur Strafvereitelung im Amt durch Unterlassen strafbar gemacht hat. Da es sich bei der Strafvereitelung im Amt jedoch um eine Qualifikation zu § 258 StGB handelt, wirkt die Amtsträgereigenschaft strafschärfend, so dass sich B gemäß § 28 Abs. 2 StGB nur zu einer entsprechenden Anstiftung strafbar machen könnte, wenn er selbst das besondere persönliche Merkmal der Amtsträgereigenschaft hätte, was aber nicht der Fall ist. Aufgrund dessen kommt es gemäß § 28 Abs. 2 StGB zu einer Tatbestandsverschiebung, so dass sich B „nur" wegen Anstiftung zur (einfachen) Strafvereitelung strafbar gemacht haben könnte. Diese dürfte aber zum einen hinter der eigenen Strafvereitelung zurücktreten. Zum anderen wäre auch hier das noch zu erörternde Angehörigenprivileg nach § 258 Abs. 6 StGB zu beachten.

2. Subjektiver Tatbestand

B hatte Kenntnis von der Vortat seines Bruders und auch direkten Vorsatz in der Form der Absicht, dessen Bestrafung durch sein Handeln zu vereiteln. Auch der subjektive Tatbestand ist somit erfüllt.

II. und III. Rechtswidrigkeit und Schuld

Rechtfertigungs- und Entschuldigungsgründe bestehen auch in diesem Zusammenhang für B nicht, weshalb er auch rechtswidrig und schuldhaft handelte.

IV. Persönlicher Strafausschließungsgrund, § 258 Abs. 6 StGB

Ihm könnte jedoch ein persönlicher Strafausschließungsgrund zu Gute kommen. Nach § 258 Abs. 6 StGB bleibt nämlich derjenige Täter straffrei, der die Tat zugunsten eines Angehörigen begeht. B versucht vorliegend, die Strafverfolgung seines Bruders, also eines Angehörigen im Sinne von § 11 Abs. 1 Nr. 1a StGB, zu vereiteln, weshalb der Strafausschließungsgrund § 258 Abs. 6 StGB hier greift.

> Klausurhinweis: In einer gutachterlichen Prüfung sollte ein persönlicher Strafausschließungsgrund erst am Ende behandelt werden. Insbesondere im Falle von Zeitnot in einer Klausur erscheint es aber auch nachvollziehbar, wenn man dieses Ergebnis bereits zu Beginn der Strafbarkeitsprüfung herausarbeitet.

Ergebnis

B bleibt straffrei und hat sich somit nicht wegen Strafvereitelung nach § 258 Abs. 1 StGB strafbar gemacht.

Endnoten

1 Vgl. Rengier, Strafrecht AT, § 7, Rn. 8.
2 Vgl. Fischer, StGB, § 223, Rn. 4.
3 Vgl. Fischer, StGB, § 223, Rn. 8.
4 Vgl. BGHSt 1, 332; Wessels/Beulke/Satzger, Strafrecht AT, Rn. 226.
5 Vgl. Nowrousian/Bahne, S. 30.
6 Vgl. Wessels/Beulke/Satzger, Strafrecht AT, Rn. 258.
7 Vgl. Joecks/Jäger, StGB, § 15, Rn. 7.
8 Vgl. BGHSt 1, 332; Wessels/Beulke/Satzger, Strafrecht AT, Rn. 226.
9 Vgl. Wessels/Beulke/Satzger, Strafrecht AT, Rn. 258.
10 Vgl. Joecks/Jäger, StGB, § 15, Rn. 7.
11 Vgl. Perron/Eisele in: Schönke/Schröder, StGB, § 32, Rn. 3.
12 Vgl. Wessels/Beulke/Satzger, Strafrecht AT, Rn. 498.
13 Vgl. Rengier, Strafrecht AT, § 18, Rn. 28.
14 Vgl. Wessels/Beulke/Satzger, Strafrecht AT, Rn. 508.
15 Vgl. zum Ganzen Perron/Eisele in: Schönke/Schröder, StGB, § 32, Rn. 34 ff.
16 Vgl. etwa Nolden/Palkovits/Dittert/Pichocki, Grundstudium Strafrecht, S. 50.
17 Vgl. Fischer, StGB, § 32, Rn. 36.
18 Vgl. zur Definition Rengier, Strafrecht AT, § 7, Rn. 8.
19 Vgl. Fischer, StGB, § 223, Rn. 4.
20 Vgl. Fischer, StGB, § 223, Rn. 8.
21 Vgl. BGHSt 1, 332; Wessels/Beulke/Satzger, Strafrecht AT, Rn. 226.
22 Vgl. Wessels/Beulke/Satzger, Strafrecht AT, Rn. 258.
23 Vgl. Nowrousian/Bahne, S. 35.
24 Streitig ist nur, ob ein nur äußerlich wirkender Stoff auch beigebracht wird, vgl. Sternberg/Lieben in: Schönke/Schröder, StGB, § 224 Rn. 2d m.w.N.
25 Vgl. BGH, NStZ 2009, 505.
26 Vgl. BGH, StV 1989, 152; Joecks/Jäger, StGB, § 224, Rn. 32.
27 Vgl. Joecks/Jäger, StGB, § 224, Rn. 33.
28 Vgl. Joecks/Jäger, StGB, § 15, Rn. 7.
29 Vgl. Joecks/Jäger, StGB, § 224, Rn. 18.
30 Vgl. BGH, NStZ-RR 2010, 176, 177; Rengier, Strafrecht BT II § 14 Rn. 50.
31 Vgl. zur Definition Wessels/Beulke/Satzger, Strafrecht AT, Rn. 508.
32 Vgl. Nimtz, Strafrecht für Polizeibeamte, Band 1, Rn. 124.
33 Vgl. Fischer, StGB, § 34, Rn. 7.
34 Vgl. Perron/Eisele in: Schönke/Schröder, StGB, § 32, Rn. 34 ff.
35 Vgl. BGHSt 1, 332; Wessels/Beulke/Satzger, Strafrecht AT, Rn. 226.
36 Vgl. Wessels/Beulke/Satzger, Strafrecht AT, Rn. 258.
37 Vgl. Joecks/Jäger, StGB, § 15, Rn. 7.
38 Vgl. Perron/Eisele in: Schönke/Schröder, StGB, § 32, Rn. 3.
39 Vgl. Wessels/Beulke/Satzger, Strafrecht AT, Rn. 498.
40 Vgl. Rengier, Strafrecht AT, § 18, Rn. 28.
41 Vgl. Wessels/Beulke/Satzger, Strafrecht AT, Rn. 508.
42 Vgl. Nimtz, Strafrecht für Polizeibeamte, Band 1, Rn. 124.
43 Vgl. Fischer, StGB, § 34, Rn. 7
44 Vgl. Perron/Eisele in: Schönke/Schröder, StGB, § 32, Rn. 34 ff.

45 Vgl. zur Definition Rengier, Strafrecht AT, § 7, Rn. 8.
46 Vgl. Fischer, StGB, § 223, Rn. 4.
47 Vgl. Fischer, StGB, § 223, Rn. 8.
48 Vgl. BGHSt 1, 332; Wessels/Beulke/Satzger, Strafrecht AT, Rn. 226.
49 Vgl. Wessels/Beulke/Satzger, Strafrecht AT, Rn. 258.
50 Vgl. Fischer, StGB, § 226, Rn. 6.
51 Vgl. BGH, NJW 1991, 990; Fischer, StGB, § 226, Rn. 7.
52 Vgl. BGHSt 51, 252, 255.
53 Vgl. Joecks/Jäger, StGB, § 15, Rn. 7.
54 Vgl. Perron/Eisele in: Schönke/Schröder, StGB, § 32, Rn. 3.
55 Vgl. Wessels/Beulke/Satzger, Strafrecht AT, Rn. 498.
56 Vgl. Rengier, Strafrecht AT, § 18, Rn. 28.
57 Vgl. zur Definition Wessels/Beulke/Satzger, Strafrecht AT, Rn. 508.
58 Vgl. Perron/Eisele in: Schönke/Schröder, StGB, § 32, Rn. 34 ff.
59 Vgl. zur Definition Hecker in: Schönke/Schröder, StGB, § 303, Rn. 6.
60 Vgl. Wessels/Hillenkamp/Schuhr, Strafrecht BT II, Rn. 36.
61 Vgl. Joecks/Jäger, StGB, § 15, Rn. 7.
62 Vgl. Perron/Eisele in: Schönke/Schröder, StGB, § 32, Rn. 3.
63 Vgl. BGHSt 18, 271, 272; Nimtz, Strafrecht für Polizeibeamte, Band 1, Rn. 133.
64 Vgl. zur Definition Perron/Eisele in: Schönke/Schröder, StGB, § 32, Rn. 34 ff.
65 Vgl. zur Definition Rengier, Strafrecht, BT I, § 24, Rn. 5.
66 Vgl. zur Definition Hecker in: Schönke/Schröder, StGB, § 303, Rn. 6.
67 Vgl. Rengier, Strafrecht, BT I, § 24, Rn. 8.
68 Vgl. Fischer, StGB, § 34, Rn. 7.
69 Vgl. Rengier, Strafrecht BT I, § 2, Rn. 6.
70 Vgl. Bosch in: Schönke/Schröder, StGB, § 242, Rn. 12.
71 Vgl. Bosch in: Schönke/Schröder, StGB, § 242, Rn. 11.
72 Vgl. Fischer, StGB, § 242, Rn. 10.
73 Vgl. Fischer, StGB, § 242, Rn. 11.
74 Vgl. Wessels/Hillenkamp/Schuhr, Strafrecht BT II, Rn. 121.
75 Vgl. Wessels/Hillenkamp/Schuhr, Strafrecht BT II, Rn. 121.
76 Vgl. zur Definition Bosch in: Schönke/Schröder, StGB, § 244, Rn. 3.
77 Vgl. die Übersicht zu diesem Streitstand bei Nimtz, Strafrecht für Polizeibeamte, Band 2, Rn. 39.
78 Vgl. zur Definition Bosch in: Schönke/Schröder, StGB, § 244, Rn. 6.
79 Vgl. zur Definition Joecks/Jäger, StGB, § 15, Rn. 7.
80 Vgl. Rengier, Strafrecht BT I, § 2, Rn. 91.
81 Vgl. Rengier, Strafrecht BT I, § 2, Rn. 90.
82 Vgl. Rengier, Strafrecht BT I, § 2, Rn. 187.
83 Vgl. BGHSt 1, 158, 163; Fischer, StGB, § 243 Rn. 13 f.
84 Vgl. Fischer, StGB, § 243 Rn. 14.
85 Vgl. Nowrousian/Bahne, S. 206.
86 Vgl. Joecks/Jäger, StGB, § 15, Rn. 7.
87 Vgl. Rengier, Strafrecht BT I, § 2, Rn. 6.
88 Vgl. Bosch in: Schönke/Schröder, StGB, § 242, Rn. 12.
89 Vgl. Bosch in: Schönke/Schröder, StGB, § 242, Rn. 11.
90 Vgl. Fischer, StGB, § 242, Rn. 10.
91 Vgl. Wessels/Hillenkamp/Schuhr, Strafrecht BT II, Rn. 121.
92 Vgl. Wessels/Hillenkamp/Schuhr, Strafrecht BT II, Rn. 121.

93 Vgl. zur Definition Rengier, Strafrecht BT I, § 2, Rn. 91.
94 Vgl. zur Definition Rengier, Strafrecht BT I, § 2, Rn. 90.
95 Vgl. zur Definition Rengier, Strafrecht BT I, § 2, Rn. 187.
96 Vgl. BGH, NJW 1979, 378.
97 Vgl. Nolden/Palkovits/Dittert/Pichocki, Grundstudium Strafrecht, S. 109.
98 Vgl. Fischer, StGB, § 24, Rn. 14a.
99 Vgl. BGHSt 14, 75, 79; Fischer, StGB, § 24, Rn. 14a.
100 Vgl. Eser/Bosch in: Schönke/Schröder, StGB, § 24, Rn. 43.
101 Vgl. Joecks/Jäger, StGB, § 243, Rn. 21.
102 Vgl. OLG Stuttgart NStZ 1985, 76.
103 Vgl. Joecks/Jäger, StGB, § 15, Rn. 7.
104 Vgl. Rengier, Strafrecht BT I, § 2, Rn. 6.
105 Vgl. Bosch in: Schönke/Schröder, StGB, § 242, Rn. 12.
106 Vgl. Bosch in: Schönke/Schröder, StGB, § 242, Rn. 11.
107 Vgl. Fischer, StGB, § 242, Rn. 10.
108 Vgl. Fischer, StGB, § 242, Rn. 11.
109 Vgl. Wessels/Hillenkamp/Schuhr, Strafrecht BT II, Rn. 121.
110 Vgl. Wessels/Hillenkamp/Schuhr, Strafrecht BT II, Rn. 121.
111 Vgl. Joecks/Jäger, StGB, § 244, Rn. 41, 44a.
112 Vgl. Kühl in: Lackner/Kühl, StGB, § 243, Rn. 10.
113 Vgl. Bosch in: Schönke/Schröder, StGB, § 243, Rn. 12.
114 Vgl. zur Definition Rengier, Strafrecht BT I, § 2, Rn. 91.
115 Vgl. zur Definition Rengier, Strafrecht BT I, § 2, Rn. 90.
116 Vgl. zur Definition Rengier, Strafrecht BT I, § 2, Rn. 187.
117 Vgl. BGH, NJW 1979, 378.
118 Vgl. Nolden/Palkovits/Dittert/Pichocki, Grundstudium Strafrecht, S. 109.
119 Vgl. Sternberg-Lieben/Schittenhelm in: Schönke/Schröder, StGB, § 123, Rn. 14/15.
120 Vgl. Nimtz, Strafrecht für Polizeibeamte, Band 2, Rn. 497
121 Vgl. zur Definition Rengier, Strafrecht, BT I, § 24, Rn. 5.
122 Vgl. zur Definition Hecker in: Schönke/Schröder, StGB, § 303, Rn. 6.
123 Vgl. Rengier, Strafrecht, BT I, § 24, Rn. 8.
124 Vgl. Wessels/Hillenkamp/Schuhr, Strafrecht BT II, Rn. 36.
125 Vgl. zur Definition Rengier, Strafrecht BT I, § 2, Rn. 6.
126 Vgl. zur Definition Bosch in: Schönke/Schröder, StGB, § 242, Rn. 11.
127 Vgl. zur Definition Bosch in: Schönke/Schröder, StGB, § 242, Rn. 12.
128 Vgl. Fischer, StGB, § 242, Rn. 10.
129 Vgl. Fischer, StGB, § 242, Rn. 11.
130 Vgl. Schmidt, Strafrecht BT II, Rn. 275.
131 Vgl. Rengier, Strafrecht BT I, § 2, Rn. 90.
132 Vgl. Rengier, Strafrecht BT I, § 2, Rn. 91.
133 Vgl. Nolden/Palkovits/Dittert/Pichocki, S. 236.
134 Vgl. zur Definition Joecks/Jäger, StGB, § 15, Rn. 7.
135 Vgl. Nowrousian/Bahne, S. 377 f.
136 Vgl. Momsen in: Dölling/Duttge/König/Rössner, HK-StGB, § 259, Rn. 17.
137 Vgl. Momsen in: Dölling/Duttge/König/Rössner, HK-StGB, § 259, Rn. 33.
138 Vgl. zur Definition Bosch in: Schönke/Schröder, StGB, § 242, Rn. 11.
139 Vgl. zur Definition Rengier, Strafrecht BT I, § 2, Rn. 6.
140 Vgl. zur Definition Bosch in: Schönke/Schröder, StGB, § 242, Rn. 12.
141 Vgl. Fischer, StGB, § 242, Rn. 10.

142 Vgl. Fischer, StGB, § 242, Rn. 11.
143 Vgl. zur Definition Wessels/Hillenkamp/Schuhr, Strafrecht BT II, Rn. 121.
144 Vgl. zur Definition Wessels/Hillenkamp/Schuhr, Strafrecht BT II, Rn. 121.
145 Vgl. Joecks/Jäger, StGB, § 15, Rn. 7.
146 Vgl. Rengier, Strafrecht BT I, § 2, Rn. 91.
147 Vgl. Rengier, Strafrecht BT I, § 2, Rn. 90.
148 Vgl. zur Definition Rengier, Strafrecht BT I, § 2, Rn. 187.
149 Vgl. Rengier, Strafrecht BT I, § 3, Rn. 34
150 Vgl. zur Definition Bosch in: Schönke/Schröder, StGB, § 244, Rn. 3.
151 Vgl. zur Definition Bosch in: Schönke/Schröder, StGB, § 244, Rn. 6.
152 Vgl. Nolden/Palkovits/Dittert/Pichocki, S. 132 ff.
153 Vgl. Nolden/Palkovits/Dittert/Pichocki, S. 131.
154 Vgl. BGHSt 1, 332; Wessels/Beulke/Satzger, Strafrecht AT, Rn. 226.
155 Vgl. Wessels/Beulke/Satzger, Strafrecht AT, Rn. 258.
156 Vgl. Joecks/Jäger, StGB, § 15, Rn. 7.
157 Vgl. Wessels/Beulke/Satzger, Strafrecht AT, Rn. 900, 902.
158 Vgl. zur Definition Bosch in: Schönke/Schröder, StGB, § 242, Rn. 11.
159 Vgl. zur Definition Rengier, Strafrecht BT I, § 2, Rn. 6.
160 Vgl. Bosch in: Schönke/Schröder, StGB, § 242, Rn. 12.
161 Vgl. Fischer, StGB, § 242, Rn. 10.
162 Vgl. Fischer, StGB, § 242, Rn. 11.
163 Vgl. Schmidt, Strafrecht BT II, Rn. 271.
164 Vgl. zur Definition Rengier, Strafrecht BT I, § 2, Rn. 91.
165 Vgl. zur Definition Rengier, Strafrecht BT I, § 2, Rn. 90.
166 Vgl. zur Definition Rengier, Strafrecht BT I, § 2, Rn. 187.
167 Vgl. BGH NStZ 2000, 421; Schmidt, Strafrecht AT, Rn. 1053.
168 Vgl. Fischer, StGB, § 223, Rn. 4.
169 Vgl. Fischer, StGB, § 223, Rn. 8.
170 Vgl. BGHSt 1, 332; Wessels/Beulke/Satzger, Strafrecht AT, Rn. 226.
171 Vgl. BGH, NStZ 1991, 31; Holzberg/Reichelt, Hauptstudium Strafrecht, 1. Kapitel, Rn. 16.
172 Vgl. Erhardt, Strafrecht für Polizeibeamte, Rn. 235.
173 Vgl. Wessels/Beulke/Satzger, Strafrecht AT, Rn. 258.
174 Vgl. Nimtz, Strafrecht für Polizeibeamte, Band 1, Rn. 204.
175 Vgl. Nimtz, Strafrecht für Polizeibeamte, Band 1, Rn. 204.
176 Vgl. Kühl in: Lackner/Kühl, StGB, § 18, Rn. 8.
177 Vgl. BGHSt 14, 110, 112; zusammenfassend Joecks/Jäger, StGB, § 227, Rn. 7.
178 Vgl. Erhardt, Strafrecht für Polizeibeamte, Rn. 235.
179 Vgl. zu den Definitionen Rengier, Strafrecht BT II, § 53, Rn. 12.
180 Vgl. Joecks/Jäger, StGB, § 15, Rn. 7.
181 Vgl. zum Ganzen Fischer, StGB, § 113, Rn. 11 ff.
182 Vgl. zur Definition Perron/Eisele in: Schönke/Schröder, StGB, § 32, Rn. 34 ff.
183 Vgl. Heger in: Lackner/Kühl, StGB, § 114, Rn. 2.
184 Vgl. zur Definition Rengier, Strafrecht AT, § 7, Rn. 8.
185 Vgl. BGHSt 1, 332, 333; Wessels/Beulke/Satzger, Strafrecht AT, Rn. 226.
186 Vgl. Wessels/Beulke/Satzger, Strafrecht AT, Rn. 258.
187 Vgl. Nolden/Palkovits/Dittert/Pichocki, Grundstudium Strafrecht, Rn. 186.
188 Vgl. BGH, NJW 1979, 378.
189 Vgl. Nolden/Palkovits/Dittert/Pichocki, Grundstudium Strafrecht, S 109.

190 Vgl. zur Definition Rengier, Strafrecht, BT I, § 24, Rn. 5.
191 Vgl. Wessels/Hillenkamp/Schuhr, Strafrecht BT II, Rn. 36.
192 Vgl. Nolden/Palkovits/Dittert/Pichocki, Grundstudium Strafrecht, S. 82.
193 Vgl. Nimtz, Strafrecht für Polizeibeamte, Band 1, Rn. 377.
194 Vgl. BGH, NStZ 1991, 31; Holzberg/Reichelt, Hauptstudium Strafrecht, 1. Kapitel, Rn. 16.
195 Vgl. Erhardt, Strafrecht für Polizeibeamte, Rn. 235.
196 Vgl. Nimtz, Strafrecht für Polizeibeamte, Band 1, Rn. 204.
197 Vgl. Nimtz, Strafrecht für Polizeibeamte, Band 1, Rn. 204.
198 Vgl. zur Definition Rengier, Strafrecht AT, § 7, Rn. 8.
199 Vgl. Fischer, StGB, § 223, Rn. 4.
200 Vgl. Fischer, StGB, § 223, Rn. 8.
201 Vgl. BGHSt 1, 332, 333; Wessels/Beulke/Satzger, Strafrecht AT, Rn. 226.
202 Vgl. BGH, NStZ 1991, 31; Holzberg/Reichelt, Hauptstudium Strafrecht, 1. Kapitel, Rn. 16.
203 Vgl. Erhardt, Strafrecht für Polizeibeamte, Rn. 235.
204 Vgl. zur Definition Wessels/Beulke/Satzger, Strafrecht AT, Rn. 258.
205 Vgl. Nimtz, Strafrecht für Polizeibeamte, Bd. 1, Rn. 204.
206 Vgl. Nimtz, Strafrecht für Polizeibeamte, Bd. 1, Rn. 204.
207 Vgl. Kindhäuser/Hilgendorf, StGB, § 13, Rn. 79.
208 Vgl. Heinrich in Festschrift für Geppert, S. 185 f.
209 Vgl. Schmidt, Strafrecht AT, Rn. 776.
210 Vgl. BGH NStZ 2012, 319, 320; Joecks/Jäger, StGB, § 13, Rn. 55.
211 Vgl. Joecks/Jäger, StGB, § 15, Rn. 7.
212 Vgl. BGHSt 2, 194, 204.
213 Vgl. Hecker in: Schönke/Schröder, StGB, § 323c, Rn. 5.
214 Nach BGH, 4 StR 594/05 – Urteil vom 16. März 2006 = BGH, NStZ 2006, 503. Aus didaktischen Gründen wurde der Fall leicht abgewandelt.
215 Vgl. zum Streitstand Holzberg/Reichelt, Hauptstudium Strafrecht, 17. Kapitel, Rn. 17 ff. m.w.N.
216 Vgl. Wessels/Beulke/Satzger, Strafrecht AT, Rn. 226; BGHSt 1, 332.
217 Vgl. Wessels/Beulke/Satzger, Strafrecht AT, Rn. 258.
218 Vgl. BGH, NStZ 2009, 569, 570.
219 Vgl. Rengier, Strafrecht BT II, § 4, Rn. 51.
220 Vgl. BGH, NStZ 2006, 503, 504.
221 Vgl. Rengier, Strafrecht BT II, § 4, Rn. 68.
222 Vgl. BGH, NStZ 2006, 167; Wenkel: in: Dölling/Duttge/König/Rössner, HK-StGB, § 211, Rn. 9.
223 Vgl. BGH, NStZ 2006, 503, 504.
224 Vgl. Joecks/Jäger, StGB, § 15, Rn. 7.
225 In der zugrunde liegenden Entscheidung des BGH wird dieses Mordmerkmal nicht thematisiert.
226 Vgl. Rengier, Strafrecht BT II, § 4, Rn. 29.
227 Vgl. BGH, NJW 1979, 378.
228 Vgl. Nolden/Palkovits/ Dittert/Pichocki, Grundstudium Strafrecht, S. 109.
229 Vgl. Fischer, StGB, § 24, Rn. 14a.
230 Vgl. BGHSt 14, 79; Fischer, StGB, § 24, Rn. 14a.
231 Vgl. Schmidt, Strafrecht AT, Rn. 730.
232 Vgl. Eser/Bosch in: Schönke/Schröder, StGB, § 24, Rn. 43.

233 Vgl. Fischer, StGB, § 223, Rn. 4.
234 Vgl. Fischer, StGB, § 223, Rn. 8.
235 Vgl. Joecks/Jäger, StGB, § 224, Rn. 18.
236 Vgl. Joecks/Jäger, StGB, § 224, Rn. 32.
237 Vgl. Joecks/Jäger, StGB, § 224, Rn. 33.
238 Vgl. BGH, NStZ-RR 2010, 176, 177; Rengier, Strafrecht BT II § 14 Rn. 50.
239 Vgl. Perron in: Schönke/Schröder, StGB, § 263, Rn. 6, 8.
240 Vgl. Kühl in: Lackner/Kühl, StGB, § 263, Rn. 18.
241 Vgl. BGH, NJW 1960, 1068, 1069; Kühl in: Lackner/Kühl, StGB, § 263, Rn. 18.
242 Vgl. Fischer, StGB, § 263, Rn. 110.
243 Vgl. BGH, NJW 1992, 2167.
244 Vgl. Joecks/Jäger, StGB, § 15, Rn. 7.
245 Vgl. Fischer, StGB, § 263, Rn. 186.
246 Vgl. zur Definition Fischer, StGB, § 263, Rn. 191.
247 Vgl. Duttge: in: Dölling/Duttge/König/Rössner, HK-StGB, § 263, Rn. 100.
248 Vgl. BGH, NJW 2004, 169, 170; Duttge: in: Dölling/Duttge/Rössner, HK-StGB, § 263, Rn. 104.
249 Vgl. zum Streitstand Rengier, Strafrecht BT I, § 13, Rn. 93 ff.
250 Vgl. BGH, NJW 1979, 378.
251 Vgl. Rengier, Strafrecht BT I, § 13, Rn. 53.
252 Vgl. Perron in: Schönke/Schröder, StGB, § 265a, Rn. 11.
253 Vgl. BGH, NStZ 2009, 211, 212.
254 Vgl. Perron in: Schönke/Schröder, StGB, § 263, Rn. 6, 8; Schmidt, Strafrecht BT II, Rn. 524.
255 Vgl. Kühl in: Lackner/Kühl, StGB, § 263, Rn. 18.
256 Vgl. BGH, NJW 1960, 1068, 1069; Kühl in: Lackner/Kühl, StGB, § 263, Rn. 18.
257 Vgl. Fischer, StGB; § 263, Rn. 74.
258 Vgl. Rengier, Strafrecht BT I, § 2, Rn. 6.
259 Vgl. Bosch in: Schönke/Schröder, StGB, § 242, Rn. 12.
260 Vgl. Bosch in: Schönke/Schröder, StGB, § 242, Rn. 11.
261 Vgl. Fischer, StGB, § 242, Rn. 10.
262 Vgl. Fischer, StGB, § 242, Rn. 11.
263 Vgl. Wessels/Hillenkamp/Schuhr, Strafrecht BT II, Rn. 121.
264 Vgl. zur Definition Wessels/Hillenkamp/Schuhr, Strafrecht BT II, Rn. 121.
265 So etwa auch LG Düsseldorf NJW 1988, 922; a.A. Vitt NStZ 1994, 133.
266 Vgl. Joecks/Jäger, StGB, § 15, Rn. 7.
267 Vgl. Rengier, Strafrecht BT I, § 2, Rn. 91.
268 Vgl. Rengier, Strafrecht BT I, § 2, Rn. 90.
269 Vgl. zur Definition Rengier, Strafrecht BT I, § 2, Rn. 187.
270 Vgl. zur Definition Fischer, StGB, § 242, Rn. 11.
271 Vgl. Schmidt, Strafrecht BT II, Rn. 271.
272 Vgl. zu den Definitionen Rengier, Strafrecht BT I, § 2, Rn. 90 f.
273 Vgl. Nolden/Palkovits/Dittert/Pichocki, S. 236.
274 Vgl. zur Definition Wessels/Hillenkamp/Schuhr, Strafrecht BT II, Rn. 638.
275 Vgl. Heger in: Lackner/Kühl, StGB, § 263a, Rn. 10.
276 Vgl. BGH, NStZ 2013, 281, 282; Fischer, StGB, § 263a, Rn. 11.
277 Vgl. Nowrousian/Bahne, S. 334 f.
278 Vgl. Fischer, StGB, § 263, Rn. 110.

279 Vgl. zur Definition Fischer, StGB, § 263, Rn. 186.
280 Vgl. zur Definition Fischer, StGB, § 263, Rn. 191.
281 Vgl. Duttge: in: Dölling/Duttge/Rössner, HK-StGB, § 263, Rn. 80.
282 Vgl. Fischer, StGB, § 240, Rn. 32a.
283 Vgl. BGHSt 1, 332, 333; zur Definition Wessels/Beulke/Satzger, Strafrecht AT, Rn. 226.
284 Vgl. Fischer, StGB, § 240, Rn. 41.
285 Vgl. zur Definition Rengier, Strafrecht BT I, § 2, Rn. 6.
286 Vgl. zur Definition Bosch in: Schönke/Schröder, StGB, § 242, Rn. 11.
287 Vgl. zur Definition Bosch in: Schönke/Schröder, StGB, § 242, Rn. 12.
288 Vgl. Fischer, StGB, § 242, Rn. 10.
289 Vgl. Fischer, StGB, § 242, Rn. 11.
290 Vgl. zur Definition Wessels/Hillenkamp/Schuhr, Strafrecht BT II, Rn. 121.
291 Vgl. zur Definition Wessels/Hillenkamp/Schuhr, Strafrecht BT II, Rn. 121.
292 Vgl. Fischer, StGB, § 240, Rn. 31.
293 Vgl. Bosch in: Schönke/Schröder, StGB, § 249, Rn. 6.
294 Vgl. hierzu Schmidt, Strafrecht BT II, Rn. 390 ff.
295 Vgl. Bosch in: Schönke/Schröder, StGB, § 244, Rn. 6.
296 Vgl. Joecks/Jäger, StGB, § 15, Rn. 7.
297 Vgl. Rengier, Strafrecht BT I, § 2, Rn. 91.
298 Vgl. zur Definition Rengier, Strafrecht BT I, § 2, Rn. 90.
299 Vgl. zur Definition Rengier, Strafrecht BT I, § 2, Rn. 187.
300 Vgl. Wessels/Hillenkamp/Schuhr, Strafrecht BT II, Rn. 415.
301 Vgl. Rengier, Strafrecht BT II, § 23, Rn. 2.
302 Vgl. Kühl in: Lackner/Kühl, StGB, § 252, Rn. 4.
303 Vgl. Joecks/Jäger, StGB, § 224, Rn. 18.
304 Vgl. Fischer, StGB, § 250, Rn. 18.
305 Vgl. Nowrousian/Bahne, S. 302.
306 Vgl. Perron/Eisele in: Schönke/Schröder, StGB, § 32, Rn. 3.
307 Vgl. zur Definition Wessels/Beulke/Satzger, Strafrecht AT, Rn. 498.
308 Vgl. zur Definition Rengier, Strafrecht AT, § 18, Rn. 28.
309 Vgl. zu den Definitionen Wessels/Beulke/Satzger, Strafrecht AT, Rn. 508; Perron/Eisele in: Schönke/Schröder, StGB, § 32, Rn. 34 ff.
310 Vgl. Schmitt in: Meyer-Goßner/Schmitt, StPO, § 127, Rn. 5.
311 Vgl. Schmitt in: Meyer-Goßner/Schmitt, StPO, § 127, Rn. 6.
312 Vgl. Schmitt in: Meyer-Goßner/Schmitt, StPO, § 127, Rn. 14.
313 Vgl. Schmitt in: Meyer-Goßner/Schmitt, StPO, § 127, Rn. 8.
314 Vgl. Fischer, StGB, § 240, Rn. 31.
315 Vgl. Fischer, StGB, § 240, Rn. 32a.
316 Vgl. Rengier, Strafrecht BT I, § 11, 13 ff.
317 Vgl. Fischer, StGB, § 263, Rn. 110.
318 Vgl. BGHSt 1, 332, 333; zur Definition Wessels/Beulke/Satzger, Strafrecht AT, Rn. 226.
319 Vgl. Joecks/Jäger, StGB, § 15, Rn. 7.
320 Vgl. zur Definition Fischer, StGB, § 263, Rn. 186.
321 Vgl. zur Definition Fischer, StGB, § 263, Rn. 191.
322 Vgl. Duttge: in: Dölling/Duttge/Rössner, HK-StGB, § 263, Rn. 80.
323 Vgl. zu dieser Mittel-Zweck-Relation Fischer, StGB, § 240, Rn. 40.
324 Vgl. zur Definition Rengier, Strafrecht BT I, § 2, Rn. 6.

325 Vgl. zur Definition Bosch in: Schönke/Schröder, StGB, § 242, Rn. 12.
326 Vgl. Fischer, StGB, § 242, Rn. 10.
327 Vgl. Fischer, StGB, § 242, Rn. 11.
328 Vgl. Wessels/Hillenkamp/Schuhr, Strafrecht BT II, Rn. 121.
329 Vgl. BGHSt 7, 252, 255.
330 Vgl. Joecks/Jäger, § 255, Rn. 5.
331 Vgl. Rengier, Strafrecht BT I, § 11, Rn. 33 ff.
332 Vgl. BGHSt 23, 126, 127.
333 Vgl. zur Übersicht des Streitstandes Rengier, Strafrecht BT I, § 11, Rn. 33 ff.
334 Vgl. zum Streitstand Rengier, Strafrecht BT I, § 13, Rn. 101 ff.
335 Vgl. Fischer, StGB, § 250, Rn. 18.
336 Vgl. Rengier, Strafrecht BT I, § 2, Rn. 6.
337 Vgl. Bosch in: Schönke/Schröder, StGB, § 242, Rn. 11.
338 Vgl. Bosch in: Schönke/Schröder, StGB, § 242, Rn. 12.
339 Vgl. Fischer, StGB, § 242, Rn. 10.
340 Vgl. Fischer, StGB, § 242, Rn. 11.
341 Vgl. Wessels/Hillenkamp/Schuhr, Strafrecht BT II, Rn. 121.
342 Vgl. Wessels/Hillenkamp/Schuhr, Strafrecht BT II, Rn. 121.
343 Vgl. Joecks/Jäger, StGB, § 15, Rn. 7.
344 Vgl. Rengier, Strafrecht BT I, § 2, Rn. 91.
345 Vgl. Rengier, Strafrecht BT I, § 2, Rn. 90.
346 Vgl. zur Definition Rengier, Strafrecht BT I, § 2, Rn. 187.
347 Vgl. zur Definition Kühl in: Lackner/Kühl, StGB, § 243, Rn. 10.
348 Vgl. zur Definition Bosch in: Schönke/Schröder, StGB, § 243, Rn. 12.
349 Vgl. Kühl in: Lackner/Kühl, § 243, Rn. 12.
350 Vgl. Wessels/Beulke/Satzger, Strafrecht AT, Rn. 900, 902.
351 Vgl. Fischer, StGB, § 26, Rn. 19.
352 Vgl. Fischer, StGB, § 267, Rn. 3.
353 Vgl. Fischer, StGB, § 267, Rn. 5 f.
354 Vgl. Heine/Schuster in: Schönke/Schröder, StGB, § 267, Rn. 36a.
355 Vgl. hierzu BayObLG StV 2021, 514; OLG Celle NZV 1991, 318; Jahn JuS 2020, 698; Kudlich JA 2020, 470.
356 Vgl. Wessels/Hettinger/Engländer, Strafrecht BT I, Rn. 808.
357 Vgl. Heine/Schuster in: Schönke/Schröder, StGB, § 267, Rn. 64.
358 Vgl. Heine/Schuster in: Schönke/Schröder, StGB, § 267, Rn. 73.
359 Vgl. Rengier, Strafrecht BT I, § 3, Rn. 34.
360 Vgl. zur Definition Perron in: Schönke/Schröder, StGB, § 263, Rn. 6, 8; Schmidt, Strafrecht BT II, Rn. 524.
361 Vgl. zur Definition Kühl in: Lackner/Kühl, StGB, § 263, Rn. 18.
362 Vgl. zur Definition BGH, NJW 1960, 1068, 1069; Kühl in: Lackner/Kühl, StGB, § 263, Rn. 18.
363 Vgl. zur Definition Fischer, StGB, § 263, Rn. 110.
364 Vgl. zu den Definitionen Fischer, StGB, § 263, Rn. 190 f.
365 Vgl. zur Definition Duttge: in: Dölling/Duttge/Rössner, HK-StGB, § 263, Rn. 80.
366 Vgl. BGH, NJW 1979, 378.
367 Vgl. Eisele in: Schönke/Schröder, StGB, § 239, Rn. 6.
368 Vgl. hierzu Schmidt, Strafrecht BT I, Rn. 878.
369 Vgl. zum Streitstand Holzberg/Reichelt, Hauptstudium Strafrecht, 17. Kapitel, Rn. 17 ff. m. w. N.

370 Vgl. BGHSt 1, 332, 333; Wessels/Beulke/Satzger, Strafrecht AT, Rn. 226.
371 Vgl. Wessels/Beulke/Satzger, Strafrecht AT, Rn. 258.
372 Vgl. Kühl in: Lackner/Kühl, StGB, § 18, Rn. 8.
373 Vgl. BGHSt 14, 110, 112; zusammenfassend Joecks/Jäger, StGB, § 227, Rn. 7.
374 Der BGH hat einen solchen Gefahrzusammenhang selbst dann angenommen, als nicht festgestellt werden konnte, dass eine weitergehende Freiheitsberaubung geplant war, aber für das ursprüngliche Festhalten sowie für die anschließende Fluchtvereitelung derselbe Zweck bestand, BGHSt 28, 18.
375 Vgl. zur Definition Kühl in: Lackner/Kühl, StGB, § 238, Rn. 6.
376 Vgl. BT-Drs. 18/9946, S. 13, 14.
377 Vgl. Joecks/Jäger, StGB, § 15, Rn. 7.
378 Vgl. Heger in: Lackner/Kühl, StGB, § 123, Rn. 3.
379 Vgl. Sternberg-Lieben/Schittenhelm in: Schönke/Schröder, StGB, § 123, Rn. 14/15.
380 Vgl. Holzberg/Reichelt, Hauptstudium Strafrecht, 14. Kapitel, Rn. 4.
381 Vgl. Fischer, StGB § 240, Rn. 31.
382 Vgl. Fischer, StGB § 240, Rn. 32a.
383 Vgl. zur Definition Fischer, StGB, § 240, Rn. 31.
384 Vgl. zur Definition Joecks/Jäger, StGB, § 224, Rn. 18.
385 Vgl. BGH, NJW 1979, 378.
386 Vgl. Fischer, StGB, § 177, Rn. 120.
387 Vgl. zur Definition Rengier, Strafrecht AT, § 7, Rn. 8.
388 Vgl. Fischer, StGB, § 223, Rn. 4.
389 Vgl. Fischer, StGB, § 223, Rn. 8.
390 Vgl. BGHSt 1, 332, 333; Wessels/Beulke/Satzger, Strafrecht AT, Rn. 226.
391 Vgl. Wessels/Beulke/Satzger, Strafrecht AT, Rn. 258.
392 Vgl. Perron/Eisele in: Schönke/Schröder, StGB, § 32, Rn. 3.
393 Vgl. zur Definition Wessels/Beulke/Satzger, Strafrecht AT, Rn. 498.
394 Vgl. zur Definition Rengier, Strafrecht AT, § 18, Rn. 28.
395 Vgl. Wessels/Beulke/Satzger, Strafrecht AT, Rn. 508.
396 Vgl. zur Definition Perron/Eisele in: Schönke/Schröder, StGB, § 32, Rn. 34 ff.
397 Vgl. zur Definition Fischer, StGB, § 32, Rn. 36.
398 Vgl. hierzu Joecks/Jäger, StGB, § 33, Rn. 4.
399 Vgl. Kühl in: Lackner/Kühl, StGB, § 18, Rn. 8.
400 Vgl. BGHSt 14, 110; zusammenfassend Joecks/Jäger, StGB, § 227, Rn. 7.
401 Vgl. Erhardt, Strafrecht für Polizeibeamte, Rn. 235.
402 Vgl. zur Definition Nimtz, Strafrecht für Polizeibeamte, Band 1, Rn. 204.
403 Vgl. zur Definition Fischer, StGB, § 306, Rn. 3.
404 Vgl. Bosch in: Schönke/Schröder, StGB, § 242, Rn. 12.
405 Vgl. hierzu Rengier, StGB, Strafrecht BT II, § 40 Rn. 33.
406 Vgl. zum Streitstand Joecks/Jäger, StGB, § 306a, Rn. 17 ff.
407 Vgl. Fischer, StGB, § 306, Rn. 14.
408 Vgl. Heger in: Lackner/Kühl, § 306, Rn. 4.
409 Vgl. Wessels/Hettinger/Engländer, Strafrecht BT I, Rn. 951.
410 Vgl. BGH, NStZ 2003, 204, 205.
411 Vgl. Wessels/Hettinger/Engländer, Strafrecht BT I, Rn. 951.
412 Vgl. Fischer, StGB, § 306a, Rn. 8a.
413 Vgl. Joecks/Jäger, StGB, § 15, Rn. 7.
414 Vgl. Joecks/Jäger, StGB, § 306a, Rn. 26.
415 Vgl. Holzberg/Reichelt, Hauptstudium Strafrecht, 16. Kapitel, Rn. 41.

416 Vgl. zur Definition Fischer, StGB, § 223, Rn. 8.
417 Vgl. Fischer, StGB, § 306b, Rn. 4.
418 Vgl. BGHSt 1, 332, 333; zur Definition Wessels/Beulke/Satzger, Strafrecht AT, Rn. 226.
419 Vgl. Heger in: Lackner/Kühl, StGB, § 306b, Rn. 2.
420 Vgl. Erhardt, Strafrecht für Polizeibeamte, Rn. 235.
421 Vgl. zur Definition Nimtz, Strafrecht für Polizeibeamte, Band 1, Rn. 204.
422 Vgl. Heine/Bosch in: Schönke/Schröder, StGB, § 306b, Rn. 13.
423 Vgl. BGH, NJW 2000, 226.
424 Vgl. Holzberg/Reichelt, Hauptstudium Strafrecht, 15. Kapitel, Rn. 14.
425 Vgl. BGHSt 36, 145, 148.
426 Vgl. etwa LG Regensburg, NJW 2006, 629; AG Bremen, StV 2018, 452.
427 Vgl. Joecks/Jäger, StGB, § 15, Rn. 7.
428 Vgl. zur Definition Rengier, Strafrecht AT, § 7, Rn. 8.
429 Vgl. Fischer, StGB, § 223, Rn. 4.
430 Vgl. Fischer, StGB, § 223, Rn. 8.
431 Vgl. BGHSt 1, 332, 333; Wessels/Beulke/Satzger, Strafrecht AT, Rn. 226.
432 Vgl. Wessels/Beulke/Satzger, Strafrecht AT, Rn. 258.
433 Vgl. Joecks/Jäger, StGB, § 224, Rn. 18.
434 Vgl. Joecks/Jäger, StGB, § 224, Rn. 33.
435 Vgl. Nimtz, Strafrecht für Polizeibeamte, Band 1, Rn. 377.
436 Vgl. BGH, NJW 1979, 378.
437 Vgl. BGH, NStZ 1991, 31; Holzberg/Reichelt, Hauptstudium Strafrecht, 1. Kapitel, Rn. 16,
438 Vgl. Erhardt, Strafrecht für Polizeibeamte, Rn. 235.
439 Vgl. Nimtz, Strafrecht für Polizeibeamte, Band 1, Rn. 204.
440 Vgl. Nimtz, Strafrecht für Polizeibeamte, Band 1, Rn. 204.
441 Vgl. Heger in: Lackner/Kühl, StGB, § 114, Rn. 2.
442 Vgl. BGHSt 6, 186, 191; BayOblG NStZ 1988, 365.
443 Vgl. BayOblG, NJW 1990, 1742.
444 Vgl. BGHSt 36, 83, 85 ff.; Rengier, Strafrecht BT II, § 28, Rn. 13 f.
445 Vgl. BVerfG, StV 2017, 180; 2018, 406.
446 Vgl. zur Definition Rengier, Strafrecht, BT I, § 24, Rn. 5.
447 Vgl. zur Definition Bosch in: Schönke/Schröder, StGB, § 242, Rn. 12.
448 Vgl. zu den Definitionen Rengier, Strafrecht, BT I, § 24, Rn. 8; Wessels/Hillenkamp/Schuhr, Strafrecht BT II, Rn. 36.
449 Vgl. zur Definition Hecker in: Schönke/Schröder, StGB, § 303, Rn. 17.
450 Vgl. Nimtz, Strafrecht für Polizeibeamte, Band 2, Rn. 296.
451 Vgl. BGH, NJW 1969, 1970, 1974; Nowrousian/Bahne, S. 421.
452 Vgl. zu den Definitionen Sternberg-Lieben in: Schönke/Schröder, StGB, § 86a, Rn. 6 f.
453 Vgl. Wessels/Beulke/Satzger, Strafrecht AT, Rn. 1172.
454 Vgl. Erhardt, Strafrecht für Polizeibeamte, Rn. 530.
455 Vgl. Nimtz, Strafrecht für Polizeibeamte, Band 2, Rn. 535.
456 Vgl. Rengier, Strafrecht BT II, § 60, Rn. 17 ff.
457 Vgl. hierzu Nimtz, Strafrecht für Polizeibeamte, Band 2, Rn. 538.